마스터스 오브 디 에어

미 제8공군 기지

① 제1항공사단 기지
② 제2항공사단 기지
③ 제3항공사단 기지
✝ 특수 작전
(카펫배거)

1944년 6월 6일 현재
제8공군 중폭격비행전대

34: 멘들스햄, B-24
44: 쉽드햄, B-24
91: 배싱본, B-17
92: 포딩턴, B-17
93: 하드윅, B-24
94: 베리 세인트 에드먼스, B-17
95: 호햄, B-17
96: 스네터톤 히스, B-17
100: 소프 애보츠, B-17
303: 몰스워스, B-17
305: 첼베스톤, B-17
306: 서레이, B-17
351: 폴브룩, B-17
379: 킴볼턴, B-17
381: 리지웰, B-17
384: 그래프턴 언더우드, B-17
385: 그레이트 애시필드, B-17
388: 네티셸, B-17
389: 헤셀, B-24
390: 프램링햄, B-17

392: 웬들링, B-24
398: 넛햄프스티드, B-17
401: 디네소프, B-17
445: 티벤햄, B-24
446: 번게이, B-24
447: 래틀스덴, B-17
448: 시싱, B-24
452: 데오팜 그린, B-17
453: 올드 버큰햄, B-24
457: 글래튼, B-17
458: 호섐 세인트 페이스, B-24
466: 애틀브리지, B-24
467: 랙히스, B-24
486: 서드베리, B-24
487: 라벤햄, B-24
489: 헤일스워스, B-24
490: 아이, B-24
491: 메트필드, B-24
492: 노스 피큰햄, B-24
493: 데브이치, B-24

사령부

부시 파크: 유럽 주둔 미국 전략 공군(USSTAF) 사령부. 암호명: 와이드윙
하이 위컴: 제8공군 사령부. 암호명: 파인트리
부시 홀: 제8공군 전투기사령부
BG: 중폭격비행전대

영

피터버러 ■

401 BG ①   457 BG
384 BG   ① ①
①   351 BG
✝   305 BG
801
①   ① 379 B
①
92 BG   ①
306 BG
■ 배드퍼드

부시 홀
■
■ 하이 위컴

템스

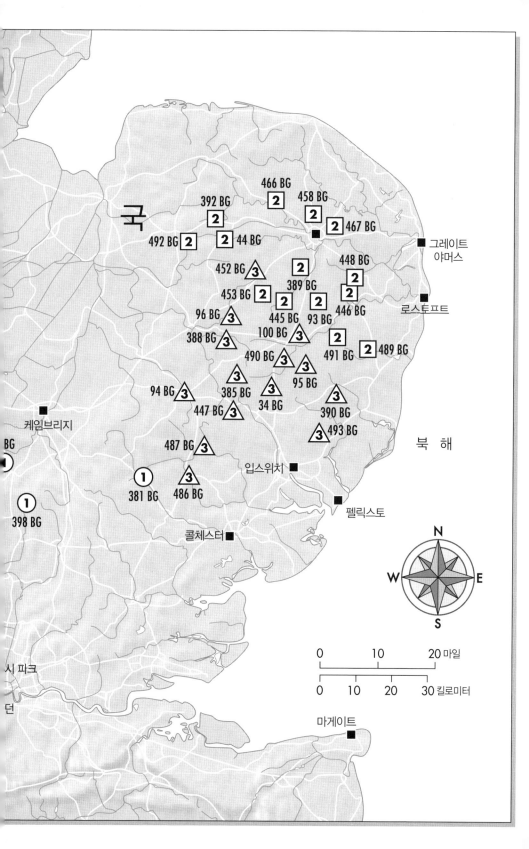

일러두기

- 이 책의 도량형 표기는 야드·파운드법을 원칙으로 하고, 괄호 안에 미터·킬로그램법으로 환산한 값을 병기하였습니다. 미국을 위시한 서방권 항공우주산업계는 물론, 그 영향을 강하게 받은 우리나라 항공우주산업계 역시 표준 도량형으로 야드·파운드법을 사용하기 때문입니다. 또한 일부 영미권 저자들이 해상 마일과 육상 마일을 제대로 구별하지 않고 사용하고 있어 야드·파운드를 우선적으로 표기하는 것이 혼동을 줄이는 방법이라 사료됩니다. 이 책에서는 원서에 해상 마일(nautical mile, 시속 표기 시 knot)로 표기된 거리는 단위당 1.852킬로미터로, 육상 마일(mile)로 표기된 거리는 단위당 1.609킬로미터로 간주하고 환산하였습니다.

- 고유명사는 가급적 외래어 표기법에 따라 원어로 표기하였습니다. 단, 국내에 정식 공개되었거나 비공식적으로라도 널리 알려진 고유명사는 국내 정식 공개 명칭, 또는 통용되는 표기법을 따랐습니다. 또한 한글로 정확하게 번역하기 어려운 고유명사는 원어 발음에 따라 음역하였습니다.

나치 독일에 맞서 싸운 미국 폭격기 승무원들의 이야기

MASTERS
OF THE
AIR

마스터스 오브 디 에어 1

도널드 L. 밀러 지음 | 이동훈 옮김

행;북

1944년 봄 … 우리는 하늘의 지배자였다. 그동안 우리 군은 악전고투 끝에 독일 공군에게 치명적인 피해를 입혔다. 공중에서 우리 군의 우세는 그해 말 절정에 달했다. 그것은 전적으로 미 제8공군의 공로다.

- 윈스턴 처칠Winston S. Churchill, 《포위망을 닫으며Closing the Ring》

그는 전우들이 언제나 그를 위해준다는 사실을 알고 있었다. 자신들이 싸우는 목적보다 미묘한 전우애가 훨씬 더 강하다고 느꼈다. 전우애는 포연砲煙과 죽음의 위험 속에서 태어난 신비로운 우정이었다.

- 스티븐 크레인Stephen Crane, 《붉은 무공훈장The Red Badge of Courage》

차례

"미국 제8공군은 전쟁 역사상 가장 뛰어난 전투 부대 중 하나로, 최고의 장비와 최고의 대원을 보유하고 있었다. 그들 중 일부를 제외하고 대부분은 교육 수준이 높고, 조국을 위해 싸우겠다는 의지가 충만하며, 다름 아닌 자유를 위해 위험 속으로 몸을 내던진 미국 시민들이었다. 바로 이러한 이유로 제2차 세계대전은 다른 전쟁과 달랐다."

— 앤디 루니Andy Rooney,《나의 전쟁My War》

1943년 10월 9일, 런던

존 이건John Egan 소령의 전쟁은 그가 런던에 있는 한 호텔에서 아침 식사를 할 때 시작되었다. 소프 애보츠Thorpe Abbotts 기지 소속인 이건 소령은 2일간 휴가를 받아 휴식을 즐기고 있었다. 소프 애보츠 기지는 런던에서 북쪽으로 약 90마일(145킬로미터) 떨어진 곳에 있는 미군 폭격기 기지로, 기지 이름은 그곳에서 멀지 않은 노퍽주에 있는 작은 마을 이름에서 따왔다. 소프 애보츠 기지의 정식 명칭은 제139기지로, 3,500명에 달하는 폭격기 승무원과 지원 인력이 상주하고 있었다. 이 기지가 들어선 곳은 한 귀족의 사유지로, 폭격기 승무원들은 루퍼트 만Rupert Mann 경의 소작인들이 일하고 있는 밭 위를 날아서 전쟁터로 향했다.

소프 애보츠가 위치한 이스트앵글리아 지역은 오래된 농장과 굽이치는 강, 낮고 평평한 습지대가 있는 유서 깊은 곳이었다. 남쪽으로는 케임브리지의 첨탑을 품고 있으며, 북쪽으로는 대성당이 있는 노리치까지, 동쪽으로는 북해의 검은 물을 바라보는 공업 항구, 그레이트야머스까지 뻗어 있다. 배수로와 나무 풍차, 드넓은 늪과 연못으로 둘러싸인 영국의 이 저지대는 바로 바다 건너편에 있는 네덜란드를 떠올리게 하는 구석이 있었다.

바다를 향해 삐죽 튀어나와 영국 본토의 엉덩이와도 같은 이곳은 전쟁 기간 내내 적을 향해 겨눈 도끼날과도 같았다. 물 빠진 이스트앵글리아 들판은 나치 치하에 있는 독일 제3제국의 심장부를 깊숙이 타격할 훌륭한 항공기지가 되었다. 발전 속도와 유행이 런던에 비해 100년 이상 뒤처지던 이 지역은 제2차 세계대전으로 인해 순식간에 최전선, 그것도 역사상 유례없는 전투를 치르는 전장으로 변모했다.

이스트앵글리아는 항공전에 있어서 최전선이었다. 이곳에 세워진 지 얼마 안 된 항공기지들은 '고공 전략폭격'이라는 새로운 형태의 전쟁을 수행하는 곳이었다. 고공 전략폭격은 전쟁 역사상 유례도 없었고, 앞으로 다시 반복될 수도 없는 지극히 이례적인 사건이었다. 장기적이고 전면적인 전략폭격 전쟁에 필요한 기술은 1940년대 초반까지 아직 나오지 않았다. 그리고 이 전례 없는 전쟁이 끝나갈 무렵, 이 기술은 제트엔진 항공기, 로켓추진 미사일, 원자폭탄의 등장으로 이미 구식이 되었다.

폭격기 승무원들은 북서 유럽 상공의 차갑고 희박한 공기 속, 역사상 그 누구도 경험하지 못한 혹독한 환경에서 피를 흘리며 죽어갔다. 제1차 세계대전에서 항공전은 1만 2,000피트(3,600미터) 상공에서 벌어졌으나, 이 새로운 항공전은 그보다 2, 3배 높은 고도에서 벌어졌다. 성층권에 가까운 이곳의 환경은 폭격기 승무원들에게는 적보다 더 치명적이었다. 하늘은 눈부시도록 아름다웠지만, 기온은 살인적일 만큼 춥고, 대기는 숨을 쉴 수 없을 정도로 밀도가 낮았다. 그리고 눈부신 햇살 속에 노출된 폭격기들은 독일 전투기와 대공포로부터 공격을 받았다. 익숙지 않은 이 끝도 없는 살인 공간은 전투로 인한 시련과는 또 다른 차원의 시련을 안겨주었으며, 지금껏 그 누구도 겪어보지 못한 수많은 정신적 및 신체적 문제를 야기했다.

대부분의 폭격기 승무원들에게는 전투뿐 아니라 비행 자체도 생소한 일이었다. 수천 명의 미국 폭격기 승무원들은 군대에 입대하기 전 비행기를 타본 적도 없었고, 다람쥐보다 더 위협적인 표적에 총을 쏴본 적도 없었다. 이 새로운 형태의 전쟁은 항공 의료라는 새로운 의료 분야를 탄생시켰다. 이 분야를 개척한 정신과 의사들과 외과 의사들은 폭격기 기지에서 멀지 않은 병원과 진료소에서 일하면서 얼굴과 손가락에 동상을 입은 환자들은 물론 트라우마와 신경증으로 쇠약해진 병사들을 돌봤다.

폭격 작전은 간헐성을 띠었다. 한순간 엄청나게 격렬하고 공포스러운 폭발이 휩쓸고 가면, 한동안은 아무런 할 일이 없어 지루하기 그지없는 시간이 이어졌다. 장병들이 하늘의 전장에서 돌아오면 깨끗한 침대와 따뜻한 음식, 사랑스러운 영국 여자들이 기다리고 있었다. 참으로 이상한 전쟁이었다. 19, 20세밖에 안 된 청년이 오전 11시에는 베를린 상공에서 목숨을 걸고 전투를 벌이다가 같은 날 저녁 9시에는 런던의 호텔에서 환상적인 데이트를 즐길 수 있었으니 말이다. 일부 보병들은 항공병들의 이런 안락함을 부러워하기도 했지만, 폭격기 항법사 출신의 한 소설가는 자신이 쓴 소설에서 이런 질문을 던졌다.

"그런 보병들에게 막상 연료가 가득 찬 항공기를 타고 최전선으로 날아가라고 하면, 기꺼이 가겠다는 사람이 과연 몇이나 될까?"

미국 대중에게는 항공전이 지루한 지상전보다 훨씬 신속하고 확실하게 승리하는 방법이라고 알려져 있었지만, 시간이 갈수록 항공전은 느리고 잔인한 소모전으로 변모해 갔다.

존 이건은 당시 가장 강력한 전투 병기 중 하나였던 B-17 플라잉 포트리스B-17 Flying Fortress 비행대대의 대대장이었다. 폭격기 승무원인 그에게는 파괴가 일이었다. 그리고 다른 대부분의 폭격기 승무원들과 마찬가지로 이건 역시 일말의 양심의 가책도 없이 자신의 임무를 수행했으며, 자신이 매우 고귀한 대의를 위해 싸우고 있다고 확신했다. 또한 그는 적의 손에 죽지 않기 위해 적을 죽였다.

이건은 이 전쟁에서 가장 위험한 전쟁터에서 5개월 동안이나 전투 임무를 수행해 왔다. 병사들은 그 전구戰區를 '빅 리그'라고 불렀다. 이번 휴가는 그가 처음으로 받은 그나마 긴 휴가였다. 그렇다고 그만큼 목숨이 연장되는 느낌은 별로 들지 않았지만 말이다. 그날 밤 런던에 폭격을 가한 독일 공군은 그가 묵고 있는 호텔 주변 건물들을 모조리 불태워 버렸다. 이건 소령은 이때 난생처음 폭격을 경험했다. 그날 밤 그는 사이렌과 엄청난 파열음 속에서 잠을 이루지 못했다.

이건의 소속 부대인 미국 육군 항공대 제8공군은 진주만 공격 다음 달인 1942년 1월, 그 어떤 미군보다 먼저 독일 본토를 타격하기 위해 조지아주 서배너 항공기지에서 창설되었다. 이 부대는 처음에는 미래가 매우 불확실해 보였지만, 머지않아 사상 최강의 전투부대가 되었다.

이건이 영국에 온 것은 제8공군 병사와 기자재가 영국 공군RAF: Royal Air Force으로부터 넘겨받은 기지에 처음 배치되고 1년 후인 1943년 봄이었다. 영국 공군은 이미 1940년부터 독일 도시들을 폭격하고 있었다. 제8공군 예하 각 폭격비행전대(이건 소령의 소속 폭격비행전대는 제100폭격비행전대100th Bomb Group였다)는 4개의 폭격비행대대로 구성되어 있었는데, 대대에는 '헤비스'라 불리는 4발 중폭격기가 8~12대씩 배치되어 있었다. 그리고 각 전대는 이스트앵글리아, 미들랜드, 그리고 런던 바로 북쪽에 있는 베드포드 인근 항공기지에 하나씩 배치되어 있었다.

1943년, 제8공군에는 쌍발 B-26 마로더B-26 Marauder 폭격기로 무장한 4개의 폭격비행전대가 있었다. 이 쌍발 폭격기는 저고도 및 중고도 폭격에 주로 사용되었는데, 폭격 결과는 좋기도 하고 나쁘기도 했다. 그러나 그해 10월, 마로더 폭격기는 영국에 주둔한 다른 미국 폭격기 부대인 제9공군으로 모두 이관되었다. 제9공군은 장차 연합군이 영불해협을 건너 나치 치하의 유럽을 상대로 상륙작전을 벌일 때 근접 항공 지원을 하기 위해 편성된 부대였다. 이후 전쟁이 끝날 때까지 제8공군 소속 폭격기는 B-17 플라잉 포트리스와 B-24 리버레이터B-24 Liberator 두 종류뿐이었다. B-17과 B-24는 모두 장거리 고공폭격을 위해 설계된 미제 폭격기였다. 제8공군에는 북유럽 주변부까지 날아가 폭격기들을 호위할 수 있는 자체 전투기 부대도 배속되어 있었다. 이 전투기 부대는 단발 P-47 썬더볼트P-47 Thunderbolt 전투기와 쌍발 P-38 라이트닝P-38 Lightning 전투기로 편성되어 있었으며, 폭격기 기지 근방에 주둔했다.

제100폭격비행전대는 인근 기지에 주둔한 제390폭격비행전대와 제95폭격비행전대와 함께 작전에 나서는 일이 많았다. 이들 3개 폭격비행전대는 모두 제13전투비행단 예하 부대였다. 1개 전투비행단은 매일같이 독일 폭격에 나서는 수백 대의 폭격기와 전투기 중 일부에 불과했다. 영국인들은 지축을 뒤흔드는 이 항공기 엔진 소리를 듣고 잠에서 깨어 이른 새벽에 집을 나서 훈Hun족(제2차 세계대전 당시 독일인에 대한 멸칭으로 쓰였다. - 역자주)을 혼내주러 날아가는 이들의 모습을 지켜보곤 했다.

제2차 세계대전 당시 소년이었던 영국의 역사가 존 키건John Keegan은 이렇게 말했다.

"이스트앵글리아 항공기지에서 이륙해 거대한 방진을 이루며 하늘을 가르는 이 항공기들을 보면 누구라도 전율을 느끼지 않을 수 없을 것입니다. … 비행대대는 다른 비행대대의 꼬리를 물고 선회하며 하늘로 올라가 전대를 만들고 비행단을 만듭니다. 그리고 나서 남동쪽으로 진로를 잡아 표적 앞에 놓인 바다로 향합니다. 300대나 되는 항공기가 마치 별처럼 반짝이다가 영국의 검푸른 하늘을 배경으로 날개 끝으로 새하얀 비행운을 뿜어내면서 날아가는 모습은 뛰어난 항공기술과 군사력의 결정체입니다. 각 항공기에는 미국 최정예 항공병들이 10명씩, 총 3,000명이 타고 있습니다. 모든 항공기에는 별명이 붙어 있는데, '마이 프레이어My Prayer'처럼 노래 제목에서 따온 것도 있고, '톤델라요Tondelayo'처럼 영화에서 따온 것도 있습니다."

캘리포니아주 나파 출신 부조종사 버나드 R. 제이콥스Bernard R. Jacobs 는 다음과 같이 회상했다.

"해안으로 날아갈 때면 라디오 채널을 BBC에 맞추고 감성을 자극하는 노래를 들었습니다."

언제나 녹음이 우거진 영국 교외 상공을 날아갈 때면 제이콥스는 이상한 기분이 들곤 했다. 이 고요해 보이는 땅에서 인류 역사상 유례를 찾을 수 없을 만큼 거대한 규모의 학살과 파괴가 준비되고 있다니 말이다.

프랭클린 D. 루스벨트Franklin D. Roosevelt 대통령이 제8공군의 자원입대를 중지시키기는 했지만, 제8공군은 여전히 거의 대부분 지원병으로 이루어진 정예부대였다. 그들은 대통령의 자원입대 중지 결정이 내려지기 전에 제8공군에 지원한 사람들이거나 육군에 입대한 인원 중 주특기가 부여되기 전에 육군 항공대 모병관들에 의해 선발된 우수 자원들이었다. 제8

공군의 폭격기 승무원에는 미국의 모든 지역, 모든 계층의 사람들이 다 포함되어 있었다. 하버드대학교 역사 전공자, 웨스트버지니아주의 광부, 월스트리트의 변호사, 오클라호마주의 카우보이 출신도 있었다. 할리우드의 인기 스타도 있었고, 유명 풋볼 선수 출신도 있었다. 배우 지미 스튜어트 Jimmy Stewart와 할리우드의 왕, 클라크 게이블Clark Gable도 폭격기 승무원이었는데, 이들은 창문 청소부, 광부 출신 병사들과 똑같이 복무했다. 출신 민족도 매우 다양했는데, 미국 토박이부터 폴란드계, 이탈리아계, 스웨덴계, 독일계, 그리스계, 리투아니아계, 스페인계까지 거의 모든 민족이 다 복무했다. 다만 당시 미 육군 항공대의 방침에 따라 흑인은 제외되었다. 폐쇄 공포증을 앓을 만큼 좁은 중폭격기 안에서 가혹한 전투를 치르는 승무원들은 가톨릭교도건 유대교도건 영국계건 아일랜드계건 살아남겠다는 다짐을 통해 모두 하나가 되었다. 폭격 전투에서 생존 능력과 공포를 떨쳐내는 능력은 각 개인의 성격이나 개성에 의해 크게 좌우되었다. 제8공군 정보장교 출신 스타 스미스Starr Smith는 이런 글을 남겼다.

"폭격기 승무원들만큼 전우애가 끈끈했던 병사들은 아마 전쟁 역사상 없었을 것입니다."

제8공군은 독일, 이탈리아, 일본 그리고 그들을 지지한 추축국에 맞서 연합국이 가장 암울했던 시기에 영국에 도착했다. 영국과 네덜란드, 프랑스의 아시아, 태평양 식민지들과 미국령이었던 필리핀은 얼마 전 일본에 빼앗긴 상황이었다. 1942년 5월, 미군의 유럽 항공 작전을 지휘하던 칼 '투이' 스파츠Carl A 'Tooey' Spaatz 소장이 런던에 도착했을 때 일본은 광대한 영토를 점령하고 있었다. 영국 공군의 전투기 조종사들은 1940년 여름, 이 전쟁 최초의 장거리 폭격전인 영국 본토 항공전Battle of Britain에서 나치 치하의 독일 공군 루프트바페Luftwaffe를 상대로 승리를 거두었다. 그러나 1940년 5월 영국군이 프랑스 북부의 항구도시 덩케르크에서 철수하고 얼마 뒤 프랑스가 항복하면서 독일은 서유럽의 절대군주가 되었다. 1942년 봄, 나치와의 전쟁에서 살아남아 계속 항전하는 민주주의 국가는 영국뿐이었으며, 그조차도 바람 앞의 촛불처럼 상당히 위태로웠다. 따라서 '독일에 어떻게 반격할 것인가?' 하는 것이 가장 큰 문제로 떠올랐다.

당시 영국 총리 윈스턴 처칠Winston S. Churchill은 이렇게 선언했다.

"유럽 대륙에는 독일군을 물리칠 군대가 이제 없습니다. 그러나 아직 독일군을 물리칠 방법이 한 가지 남아 있습니다. 엄청난 파괴력을 가진 절대 병기인 그것은 영국 본토에서 출격해 독일 본토를 폭격할 중폭격기들입니다."

1940년부터 영국 공군의 폭격기사령부는 나치 독일 군수산업의 심장부라 할 수 있는 라인란트와 루르의 산업 시설들을 폭격하기 시작했다. 영국 공군은 초기에는 주간 폭격을 시도했다. 그러나 엄청난 손실을 입게 되자 야간 폭격으로 전환했으며, 목표도 바꿨다. 달빛이 없는 밤에는 산업 시설을 조준하기가 쉽지 않았고, 목표물에 명중시키기는 더더욱 힘들었으므로 영국 공군은 독일 도시 전체를 파괴하기로 했다. 도시 전체에 화재를 일으켜 수천 명의 독일 시민을 한꺼번에 살상함으로써 독일의 사기를 꺾는 것이 주요 목적이었다. 이러한 야간 폭격은 상당히 부정확한 데다가 공격하는 입장에서도 인명 손실이 불가피했다. 그러나 영국인의 사기를 높이는 데는 매우 효과적이었다. 코번트리와 런던에 피해를 입힌 데 대한 복수라고 여긴 것이다. 사실 영국에는 독일에 직접적인 피해를 입힐 방법이 달리 없었다. 전쟁이 끝나기 수개월 전 연합군이 독일 본토에 들어갈 때까지 독일 본토에서 싸운 유일한 연합군은 전략폭격기 승무원들뿐이었다.

폭격전은 제2차 세계대전 당시 치러진 그 어떤 전투보다 오랫동안 계속된 전투였다. 제8공군은 갈수록 치열해져가는 이 전투에서 영국 공군을 지원하고자 영국에 파병되어 1942년 8월부터 전투 임무를 시작했으나 그들의 계획과 목적은 영국 공군과는 완전히 달랐다. 이들의 1급 비밀 병기는 1930년대 초반, 미 해군 소속 과학자들이 개발한 노든 폭격조준기Norden bombsight였다. 테스트 과정에서 존 이건 같은 조종사들은 쾌청한 날씨가 이어지는 미국 서부의 사막에서 이 폭격조준기로 모래 표적에 폭탄을 놀랄 만큼 정확하게 꽂아 넣는 데 성공했다. 어떤 폭격기 승무원들은 이것만 있으면 2만 피트(6킬로미터) 상공에서도 피클 통 안에 폭탄을 꽂아 넣을 수 있다고 했고, 육군 항공대의 지휘관들은 노든 폭격조준기로 고공 폭격의 정밀성을 높일 수 있다고 주장했다. 이제 적국을 공격할 때도 외과 수술을 할 때처럼 정확하게 군수품 공장만을 타격함으로써 적국 민간인의 피해를 최소화할 수 있다는 것이었다.

제8공군은 '피클 통 폭격'의 타당성을 입증해 보일 시험 부대이기도 했다. 폭격전 이론가들은 막강한 전투 병기인 B-17 플라잉 포트리스와 B-24 리버레이터 같은 항공기들을 이용해 제1차 세계대전 때처럼 지상과 공중에서 막대한 인명 손실을 내지 않고도 전쟁에서 이길 수 있다고 주장했다. 이는 검증되지 않은 주장이었고, 실전은 언제나 이론과는 다른 법이었다. 그러나 동시에 기나긴 전쟁에 지쳐 있는 미국인들에게는 매우 매력적으로 들리는 주장이기도 했다.

주간 전술폭격은 호위 전투기 없이 폭격기 단독으로도 실시할 수 있었다. 칼 스파츠가 이끄는 제8공군의 작전참모로 임명된 전직 전투 조종사 출신 아이라 C. 이커Ira C. Eaker 준장은 이 점을 믿어 의심치 않았다. 이커는 폭격기들이 밀집 편대비행을 하며 자체 방어가 가능한 '전투 상자Combat Box'* 대형을 지어 날면서 목표까지 가는 길에 방어 기관총의 화력을 집중시키면 스스로를 충분히 지킬 수 있을 것이라고 생각했다.

존 이건은 전략폭격의 가능성은 믿었지만, 이커 준장의 주장은 믿지 않았다. 아이라 이커가 전투기의 호위 없이 폭격기들을 독일 본토 깊숙이 투입시킬 무렵, 이건 소령도 참전했다. 그때는 폭격기들을 따라서 목표까지 갔다가 돌아올 만큼 항속거리가 긴 단발 전투기가 존재하지 않았다. 1943년 여름, 독일 공군의 공격으로 존 이건은 이미 많은 전우를 잃었다.

제8공군의 중폭격기에는 대당 10명의 승무원이 탑승한다. 조종석에는 조종사와 부조종사가 나란히 탑승하고, 바로 아래쪽 플렉시글라스제 기수에는 항법사와 폭격수가 탑승한다. 조종사 바로 뒤에는 항공기관사가 탑승하는데, 항공기관사는 상부 기관총 사수도 겸한다. 항공기 뒤쪽에 있는 격실에는 통신수 겸 후상방 기관총 사수가 탑승하고, 항공기 허리 부분에는 2명의 후방 측면 기관총 사수와 1명의 볼 터렛ball turret 기관총 사수가 탑승한다. 기체 하부에 매달려 있는 볼 터렛은 플렉시글라스로 되어 있으며 자유자재로 회전하지만, 적의 공격에 상당히 취약하기도 했다. 항공기 가장 후미에는 또 별도의 공간이 있는데, 이곳은 후방 기관총 사수의 자리로, 그가 앉는 좌석은 매우 큰 자전거 안장처럼 생겼다.

항공기의 승무원들은 모두 똑같이 생명의 위험을 감수해야 했다. 하늘에는 참호가 없기 때문이다. 미국 폭격기 승무원은 독일과 미국의 잠수함 승무원, 독일 전투기 조종사, 영국 폭격기 승무원과 더불어 제2차 세계대

＊ 전투 상자 대형은 제2차 세계대전 당시 미 육군항공대의 중폭격기들이 사용한 기본 전술 편대 대형이다. 각 편대는 상자 모양의 밀집 대형을 취해 서로 엄호할 수 있도록 교차하고 화력을 집중할 수 있도록 유도하여 적 전투기가 쉽게 달려들지 못하게 했다.

전 중 가장 크게 위험을 무릅썼던 병사들로 꼽힌다. 한 가지 불편한 진실을 말하자면, 1943년 10월 당시 제8공군 폭격기 승무원 중 무사히 파견 기간(비행 임무 25회)을 마친 것은 전체 인원의 4분의 1도 안 된다. 작전에 참가한 대원 중 3분의 2는 작전 중 사망하거나 적의 포로가 될 팔자였고, 17퍼센트는 심각한 신체적 또는 정신적 부상을 입거나 영국 내에서 항공기 사고로 사망할 운명이었다. 1943년 5월, 영국에 도착한 이건 소령의 폭격전대원 중 25회의 작전 임무를 무사히 마친 비율은 14퍼센트에 불과했다. 전쟁이 끝날 때까지 제8공군의 전사자 수는 무려 2만 6,000명으로, 제2차 세계대전 당시 미 해병대의 전사자 수보다 많았다. '노르망디상륙작전Normandy invasion' 이전까지 독일에 대항해 출격한 미국 항공병 중 무려 77퍼센트가 죽거나 부상당했다.

제100폭격비행전대의 제418폭격비행대대의 지휘관이었던 존 이건은 언제나 부하들과 함께 출격했다. 특히 그는 부하들이 위험한 임무를 맡았을 때, 그들과 함께하고자 했다. 이건은 사울 레빗Saul Levitt 병장에게 이렇게 털어놓았다.

"임무 비행을 하는 사람 중에 제정신인 사람은 없어."

제418폭격비행대대 통신병으로 근무하다가 기지에서 사고를 당한 후 육군 주간지《양크Yank》의 기자로 전근 조치된 사울 레빗은 후일 이렇게 말했다.

"그리고 나서 이건 소령님은 점점 미쳐갔고, 임무 비행에 빠짐없이 나갔죠. 그 외의 비행은 절대 하지 않으려 하셨습니다."

이건은 부하들을 '꼬마 어른'이라고 불렀다. 부하들이 격추당하는 폭격기와 운명을 함께할 때마다, 이건 소령은 전사한 부하들의 아내와 어머니에게 편지를 써 보냈다. 레빗은 이렇게 회상했다.

"이건 소령님은 결코 상투적인 문구로 가득 찬 인쇄된 편지를 보내지 않으셨습니다. 그분은 전사자 유족들에게 보내는 편지는 지휘관의 마음을 담아 직접 손으로 써야 한다고 생각하셨습니다. 따라서 그분의 편지에는 사본이 없습니다. 그리고 편지 내용에 대해서 아무런 말씀도 하지 않으셨습니다. 그 편지 내용은 그분과 유족들만의 비밀입니다."

이건 소령은 키가 작고, 막대기처럼 가느다란 체형의 소유자였다. 체중도 140파운드(64킬로그램)에 불과했고, 머리카락은 굵고 검었다. 머리는 올백으로 넘기고 다녔고, 눈동자는 검었다. 콧수염도 연필로 그린 듯 가늘었다. 하얀색 양털 안감이 들어간 비행 재킷을 입고 다니고, 말투는 자연스러웠으며, 세상 물정에 밝은 사람이었다. 당시 27세였던 그는 부대에서 '노인' 취급을 받았다. 그러나 그는 항상 "난 너희 애송이들보다 술이 세다고!"라고 말하면서 아직 소년티를 벗지 못한 대원들을 도발했다. 다음 날 비행 일정이 없는 날 밤에는 항상 지프를 타고 단골 술집으로 달려가 아일랜드 노동자 무리와 함께 가게의 술이 다 떨어지거나 술집 주인이 내쫓을 때까지 술을 마시며 노래를 불렀다.

이건 소령이 술을 마시며 흥청거릴 때 그의 절친한 친구 게일 W. '벅' 클리븐Gale W. 'Buck' Cleven 소령은 보통 잠을 자고 있었다. 그가 좋아하는 것은 단순했다. 아이스크림과 멜론, 영국 전쟁 영화였다. 그리고 그는 고향에 있는 '마지'라는 이름의 여자친구에게 온 순정을 다 바쳤다. 그는 이건과 마찬가지로 비행을 위해 살았으며, 항공병 세계의 귀족 중 하나였다. 미국 본토에서 항공 교육을 받을 때부터 그와 친구로 지낸 이건 소령은 그를 '벅'이라고 불렀다. 이유는 단순했다. 그가 이건이 알고 지내던 '벅'이라는 이름을 가진 친구와 닮았기 때문이었다. '벅'이라는 애칭은 클리븐과 잘 어울렸다. 그러나 60년 후 클리븐은 이렇게 말했다.

"나는 벅이라는 애칭을 좋아해본 적이 없습니다. 하지만 이건을 만난 후 나는 쭉 벅이었지요."

클리븐은 하버드대학교 경영대학원에서 MBA를 취득했으며, 천체물리학 박사 학위도 취득했다. 비쩍 마르고 구부정한 어깨의 게일 클리븐은 와이오밍주 캐스퍼 북쪽의 가난한 마을에서 자랐다. 유전 지대인 그곳에서 그는 석유 채굴 일을 하면서 스스로 학비를 벌어 와이오밍대학교에 진학했다. 그는 장교용 정모를 삐딱하게 쓰고 입에는 항상 이쑤시개가 물고 다녀 마치 터프가이처럼 보였으나 사실은 텍사스주만큼 마음이 넓었고, 부하들에게도 상당히 관대한 사람이었다. 활력이 넘쳤던 그는 기지 내에서 최고의 입담꾼으로 통하기도 했다.

불과 24세에 비행대대장이 된 클리븐은 버니 레이 주니어Beirne Lay, Jr. 중령이《새터데이이브닝포스트Saturday Evening Post》지에 쓴 레겐스부르크 폭격에 관한 기사에 소개되면서 국민적 영웅이 되었다. 레이는 이후 사이 바틀릿Sy Bartlett과 함께《정오의 출격Twelve O'Clock High》이라는 소설을 쓰게 되는데, 훗날 동명의 영화로도 만들어진 이 소설은 유럽 항공전을 다룬 걸작으로 꼽힌다.

1943년 8월 17일에 실시되었던 레겐스부르크-슈바인푸르트 공습은 당시 미군이 실시한 공습 중 최대 규모였으며, '하늘의 대학살'이라고 부를 정도로 미군 측의 손실은 엄청났다. 60대의 폭격기가 격추당하고 600명에 달하는 사상자가 발생했다. 이 공습에서는 레겐스부르크의 항공기 공장과 슈바인푸르트의 볼베어링 공장을 동시에 공격했는데, 이곳은 당시 세계 최강의 화력을 갖춘 방공망이 갖춰져 있었다. 레이 중령은 B-17 피카딜리 릴리Piccadilly Lilly호에 참관인 자격으로 탑승해 이 공습에 제100 폭격비행전대와 함께 출격했다. 전투 중 포화와 혼란 속에서 클리븐의 편대는 폭격 대형 중 맨 뒤, 맨 아래쪽, 이른바 '관짝 모서리'라고 부르는 구역을 맡고 있었지만, 그들은 그들 인생 최고의 시간을 보내고 있었다. 클리븐의 항공기가 적 전투기의 공격을 받고 손상을 입자, 부조종사는 공포에 사로잡혀 낙하산으로 탈출할 준비를 했다. 레이는 기사에 이렇게 적었다.

"폭격기는 손상을 입어 부분적으로 조종 불능 상태에 빠졌고, 화재도 발생했으며, 중상을 입고 쓰러진 승무원들도 있었다. 그 와중에도 적의 전투기들은 파도처럼 몰려들었다. (클리븐은) 자신의 기체를 포기할 이유가 충분했다."

그러나 클리븐은 부조종사에게 자리를 지키라고 명령했다.

"인터폰을 통해 전달된 그의 목소리는 다른 승무원들에게 마법 같은 힘을 주었다. 승무원들은 일어나 다시 기관총을 잡았다. 그의 B-17은 계속 비행했다."

나중에 버니 레이는 클리븐을 의회명예훈장 대상자로 추천했다. 그러나 클리븐은 이렇게 말했다.

"나는 그 훈장을 받지 않으려 했습니다. 그리고 그걸 받을 자격도 없었습니다."

그는 수훈십자훈장을 받았으나, 런던에서 열린 훈장 수여식에는 참석하지 않았다. 아주 오랜 시간이 흐른 후 그는 이렇게 말했다.

"훈장? 그딴 게 무슨 소용입니까. 당시 내게 필요한 건 아스피린이었다고요. 그래서 나는 훈장을 받지 않았습니다."

이건의 제418폭격비행대대 소속 항법사인 해리 H. 크로스비Harry H. Crosby는 레겐스부르크 상공에서 보여준 클리븐의 활약에 기지의 모든 이들이 놀랐다고 회상했다.

존 이건도 그날 전투에 참여했다. 누군가 당시 그가 살아남은 비결에 대해 묻자 이렇게 받아넘겼다.

"그날 출격할 때 묵주 2개, 행운의 메달 2개, 그리고 임무를 수행할 때마다 모서리를 물어뜯던 2달러짜리 지폐를 챙겼지. 스웨터도 거꾸로 입고 행운의 재킷도 입었지."

물론 누구나 이건 소령만큼 운이 좋았던 것은 아니다. 그날 제100폭격비행전대는 90명을 잃었다.

그해 여름, 사상자는 놀라운 속도로 늘었다. 너무 빨리 증가해 인원 보충을 하는 데 애를 먹을 정도였다. 어느 보충병의 경우는 저녁 식사 시간에 소프 애보츠 기지에 도착해 밥을 먹고 새 침상에서 잠을 잔 후 일어나 출격했다가 독일 상공에서 전사하기도 했다. 그의 이름을 기억하는 사람은 아무도 없었다. 이후 그는 단지 '저녁 먹으러 온 놈'으로 불렸다.

너무나 많은 전우를 잃은 제100폭격비행전대에는 영웅이 절실히 필요했다. 장교 클럽에서 젊은 장교들은 클리븐과 이건의 주변에 몰려들어 그들이 참전한 2번의 임무에 대한 생생한 이야기를 들었다. 크로스비는 자신의 회고록에서 병사들은 이 두 소령을 존경했으며, 조종사들은 이들처럼 하늘을 날고 싶어 했다고 기록했다.

하얀색 스카프를 매고, 구겨진 50회 출격 기념 모자를 쓴 두 소령의 모습은 마치 할리우드 영화에 등장하는 캐릭터 같았다. 크로스비는 장교 클럽에서 클리븐을 처음 보았을 때 시선을 뗄 수 없었다.

"한번은 소령님이 어떤 이유로 나와 이야기하고 싶어 했습니다. 그때 소령님은 내게 '이쪽으로 택싱Taxing하게나, 소위'라고 말했어요."

클리븐은 젊은 보충병들을 좋아했으나, 그들의 검증되지 않은 용기에 대해서는 우려했다.

"보충병들은 우리보다 두려움이 적었는데, 그게 더 위험했습니다. 그들은 미지의 대상을 두려워했지만, 우리는 우리가 알고 있는 대상을 두려워했습니다."

1943년 10월 8일 아침, 존 이건 소령이 첫 휴가를 얻어 런던행 기차에 몸을 싣기 한 시간 전쯤 브레멘으로 출격했던 게일 클리븐은 돌아오지 못했다. 밝은 태양 속에서 3대의 독일 공군 전투기가 튀어나와 브레멘으로 향하고 있던 클리븐의 B-17을 향해 공격을 가한 것이다. 독일 전투기의 기습으로 그의 B-17은 3개의 엔진을 잃었고, 기수와 기체 후미에 구멍이 뚫렸으며, 왼쪽 날개의 상당 부분이 잘려나갔다. 게다가 조종실에 화재가 발생해 상황은 더욱 절망적이었다. 클리븐은 다른 승무원들에게 비상 탈출을 명령하고, 제일 마지막으로 항공기에서 탈출했다. 그가 탈출했을 때 고도는 불과 2,000피트(600미터)였다.

오후 3시 15분, 존 이건이 런던의 한 호텔에서 체크인을 하고 있을 무렵, 클리븐은 낙하산에 매달려 작은 농가 인근을 향해 떨어지고 있었다. 그가 농가에 부딪히지 않으려고 몸을 흔들자 낙하산은 통제할 수 없을 정도로 빙빙 돌기 시작했다. 결국 농가 뒷문을 뚫고 부엌으로 떨어진 그는 가구와 작은 철제 난로에 부딪치고 말았다. 식탁에 앉아 있던 농부의 아내와 딸이 미친 듯이 비명을 질렀고, 순식간에 농부가 갈퀴로 클리븐의 가슴을 밀어붙였다.

"내가 아는 독일어는 고등학교 때 배운 게 전부였어요. 나는 모든 능력을 총동원해 내가 나쁜 사람이 아니라고 말했죠. 그러나 그 사람들은 믿으려 하지 않더군요."

브레멘 임무에서 살아남은 클리븐 비행대대의 몇몇은 그날 밤, 마을 술집에서 코가 비뚤어지도록 술을 마셨다. 잭 셰리든Jack Sheridan 병장은 이렇게 말했다.

"누구도 클리븐 소령이 돌아오지 않을 거라고 생각지 않았어요."

클리븐 같은 무적의 사나이도 살아 돌아오지 못한다면 과연 누가 살아 남을 수 있을까? 얼마나 많은 사람이 사라져야 이 전쟁을 끝낼 수 있을까?

다음 날 아침, 존 이건은 호텔 조식을 먹으며 《런던 타임즈》를 펼쳤다.

"제8공군, 브레멘 상공에서 B-17 30대 손실"

그는 의자에서 일어나 전화기로 달려가 기지로 전화를 걸었다. 당시 엄격했던 보안 규정에 따라 대화는 암호로 이루어졌다.

"경기는 어떻게 되었나?"

그러자 클리븐이 격추당했다는 답이 돌아왔다. 이건은 잠시 아무 말도 못 하다가 정신을 차리고 다시 물었다.

"내일도 경기가 예정되어 있나?"

"네, 그렇습니다."

"나도 던지고 싶군."

이건은 그날 오후 소프 애보츠 기지로 복귀했다. 마침 마린부르크 폭격을 위해 출격했던 항공기들이 긴 임무를 마치고 돌아오고 있었다. 이번 작전의 지휘관은 제100폭격비행전대의 전대장 닐 B. '칙' 하딩Neil B. 'Chick' Harding 대령으로, 사관학교 시절 미식축구로 이름을 날리던 사람이었다. 비행대대가 돌아오자 이건은 다음 날 자신이 지휘하겠다고 요청했다. 그는 새벽에 장교 숙소로 가서 조종사 존 D. 브래디John D. Brady 대위를 깨웠다. 브래디의 건너편 침상을 썼던 해리 크로스비는 본의 아니게 이건과 브래디의 대화를 듣게 되었다.

"존, 자네와 함께 출격하게 되었어. 그 망할 놈들을 단단히 혼내주자고."

그리고 두 사람은 브리핑을 받으러 갔다.

정보장교인 마이너 쇼Miner Shaw 소령은 한쪽 벽을 가득 메운 북유럽 지도를 덮은 커튼을 열며, 아직 잠이 덜 깬 승무원들에게 말했다.

"오늘의 표적은 뮌스터입니다."

지도 위에는 붉은 줄이 그려져 있었다. 소프 애보츠에서 출발한 그 줄은 네덜란드를 지나 네덜란드와 독일 국경 근처 뮌스터에 있는 작은 철도 교차로까지 이어져 있었다. 이번 임무는 단거리 임무로, 표적 근처까지 당시 최고의 전투기인 P-47 썬더볼트의 호위를 받을 수 있었다. 목표는 담장으로 둘러싸인 구도심의 중심부에 있는 철도 조차장과 노동자들의 숙소였다. 숙소와 가까운 곳에는 대성당이 있었는데, 이 성당의 주교는 열렬한 반나치주의자로 잘 알려져 있었다. 쇼는 낮고 단조로운 목소리로 말을 이어갔다.

"루르 지방의 철도 노동자 대다수가 뮌스터에 거주합니다."

그는 폭격기 승무원들이 표적을 정확하게 타격한다면 이 지역의 철도망은 심각한 피해를 입게 될 것이라고 말했다. 이는 미군의 폭격 전술에 큰 변화가 생겼다는 것을 의미했다. 물론 제8공군은 공식적으로 부인했지만, 이 뮌스터 폭격은 사실상 민간인을 대상으로 하는 도시 파괴 작전이었다. 비밀 해제된 임무 보고서와 비행 기록에 따르면, 폭격 조준점이 도시 중심부로 적시되어 있다. 제94폭격비행전대에서 작성한 한 보고서에는 조준점이 철도 조차장 동북단에 있는 주거 밀집 지역으로 기록되어 있다.

이건은 훗날 이렇게 말했다.

"정보장교가 '우리는 주거지역을 타격할 것입니다'라고 말하자 나도 모르게 일어서서 환호성을 질렀어요. 동료를 잃은 적이 있는 다른 장교들도 마찬가지였어요. 인종 혐오와 소수 민족에 대한 탄압을 일삼는 독일인들을 죽일 기회가 찾아왔고, 친구의 죽음에 복수할 수 있는 멋진 임무라고 여겼지요."

그날 아침, 브리핑실에서의 환호성에 대해 기억하지 못하는 사람들도 있었다. 프랭크 머피Frank D. Murphy 대위 역시 그중 한 사람이었다. 당시 22세로 조지아주 애틀랜타 출신의 재즈 연주가였던 그는 대학교에 다니다가 입대해 항법사가 되었다. 머피는 이건이 일어나 복수를 다짐했던 사실을 기억하지 못했다. 하지만 증언에 의하면 당시 그 방에 있는 사람 중 민간인을 표적으로 삼는 데 대해 반대한 사람은 없었다. 심지어 머피처럼 독일에 친척이 있는 사람들조차도 그랬다. 어쩌면 그들 중에는 전 지휘관 다르 H. '패피' 알카이어Darr H. 'Pappy' Alkire 대령이 비행 훈련을 마치고 조종 흉장을 받은 직후 들려준 경고를 기억하는 사람도 있을 것이다.

"귀관들의 임무가 영광스럽거나 매력적일 것이라고 생각하지 마십시오. 오히려 귀관들은 더러운 일을 해야 하고, 여자와 아이 들을 죽이게 될 것입니다."

하지만 제100폭격비행전대 승무원 누구도 자신을 살인자라고 여기지 않았다. 그들 대부분은 지휘관들을 신뢰했다. 브래디 대위와 같은 비행기를 타는 폭격수 하워드 '햄본' 해밀턴Howard 'Hambone' Hamilton 중위는 이렇게 말했다.

"나는 이 전쟁에서 승리하기 위해 그곳으로 출격해야 한다고 생각했습니다. 철도는 아무리 폭격해도 시간과 인력이 충분하면 빠르게 복구할 수 있다는 게 문제였습니다. 따라서 철도 노동자들의 숙소를 폭격해야 했습니다."

그러나 그날 아침, 다른 폭격기 기지의 브리핑실에서는 표적 설정에 대한 불만이 터져 나왔다. 제390폭격비행전대의 조종사 로버트 사벨Robert

Sabel 중위는 말했다.

"그날은 하필이면 일요일이었고, 승무원 대다수는 교회 근처에 폭탄을 떨어뜨린다는 것을 꺼림칙하게 생각했어요."

제95폭격비행전대의 선도기 더 주트수터스The Zootsuiters호의 항법사 엘리스 스크립처Ellis Scripture 대위는 당시 자신이 보인 반응에 대해 이렇게 말했다.

"나는 독실한 기독교 가정에서 자랐어요. 부모님은 하나님만을 바라보는 사람들이었죠. 민간인을 목표로 폭격한다니, 너무나 충격적이었어요."

브리핑이 끝나자 엘리스 스크립처는 전대장 존 게르하르트John Gerhart 대령을 찾아가 자신은 이번 임무에서 빠지고 싶다고 말했다. 그 말에 게르하르트 대령은 불같이 화를 내며 말했다.

"이봐 대위, 지금은 전시야. 전쟁 중이라고. 그것도 총력전이지. 몇 년 동안 독일 놈들은 유럽에서 죄 없는 사람들을 죽여 왔어. 우리는 그놈들을 막으려 여기에서 싸우고 있는 거야. 이번 임무의 지휘관은 나고, 귀관은 내 항법사야. 자네가 고작 그따위 핑계로 임무를 거부한다면, 나는 자네를 군사재판에 회부할 수밖에 없어. 질문 있나?"

스크립처는 "없습니다"라고 대답했다. 그는 후일 이렇게 말했다.

"그때 나는 마음을 다시 먹었고, 전쟁은 신사들의 결투와는 다르다는 점도 깨달았습니다. 그 후 두 번 다시 지휘관들이 세운 전략을 의심하지 않았습니다. 그들 역시 힘들게 그런 결정을 내렸을 테니까요."

스크립처가 속한 폭격비행전대의 한 장교는 이 임무에 대해 제13전투비행단 장병 대부분이 갖고 있던 생각을 매우 정확히 표현했다. 이 비행단은 전전날 브레멘을 폭격했고, 전날에는 마린부르크를 폭격했으며, 오늘은 뮌스터를 폭격할 예정이었다.

"너무 피곤해서 다른 걸 신경 쓸 여유가 없었습니다."

민스터 폭격 임무 당시, 참가자 명단에 해리 크로스비는 없었다. 그가 탄 항공기는 브레멘 폭격 임무를 수행하고 귀환하는 도중에 영국의 해변에 불시착했다. 민스터 폭격 작전 당일 아침, 그들은 손상된 항공기를 몰고 휴양 도시인 본머스로 가서 잠깐 휴식을 취할 예정이었다. 이륙 전 크로스비는 기지 기상장교인 클리프 프라이Cliff Frye 대위를 호출해 민스터 폭격이 끝나고 전화로 결과를 전달받는 데 필요한 암호를 정했다. 그날 오후 4시, 그는 프라이 대위에게 전화를 걸었다.

"친구들이 모두 외출에서 돌아왔나요?"

대답이 없었다.

"친구 중 영구 전속된 친구가 있나요?"

"하나 빼고 전부야."

프라이는 평정심을 잃고 암호 대신 평문으로 말했다.

"이건이 당했어. 자네의 예전 승무원들도 당했다고. 전대 전체가 격추당했어. 살아 돌아온 항공기는 새로 들어온 로지의 기체 뿐이야."

로버트 '로지' 로젠탈Robert 'Rosie' Rosenthal 중위는 원래 제100폭격비행전대의 소속이 아니었다. 이제 막 영국의 보충대에 도착한 그와 그의 승무원들은 8월, 레겐스부르크 폭격으로 인한 사상자들의 자리를 매우기 위해 제100폭격비행전대에 배치됐다. 로젠탈은 당시를 이렇게 회상했다.

"내가 왔을 때 부대는 정상적이지 않았어요. 시끄러운 놈, 특이한 놈이 많았어요. 칙 하딩은 꽤 괜찮은 장교였지만 지상이나 공중에서 병력을 엄격하게 관리하지 않았죠."

로젠탈은 30일 동안 임무에 참가하지 못했다.

"누구도 나를 테스트해 전투에 참가하도록 승인하지 않았어요. 그러다가 존 이건 대대장님이 나를 훈련에 참가시켜주었어요. 나는 대대장기의 우측에서 비행하기로 했어요. 수많은 시간 동안 편대비행 훈련을 해왔지만, 막상 때가 됐을 때 이 기회를 날려 버릴까 봐 걱정됐어요. 나는 대대장기 우측에 착 달라붙어서 비행했어요. 대대장님이 어디로 향하든 우리의 간격은 벌어지지 않았어요. 착륙 후 대대장님은 내게 자신의 윙맨wing man이 돼주었으면 한다고 말했어요."

로젠탈은 뉴욕 브루클린대학교 출신으로 학창시절 학교에서 미식축구팀과 야구팀의 주장을 도맡을 정도로 운동 실력이 뛰어났고, 학교 명예의 전당에 기록되기도 했다. 그가 브루클린대학교 로스쿨을 수석으로 졸업하고 맨해튼 최고의 법무법인에 들어가 얼마 지나지 않았을 때 일본군이 진주만을 폭격했고, 다음 날 그는 육군 항공대에 지원했다.

당시 26세였던 그는 떡 벌어진 어깨에 조각 같은 얼굴, 곱슬곱슬하고 짙은 머리카락에 재즈를 좋아하는 도시 청년이었지만, 발가락이 안쪽으로 휘어 발을 질질 끌며 느리게 걸었다. 뉴욕 사람 특유의 냉소적 태도가 없었으며, 내성적이고 쉽게 당황하는 성격이었지만, 고난을 헤쳐 나가는 불굴의 의지가 있었다.

"나는 대학 시절에 히틀러가 쓴《나의 투쟁Mein Kampf》이라는 책을 읽었어요. 뉘른베르크에서 열린 나치 전당 대회를 다룬 뉴스 영상도 봤는데, 히틀러가 오픈카를 타고 등장하자 군중이 우레와 같은 함성을 지르더군요. 그들의 표정 하나하나에는 히틀러에 대한 진심 어린 경애심이 담겨 있었어요. 그걸 보고 깨달았어요. 히틀러만이 아니라 독일인 전체가 미쳐 있다는 사실을요. 누군가는 그것을 막아야만 했어요."

이어서 로젠탈은 말했다.

"나는 유대인이지만, 그것 때문만은 아니에요. 히틀러는 전 세계 모든 선량한 시민들을 위협하고 있었어요. 게다가 나는 영국인들이 정말로 자랑스러웠어요. 그들은 영국 본토에서의 전쟁과 전격전blitzkrieg에 맞서 고군분투했어요. 나는 전쟁에 관한 기사를 열심히 읽고 런던 폭격 당시 라디오 중계도 들었어요. 빨리 영국에 가고 싶어 미칠 지경이었죠."

"영국에 도착했을 때 나는 마치 민주주의의 수호자들이 뭉쳐 히틀러와 맞서 싸우고 있는 세계의 중심에 온 것 같은 느낌이 들었어요. 이곳이야말로 내가 있고 싶은 곳이었어요."

그러나 로지 로젠탈은 자신의 이런 생각을 부하들에게 말하지는 않았다. 그리고 전쟁 후반, 로젠탈은 제8공군에서 가장 많은 훈장을 받은 유명인이 되었다.

로지는 뮌스터 임무 당시 표적은 노동자 숙소가 아닌 철도 조차장이라고 기억했다.

"도시 중심부 근처였어요. 무고한 사람이 죽을 수도 있겠지만, 무고한 사람이 죽지 않은 전쟁은 없습니다."

안개가 자욱한 10월의 어느 날 아침, 30톤짜리 거대한 '전쟁 기계들'이 활주로 위에 줄지어 서서 이륙 준비를 하고 있었다. 로지의 항공기는 앞에서부터 세 번째에 있었는데, 이륙이 시작되면 30분마다 1대씩 이륙할 것이다. 그가 받은 기체는 이제 막 공장에서 출고된 로열 플러시Royal Flush 호였다. 원래 타던 로지스 리베터스Rosie's Riveters, 로지의 리벳공호는 브레멘과 마린부르크 임무를 수행하다가 복구가 불가능할 정도로 손상되었다. 미신을 믿었던 승무원들은 새 항공기를 몰고 임무에 나서게 되자 불안해했다. 불안감을 달래기 위해 그들은 주날개 주변에 옹기종기 모여 함께 마음을 진정시켰다.

한 기자는 승무원들이 비행 대기선에서 느꼈던 불안감에 대해 이렇게 표현했다.

"폭탄창 문이 닫히면 승무원들은 이제 항공기라는 감옥에 갇혔다는 사실을 깨닫게 됩니다. 거기에서 빠져나갈 방법은 단 3가지뿐입니다. 격추된 후 탈출에 성공해 또 다른 감옥에 갇히거나, 전사하거나, 무사히 귀환하는 것뿐입니다."

오전 11시 11분, 브래디의 선도기 밀 지그재그M'lle Zig Zag호의 바퀴가 활주로를 박차고 하늘로 치솟아 올랐다. 이건 소령은 부조종사석에 앉고 원래 부조종사인 존 호어John Hoerr 중위는 보조석에 앉았다. 이번 임무에서 브래디는 처음으로 선도기 역할을 맡게 되었다. 그는 자신이 준비가 덜 되어 있다고 느꼈다. 행운을 상징하는 흰색 비행 재킷을 입지 않은 이건 역시 불안하기는 마찬가지였다. 그가 흰색 비행 재킷을 입지 않은 것은 이번 임무가 평소 깨끗한 비행 재킷을 좋아하지 않던 클리븐을 위한 것이기 때문이었다.

제13전투비행단의 폭격기 53대가 상공에 집결했다. 제95폭격비행전대 항공기들이 선두에 서고, 제100폭격비행전대 항공기들이 그 뒤를 따라 남서쪽으로 비행하다가 또 다른 전투비행단 항공기들과 합류했다. 총 275대에 달하는 B-17 무리가 거대한 대형을 이루며 하늘을 날았다. 그중 4대가 북해 상공에서 기체 이상으로 돌아갔다. 폭격기 4대가 빠졌다는 것은 36정의 50구경 기관총이 사라졌다는 말과 같다. 이는 공중전에서는 매우 중요한 문제이지만, 크게 걱정하는 사람은 없는 것 같았다. 제390폭격비행전대의 캐빈 인 더 스카이Cabin in the Sky, 하늘의 선실호의 폭격수 더글러스 고든 포브스Douglas Gordon-Forbes는 이렇게 말했다.

"임무에 나서는 마음은 가벼웠습니다. 독일 영공에서 전투기의 호위를 받는 건 처음이었는데, 그때 우리는 자신감이 넘쳐흘렀습니다."

독일군은 노르웨이에서부터 북프랑스에 이르는 촘촘한 조기 경보 레이더망을 통해 미군 폭격기들이 영국 상공에 집결했다는 사실을 알아차린 순간부터 미군의 폭격에 미리 대비하고 있었다. 미군 폭격기들이 네덜란드 국경을 넘어 독일 베스트팔렌 상공에 이르자 대공포가 맹렬하게 불을 뿜어대기 시작했다. 당시 미군은 독일군 대공포를 독일어로 대공포를 뜻하는 'Fliegerabwehrkanonen'를 줄여 '플래크flak'라고 불렀다. 이건은 브래디를 돌아봤을 때 마침 그는 성호를 긋고 있었다. 그 직후 후방 측면 기관총 사수 1명이 독일군이 쏜 대공포탄 파편에 맞아 전사했다.

제100폭격비행전대 항공기들이 시작점Initial Point*에 다다르자 이건이 전 대원에게 이제 전투 행동반경이 한계에 다다른 아군의 P-47 썬더볼트 전투기는 철수한다고 알렸다. 이건이 고개를 오른쪽으로 돌리자 호위 전투기들이 행운을 기원하는 듯 날개를 살짝 흔들면서 멀어져갔다. 그 직후 전방으로 고개를 돌리던 이건이 소리쳤다.

"젠장! 12시 방향, 고고도 적기! 우리 쪽으로 달려든다!"

무려 200여 대의 독일 전투기가 미군 폭격기를 향해 달려들었다. 독일 전투기들은 미군 폭격기들을 향해 곧바로 날아오더니 충돌하기 직전에야 기수를 돌렸다.

브래디의 밀 지그재그호가 가장 먼저 피격당했고, 곧 기체 하부에서 맹렬한 폭발이 일어났다. 밀 지그재그호 바로 뒤를 따르고 있던 오-알-고 Aw-R-Go호의 기수에서 그 장면을 지켜보던 프랭크 머피는 공포에 질려

---

* 폭격 항정이 시작되는 지점을 말하며, 줄여서 'IP.'라고도 쓴다.

마스터스 오브 디 에어 1

소리도 지르지 못했다. 밀 지그재그호는 시커먼 연기와 연료를 뿜어내며 통제력을 잃고 추락하기 시작했다. 훗날 이건은 당시 상황을 이렇게 설명했다.

"폭격수가 넋이 나간 채로 조종실로 올라오더니 '대형에서 이탈하는 것이 좋겠습니다. 해밀턴이 맞았어요. 빨리 귀환해야 합니다'라고 하더군요. 그래서 나는 이렇게 말했죠. '이미 대형에서 이탈했어'라고 말이죠."

브래디는 고도를 유지하기 위해 온 힘을 다 썼다. 승무원들이 탈출할 시간을 벌어주기 위해서였다. 이건은 탈출을 지휘했다. 그가 인터폰을 통해 지시하는 동안 기체가 불길에 휩싸였다. 그는 부조종사 존 호어에게 해밀턴을 부축해 항공기 앞쪽에 있는 탈출 해치로 가라고 지시했다. 그다음, 이건과 브래디는 항공기의 자동 조종 장치를 작동시키고, 열려 있는 폭탄창으로 향했다. 폭탄창 가운데 좁은 통로에 서서 이건은 발아래 허공을 내려다보며 브래디에게 소리쳤다.

"자네 먼저 뛰어내려, 브래디. 내가 선임자잖아."

그러나 기장인 브래디는 자신이 맨 마지막에 탈출하려고 했다. 이건은 그 당시를 이렇게 기억한다.

"탈출 순서를 놓고 쓸데없이 입씨름을 벌이고 있을 때 갑자기 우리가 서 있는 바로 옆 바닥에 총알구멍이 쑥쑥 뚫리기 시작했어요. 30발 정도의 총알구멍이 폭탄창 문 쪽에서 맞은편 벽 끝까지 일렬로 깔끔하게 뚫렸어요. 나는 정신을 차리고 '나중에 또 보자고, 브래디'라고 말하고 먼저 허공으로 몸을 던졌어요. 그리고 숫자 하나를 센 다음 낙하산 줄을 잡아당겼죠. 낙하산은 문제없이 펼쳐졌고 내 거시기도 무사했습니다."

그 직후, 이건은 3대의 독일 전투기가 자신을 향해 곧장 날아오는 것을 봤다. 전투기에서 기관포가 불을 뿜어대자 순식간에 이건의 낙하산에 구멍이 뚫렸다.

"그때는 화도 나지 않았어요. '이제 죽었구나' 하는 생각뿐이었죠."

지상으로 내려온 그에게 적들이 다가오고 있었다. 그는 낙하산과 거추장스러운 동계 비행 장비들을 벗어 던지고, 숲속으로 몸을 숨겼다.

'햄본' 해밀턴은 이건이 떨어진 곳에서 1마일(1.6킬로미터)이 채 안 되는 곳에 떨어졌지만, 피를 심하게 흘리며 땅 위에 쓰러진 탓에 이건과 만날 수가 없었다. 그러나 해밀턴은 여기서 죽을 수 없다고 다짐했다. 불과 몇 분 전, 사선을 넘어 기적적으로 탈출하는 데 성공했기 때문이었다. 호어 중위가 해밀턴을 구하기 위해 기수로 왔을 때, 해밀턴은 열린 탈출구 손잡이에 걸려 기체 바깥에 대롱대롱 매달려 있었다. 그곳은 무려 고도 2만 피트(6킬로미터)의 차가운 공기 속이었다. 폐에 구멍이 나서 비상 탈출구를 밀어낼 힘이 없었던 해밀턴이 비상 탈출구 위에 올라서서 탈출구 손잡이를 비틀자 문이 밑으로 열리면서 그의 몸이 밖으로 떨어졌다. 그러나 낙하산 오른쪽 어깨끈이 탈출구 손잡이에 걸리면서 해밀턴은 기체 밖에 매달리게 된 것이다. 그의 머리에서 불과 몇 인치 떨어진 곳에서 프로펠러가 빠르게 돌고 있었다.

호어는 젖 먹던 힘까지 다해 손잡이에서 해밀턴의 어깨끈을 빼내주었고, 해밀턴은 간신히 탈출하는 데 성공했다. 그리고 호어 역시 뒤따라 뛰어내렸다. 두 사람은 모두 낙하산으로 안전하게 착지해 독일군에게 체포되었다. 심한 부상을 입은 해밀턴은 구급차로 뮌스터 시내에 있는 병원으로 이송되었는데, 병원으로 가는 30분 동안 구급차 운전사의 15세가량 돼 보이는 손자가 내내 해밀턴의 머리를 긴 엽총으로 겨누고 있었다.

이번 전투가 치러진 시간은 불과 45분에 불과했으나 제2차 세계대전 중 유럽에서 벌어진 그 어떤 전투보다 치열했다. 전쟁, 아니 인류 역사상 가장 잔인한 항공전이라 할 수 있는 이번 전투에서 로젠탈의 로열 플러시호는 전투의 대미를 장식하고 있었다. 고든 포브스 중위에 따르면 그날 오후, 이들은 가장 많은 수의 독일 전투기와 마주했다.

독일 공군은 새로운 무기와 전술을 들고 나왔다. 더 많은 폭격기를 격추하기 위해 몇몇 폭격비행전대를 목표로 모든 화력을 집중한 것이다. 또한 상자 대형으로 밀집 편대비행을 하는 폭격기들을 향해 공대공 로켓탄을 발사했다. 전투 상자 대형 양측 끝, 이른바 '전투 날개Combat wing' 아래쪽에 위치한 편대는 방어에 취약한 지점이었는데, 하필이면 제100폭격비행전대가 그곳에서 날고 있었고, 독일군은 이들을 집중 공격했다. 브래디의 항공기가 격추당한 직후, 독일 단발 전투기들의 파상 공세로 제100폭격비행전대의 대형은 무너지고, 기체는 뿔뿔이 흩어졌다. 이어서 흩어진 제100폭격비행전대의 폭격기들을 향해 독일 쌍발 전투기가 로켓을 발사했다. 더글러스 고든 포브스는 그 모습을 이렇게 묘사했다.

"하얀 연기를 길게 내뿜는 붉은 불덩어리들이 포물선을 그리며 우리를 향해 날아오더니 엄청 빠른 속도로 획획 지나갔습니다. 몇 발은 우리 항공기를 아슬아슬하게 스쳐 지나갔고, 그중 한 발은 내가 있던 기수 바로 아래 4피트(1.2미터) 정도 떨어진 곳을 지나쳐 갔어요."

뿔뿔이 흩어진 제100폭격비행전대의 폭격기들은 복수심에 불타는 독일 전투기 조종사들의 만만한 먹잇감이 되었다.

프랭크 머피는 이렇게 말했다.

"독일 전투기들은 제100폭격비행전대 뒤에서 파상 공세를 퍼부었습니다. 나는 적기와의 정면충돌에 대비하기 위해 비행하는 내내 고개를 돌리고 곁눈질을 해야만 했습니다."

이번 임무는 머피의 21번째 임무였다. 그러나 지금껏 이렇게 많은 적 전투기가 한꺼번에 몰려오는 것은 본 적이 없었다. 심지어 레겐스부르크에서도 이런 적은 없었다. 그동안 독일 공군이 제8공군의 폭격에 맞서 승리한 적은 한 번도 없었다.

로지 로젠탈은 훗날 이렇게 말했다.

"그때 독일군은 처음으로 아군의 폭격기 공격을 격퇴하려고 단단히 준비한 것 같았어요."

제100폭격비행전대는 불과 7분 만에 전투 능력을 상실했다. 그러나 머피, 로젠탈 등 몇몇의 항공기는 표적 상공에 도착해 폭탄을 투하했다. 도시의 대성당에서 저녁기도 종이 울리기 시작할 무렵, 미군 폭격기들은 도심을 향해 500파운드(225킬로그램)에 달하는 폭탄을 투하하기 시작했다. 어느 젊은 조종사는 이런 글을 남겼다.

"당시 고도는 4마일(6.4킬로미터)이었다. 우리가 투하한 폭탄이 어디에 떨어질지는 누구도 알 수 없었다."

폭격기들이 표적 상공의 대공망에 진입하자 독일 전투기들은 공격을 멈추었다. 그러다 제100폭격비행전대의 나머지 항공기들이 제95, 제390 폭격비행전대와의 집결 지점으로 합류하기 위해 완만하게 선회하기 시작하자 독일 전투기들이 다시 몰려들었다. 프랭크 머피는 이렇게 말했다.

"항공기가 선회하자마자 등 뒤에서 폭발이 일어났고, 나는 항공기 바닥에 쓰러졌어요. 마치 야구 방망이로 얻어맞고, 동시에 끓는 물 한 바가지를 뒤집어쓴 느낌이었어요. 순간, 너무 무서웠어요. 내가 얼마나 심하게 다쳤는지 알 수 없었지만, 곧 죽게 될지도 모르겠다는 생각이 들더군요."

기체 바닥에는 자신이 쏜 기관총 탄피가 무려 3인치(7.6센티미터) 높이로 쌓여 있었다. 그 위로 쓰러졌던 머피가 고개를 들자 눈앞에 부조종사 글렌 그레이엄Glenn Graham이 보였다. 산소마스크를 벗은 그레이엄은 수신호로 자기를 따라오라고 했다. 그레이엄은 기수의 전방 승무원 출입문의 비상 해제 손잡이를 잡아당긴 후 출입문을 발로 차서 열고 뛰어내렸다. 머피는 열린 문 사이로 아래를 내려다보고는 순간 멈칫했다. 언뜻 봐도 100마일(160킬로미터)은 될 듯했다. 그리고 양팔을 벌리고 출입구 밖으로 천천히 몸을 내밀었다.

"갑자기 쥐 죽은 듯 고요해졌어요. 전투의 소음도, 총성도, 화약 냄새도, 엔진 소리도, 인터컴에서 들리는 대화도 전혀 들리지 않았어요."

그리고 제390폭격비행전대 항공기들이 그의 시야에 들어왔을 때 하늘은 다시금 불꽃과 폭발물 잔해들로 가득 찼다. 뮌스터 주위에 배치된 대공포가 제390폭격비행전대를 향해 불을 뿜고, 독일 전투기들이 미국 폭격기를 사냥하기 위해 미친 듯이 날아다녔다. 폭격수 고든 포브스는 이렇게 말했다.

"나는 기관총을 잡고 갈겨댔습니다. 적기를 찾을 필요는 없었어요. 어딜 봐도 적기가 있었으니까요."

시추에이션 노멀Situation Normal, 상황 정상화라는 어울리지 않는 이름을 가진 항공기의 부조종사 윌리엄 오버스트리트William Overstreet 중위는 이렇게 말했다.

"하늘은 온통 대공포탄을 맞아 불타고 폭발하고 미친 듯이 회전하고 추락하는 B-17로 가득했어요."

한 기관총 사수는 이렇게 말했다.

"마치 비행기 잔해들로 가득 찬 공중 폐차장을 빠져나가는 것 같았어요."

하늘을 수놓은 낙하산도 너무 많아 마치 공정작전이 연상될 정도였다. 낙하산을 미처 착용하지 못한 채 기체 밖으로 튕겨져 나간 사람도 많았다.

자신이 알고 있는 동료가 낙하산도 없이 구름 사이로 떨어지는 모습을 본 승무원은 이렇게 생각했다.

"사람이 2만 5,000피트(7.6킬로미터)에서 떨어지면 어떻게 될까? 떨어지는 동안 죽을까? 만약 땅에 떨어질 때까지도 의식이 또렷하다면, 계속 비명만 지르게 될까?"

전쟁 전에 항공 전략가들은 폭격 전쟁은 기계 대 기계의 전쟁이라 사람과 사람의 접촉은 최소한도로 이뤄질 거라고 예상했다. 그러나 제8공군이 수행한 모든 독일 폭격 작전에서 항공기에서 뛰어내린 승무원들은 그때까지 미군 중 한 사람도 들어가 싸운 적 없는 독일 영토 한가운데서 적과 정면으로 얼굴을 마주하게 된다.

전투기와 폭격기 간의 공중전도 지상의 총격전만큼이나 가까운 거리에서 벌어졌다. 뮌스터 상공에서는 독일의 전투기가 캐빈 인 더 스카이호의 기수를 스쳐 지나갔다. 더글러스 고든 포브스의 회상이다.

"지극히 짧은 순간이었지만, 나와 독일 조종사는 서로의 얼굴이 보일 정도로 가까운 거리에 있었어요. 두려움으로 가득 차 있던 그 조종사의 얼굴을 나는 아직도 잊을 수 없어요."

그날 오후, 당시 15세이던 오토 쉬트Otto Schüett는 뮌스터 외곽에서 개최된 마술馬術쇼를 보고 있었다. 행사장은 도심에서 3마일(4.8킬로미터) 정도 떨어진 곳에 있었는데, 그곳에서 오토 쉬트는 미군 폭격기가 다가오는 소리를 들었다. 그러나 폭격기의 모습은 높은 가을 하늘에 묻혀 찾기가 쉽지 않았다.

"우리가 있는 곳에서 짙은 구름 너머로 도심에서 피어오르는 연기가 보였어요. 폭발이 점점 가까운 데서 일어나자, 우리의 목숨도 위험하다는 것을 깨달았어요. 행사장에 모인 사람들은 뿔뿔이 흩어져 숨을 곳을 찾아 달렸어요. 그 와중에도 엄청난 폭발음과 대공포 소리가 갈수록 강하게 들려왔죠. 나는 땅에 얼굴을 박고 납작 엎드렸어요."

폭격이 잠시 잠잠해지자 쉬트는 일어나 더 안전한 곳을 찾아 달렸다. 그런데 그의 눈앞에 하늘에서 떨어져 내려오는 B-17의 한쪽 날개가 보였다. 날개에는 엔진이 달려 있었고, 프로펠러도 돌고 있었다. 날아온 B-17의 날개는 쉬트 바로 앞 바닥으로 떨어졌다.

"땅에 떨어진 날개는 격렬하게 타오르며 검고 기름진 연기구름을 내뿜었어요. 이젠 죽었구나, 하는 생각밖에 안 들었어요."

성벽으로 둘러싸인 도시 안에는 힐데가르트 코스터스Hildegard Kosters라는 14세된 여학생도 있었다. 그녀는 기차역 지하에 건설된 방공호로 피신했다.

"폭발의 충격으로 땅이 요동치고 단단한 콘크리트 벙커도 흔들렸어요. 갑자기 모든 조명등이 꺼졌는데, 방공호에 모인 여자와 아이 들은 불이 꺼지자 마치 도살장에 끌려온 양들처럼 모두 몸을 움츠리고 울부짖으며 기도했어요. 두려움에 사로잡혀 아무 말도 하지 못하는 사람도 있었어요."

마침 그날 뮌스터역에서 기차를 갈아타려던 독일군 병사는 이렇게 회고했다.

"지옥이 따로 없었어요. 사방이 무너지고, 불타고 있는 집에 갇힌 사람들이 비명을 지르고 있었어요. 거의 모든 도심이 완전히 무너졌고, 기차역역시 큰 피해를 입었습니다."

하늘을 올려다본 그 병사의 눈에는 긴 연기구름을 뿜어내며 영국으로돌아가는 폭격기들이 보였다. 그중 일부는 그의 눈에도 분명 심각한 손상을 입은 게 보였다. 훗날 로젠탈은 당시 로열 플러시호의 상태를 이렇게 묘사했다.

"우측 날개는 공대공 로켓탄에 맞아 큰 구멍이 뚫렸고 엔진 2개는 멈춰 버렸어요. 측면 기관총 사수 2명 다 중상을 입었고, 후미 기관총 사수 역시 심하게 다쳤죠. 표적 상공에서 벗어나니 다시 독일 전투기가 달려들더군요. 항공기의 자세를 안정적으로 유지해야 기관총 사수들이 적기를 공격할 수 있어요. 하지만 그때는 항공기의 자세를 안정적으로 유지하기보다 회피 기동을 하는 편이 낫겠다고 생각했어요. 나는 할 수 있는 모든 회피 기동을 취했습니다. 하늘은 온통 적기와 아군기로 가득하더군요. 결국 우리를 쫓아오던 독일 조종사들은 포기하고 더 쉬운 먹잇감을 찾아 떠난 것 같았어요."

인터컴을 통해 산소 공급 장치가 파괴되어 숨 쉬기가 곤란하다는 승무원의 고함이 들려왔다. 로젠탈은 불필요한 대화를 하지 말라고 지시하고, 항공기를 급강하시켜 산소를 확보할 수 있는 고도로 내려왔다. 그때 부조종사 윈프리 '패피' 루이스Winfrey 'Pappy' Lewis가 항공기관사에게 연료가 얼마나 남아 있는지 물었다. 그러나 항공기관사는 두 눈이 풀린 채 아무 말도 하지 않았다. 산소 결핍 증상 때문이었다. 1만 2,000피트(3.6킬로미터) 밑으로 내려가자 항공기관사도 정신이 돌아왔다.

"그런 상황에서는 죽음에 대해 생각하지 않아요. 항공기와 부하들을 구하는 데 온 신경을 집중하게 되죠. 물론 저도 무서워요. 그러나 공포와 공황은 다릅니다. 공황 상태에 빠지면 몸이 마비되지만 공포를 느끼면 오히려 힘이 솟아요. 외부 온도는 영하 45도이지만, 땀이 나죠. 심장은 빠르게 뛰고, 몸은 더 빠르게 움직이게 되죠. 솔직히 말해 전쟁 기간 내내 가장 무서웠던 것은 부하들을 잃을 수도 있다는 사실뿐이었어요."

로젠탈은 말했다.

"사람들은 용기에 대해 이런저런 말들을 하죠. 하지만 그중 상당수는 헛소리예요. 나는 뮌스터 임무 때 용감하지 않았습니다. 내겐 마땅히 해야 할 일이 있었고, 그것을 해냈을 뿐이죠. 적에게 폭탄을 투하하는 일 말이죠. 그 다음으로 내가 신경 쓴 건 내 비행기와 동료들을 무사히 기지로 데려오는 것뿐이었습니다."

전투가 새로운 국면으로 접어들자 그의 걱정은 이내 사라졌다. 고든 포브스는 이렇게 회상했다.

"눈앞에 기다란 수증기 구름이 보였어요. 우리를 죽음으로부터 구해 줄 구원의 상징, 바로 P-47 썬더볼트의 비행운이었죠! 나치 전투기들은 기수를 돌려 황급히 도망쳤습니다."

'젬케의 울프팩Wolf Pack'이라고 불린 허버트 '허브' 젬케Hubert 'Hub' Zemke의 제56전투비행전대가 악천후에도 불구하고 복귀하는 폭격기들을 호위하기 위해 서포크 항공기지에서 출격한 것이다. 이들을 포함한 여러 썬더볼트 비행대는 연료와 탄약이 거의 다 떨어져가는 독일 전투기들을 몰아냈다. 그리고 '친구들'을 엄호하며 북해를 건넜다. 그러나 심하게 손상된 로젠탈의 기체는 폭격기 편대를 따라갈 수 없어서 혼자서 가야 했다.

로열 플러시호는 위험한 북해 상공을 저공으로 날아서 갔다. 저녁이 되어 짙은 안개가 드리우자 항법사 로널드 베일리Ronad Bailey는 영국 해안을 찾는 데 애를 먹었다. 게다가 소프 애보츠 기지는 인근에 있는 다른 미국 폭격기 기지들과 비슷하게 생겨서 찾기 더 힘들었다. 마침내 로열 플러시호는 낮게 깔린 먹구름을 뚫고 기지에 접근했다. 승무원들은 기내에 부상자가 있다는 신호로 적색 조명탄을 발사했다. 기지의 모든 사람이 활주로로 모여들고 불안한 눈길로 하늘을 응시했다. 그들은 이곳에서 이륙했던 폭격기 13대가 모두 무사히 귀환하길 바랐으나, 돌아온 폭격기는 손상을 입은 단 1대의 폭격기뿐이었다. 로지는 간신히 착륙하여 폭격기를 콘크리트로 된 원형 주기장에 세운 후 폭탄창을 통해 내렸다. 그리고 정보장교에게 물었다.

"원래 이렇게 힘든가요?"

그는 중상을 입은 사수 2명과 함께 구급차를 타고 기지 내 병원으로 향했다. 그는 몇 년 후 이렇게 말했다.

"안도감보다 오히려 죄책감이 들더군요. 다른 항공기에 탔던 사람들은 다 죽었는데, 왜 우리만 살아남은 걸까요?"

부상자 중 하나인 기관총 사수 로렌 달링Loren Darling은 빠르게 회복했다. 그러나 또 다른 부상자인 존 셰이퍼John Shaffer는 심장 근처에 박힌 파편을 제거하기 위해 미국으로 후송됐다. 나중에 정비반들이 로열 플러시호의 날개 쪽 연료 탱크에 기관포탄 1발이 불발된 채로 박혀 있는 것을 발견하고, 이 사실을 로젠탈에게 알려 주었다. 로열 플러시호의 승무원들은 그 불발탄이 나치의 탄약 공장에서 노예 노동자들의 의도적인 태업의 산물이라고 생각했다.

유럽 폭격기 전쟁의 희생자는 두 부류로 나뉜다. 폭격을 당한 쪽에서 발생한 사상자와 폭격을 가한 쪽에서 발생한 사상자 말이다. 1943년 10월 10일 하루 동안 뮌스터에서 사망한 민간인은 약 700명으로, 그 대부분이 철도 조차장 인근 중세식 주택 지역에 살던 주민들이었다. 뮌스터성당도 약간의 피해를 입었다. 학교 두 곳이 폭탄을 맞았으나 다행히 인명 피해는 없었다. 오토 쉬트는 성당에서 수백 야드 떨어진 자신의 집으로 달려갔지만, 집은 앞쪽 벽만 겨우 남은 상태였다. 다행히 지하 방공호에서 그의 가족을 비롯한 생존자들이 나오고 있었다. 뮌스터의 시민들에게 그 45분은 그야말로 공포의 시간이었다. 미국 제13전투비행단 역시, 그날 하루 동안 미군이 잃은 B-17 30대 중 25대를 그 45분 동안 잃었다. 그리고 복귀하지 못한 미국 폭격기 승무원은 300명이나 되었다.*

숫자 따위로 격추당한 폭격기 승무원들이 느꼈을 헤아릴 수 없는 두려움을 전달할 수 있을까? 2만 5,000피트(7.6킬로미터) 상공을 비행하는 폭격기에는 적십자 완장을 차고 부상자를 치료해 줄 군의관도 의무병도 탑승하지 않았다. 하늘에서 부상을 당하면 의료에 대해 아무것도 모르는 동료나 본인이 직접 응급처치를 해야만 했다. 미스 캐리Miss Carry호의 조종사 폴 밴스Paul Vance 중위는 뮌스터 임무에서 대공포에 맞아 하마터면 다리를 잃을 뻔했다. 그는 스스로 지혈대 대신 인터폰 선으로 응급처치를 한 상태에서 기지로 귀환하기 위해 그를 대신해 조종석에 앉은 신출내기 부조종사를 감독했다. 일요일에 도시를 폭격하는 데 불만을 품었던 제390폭격비행전대 조종사 로버트 사벨 중위도 러스티 로드Rusty Lode, 녹슨 광맥호를 몰고 무사히 귀환했다. 그러나 기체에는 무려 750여 개의 구멍이 뚫려 있었고, 착륙 당시 2분 정도 더 비행할 연료밖에 남아 있지 않았다. 임무

---

* 독일 측에서는 이날 격추당한 독일 전투기가 22대뿐이라고 기록했다. 반면 제8공군 폭격기 기관총 사수들은 이날 총 183대의 독일 전투기를 격추했다고 주장한다. 제13전투비행단은 이 날 독일 전투기 105대를 격추한 것으로 인정받았다. 육군 항공대 지휘관들은 당시 전투에서 기관총 사수들이 보고한 격추 전과가 다른 전투와 마찬가지로 턱없이 과장되었다는 사실을 잘 알고 있었다. 정확한 격추 기록을 알아내기 위해 여러 방법이 사용되었지만, 여전히 격추 기록은 과장된 채로 남아 있다. 물론 고의적인 허위 보고로 격추 전과를 부풀리는 기관총 사수도 있다. 그러나 대부분의 기관총 사수들은 자신들의 주장이 진실이라고 믿고 있었다. 물론 독일 측의 항공기 피해 기록 역시 실제보다 훨씬 축소되어 발표되었을지 모르며, 10월 10일 격추당한 독일 전투기 수는 누구도 정확하게 알 수 없을지 모른다. 그러나 신뢰할 만한 역사학자들은 이날 독일 공군은 60~90대의 전투기를 잃었을 것이라고 했다.

수행 중 상황이 절망적이라고 느낀 그의 부하 3명이 독일에서 낙하산으로 탈출한 상태에서 사벨은 멀쩡한 엔진이 2개밖에 남지 않은 기체를 몰고 통신실 바닥에서 피를 흘리며 죽어간 4명의 부하와 함께 기지에서 몇 마일 떨어진 소프 애보츠 기지에 착륙하는 데 성공했다.

그날 저녁, 귀환하지 못한 폭격기 승무원들의 개인 소지품은 빠르게 포장되어 사라졌고, 그들이 쓰던 침상도 말끔하게 정리되었다. 불과 1시간 만에 그들의 흔적은 모두 사라졌다. 그날 밤, 잠을 이룰 수 없었던 로버트 로젠탈은 장교클럽으로 갔다. 그는 술을 마시지 않았지만, 말동무가 간절하게 필요했기 때문이다. 그러나 장교클럽에는 사람이 별로 없었다. 그나마 그들조차 서로 아무 말도 하지 않았다. 다들 다른 이들을 어떻게 대해야 할지 몰랐고, 로젠탈도 마찬가지였다.

그날 밤늦게 해리 크로스비는 존 브래디의 빈 침상을 바라보며 뭔가를 계산했다. 불과 4개월 전 그를 포함한 140명의 장교가 소프 애보츠에서 함께 작전에 참가했다. 그런데 그중 지금까지 남아 있는 사람은 이제 3명뿐이었다. 지난주에 제100폭격비행전대는 대대장 2명(클리븐과 이건)을 포함해 200여 명의 장병을 잃었다. 전대원의 절반에 육박하는 숫자였다. 덕분에 전대는 '피투성이 100'이라는 별명을 얻었다. 크로스비는 스스로에게 물었다.

'도대체 나는 어떡해서 지금까지 살아남은 거지?'

그날 밤 프랭크 머피 역시 같은 질문을 하고 있었다. 그의 오른팔에는 작은 파편들이 빼곡히 박혔고, 낙하산을 타고 지상에 떨어질 때 다친 발목이 쑤셨지만, 그럼에도 그는 아직 살아 있었다. 그러나 그곳은 독일 공군기지 내의 작은 감옥 안이었다. 그 감옥에는 미군 폭격기 승무원 30여 명이 포로로 수용되어 있었다. 그들을 격추한 독일 전투기 조종사들이 감옥으로 찾아와 그들과 낮은 목소리로 대화를 나눴다.

"독일 공군은 우리를 정말로 존중해 주었고, 우리 역시 그들에게 경의를 표했습니다."

독일군이 특히 강한 흥미를 보인 포로는 제390폭격비행전대의 조종사 존 위넌트John Winant 중위로, 그는 영국 주재 미국 대사인 존 G. 위넌트의 아들이었다.

독일 조종사들이 떠나자 포로들은 자신들이 앞으로 얼마나 오랫동안 포로 생활을 하게 될지에 대해 이야기했다. 연합국이 결국 이 전쟁에서 승리할 거라는 걸 의심하지는 않았지만, 제8공군이 전투에서 계속 지고 있다는 사실도 알고 있었다. 어쩌면 그들은 길게는 10년간 포로 생활을 해야할 수도 있었다.

어떤 승무원이 소리 질렀다.

"망할, 10년씩이나?"

머피도 맞장구쳤다.

"집에 돌아가기 전에 늙어 죽겠군."

다음 날 아침, 존 위넌트는 특별 수용소로 옮겨졌다. 머피를 비롯한 다른 포로들은 차로 뮌스터 시내 근처로 이동한 후, 거기서부터 걸어서 분노한 뮌스터 시민들 앞을 지나 폐허가 된 기차역까지 이동했다. 그들이 도착한 곳은 프랑크푸르트 외곽에 있는 연합군 포로 신문을 위한 임시 수용소 둘라크 루프트였다.

포로가 된 장교들에게는 독방이 배정되었고, 이들은 신문을 받는 동안 다른 포로들은 만날 수 없었다. 그래서 프랭크 머피는 그곳에 존 이건과 게일 클리븐이 함께 있었다는 사실을 알지 못했다. 그건 이건과 클리븐도 마찬가지였다.

이건은 며칠 동안 독일군을 피해 도망 다니다가 결국 붙잡혀 포로가 되었다. 그가 수용된 비좁고 난방이 안 되는 방은 클리븐이 수용된 방과 그리 멀지 않았다. 이곳에서는 우글거리는 백만 마리의 이가 이건의 유일한 친구였다. 그들은 좁은 독방에서 9일 동안 신문을 받은 후 다른 포로들과 함께 원래 폴란드령이었으나 현재는 독일이 점령하고 있는 슐레지엔의 슈탈라크 루프트 IIIStalag Luft III 연합군 전용 포로수용소로 이송되었다.

포로들은 더럽고 지독한 냄새가 나는 가축 수송용 화차에 실려 이동했다. 전시에 포로 수송은 우선순위에서 밀렸으므로 포로들을 실은 화차는 여러 화물 열차에 연결되어 움직이거나 옆으로 밀려나 하염없이 기다려야 하는 경우가 많았다. 300마일(480킬로미터)을 가는 데 3일이 걸리기도 했다.

슈탈라크 루프트 III은 베를린에서 동남쪽으로 약 90마일(145킬로미터) 떨어진 자간 외곽의 울창한 소나무 숲속에 있었다. 클리븐은 그곳에서 마침내 제100폭격비행전대의 동료들을 만날 수 있었다. 전쟁이 끝날 때까지 독일 포로수용소에 수감된 제100폭격비행전대 대원들은 대략 1,000여 명에 달했다. 클리븐의 대대 중 무려 절반이 슈탈라크 루프트 III에 있었다. 프랭크 머피와 존 브래디도 이곳에서 포로 생활을 했다. 브래디의 폭격수 하워드 '햄본' 해밀턴은 독일 병원에서 오랫동안 치료를 받은 끝에 간신히 회복되어 발트해 인근 바르트에 있는 슈탈라크 루프트 I로 옮겨졌다.

클리븐이 이곳에 온 지 3일 후, 한 무리의 미군 포로들이 도착했다. 클리븐은 무리를 지어 들어오는 포로들 사이에서 존 이건을 발견하고 소리쳐 불렀다.

"자네, 뭐 하다가 이제 온 거야?"

이건이 대답했다.

"알면 감상에 젖을걸."

처음에 그들은 다른 구역에서 지냈다. 각 구역은 감시탑과 철조망으로 분리되어 있었다. 그러다 4개월 후부터는 모두 서쪽 구역에 수감되었다. 이 구역의 포로 중 최선임자는 퉁명스러운 말투의 다르 알카이어 대령이었다. 그는 전에 제100폭격비행전대의 전대장이었으나 부대가 아직 미국 본토에 있을 때 전대장직에서 해임당했다. 그 후 지중해 작전에서 B-24 리버레이터를 조종하다가 격추당해 얼마 전 이곳으로 온 것이다.

클리븐과 이건은 다시 훈련 때처럼 룸메이트가 되었다. 그러나 이제 그들에게는 권태와 절망감이라는 적과의 새로운 전쟁이 기다리고 있었다. 그들의 필사적인 전쟁은 1945년 초의 혹독한 겨울, 그들이 수용된 건물이 무너져 내릴 때까지 계속되었다.

MASTERS OF THE

제1장

폭격기 마피아

AIR

"폭격기는 어디라도 날아갈 수 있다."
- 스탠리 볼드윈Stanley Baldwin, 영국 총리

1942년 8월 17일, 그래프턴 언더우드

활주로에 도열하여 이륙을 기다리고 있던 12대의 B-17 중 맨 앞에 선 항공기의 이름은 부처숍Butcher Shop, 푸줏간호였다. 조종사는 플로리다 주 마이애미 출신 폴 W. 티비츠Paul W. Tibbets 소령이었다. 제97폭격비행전대의 베테랑 조종사 티비츠 소령은 하필이면 전쟁이 시작된 이래 최대 규모의 폭격 작전에서 첫 임무를 맡게 되었다. 아이러니하게도 3년 후인 1945년 8월 6일, 티비츠는 서태평양의 어느 섬에서 이륙해 일본 히로시마에 폭탄 하나를 투하하게 되는데, 그 하나의 폭탄으로 인해 장장 6년에 걸쳐 6,000만 명의 생명을 앗아간 전쟁이 막을 내리게 된다.

제8공군 사령관 칼 투이 스파츠 소장은 현장에서 제97폭격비행전대의 이륙 과정을 지켜봤다. 그 자리에는 냉소적인 눈빛의 영국 공군 참관단과 영국과 미국의 기자 등 30여 명이 함께했다. 훗날 티비츠는 이렇게 말했다.

"정말 신경 쓰이는 임무였습니다."

티비츠의 항공기는 평소에 그가 몰던 레드 그렘린Red Gremlin, 붉은 그렘린호가 아니었다. 이번 임무에 참여한 부처숍호의 승무원들은 부조종사석에 앉은 제97폭격비행전대장 프랭크 A. 암스트롱 주니어Frank A. Armstrong, Jr. 대령이 직접 선발했다. 암스트롱 대령은 강철 같은 의지의 지휘관으로, 서릿발 같은 군기를 강조했다. 그 덕분에 지난달에 영국으로 급히 파견되어 아직은 미숙한 승무원들의 사기와 능률은 높을 대로 높아져 있었다. 전쟁이 끝난 후 그의 친구이자 유명한 작가인 버니 레이 주니어 중령은 소설《정오의 출격》을 쓰며 암스트롱을 모델로 주인공인 프랭크 새비지라는 인물을 만들어냈다. 영화 '정오의 출격'에서 배우 그레고리 펙 Gregory Peck이 연기한 새비지 장군은 명령으로 인한 압박감을 이기지 못하고 무너지지만, 암스트롱은 절대 그런 인물이 아니었다. 제97폭격비행전대의 장병들은 그를 두려워하면서도 경외했다. 장병들은 두려움을 담아 그를 '도살자Butcher'라고 불렀으며, 그 두려움이 경의로 바뀌면서 그의 기체 이름은 '부처숍'이 되었다.

임무 브리핑에서 암스트롱은 아군이 주간 폭격 작전을 시작할 것이고, 공세의 강도는 적의 전쟁 수행 능력과 의지가 바닥날 때까지 꾸준히 강화할 것이라고 말했다. 브리핑에 함께 참여했던 영국 공군 참관단은 암스트롱의 말을 허풍이라고 여겼다. 당시 영국에 배치된 폭격기는 100대가 채 되지 않았고, 작전 역시 7주간이나 연기되다가 미국 정부가 암스트롱에게 압력을 가한 끝에야 간신히 이루어졌다. 결국 암스트롱은 승무원들이 준비가 완료되었다고 보고할 수밖에 없었다. 아직 준비가 덜 됐다는 것은 그도 잘 알고 있었지만, 이제 출격하는 것 말고는 달리 방법이 없었다. 공교롭게도 독일 공군에서도 그래프턴 언더우드와 인근 폴브룩에 있는 제8공군의 작은 비행장에 "미군 폭격기는 대체 어디에 있나요?"라는 조롱이 적힌 선전물을 떨어뜨리기 시작했다. 암스트롱은 출격 전 승무원들에게 이렇게 말했다.

"이제 놈들은 우리가 어디 있는지 알게 될 것이다. 모두 내 뒤에 바짝 붙어 따라와라. 그러면 장담컨대 독일 놈들에게 멋지게 한 방 먹이고 안전하게 돌아올 것이다."

브리핑실 안에 있던 누구도 그의 말을 의심하지 않았다.

부처숍호는 그날 오후 3시 40분경 이륙했다. 다음으로 6대의 B-17로 이뤄진 편대의 편대장기 양키 두들Yankee Doodle, 미국 놈들호가 이륙했다. 양키 두들호 통신실에는 제8공군 사령부의 작전참모 아이라 이커 준장이 타고 있었다. 조각 같은 얼굴에 승리의 미소를 짓고 있는 이커는 텍사스 출신으로, 전쟁 전 육군 전투기 조종사로 복무하면서 여러 기록을 세웠다. 그러나 그는 이제까지 단 한 번도 전투를 경험해 본 적이 없었다.

그의 오랜 친구이자 포커 상대인 투이 스파츠는 이 역사적인 임무를 직접 지휘하고 싶어 했다. 그러나 당시 독일군 암호 해독 프로젝트 '울트라ULTRA'의 기밀 정보 분석 결과, 연합군 최고사령부는 사령관이 독일 영공으로 들어가는 것은 위험하다고 판단했다. 특히 그 전 달에 있던 한 사건은 그 판단을 더욱 확고하게 만들었다.

그해 5월, 영국 공군과 함께 훈련하기 위해 파견되었던 쌍발경폭격기를 운용하는 제8공군의 제15폭격비행대대가 7월 4일, 영국 공군 승무원들과 각각 6대씩 12기의 A-20에 나눠 타고 방어가 삼엄한 네덜란드의 독일 공군기지를 저공으로 기습했다. 이 공격을 명령한 사람은 미국 육군 항공대 사령관 헨리 H. '햅' 아놀드Henry H. 'Hap' Arnold 중장으로, 그는 당시 프랭클린 D. 루스벨트 대통령의 열렬한 지지를 받고 있었다.* 아놀드는 미국 독립 기념일인 7월 4일이야말로 나치 독일을 향해 미국이 첫 반격을 시작하기에 적절한 날이라고 여겼다. 그러나 스파츠의 제8공군에는 7월

---

* 1941년 6월 20일, 미 육군 항공단(U.S. Army Air Corps, USAAC)은 미 육군 항공대(U.S. Army Air Forces, USAAF)로 개편되었다.

첫 주까지도 영국에 배치된 미군 항공기가 없었다. 그래서 이 이른바 '독립 기념일 폭격'에 참가한 미군 승무원들은 영국 공군의 더글러스Douglas A-20 항공기를 빌려 탑승했다. 영국 공군은 이 기체를 '보스턴Boston'이라고 불렀다. 이날 출격한 '보스턴' 12대 중, 미군 승무원을 태운 항공기 2대, 영국군 승무원을 태운 항공기 1대가 돌아오지 못했다. 그리고 미 육군 찰스 C. 케겔먼Charles C, Kegelman 대위가 모는 A-20 1대가 적의 사격으로 넝마가 된 기체를 간신히 몰고 돌아오는 데 성공했다.

엄밀히 말하자면 이 작전은 제8공군 최초의 전투 임무였는데, 스파츠가 보기에 이번 임무는 미국과 영국 두 나라 언론의 압력에 의해 촉발된 것으로, 자국민의 사기를 높여주기 위한 선전용 묘기 정도로 생각되었다.

훗날 스파츠는 케겔먼에게 미국에서 두 번째로 높은 훈장인 수훈비행십자훈장을 수여하고, 그날 일기에 이렇게 적었다.

"신문기자들과 사진사들은 원하던 것을 얻었다. 모두가 만족스러워 보였다."

티비츠에게는 독립 기념일 폭격이 아니라 그보다 훨씬 더 중요한 임무가 주어졌다. 그것은 제8공군의 핵심인 4발 중폭격기를 몰고 최초로 독일군을 향해 출격하는 것이었다. 아놀드, 스파츠, 이커가 항공 전략가들을 도와 준비한 이번 임무는 새로운 형태를 띠는 전쟁의 첫 무대이자 시험대였다. 이번 작전을 위한 훈련은 은밀하게 준비된 만큼 미국 본토에서 이뤄졌다. 그러나 이 임무가 시작되기 전, 이커는 아놀드에게 편지를 보내 "주간 폭격 이론의 성패 여부는 장병들의 생명이 걸린 상황에서만 입증할 수 있다"라고 말했다.

표적은 프랑스 북서부에 있는 도시, 루앙 인근의 철도 조차장으로, 잔다르크가 화형에 처해진 곳이었다. 이번 임무는 영국 스핏파이어Spitfire 전투기들의 호위를 받고, 거리도 그리 멀지 않았기 때문에 얼핏 보면 쉬운 듯 보였지만, 스파츠는 내심 걱정됐다. 영국의 처칠 총리가 미국의 루스벨트 대통령에게 미 제8공군을 해체하고 그 폭격기들을 영국 공군에 합류시켜 루르 산업 지대에 대한 야간 폭격에 집중케 해야 한다고 압력을 가하고 있었기 때문이다. 이번 작전의 성과가 좋지 않고, 암스트롱이 다수의 항공기를 잃는다면 처칠 총리의 뜻에 따라야 하는 상황이 올지도 모를 일이었다.

그래프턴 언더우드의 관제탑에서 스파츠와 함께 영국 공군 장교들이 이 광경을 불안한 눈빛으로 지켜보고 있었다. 영국도 전에 웰링턴 Wellington, 블레넘Blenheim 폭격기로 주간 폭격을 가했다가 독일 전투기에 당해 혼쭐이 난 적이 있었다. 더구나 미국이 영국으로 수출한 B-17 20대는 이제까지 성과가 형편없었다. 그러나 스파츠는 B-17이 이 전쟁을 승리로 이끌 수 있을 만큼 충분한 잠재력을 지닌 무기이고, 영국군이 B-17을 제대로 운용하지 못했다고 믿었다. 보안상의 이유로 영국의 B-17에는 비밀 장비인 노든 폭격조준기가 설치되지 않았고, 기관총의 화력은 최신형 B-17에 비해 현저히 떨어졌다. 또 영국 공군의 B-17은 독일의 대공포를 피해 3만 피트(9킬로미터) 이상의 지나치게 높은 고도에서 비행했다. 따라서 폭격 정밀성이 떨어졌을 뿐 아니라 추위로 인해 많은 장비가 고장 났기에 영국 공군은 B-17에 대해 회의적이었다.

이륙한 미군 B-17 12대가 그래프턴 언더우드의 활주로를 박차고 구름 속으로 사라지자 스코틀랜드 출신의 한 뚱뚱한 영국 공군 중위가 옆에 있던 미군 장교에게 이렇게 말했다.

"저 중 1대라도 돌아온다면 엄청나게 운이 좋은 거요!"

이륙한 항공기들은 센강 변의 거대한 철도 조차장까지 순조롭게 비행했다. 하늘은 구름 한 점 없고, 독일 전투기들도 보이지 않았다. 귀환하던 중 1인승 전투기 메서슈미트Messerschmitt, Me 109가 몇 대 나타났지만, 비슷한 전투력을 지닌 스핏파이어들이 쫓아버렸다. B-17의 기관총 사정거리까지 들어온 Me 109도 1대 있었으나 버밍엄 블리츠크릭Birmingham Blitzkrieg호의 사격에 도망쳐버렸다. 이커는《라이프Life》지의 기자에게 이렇게 말했다.

"적기는 분명 우리 B-17과 근접전을 벌일 생각이었던 것 같습니다. 내 생각에 적들은 우리의 신형 B-17을 본 적이 없습니다. 그 항공기에 달린 방어 기관총은 적이 어떤 방향에서 접근하더라도 막을 수 있습니다. 나치들은 이제 겁을 집어먹을 수밖에 없을 겁니다."

스파츠는 그래프턴 언더우드에서 돌아오는 항공기들을 찾아 하늘을 살피고 있었다. 항공기를 단 1대라도 잃으면 큰일이었다. 특히 이커와 암스트롱이 탑승한 항공기가 추락한다면 그것은 실로 재앙이었다.

7시가 되기 직전, 하늘 저 멀리서 검은 점들이 나타나기 시작했다. 스파츠는 수량을 세기 시작했다. 11개밖에 보이지 않았다. 그러다 어느 순간 12번째 점이 나타났다. 모두 무사히 귀환한 것이다!

폭격기들이 작은 상자 모양의 관제탑 위를 저공으로 스쳐 지나가자, 관제탑에는 고위급 간부들이 모이기 시작했다. 기체마다 기수에 적어 놓은 각각의 이름이 선명하게 보였다. 베이비 돌Baby Doll호, 페기 DPeggy D호, 하이디Heidi호, 조니 렙Johnny rabb호…. 훌륭한 항공기에 걸맞은 훌륭한 이름들로, 그 이름들을 통해 승무원들은 충만한 사기와 자신감을 드러냈다. 당시 미군 승무원들은 겁을 먹기에는 아직 젊고, 실전 경험도 부족했다. B-17 항공기들이 착륙하자 제97폭격비행전대의 지상 근무자들은 환호하며 항공기로 몰려들었다. 육군 항공대 공보장교 윌리엄 R. 레이드로

William R. Laidlaw는 이렇게 회상했다.

"모두 환호성을 지르고 아이처럼 날뛰었죠. 서로의 등을 두드리며 기뻐했어요."

영국 공군 중위도 이 분위기에 빠져들었다. 그는 관제탑의 자기 자리에서 이렇게 말했다.

"이런 세상에, 아까 한 말은 취소하겠소! 양키 녀석들, 기회를 놓치지 않았군!"

양키 두들호가 주기장에 멈춘 후 이커는 비행 장비를 벗고 시가에 불을 붙인 다음 기자들에게 다가갔다. 그리고는 "제비 한 마리가 왔다고 여름이 된 것은 아닙니다"라고 담담한 어투로 말했다. 그러나 그렇게 말하는 이커의 입은 귀에 걸려 있었다. 그는 작전의 결과는 물론, 결국 전투 임무를 훌륭히 해낸 데 대해 매우 만족했다.

"내 앞을 가로막은 것을 이렇게 화끈하게 걷어차 본 적은 없습니다!"

이커는 폭격 피해 상황을 촬영한 항공사진을 검토하고는 이번 폭격이 아직 미숙한 승무원들치고는 결과가 좋았다고 평했다. 암스트롱 대령은 더 의기양양했다. 그는 기자들에게 이렇게 말했다.

"우리는 루앙을 초토화시켜 버렸습니다."

이렇게 전과를 과장되게 표현하는 것은 전쟁이 끝날 때까지 미 육군 항공대의 전통이 되었다.

1대의 B-17이 대공포에 피격되었고 승무원 2명이 부당을 당했는데, 원인은 다름 아닌 비둘기 때문이었다. 비둘기와 충돌한 B-17도 독일 전투기들을 주력 부대에서 떼어놓기 위해 그날 오후, 먼저 출격했던 선발대 소속이었다. 이들이 흘린 피는 유럽 폭격전에 참가한 미군이 흘린 최초의 피였다. 이후 제8공군은 1,000일 동안 전투를 치르면서 2만 6,000여 명의 전사자를 낸다.

귀환 보고를 마친 승무원들은 두툼한 비행복을 입은 채 기자들을 맞이했다. 승무원들은 마치 경기에서 이기고 돌아온 미식축구팀처럼 그날 임무를 수행하며 겪은 일을 이야기했다. 그날 밤, 기지의 분위기는 마치 큰 경기를 마친 토요일 저녁의 경기장 같았다. 이날의 영웅은 전투기를 격추시킨 공로를 인정받은 버밍엄 블리츠크릭호의 볼 터렛 사수 켄트 웨스트Kent West 하사였다. 나중에 그의 전과는 전투기 격추에서 손상으로 등급이 내려갔지만, 이커는 웨스트가 적기를 격추시켰던 2연장 기관총을 마치 사냥으로 잡은 사슴 머리마냥 런던 서쪽 위컴 애비의 사령부에 있는 자신의 집무실 벽에 걸어 놓았다.

하이디호에 탑승했던 월트 켈리Walt Kelley는 이렇게 말했다.

"정말 쉬운 임무였습니다. 이륙할 때도 자신만만했고, 착륙할 때는 더욱 자신만만했습니다. 언론에서는 우리의 활약에 찬사를 보내고, 엄청난 질문 공세를 해댔지요. 어떤 항공기는 착륙 전에 활주로 가까이 낮게 날며 자축하기도 했습니다."

물론 이런 일은 두 번 다시 일어나지 않았다. 한 달 후, 미군 폭격기들이 스핏파이어 전투기의 전투 행동반경 밖에서 작전을 개시하자 독일 전투기들은 놀랍도록 정확하게 이커의 폭격기들을 떨어뜨리기 시작했다. 그리고 첫 승리를 자축했던 폭격기 승무원 중 일부는 다시는 돌아오지 못했다. 정확히 1년 후, 미군은 루앙 폭격 작전의 5배에 달하는 항공기와 승무원을 레겐스부르크-슈바인푸르트 공습 중에 잃는다. 하지만 루앙 폭격 작전은 한 가지 중요한 교훈을 남겼는데, 지상에서 표적을 선정하고 작전을 기획하는 장군, 참모들의 생각과 달리 현장 상황은 매우 유동적이라는 사실이다. 승무원들은 공습 전에 기상 상황, 적의 방공망, 표적의 위치에 대해 브리핑을 받았다. 그러나 일단 하늘로 올라가면 자신들만의 완전히 다른 세계로 들어간다. 윌리엄 레이드로는 이렇게 말했다.

"아무리 완벽한 계획이라도 실패할 가능성은 늘 있습니다."

1942년 초가을부터 미국 폭격기 승무원들은 경험과 실험을 통해 항공전을 배워나갔다. 모든 임무가 그들에게는 현장 실습이었다. 항공전은 지상의 전투와 다른 특별한 경험이었다. 폭격기 승무원들은 일단 전투에 투입되면 전투 계획을 바꿔야 할 상황에 맞닥뜨리더라도 사령부에 그 정보를 전달할 방법이 없었다. 죽음은 너무 가까이 있었고, 본국의 사령부는 너무 멀리 떨어져 있었다. 지원군도 없었다. 장병들은 거의 모든 임무에 최대한의 노력을 기울여야만 했고, 오직 자신의 힘만으로 전장에서 살아 돌아와야 했다. 하늘에서 그들은 혼자였고, 작전 계획이 실패할 경우에는 직접 대안을 찾아야 했다. 무엇보다 작전은 거의 언제나 계획대로 이뤄지지 않았다. 레이드로 대령은 이런 글을 남겼다.

"항공 폭격전에서 자기 혼자만의 힘으로 표적을 맞출 수 있는 사람은 없다. 최고의 항공 참모들이 지원해주는 가장 경험 많은 항공대 사령관조차 불가능하다."

기상, 항공기의 상태, 적의 저항 정도, 승무원의 정신력과 훈련도, 폭격의 정밀성, 그 밖의 최소 10여 가지의 변수들로 인해 지상과 공중에서 누가 죽을지가 결정됐다.

육군의 보병과 해군은 수백 년 동안 쌓아온 경험칙에 따라 전투 전략을 수립할 수 있었다. 그러나 초창기 원시적인 폭격기들이 싸운 제1차 세계대전에서는 물론 일본, 독일, 이탈리아의 급강하 폭격기들이 중국, 스페인, 북아프리카의 민간인들을 공포로 몰아넣은 1930년대의 전쟁에서도 제2차 세계대전 같은 전면적인 폭격전을 치러본 나라는 한 곳도 없었다. 소설가 존 스타인벡John Steinbeck이 1942년에 지적했듯이 육군 항공대는 군대 역사상 그 선례와 전통이 가장 빈약한 조직이었다.

제8공군의 전설적인 지휘관 중 한 사람인 버드 J. 피슬리Budd J. Peaslee 대령은 '항공부대 지휘관은 일단 항공기가 이륙한 후에는 어떠한 실질적인 지휘도 할 수 없었으며, 장군 한 사람의 결정으로 결정적인 승리를 얻은 적도 없었다'는 사실을 지적했다. 항공전의 승패를 좌우하는 것은 장병들 개개인의 기량과 용기라는 것이다. 피슬리는 이렇게 기록했다.

"항공대 승무원들 각자가 연륜, 계급, 경험을 뛰어넘는 권력과 권한을 지니고 있다."

루앙 폭격 작전 다음 날, 햅 아놀드 장군은 이렇게 발표했다.

"루앙 공습은 도시 크기의 대형 표적에 대한 무차별적인 대규모 폭격보다 전략 표적에 대한 정밀폭격을 더욱 선호하는 미군의 전략적 타당성을 입증했습니다."

물론 이러한 발언은 시기상조였다. 주간 정밀폭격의 진가는 더욱 난도 높은 임무, 즉 악천후와 적의 맹반격 속에서 입증되어야 했다. 미국의 대독일 항공전의 역사는 그 자체가 하나의 거대한 실험으로, 폴 티비츠가 영국으로 오기 훨씬 전에 이미 정착된 새로운 전쟁 이론의 실험 무대였다. 버드 피슬리는 말했다.

"첫 폭격 임무는 상징 이상의 큰 의미는 없었습니다. 그러나 미국 항공대가 20년 동안 품어왔던 꿈과 희망을 실은 임무이기도 했습니다."

제공권

현대전에서 공중 폭격은 두가지, 즉 전략폭격과 전술폭격이 있다. 미국 공군은 이를 다음과 같이 정의한다.

"전략폭격은 적국의 경제에 대한 타격이다. 적의 산업 생산력과 국민의 사기, 보급선에 대한 공격을 통해 적국의 전쟁 수행 능력을 마비시키려는 시도이다. 전술폭격은 항공, 육상, 해상 부대의 기동력에 대한 즉각적인 항공 지원이다."

제8공군은 두 가지 폭격 임무를 수행했으나, 전쟁이 시작될 당시 제8공군 지휘부는 오직 전략폭격 임무만 수행하기를 원했다.

아놀드, 이커, 스파츠는 미 공군 창시자인 윌리엄 '빌리' 미첼William 'Billy' Mitchell의 제자였다. 1927년, 아직 12세였던 폴 티비츠가 스턴트 조종사가 모는 복엽기biplane에 타고 첫 비행을 하던 당시, 빌리 미첼은 세계를 바꾸어 놓을 혁신적인 개념, 즉 폭격 전쟁에 대한 글을 쓰고 강연을 했다. 이 개념은 이후 전략폭격 이론으로 발전했고, 티비츠는 이 이론을 루앙 상공에서 처음으로 증명한 것이다.

미국의 항공부대는 제1차 세계대전 당시 창설되었다. 그리고 빌리 미첼은 그 탄생을 예견한 선지자였다. 그는 서부전선에서 처음으로 적의 상공을 비행한 미국 항공병 중 한 사람이자 폭격 전쟁의 파괴적인 잠재력을 제대로 이해한 최초의 미국인이었다. 미첼의 아버지는 위스콘신주 상원의원이었고, 그의 할아버지는 미국 대호황기의 '철도 왕'으로, 언론인을 꿈꿨던 그는 미남인데다가 용감하고 정열적이었으며, 폴로 챔피언으로 흠잡을 데 없는 프랑스어를 구사하고 긴 승마용 부츠와 특별 주문 제작한 비싼 군복을 즐겨 입었다.

그는 18세에 대학 공부를 중단하고 미국-스페인 전쟁에 참전했다. 그로부터 10년 후, 그는 미군 기병대를 현대적인 항공부대로 바꿔야 한다는 열정적 주장이 담긴 보고서를 썼다. 1916년, 36세라는 늦은 나이에 조종술을 배워 미국 공군의 모태가 되는 미국 육군 통신단U.S. Army Signal Corps 산하의 항공과장에 임명되었다. 2년 후에는 준장으로 진급하여 미 육군에 신설된 항공국U.S. Army's Air Service의 해외 부서를 조직하고 이끌었다. 항공국은 1926년 육군 항공단으로Army Air Corps로 확대 개편된다.

제1차 세계대전 당시 프랑스에서 뛰어난 전투 지휘관이었던 그는 대담하고 혁신적으로 칼 스파츠 같은 젊은 후배 조종사들의 우상이 되었다. 칼 스파츠가 적기 3대를 격추하자 미첼은 스파츠에게 십자수훈장을 수여할 것을 건의하기도 했다. 이런 그의 명성이 높아진 것은 그가 공군력에 관한 새로운 개념을 주장했기 때문이다.

전쟁에서의 첫 경험은 그의 삶을 완전히 바꿔놓았다. 보병들과 함께 참호에서 지내던 그에게 프랑스 조종사와 함께 적진으로 날아갈 기회가 있었다. 그는 당시 경험에 대해 이렇게 남겼다.

"아군이 무려 3년 동안 사투를 벌여도 뚫기 힘들던 곳을 비행기를 타면 순식간에 넘어갈 수 있었다. 적의 전력을 점진적으로 갉아먹는 소모전의 시대는 이미 끝났다."

미첼은 존 J. '블랙잭' 퍼싱John J. 'Black Jack' Pershing 미국 원정군 사령관에게 항공부대로 독일 후방의 항공기지와 보급소를 타격하자는 대담한 제안을 했다. 역사학자 러셀 F. 웨이글리Russell F. Weigley는 이를 두고 마치 미 남북전쟁 당시 윌리엄 테쿰세 셔먼William Tecumseh Sherman이 응용했던 '적의 경제와 국민에 직접 타격을 가하는 전쟁 전략'과 같다고 말했다. 단, 여기서는 항공기를 사용한다는 점이 달랐다. 처음에 미첼의 이러한 주장은 퍼싱의 관심을 끌지 못했다. 퍼싱은 여전히 보병을 '전장의 꽃'

이라 여기고 있었고, 자신이 보유한 미미한 항공부대는 정찰과 보병 지원 외에는 이렇다 할 군사적 가치가 없다고 여겼다. 그러나 전쟁의 마지막 몇 달 동안 무에서 출발한 미군 항공부대가 항공기 750대(당시 연합군 보유 항공기의 10퍼센트)라는 꽤 큰 전력으로 성장하자 퍼싱은 미첼에게 연합군 전투기와 폭격기를 집중 운용해 생미엘과 뫼즈-아르곤에서 벌어질 대공세를 지원하도록 했다. 햅 아놀드는 자신의 회고록에 이렇게 썼다.

"1918년 9월 뫼즈-아르곤에서 벌어진 항공 공세는 제1차 세계대전 중 최대 규모였다. 그 전까지의 공중전이 보통 조종사들 간의 결투였다면, 이번에는 처음으로 대규모 항공 타격 부대를 운용했다."

아놀드는 현장에 직접 참전하여 자신이 존경하는 스승이 선전하는 모습을 보고 싶었다. 육군사관학교를 졸업한 그는 미 육군이 최초로 배출한 4명의 조종사 중 하나로, 그를 가르친 교관은 오빌 라이트Orville Wright와 윌버 라이트Wilbur Wright 형제였다. 1912년, 아놀드는 군용기로 뛰어난 비행을 해낸 공로로 맥케이 트로피Mackay Trophy를 받았다. 그러나 제1차 세계대전 당시 항공국 참모로 근무하던 그는 해외로 파견하기에는 너무 귀중한 인재로 간주되었다.

친구들은 아놀드가 늘 묘한 미소를 짓고 다녔기 때문에 행복을 뜻하는 '해피Happy'를 줄여 '햅Hap'이라고 불렀다. 그러나 그런 온화한 얼굴 이면에는 미국의 항공력을 발전시키고자 하는 화끈한 성격과 개혁적인 열망이 숨겨져 있었다. 그는 미첼의 첫 지지자이면서 가장 열렬한 지지자였다.

아놀드와 미첼은 영국 공군의 개척자이자 초대 공군 참모총장인 휴 트렌차드Hugh Trenchard 장군으로부터 큰 영향을 받았다. 제1차 세계대전에서 항공전은 전투기 위주로 운용되었다. 그러나 트렌차드는 전략폭격의 가치를 인식하고, 그것이야말로 미래의 전쟁이 될 거라고 믿고 있었다. 독일은 체펠린Zeppelin 비행선으로 런던을 폭격했고, 1917년에는 쌍발 고타 Gotha 폭격기를 동원해 런던을 폭격해 무려 1,400명의 런던 시민을 사망케 했다. 이에 맞서 트렌차드는 4발 핸들리 페이지Handley Page 폭격기로 독일 라인란트 지역의 도시들을 폭격했다. 미첼은 트렌차드와 대화를 통해 미국에도 영국이 공군을 창설한 것처럼 그 위상과 권한에서 육군 및 해군에 준하는 독립적인 공군이 있어야 한다고 확신하게 되었다.

미국 최초의 야간 폭격기 대대가 전선에 등장하고 이틀 후인 1918년 11월 11일, 정전협정이 체결되었다. 사실 그날 미첼은 독일 본토에 소이탄과 독가스로 농작물, 산림, 가축을 공격한다는 전략폭격 계획을 수립하고 있었다. 그는 후일 이런 글을 남겼다.

"만약 전쟁이 계속되었다면, 우리 항공부대는 내 계획을 반드시 실행에 옮겼을 것이다."

미첼은 항공 전략에 관한 아이디어를 여러 곳에서 차용했다. 이탈리아의 공군 지휘관 줄리오 두헤Giulio Douhet의 영향도 받았다. 제1차 세계대전이 끝나고 3년 후, 두헤는 자신을 세계 최고의 항공력 옹호론자로 만들어준 역작《제공권The Command of the Air》을 출간했다. 미첼이 이 책의 초판에 대해 알고 있었는지는 확실치 않지만, 완독하지 않은 것은 틀림없다. 그는 두헤의 친구이자 같은 고향 출신인 폭격기 설계자 지아니 카프로니Gianni Caproni와 편지를 주고받았는데, 그가 두헤와 어떤 관계를 맺었든 그는 항공력의 핵심 전제에 대해 두헤와 통하는 바가 많았다. 그중 핵심은 제1차 세계대전의 경험이었다. 두 사람은 지리한 소모전과 참호전으로 인한 학살을 그만두고 싶어 했다. 두 사람은 공세의 이점을 취해 전쟁 기간을 단축시켜야 한다는 데 공감했다. 기관총, 독가스, 강선포 등 살상 도구들의 발달은 적 참호를 향한 무모한 돌격을 자살 공격으로 만들어버렸다.

항공력은 그러한 상황에 대한 새로운 돌파구였다.

기술의 발전이 방어하는 쪽에 이점으로 작용했다면, 이제는 공격하는 쪽 차례였다. 항공기는 지금까지 개발된 가장 강력한 공세용 무기로, 방어하는 쪽이 누렸던 주도권을 빼앗아올 수 있었다. 그 당시 독일의 전략가들도 이러한 정적인 참호전의 실패에 대응하기 위해 비밀리에 새로운 형태의 전쟁 방식, 즉 전격전을 개발하고 있었다. 전격전은 전차와 장갑차량을 이용한 신속한 돌격에 기반하고 있었다. 그러나 미첼과 두헤는 한발 더 나아가 하늘에서 펼치는 전격전電擊戰을 구상하고 있었다.

두헤는 장차 미래전이 짧고, 최고 수준의 무력을 동원하는 총력전이 될 것이라고 주장했다. 그리고 그러한 미래전에서 승리하기 위해서는 장거리 폭격기를 대규모로 띄워 적국을 선제공격하고, 쉴 새 없이 폭격을 가해 제공권을 획득해야 하며, 그러기 위해서는 적의 공군력을 파괴하는 것 뿐만 아니라 적의 공군기지, 통신망 및 보급품 생산 시설 등도 파괴해야 한다고 주장했다.

"하늘에 떠 있는 새를 다 쏴 죽여도 그 새를 멸종시킬 수는 없다. 여전히 알과 둥지가 남아 있기 때문이다."

알과 둥지를 파괴하는 것이 바로 전략폭격이다. 즉, 두헤는 제공권이 전투기 세력이 아닌 폭격기 세력으로 달성될 것이며, 적의 전투기 세력은 새롭게 등장하는 폭격기로 몰살시킬 수 있다고 생각했다. 그리고 제공권이 확보되고 나면 다음 표적은 전선의 적이 아닌 적의 산업 도시가 될 것이다. 적의 핵심 시설에 폭격을 가하면 민간인들의 사기를 떨어뜨리고, 군수 물자 생산 능력을 마비시켜 적게 살상하고도 단시간 내에 항복을 받아낼 수 있다는 것이었다. 미첼은 '새로운 전쟁에서는 적의 국가 전체가 전투 부대로 간주될 수 있다'는 두헤의 견해에 완벽하게 공감했다.

"전쟁은 이제 군대 간의 충돌이 아니라 국가 전체와 그 국가의 인적 구성원 간의 충돌이 되었다. 국가가 전쟁을 시작하면 모든 국민은 전쟁에 참여하게 되기 때문에 전투원과 비전투원을 구분하는 것은 더 이상 의미가 없다. 병사들은 총을 들고, 여자들은 공장에서 포탄을 만들고, 농부들은 병사들이 먹을 식량을 생산하고, 과학자들은 연구소에서 군사 기술을 연구한다"라고 두헤는 주장했다.

두헤는 열정적인 파시스트였고, 미첼보다 더 지독하게 총력전에 대한 교리를 받들었다. 이 새로운 전쟁에는 도덕이 설 자리는 없었으며, 자비나 감정 따위가 끼어들 틈 없이 순식간에 많은 사람을 죽여야 했다. 그의 글을 다시 인용해보자.

"비인도적이고 잔혹한 전쟁 수단을 규제해야 한다는 주장은, 국가 간의 위선적인 선동 행위에 불과하다. … 전쟁은 아무리 잔인하더라도 과학처럼 냉정하게 바라봐야 한다."

어느 현대 역사가가 기록했듯이 두헤의 책에는 '병사들은 자신의 군사적 행동이 정치적·사회적으로 어떤 결과를 초래하게 될지에 대한 책임의식을 최종적으로, 그리고 철저하게 방기해야 한다'라는 메시지가 관통하고 있다.

이로써 현대전 역사상 처음으로 민간인이 의도적으로 군사 표적이 되었다. 그것은 민간인이 가치 있는 생산자이기 때문이기도 했지만, 협박에 쉽게 넘어가기 때문이기도 했다. 두헤와 미첼은 민간인에게 당대의 핵전쟁이라고 할 수 있는 폭격전의 가공할 무기, 즉 고성능 폭약과 소이탄, 독가스를 이겨낼 용기가 없으리라 확신했다. 그들은 제1차 세계대전 중 전략폭격을 당한 런던과 쾰른 시민들이 보여준 집단 공황과 공포심을 그 근거로 삼았다. 두헤는 이 새로운 전쟁은 신속하게 결정될 것이라고 주장했다. 그 이유는 "결정타가 민간인에게 가해질 것이며, 교전국이 가장 버티기 어려운 급소가 바로 그들이기 때문"이라고 했다.

미첼의 시나리오 중에는 적에 의해 뉴욕이 독가스 폭격을 당하는 상황도 있었다. 폭격으로 뉴욕 지하철에 독가스가 퍼지면 대대적인 대피가 시작될 것이고, 정부가 독가스 공격을 당한 뉴욕과 그 밖의 대도시 난민들의 생활필수품을 확보할 수 없게 되면 미국 정부는 결국 항복할 수밖에 없게 될 것이다.

두헤와 미첼은 전쟁을 빨리 끝내면 끝낼수록 사상자 수를 줄일 수 있을 것이라고 생각했다. 역설적이게도 전쟁의 양상이 잔혹할수록 더 인도적이라는 것이다. 미첼은 다음과 같이 기록했다.

"몇 발의 가스 폭탄으로 적국 국민을 공포에 떨게 하는 방식의 전쟁이 적국 병사를 대포로 날려버리거나 총검으로 찌르는 현재 방식의 전쟁보다 낫다."

심지어 미첼은 장차 미래전은 대규모 군대가 아니라 소수 정예의 항공 부대가 수행하게 될 거라고 주장했다. 이를 통해 무의미한 살생을 줄일 수 있고, 전멸이라는 현실적인 위기의식으로 인해 전쟁을 예방하게 될 것이라고 했다. 냉전시대에 핵이 존재했기에 전쟁 발발을 막을 수 있었던 것처럼 말이다. "항공력은 새로운 전쟁 학설뿐만 아니라 새로운 평화 학설도 탄생시켰다."

이 부분에서 두헤와 미첼의 견해가 다소 갈리는데, 두헤는 어두운 다윈주의적 언어로 인간이 전쟁을 하고자 하는 욕망은 진화 과정을 통해 인간에게 각인되어 있으며, 평화는 단지 몽상에 불과하다고 주장했다. 두헤는 '공장과 통신 시스템뿐 아니라 모든 종류의 사회 조직을 파괴할 목적으로 대규모 민간인 밀집 지역을 대상으로 무차별적인 항공 폭격을 가해야 한다'고 주장했다.

한 세기가 넘도록 서방의 군사 이론가들은 전쟁의 가장 큰 목표는 적국의 군사력을 파괴하는 것이라고 주장한 군사 이론가 카를 폰 클라우제비츠Carl von Clausewitz의 영향 아래 있었다. 미첼과 두헤는 거기에 반기를 들었다. 당대의 한 군사 평론가는 미첼과 두헤의 방식을 다음과 같은 말로 정리했다.

"군기. 화약, 항공기야말로 인류가 발명한 3대 군사적 혁신이다. 항공기는 역사상 처음으로 군대를 제압하지 않고도 적이 가진 힘의 원천, 즉 민간인, 산업, 경제, 정치 중심지를 직접 타격할 수 있게 해주었다."

미첼은 미래에는 대규모 폭격기 전력을 만들 준비가 된 국가가 적국의 경제와 국민에게 강한 타격을 가해 육군과 해군이 미처 전쟁에 참가할 새도 없이 전쟁을 끝낼 수 있을 거라고 예견했다. 그러나 그도 정밀폭격까지는 생각하지 않았다. 당시 고공폭격은 매우 부정확했다.

항공국의 부국장이 된 미첼은 보수적인 군 관료 조직 안에서 자신의 주장을 열정적으로 피력했다. 또한 여러 책과 논문을 집필하고 외부 강의를 다니면서 자신의 주장을 전파했다.

육·해군의 고위 장성들 중에는 미첼의 의견에 반대하는 사람도 있었다. 그들은 항공력을 기존의 육군과 해군의 보조 전력 정도로 여겼다. 미첼은 이러한 반대론자들을 신랄하게 비판했고, 자신이 설득하고자 했던 그힘과 결코 가까워지지 못했다.

미첼의 발상은 당대의 기술로는 구현할 수 없었다. 당시 미국은 장거리 전략폭격을 실행할 수 있는 어떠한 폭격기를 구상하거나 생산·운용하지 못했다. 1925년 당시 어떤 군사 전문가는 이렇게 말했다.

"폭격기로 1만 피트(3킬로미터) 상공에서 도시를 폭격할 수 있다고요?

아마 엄청나게 큰 도시여야 할 겁니다!"

그러나 미첼은 기술의 진보를 믿는 현대인으로, 미국의 과학과 기술이 머지 않아 자신의 주장을 실현시킬 폭격기를 만들어낼 수 있을 거라고 믿었다.

미첼의 주장은 이른바 '도덕적 봉쇄'라고 하는 또 다른 장애물이 있었다. 제1차 세계대전 종전 직전, 당시 미 육군 장관 뉴턴 D. 베이커Newton D. Baker는 항공국에 적의 산업, 상업, 인구 밀집 지대에 대한 무차별적인 폭격을 금지한다는 명령을 내렸다.

베이커는 적국의 민간인을 상대로 전쟁을 벌이는 것은, 미국의 전통적인 종교적, 인도적 핵심 가치에 반한다고 여겼다. 이후 진행된 여론 조사에서도 미국 국민은 이러한 의견에 대체로 동감하는 것 같았다. 대부분의 미국인은 전쟁에 염증을 느끼고 있었고, 정부가 군에 막대한 예산을 쓰는 것을 지지하지 않았다. 때문에 미첼은 자신의 주장을 '저비용 고효율의 국가 방위를 위해 독립된 공군이 필요하다'는 식으로 교묘하게 비틀어 제시했다. 전함 1척의 가격은 항공기 1,000대의 가격과 맞먹었기 때문에 미국 본토의 해안은 물론 알래스카, 하와이, 필리핀 등 멀리 떨어져 있는 군 기지를 해군보다 더 적은 비용, 높은 효율로 방어할 수 있다고 주장했다.

당시, 군 내부에서는 항공기로 전함을 격침시킬 수 없다는 게 정설이었다. 이를 낡아빠진 헛소리라고 여긴 그는 의회 내의 지지자들에게 압력을 넣어 해군이 일련의 실험을 진행할 수 있도록 했다. 그중 가장 볼만 했던 것은 1921년 7월 이뤄진 실험인데, 이 실험에서는 미첼의 소규모 비행대가 버지니아 앞바다에서 노획한 독일 전함 오스트프리슬란트Ostfriesland에 2,000파운드(900킬로그램)의 폭탄 6발을 떨어뜨려 격침시키는 데 성공했다. 미 해군은 이 실험이 표적으로 쓰인 함정은 정박되어 있었고 대공포도 전혀 쏘지 않았으므로 고정된 표적에 폭탄을 떨어뜨린 것에 불과하다며 실험의 공정성에 의문을 제기했다. 존 퍼싱 장군마저 공군 창설에 앞장서서 반대하자 미첼은 육군 내에서 갈 곳이 없어졌다. 그러나 그는 자신의 주장을 계속 굽히지 않았다. 결국 육군은 1925년, 항공국 부국장이었던 그를 텍사스에서도 외진 곳에 있는 샌안토니오San Antonio 기지로 전출시켰다. 한 역사학자는 다음과 같이 기록했다.

"미첼을 텍사스로 보낸 것은 나폴레옹을 엘바섬으로 보낸 것과 비슷하다. 두 사람 다 그곳에 갇혀서도 계속 싸울 궁리만 했다."

그러나 키 작은 프랑스 황제와 달리 미첼은 그곳에서도 입을 다물 줄 몰랐다. 그는 2건의 끔찍한 군용 항공기 사고의 책임이 육군부와 해군부의 무능과 태만에 있다고 비난했다. 그 결과 그는 항명죄로 군사재판에 회부되었지만, 이 재판을 자신의 주장을 전국에 널리 알리는 무대로 활용했다. 이제 막 항공국의 공보참모로 임명된 햅 아놀드는 이렇게 말했다.

"그는 순교당할 때까지 결코 멈추지 않을 것입니다."

국민의 이목이 쏠린 7주간의 재판에서 스파츠와 아놀드는 자신의 직책을 걸고 미첼을 적극적으로 변호했다. 그리고 법학을 공부한 아이라 이커도 변호에 참여했다. 이 세 사람은 자부심 강하고 오만하고 고집불통인 이 지휘관을 존경했다. 그리고 하급 장병 중에도 미첼의 주장을 지지하는 사람이 많았다. 그러나 미첼이 너무 독단적인 나머지 대의를 저버리고 있다고 비판하는 장교들도 있었다. 그중 한 사람인 제임스 H. 둘리틀James H. Doolittle 중위는 후일 이런 글을 남겼다.

"열성적인 사람들이 그렇듯이 그는 자신의 생각과 조금이라도 다른 사람을 인정하지 않았다."

미첼은 군의 공식 입장과 어긋나는 공개적 발언을 한 혐의로 유죄 판결을 받고 5년의 자격정지 처분을 받았다. 그러나 그는 자신의 군 경력을 지키는 것보다 자신의 이론을 주장하는 것이 더 중요하다고 여겼고, 군에서 전역한 후에도 독립적이고 공세적인 공군을 만들기 위해 공개적인 투쟁을 계속했다. 그리고 자신에게 충성하는 햅 아놀드 등을 통해 군 수뇌부와 싸움을 이어갔다. 이 전투에 젊은 장교들도 속속 뛰어들어 육군 내부의 기성 세력에 맞서 싸웠다.

햅 아놀드와 '폭격기 마피아'라 불린 그의 이단아들은 미첼에 대한 충성심과 하늘에 대한 순수한 사랑으로 굳게 뭉쳐 있었다. 이들은 미 공군 역사의 산증인이자 여러 기록을 세운 선구자들이었다. 이들의 활약은 군용기의 잠재력을 세상에 알리는 데 미첼의 저서만큼이나 크게 공헌했다. 1929년, 스파츠와 이커는 2명의 승무원과 함께 항공기 퀘스천마크 Question Mark호를 타고 공중 급유라는 혁신적인 기술을 이용해 150시간 이상 연속해서 비행하는 데 성공해 세계 최장 시간 비행 기록을 달성했다. 7년 후, 아이라 이커는 조종석 창문에 덮개를 씌우고, 세계 최초로 계기에만 의존해 대륙 횡단 비행을 하는 데 성공했다. 그는 이후 제2차 세계대전 당시 폭격기 부대 지휘관으로 복무하는데, 이때의 경험을 바탕으로 전쟁 중 몹시 변덕스러운 날씨에도 날아야 하는 폭격기 대원들을 뛰어난 인재로 양성해냈다.

햅 아놀드는 자신의 후배들에게 뒤지지 않으려고 했는데, 48세였던 1934년에는 10대의 쌍발 폭격기를 이끌고 워싱턴 D.C.를 출발해 무착륙으로 알래스카까지 날아갔다가 복귀하기도 했다. 이는 그 당시로써는 매우 놀라운 성과였는데, 인적 없는 북극권 깊은 산맥의 항로와 기상 정보가 거의 없던 때였기 때문이다. 그는 이듬해에 준장으로 진급해 육군 항공대의 주력 부대인 제1폭격비행단의 단장이 되어 캘리포니아주 마치March

기지에 부임했다. 그리고 대학교에서 신문방송학을 전공한 이커와 함께 항공력에 관한 3권의 책을 써 냈는데, 이 책들은 미첼의 영향을 강하게 받고 있었다. 미첼이 군사재판을 받고 있을 때 한 신문에서 예견했듯이, 미첼은 죽었어도 계속 살아남은 것이다.

폭격기 마피아

빌리 미첼은 1936년에 타계했지만, 그의 이름은 앨라배마주 몽고메리 맥스웰Maxwell 기지에 있는 항공전술학교 교관들의 강의를 통해 계속 전승되고 있었다. 이 학교는 항공기 승무원과 항공 전략가를 양성하는 세계 최초의 학교이자, 전략폭격이라는 발상의 요람이기도 하다. 교관 중 가장 뛰어난 폭격전 이론가인 해럴드 L. 조지Harold L. George 중령은 이 학교의 목적을 이렇게 소개했다.

"우리 학교는 지나간 전쟁에는 관심이 없다. 우리가 관심이 있는 것은 오직 다음 전쟁의 항공력 운용법을 만드는 것이다."

항공부대 지휘관들은 육군 수뇌부와 협상하면서 폭격기가 방어용 무기라는 점을 강조했다. 그러나 맥스웰 항공전술학교에서는 폭격기를 공격용 무기로 봐야 한다는 주장이 우세했다. 이는 변형된 미첼주의로, 미첼과 두헤는 폭격이 적국의 생산력보다는 사기에 더 큰 타격을 가할 수 있을 것이라고 생각했으나 조지 중령과 그의 동료들은 그러한 생각을 부정했다. 또한 미첼과 두헤는 적의 주요한 경제 중심부를 파괴해야 한다고 주장했지만, 그 중심부라는 것 중에 조지 중령과 그의 동료들이 강조한 곳은 항공기 생산 시설뿐이었다.

현대 산업국가의 주요 인프라 중 급소는 어디일까? 그리고 그 급소를 어떻게 타격할 수 있을까? 맥스웰 항공전술학교의 항공 선구자들은 이러한 질문에 대한 답을 얻으려고 노력했다. 그 과정에서 그들은 새롭지만 지극히 미국적인 방식, 즉 주간 정밀폭격 방식을 창안했다.

전략폭격의 선구자들이 이 새로운 전쟁 철학에 경도되어 있는 동안, 항공부대는 이 방식을 실현해 줄 새로운 장비를 비밀리에 실험하고 있었다. 그 장비는 노든 폭격조준기로, 맨해튼 프로젝트Manhattan Projet 이전, 미국의 가장 중요한 비밀 무기였다. 이 장비는 1931년, 네덜란드 공학자 칼 L. 노든Carl L. Norden이 해군 수상기용으로 처음 개발했다. 노든의 아내는 그에게 전쟁으로 이득을 본다며 '죽음의 상인'이라고 비난했지만, 노든은 폭격이 더욱 정확해지면 무고한 사람들을 덜 죽일 수 있으니 자신의 발명품은 사람을 구하는 것이라고 주장했다. 2년 후 미 해군은 이 폭격조준기를 시험했고, 미 육군에서도 연안 방어용 항공기에 장착하기 위해 일부 주문했다. 최종적으로 군에서 9만여 개의 노든 폭격조준기를 구입하는 데 지불한 비용은 약 15억 달러로, 맨해튼 프로젝트에 들어간 비용의 65퍼센트에 달했다.

햅 아놀드 휘하의 제1폭격비행단 장병들은 쾌청하고 건조한 캘리포니아주 모하비사막에서 노든 폭격조준기를 실험하고는 이 장비의 뛰어난 정확성에 놀랐다. 이것이야말로 맥스웰 항공전술학교 교관들이 기대했던 정밀폭격의 기술적 돌파구였다. 칼 노든이 제작한 자이로스코프 안정화 장치는 기류와 투하 각도를 계산하여 고공폭격의 정확성과 안정성을 높일 수 있었다.

1935년이 되자 교관들은 그 정교한 장비의 정확성에 대해 소리 높여 자랑하기 시작했다. 그러나 여기에는 문제점이 하나 있었는데, 육군은 노든 폭격조준기를 방어용 장비로 여기고, 미국 본토 연안을 지키는 폭격기에만 장착하려 했다. 그러나 폭격기 마피아들의 생각은 달랐다. 그들은 이 장비가 있으면 적의 도시들을 외과 수술을 하듯 정밀하게 타격할 수 있다고 주장했다. 민간인의 피해 없이 발전소나 정유소 같은 주요 핵심 시설에만 폭탄을 명중시킬 수 있다는 것이었다. 이는 고공폭격은 무차별폭격일 수밖에 없다는 빌리 미첼의 주장을 정면으로 반박하는 것이었다. 맥스웰 항공전술학교가 발굴한 뛰어난 인재이자 훗날 제2차 세계대전에서 폭격 전략 기획관과 전투부대 지휘관을 지낸 헤이우드 S. 한셀Haywood S. Hansell 소령은 이런 글을 남겼다.

"수천 명의 남자와 여자, 어린이를 죽인다는 발상은 근본적으로 미국의 윤리적·도덕적 관념과 맞지 않는다."

두해나 미첼과 달리 한셀은 민간인 살상은 군사적 측면에서도 비효율적이라고 주장했다. 한셀은 민간인은 도시를 떠나 피난을 갈 수도 있고, 방공호로 대피할 수도 있어서 의외로 폭격에 견디는 내성이 강하다고 생각했으며, 그에 반해 산업 시설은 방어력이 낮은 데다가 다른 곳으로 옮길 수도 없으니 사실상 지킬 수 없는 표적이라고 생각했다.* 게다가 산업 시설을 상대로 한 싸움은 미국인들의 정서에 잘 맞았다. 영국의 역사가 존 키건은 이런 글을 썼다.

"도덕적 관념, 역사적 낙관론, 기술적 도전 정신, 이 세가지는 미국인들의 정서 그 자체다."

육군 수뇌부는 맥스웰 항공전술학교의 항공 이론가 도널드 윌슨Donald Wilson, 케네스 워커Kenneth Walker, 해럴드 조지, 뮤어 페어차일드Muir

---

* 그러나 1943년의 독일 산업 시설은 회복력과 기동성, 방어력이 매우 높았다.

Fairchild, 헤이우드 한셀이 타국 경제력을 연구하는 것을 금지했는데, 이들은 예산이 부족해 따로 경제학자를 고용할 수도 없었다. 대신 이들은 미국의 산업 체계를 자신들이 직접 정밀 분석하고 '산업 그물망 이론Industrial Web Theory'에 기반한 아이디어를 바탕으로 항공 계획을 세웠다. 이 전략은 훗날 아놀드의 참모진에 의해 실현된다.

이 이론에 따르면 현대 산업국가의 경제력은 세밀하게 상호 의존적인 그물망으로 연결되어 있기 때문에 항공 공격에 매우 취약하다. 따라서 적의 산업 생태계에서 다른 모든 산업 분야에 꼭 필요한 재화와 용역을 공급하는 특정 부문, 즉 철강, 전기, 볼베어링, 석유, 철도 등의 산업 시설을 무자비한 정밀폭격으로 파괴하면 적의 전시경제 자체를 붕괴시킬 수 있고, 적의 군사적 저항도 불가능하게 만들 수 있다는 것이다.

이들은 다음 전쟁에서 일본과 독일이 미국의 적이 될 것이라고 예측했다. 따라서 중국이나 영국 같은 미국의 잠재적 동맹국에서 유사시 전략폭격 작전을 전개할 수 있는 항공기지를 물색하는 것이 중요하다고 주장했다. 이러한 작전은 전쟁 발발 후 수개월 내에 시작되어야 하며, 미국의 거대한 생산력이 전시 동원체제로 돌입하는 데 걸리는 시간인 2년이 지나야 완전한 힘을 발휘하게 될 것이라고 예상했다. 물론 이 이론이 나온 1935년 초에는 이를 검증할 수 있는 항공기도, 전쟁도 없었다. 따라서 이 이론은 어디까지 추측에 불과했다. 그러나 1935년 하반기 육군 항공단에 이 이론을 실험할 수 있는 항공기가 배치되었고, 6년 후 이들은 전쟁에 뛰어들게 된다.

1927년 두헤 장군은 이런 글을 남겼다.

"아군의 의지를 적에게 강요할 수 있는 진정한 전투용 항공기는 아직 발명되지 않았다. 가까운 미래에도 나올 것 같지 않다."

그러나 1930년대에 미 육군은 두헤의 말이 틀렸다는 것을 증명했다. 육군과의 계약에 따라 시애틀의 보잉사Boeing Airplane Company는 대부분의 항공 엔지니어가 실행 불가능하다고 여기던 프로젝트를 수행했다. 이 프로젝트는 거대하면서도 공기역학적으로도 뛰어난 속도 빠른 금속제 단엽기monoplane를 만드는 것이었다. 보잉사가 내놓은 답은 바로 B-17 플라잉 포트리스(모델299)였다. 기존의 미국 폭격기들은 쌍발 엔진의 기체였으나, 1935년에 시제품으로 내놓은 B-17은 750마력급 성형 엔진을 4개나 장착했기 때문에 당시 그 어떤 미국 전투기보다 빨랐다. 그리고 1943년, 전쟁에 도입된 최종 모델 B-17G는 1,200마력급 엔진 4개를 장착했다. 표준 폭탄 탑재량은 4,000파운드(1.8톤)이며, 최대 이륙 중량 상태로 고도 2만 5,000피트(7.6킬로미터) 상공에서 시속 150~250마일(240~400킬로미터)로 날 수 있었다. 전투 행동반경은 폭탄 탑재량에 따라 650~800마일(1,040~1,280킬로미터)에 달했다. 또한 방어 화력과 기동력 면에서 매우 훌륭하게 설계된 이 항공기는 지상에서는 위압적이었고, 비행 중에는 아름다웠다.

아놀드가 육군 항공단 부단장으로 임명되어 워싱턴으로 돌아오고 1년 후인 1937년 초, 버지니아주 랭글리Langley 기지에 있는 육군 폭격기 승무원 훈련단에 처음으로 은빛으로 빛나는 B-17이 인도되었다. 강직한 이론가라기보다 정치적으로 보다 유연한 인물인 아놀드는 빌리 미첼과 함께 겪은 험난한 경험을 통해 육군부와의 관계를 좀 더 원만하게 유지해야 한다는 사실을 깨달았다. 그는 육군 수뇌부에 친한 동료와 상관이 많았기 때문에 이 자리에 올 수 있었던 것이다.

아놀드는 이 신형 폭격기가 마음에 쏙 들었다. 그동안 항공전술학교에서 가르치던 막연한 군사 이론과 달리 이 폭격기는 그 실체가 명확한 항공력 그 자체였다. 나중에 실전형으로 개발된 기체에는 12정의 50구경 브라우닝 중기관총을 탑재했으며, 이 중 8정은 회전식 총탑에 장착되었다. B-17이야말로 가공할 만한 전쟁 기계였다. 여기에 노든 폭격조준기와 신형 자동 조종 장치가 장착되자 폭격기 마피아에게는 더욱 힘이 실렸다. 그러나 그들의 아이디어가 현실이 되려면 군 수뇌부를 설득해 이 폭격기를 미국 영공 및 영해 방위 임무가 아닌 공세 작전에 투입하게끔 해야 했다.

B-17 도입으로 폭격기가 난공불락의 항공기라는 믿음은 더욱 견고해졌다. 이는 두헤가 주장한 이론의 핵심 사상이기도 했다. 그러나 플라잉 포트리스가 감당하기 힘들 정도로 적의 방공망이 발전하면 어떻게 될까? 왜 항공 전략가들은 폭격기를 호위할 수 있는 장거리 전투기 개발을 서두르지 않았을까?

아직까지 논란의 여지가 많지만, 아마도 상상력 부족이 그 원인 중 하나일 것이다. 당시 미국을 포함한 8개 국가에서 레이더를 개발하고 있었다. 폭격기 마피아는 항공 공격을 조기에 탐지할 수 있는 레이더가 가까운 미래에 배치될 줄 몰랐다. 호위 전투기에 대한 생각도 마찬가지였다. 따라서 당시의 기술로는 폭격기가 표적 가까이 갈 때까지 탐지할 수 없고, 표적 근처에서 폭격기가 적의 대공포 사거리 밖인 고공을 비행하고 자체 방어가 가능하도록 편대 대형을 취하므로 적 전투기가 돌파하기는 거의 불가능하다고 생각했다.

헤이우드 한셀의 관점은 보다 더 현실적이었다. 그는 적어도 적의 방공망이 폭격기들의 공세를 막는 데 성공할 수 있지만, 그럴 경우에도 공중전은 물론 적의 전투기 기지, 항공기 공장, 항공 연료 생산 공장을 집중적으로 폭격해 적의 방공망을 공격하면 독일 공군을 초토화시킬 수 있다고 주장했다. 물론 공중에서의 소모전이라 할 수 있는 이 싸움은 폭격기들의 부담을 가중시키겠지만, 방공망이 촘촘하게 깔려 있는 독일 하늘에서 B-17 플라잉 포트리스는 '하늘의 요새'를 뜻하는 자기 이름값을 마땅히 치르게 될 것이었다.

폭격기 옹호론자들이 장거리 호위 전투기가 필요 없다고 생각한 또 다른 이유는, 1935년 당시 B-17은 그 어떤 전투기보다 빨랐기 때문이다. 게다가 폭격기 호위 임무를 위해 전투기에 보조 연료 탱크를 장착하면 속도와 기동성이 저하되어 호위 전투기가 B-17을 따라잡지 못할 뿐 아니라 더 가볍고 빠른 적의 전투기와 싸울 수 없게 된다. 따라서 폭격기의 항속거리와 비슷한 고속 전투기 개발은 항공 공학적으로 불가능하다고 여겨졌다. 로렌스 S. 커터Laurence S. Kuter 장군은 전쟁이 끝난 후 인터뷰에서 이렇게 말했다.

"우리는 장거리 호위 전투기 따위는 신경 쓰지 않았어요. 우리 폭격기는 무적으로, 누구도 막을 수 없다고 생각했죠."

여기에는 재정적인 이유도 있었다. 미 의회와 육군부는 초기에 B-17을 13대만 주문하고 '추격기pursuit aircraft' 프로그램을 진행할 생각이었다. 그러나 그렇게 되면 도널드 윌슨 장군이 지적한 것처럼 육군 항공대의 존재 이유인 폭격기 프로그램은 위태로워진다.

윌슨, 커터 같은 항공력 이론가들이 빌리 미첼의 삶과 서적을 조금만 더 철저하게 연구했다면, 폭격 전쟁에서 호위 전투기의 역할에 더 주목했을 것이다. 그 역할에는 호위만이 아니라 추격 임무도 포함된다. 제1차 세계대전에서 미첼을 포함한 항공부대의 여러 지휘관들은 제공권을 확보하지 않고서는 항공 전술, 전략, 정찰 작전이 불가능하다는 것을 깨달았다. 역사학자 윌리엄슨 머리Williamson Murray는 이렇게 지적했다.

"미첼은 공군의 첫 번째 임무를 적의 공군력, 특히 적의 추격기 전력을 섬멸하는 것이라고 보았습니다. 그 작전이 완료되기 전까지 공군은 그 어떤 다른 표적도 제압할 수 없습니다. 즉, 적의 전투기야말로 공군의 가장 중요한 핵심 표적이라는 것입니다."

실제로 미첼은 전투기가 전력의 60퍼센트 정도를 차지해야 균형 잡힌 공군이라 할 수 있다고 생각했다. 전투기를 통한 제공권 확보야말로 성공적인 폭격 작전의 전제 조건이라 여긴 것이다. 이후 유럽에서 벌어진 전쟁에서 미 육군 항공대 지휘관들은 1년여에 걸쳐 천문학적인 손실을 입고 나서야 이 교훈을 깨달았다. 그러나 1930년대 후반, 폭격기 마피아는 미첼과 두헤가 간과했던 요소, 즉 엄청난 수의 군용기를 생산할 군산복합체 설립을 위해 총력을 기울였다.

하늘을 빼곡히

1937년 여름, 미 육군 항공단은 더 많은 B-17 예산을 확보하기 위해 필사적인 싸움을 벌이고 있었다. 당시 랭글리 기지의 칼 스파츠가 지휘하는 B-17은 7대뿐이었다. 그러나 1년 후 뮌헨에서 벌어진 사건으로 인해 모든 것이 뒤바뀌게 된다.

오스트리아를 합병한 히틀러는 독일인이 많이 거주하는 체코슬로바키아의 영토인 주데텐란트도 병합하길 원했고, 1938년 9월 29일과 30일 열린 뮌헨 회담에서 영국과 프랑스는 이를 승인했다. 당시 영국 총리였던 네빌 체임벌린Neville Chamberlain은 뮌헨 회담을 마치고 런던으로 돌아와 다음과 같이 말했다.

"영국 총리로서, 역대 두 번째로 독일에서 명예로운 평화를 가져왔습니다. 저는 그것이 우리 시대의 평화라고 믿습니다."

그로부터 두 달도 채 지나지 않아 미국의 프랭클린 루스벨트 대통령은 미국 항공력을 빠르게 키울 것을 지시했다. 그는 모든 종류의 군용기 생산을 늘리라고 지시했는데, 이 군용기들은 미군은 물론, 독일로부터 위협받고 있는 프랑스와 영국에도 제공할 것이라고 했다. 그는 가까운 미래에 수천 대의 폭격기 전력을 확보해야만 히틀러의 야욕을 무너뜨리고, 일본과 독일로부터 미국 태평양 연안, 파나마운하, 필리핀 등의 전략 거점, 그리고 대서양 연안에 있는 미군 기지들을 지킬 수 있을 것이라고 여겼다. 루스벨트 대통령의 보좌관이었던 해리 홉킨스Harry Hopkins에 따르면, 영국이 뮌헨 협정에서 굴복한 후 루스벨트는 미국은 곧 전쟁에 참전할 것이며, 그 전쟁에서 항공력만으로 이길 수 있다고 확신했다고 한다. 그러나 여느 미국인과 마찬가지로 루스벨트 역시 항공전은 도덕적 · 윤리적 규범을 지키며 수행해야 한다고 생각했다. 마침내 1939년, 유럽에서 전쟁이 발발하자 그는 연합국과 추축국에게 방어 시설이 없는 인구 밀집 지역에 대한 무차별폭격을 지양해 달라고 호소했다. 처칠은 여기에 동의했으나 히틀러는 말로만 동의했다. 얼마 지나지 않아 히틀러의 독일 공군은 이미 바르샤바 도심을 폭격할 준비를 하고 있었다.

뮌헨 협정이 이루어진 그달, 아놀드는 미 육군 항공단 단장에 임명된다. 그는 취임하자마자 스파츠와 이커를 항공단 사령부로 불러들여 중책을 맡긴다. 그는 자신의 참모진에게 '백악관 전투'에서 승리했다고 말했다. 이제는 '항공기 생산을 위한 전투'를 벌일 차례였다. 아놀드는 강한 흡인력과 뛰어난 상상력으로 이 전투를 진두지휘했다. 월가의 금융맨 출신으로 1940년 육군부 항공 특별 보좌관으로 임명된 로버트 A. 러베트Robert A. Lovett는 아놀드를 가리켜 영감을 불러일으키는 감각이 뛰어나고, 소년처럼 불타는 열정을 갖춘 훌륭한 지도자라고 칭송했다.

"어떠한 어려운 일도 반드시 극복한다. 불가능한 일은 어려운 일보다 시간이 조금 더 걸릴 뿐이다."

아놀드는 라이트 형제가 한 이 말을 좌우명으로 삼았는데, 이 문구가 새겨진 나무판을 책상 앞에 항상 걸어두었다고 한다.

아놀드는 상관들을 따뜻한 미소와 예의로 대하고, 반면에 부하들과는 거리를 두며 퉁명스러우리만치 딱딱하게 대했다. 그는 엄격했던 자신의 아버지처럼 열정이 넘치는 인물이었고, 실패를 용납하지 않았다. 아놀드는 듣다가 지칠 정도로 지독하게 잔소리를 늘어놓은 것으로도 유명했다. 하루는 회의에서 하급 참모장교인 스티븐 퍼슨Steve Ferson의 면전에 대고 소리를 질렀는데, 퍼슨은 얼굴이 새빨개지고 땀을 비처럼 흘리더니 갑자기 가슴을 부여잡고 쓰러져 죽었다. 원인은 심장마비였다. 퍼슨의 시신이 수습되자 아놀드는 회의에 참가한 사람들에게 그만 퇴근들 하라고 지시하고 본인은 자신의 책상으로 돌아가 일을 계속했다.

사실 아놀드도 심장마비를 네 번이나 일으켰는데, 결국 마지막 다섯 번째로 일으킨 심장마비로 사망하고 말았다. 참모 중 일부는 사정없이 몰아붙이는 아놀드를 '노예 감독관'이라 불렀다. 그러나 아놀드와 가까운 사람들은 그가 왜 그리도 매몰차게 몰아붙였는지 잘 알고 있었다. 커터는 이렇게 말했다.

"미 육군 항공단은 유럽과 태평양에 임박한 재난에 앞서 충분한 힘을 길러놓아야 했습니다. 아놀드만큼 큰 압박감에 시달린 지도자는 없을 겁니다. 그는 대통령, 해리 홉킨스, 백악관 보좌진은 물론, 그 밖의 상급 기관들의 과중한 요구에 시달렸습니다."

아놀드는 이 전투를 위해 산업계와 학계, 영화계, 의회, 백악관에 강력한 우군을 만들어놓았다. 그중에는 추축국의 위협에 맞서 미 육군을 현대적인 대규모 군대로 탈바꿈시킬 중책을 맡고 있는 조지 C. 마셜George C. Marshall 미 육군 참모총장도 있었다. 그리고 칼 스파츠를 육군 항공단의 참모장으로 임명하여 옆에 두고 든든한 오른팔로 삼았다.

스파츠와 아놀드는 평생 친구로 지냈지만, 성격은 정반대였다. 제2차 세계대전 당시 두 사람과 두루 일했던 엘우드 R. '피트' 케사다Elwood R. 'Pete' Quesada 중장은 두 사람을 이렇게 비교했다.

"스파츠는 철저한 전략가이자 기획가로, 어지간해서는 문제를 일으키는 법이 없었습니다. 반면 아놀드는 다혈질적인 행동가로, 언제나 새로운 것을 찾아 헤맸고, 매일같이 새로운 프로젝트를 꺼내 보여줬습니다. 신중했던 스파츠에 비해 선동가였던 아놀드는 그 덕분에 뛰어난 지휘관이 될 수 있었습니다. 만약 그가 없었다면 오늘날의 미 공군도 없었습니다."

그러나 스파츠가 균형을 맞춰주지 않았다면 아놀드는 결코 이만한 성과를 올릴 수 없었을 것이다.

"스파츠는 아놀드보다 사람들과 어울리는 능력이 더욱 뛰어나 매사에 적절한 선에서 멈출 줄 알았습니다. 매우 믿음직스러운 인물이었기 때문에 주변 사람들은 그를 신뢰했습니다."

케사다는 아놀드와 스파츠가 서로를 존경했다고 말했다.

"그들은 서로 죽이 잘 맞는 좋은 팀이었습니다. 아놀드는 항공력의 잠재성을 과장했지만, 스파츠는 어떤 것도 과장하지 않았어요."

"스파츠는 결단력은 부족했지만 지혜로웠고, 아놀드는 지혜보다는 결단력이 있었다는 점입니다."

1938년, 미 육군 항공단은 계획은 있었지만, 실제로는 항공기가 부족했다. 프랑스 패망이 코앞이던 1940년 5월, 루스벨트는 연간 5만 대의 군용기를 생산할 것을 지시했다. 연간 2,000대 생산하는 항공 산업계에 매달 4,000대 이상을 생산하라고 요구한 것이었다. 의회는 신속하게 예산을 마련했다. 아놀드는 이렇게 말했다.

"불과 45분 만에 15억 달러의 예산과 공군을 만들어내라는 명령을 받았다."

뮌헨 회담 당시 미 육군 항공단의 규모는 전투용 항공기 1,200대, 장병 2만 2,700명으로 세계 12위 규모였다. 그러나 1941년 12월에는 장병이 약 34만 명에 달했고, 항공기는 약 3,000대로 늘어났다. 여기에는 최신예 폭격기 B-24 리버레이터도 있었다. 이 기체는 B-17보다 속도, 항속거리, 폭탄 탑재량이 우수했다. 그러나 B-17에 비해 내구성과 기동성이 떨어졌다.

1944년에는 미국이 자랑하는 대량 생산과 대량 훈련 체계에 힘입어 미 육군 항공대는 세계 최대, 최강의 공군이 되었다. 항공기 8만여 대, 지상 및 공중 근무자는 240만 명으로 제1차 세계대전 당시 퍼싱 장군이 지휘하던 미 육군을 능가하는 전력이었다. 1944년 3월, 미국의 항공기 생산 공장은 한 달 동안 9,000여 대의 군용기를 생산했다. 이는 루스벨트가 1940년에 요구했던 수량의 2배가 넘는 수량이었다. 히틀러는 물론 대통령의 고문들마저 말도 안 되는 소리라고 치부했지만, 아놀드는 기어이 해내고 말았다. 아놀드의 전기를 쓴 작가는 다음과 같은 글을 남겼다.

"이처럼 거대하고 복잡한 군수산업이 이만큼 단기간에 이루어진 것은 전무후무한 일이다."

이는 미국의 산업계와 정부가 긴밀한 협력을 통해 이뤄낸 결과물로, 고도로 군국주의화된 나치 독일에서조차 불가능한 일이었다. 러베트에 따르면 아놀드는 이 목표를 달성하기 위해 모든 리더십, 열정, 추진력을 끌어모았다. 초창기 생산 속도는 생각만큼 빠르게 증가하지 않았지만, 1942년에 이르자 생산 속도가 본궤도에 오르면서 충분한 수의 폭격기가 쏟아져 나오기 시작했다. 그리고 1938년부터 1942년에 이르는 첫 팽창기에 항공기 생산 기준과 승무원 양성 기준은 그만큼 낮아질 수밖에 없었다. 이는 임무 첫해의 항공기 성능과 승무원 능력에 나쁜 영향을 끼쳤다.

1941년 1월 20일, 미 육군부의 헨리 L. 스팀슨Henry L. Stimson 장관은 미 육군 항공대 창설을 공식 승인했다. 이제 아놀드는 미 합동참모본부와 미영 연합참모본부에 직위를 겸직하게 되었으며, 육군 항공대는 지상군으로부터 상당한 독립성이 보장된 조직으로 탈바꿈했다. 이에 따라 미국 대통령령으로 코앞에 닥친 전쟁에 대비하기 위한 항공기 생산 계획을 발표했다. 1941년 8월, 맥스웰 항공전술학교 교관 출신인 해럴드 조지, 케네스 워커, 로렌스 커터, 헤이우드 핸셀은 9일간의 악전고투 끝에 '항공전 계획 1Air War Plans Division-1: AWPD-1' 계획안을 입안했다. 전술 학교의 강의 교재 같은 내용의 문서인 AWPD-1은 독일과의 항공전에서 승리하기 위해 필요한 인원과 장비의 수를 기가 막히게 정확하게 예측했다. 그리고 항공기 생산 계획을 다루는 데서 그치지 않고, 전쟁 시 공군의 가장 중요한 핵심 목표에 관해 다음과 같이 적시하고 있었다.

"독일과 이탈리아에 대한 지속적이고 끊임없는 항공 공세 실시, 독일과 이탈리아의 전쟁 수행 의지와 역량 분쇄, 유럽 본토 침공의 필요성을 없애거나 침공하더라도 과도한 비용 없이 실행하는 것."

예상대로 해럴드 조지와 그의 팀은 장거리 호위 전투기에는 낮은 우선순위를 부여했다. 더구나 그들이 생각한 호위 전투기는 완전히 잘못된 유형으로, 그들은 폭탄 대신 기관총을 잔뜩 실은 B-17을 요구했다.

마셜과 스팀슨이 육군 항공대의 폭격 계획을 승인하자 미 육군항공대는 마침내 전략폭격 개념을 공식적으로 인정받았다. 이로써 아놀드는 '대헌장Magna Carta'을 얻게 되었다. 하지만 아직 문제가 남아 있었다. 항공대의 전략 기획관들이 만든 전쟁 전략은 구름 한 점 없는 맑은 날씨에 저공으로 날며, 심지어는 적이 없는 상태에서 실행한 폭격 훈련에 기반하고 있었다. 제8공군 참모장교 출신인 작가 윌리엄 위스터 헤인즈William Wister Haines는 전후 출간한 소설《지휘 결심Command Decision》에서 이렇게 말했다.

"1941년에는 폭격만으로 전쟁을 끝낼 수 있다고 생각했다. 그러나 그것은 마치 의사가 불사의 비법을 알아냈다고 하는 것과 다름이 없었다."

정밀폭격은 기껏해야 아직 검증되지 않은 치료법에 불과했다. 그러나 당시에는 하나의 정설로 받아들여져 누구도 의문을 제기하지 않았다. 따라서 독일 상공에서 폭격 작전이 시작되자 미국 폭격기 승무원들은 폭격기 마피아가 예견하지 못한 새로운 형태의 항공전과 맞닥뜨리게 되고, 1년 반에 걸친 시간 동안 수많은 인력과 장비를 잃으면서 불필요한 희생을 치르게 된다.

MASTERS OF THE

제2장

이커의 아마추어들

AIR

"여름이 되자 온 세상이 전쟁터가 되었습니다."

– 버트 스타일스Bert Stiles, 제8공군 조종사

1941년 12월, 워싱턴 D.C.

역사학자 새뮤얼 엘리엇 모리슨Samuel Eliot Morison은 이런 글을 남겼다.

"섬터Sumter 요새 포격 사건 이후 미국인에게 가장 큰 충격을 준 사건은 일본의 진주만 공습이다."

미국은 공화당원, 민주당원, 개입주의자, 고립주의자, 노동자, 자본가 가릴 것 없이 모두 굳게 단결했다. 역사상 유례없이 하나로 강하게 뭉친 미국은 서둘러 전시 체제에 돌입했다. 12월 8일, 루스벨트 대통령은 의회 상하원 합동 회의에 출석, 대일 선전포고를 표결에 부쳤다. 반대표는 단 1표뿐이었다. 3일 후 독일이 미국에 선전포고를 했다. 이는 독일이 그해 6월에 단행했던 소련 침공보다 더 큰 재앙을 독일에게 되돌려준 결정이었다.

12월에 백악관에서 열린 영미 고위급 아카디아 회담Arcadia Conference에서 처칠과 루스벨트는 과거에 그들이 잠정적으로 합의했던 독일 우선 격퇴 전략을 정식 채택했다. 이 자리에서 처칠은 루스벨트에게 영국 본토에 미군 항공력을 즉시 증강할 것을 촉구했다. 다음 달 아놀드는 제8공군을 창설하고 스파츠를 사령관으로, 이커를 제8공군 폭격기 부대 사령관으로 임명한다. 이후 이 세 사람은 뮌헨 위기 때부터 준비해 온 유럽 폭격 전쟁을 실행하게 된다.

스파츠는 육군사관학교 출신으로, 전투에서 훈장을 받은 조종사이자 아놀드와 친한 친구 사이였다. 그런 그가 제8공군 사령관으로 부임하게 된 것은 충분히 예상 가능한 일이었다. 하지만 이커의 인선은 예상밖이었다. 이커는 텍사스에서 태어나 사우스이스턴 사범학교를 졸업한 후 제1차 세계대전에 참전하기 위해 1917년 육군에 입대했으나, 참전하기에는 너무 늦은 때였다. 1930년대에는 육군 항공대에서 실시한 여러 비행 실험에 참가해 기록을 경신했으나, 그의 비행 경력은 대부분 전투기 조종사로서 세운 것이었다. 그러나 그는 아놀드의 충실한 제자로, 아놀드와 함께 책을 저술했다. 아놀드는 이커가 살무사처럼 적을 타격할 수 있는 비범한 사람이라는 것을 알고 있었다. 그는 이커에게 지휘권을 주며 이렇게 말했다.

"전투기 조종사의 투혼으로 폭격 임무에 임하기를 바라네!"

이커는 키가 작고 사각턱에 대머리였다. 말투도 무척 부드러워서 잘 들리지도 않을 정도였다. 그러나 엄청난 야망으로 숨 막힐 것 같은 육군사관학교의 정실주의에 실력으로 맞섰다. 성공한 저술가이자 웅변가이기도 한 그는 예의 바른 태도와 부드러운 텍사스 사투리를 구현하는 타고난 협상가로, 그것은 영국 공군과 민감한 협상을 할 때 매우 요긴하게 쓰였다.

당시 영국은 물론 독일도 주간 폭격은 실패했다. 그 때문에 영국 공군 수뇌부는 제8공군을 영국 공군 폭격기사령부의 야간 폭격대에 편입시키고자 했다. 영국은 전투에 숙련된 영국 공군 승무원들을 미군 폭격기에 태워 출격시키는 방안도 제시했다. 이커는 1941년 영국 공군부대에서 작전 참관인으로 잠시 복무했는데, 이때 영국 공군 장교, 정부 관료 들과 친분을 쌓았다. 그는 영국인들이 설득에 뛰어난 재능이 있다는 것을 알고 있었다. 그러나 그는 제8공군을 독립적인 부대로 유지하겠다고 다짐했다.

헤이우드 한셀과 동료 항공 참모들은 미국에는 1943년 하반기는 돼야 지속적인 전략폭격을 벌이기에 충분한 항공기와 병력이 확보될 것이라고 아놀드 장군에게 조언했다. 스파츠 역시 미 육군 참모총장 조지 마셜 장군에게 이커가 영국에 만들 부대가 결정적인 전력으로 성장할 때까지는 사용치 말라고 주의를 주었다. 때는 1942년 초로, 일본군이 동남아시아를 휩쓸고 있었고, 독일군 역시 소련 영토 깊숙이 빠르게 진격하는가 하면, 북아프리카에서도 수에즈 운하를 향해 진격하고 있었다. 이런 상황에 대해 아놀드는 다음과 같은 글을 남겼다.

"마치 연합군이 이 전쟁에서 지고 있는 것처럼 보였다."

이에 마셜은 아놀드에게 지금 바로 사용할 수 있는 중폭격기를 영국으로 보내라고 명령한다. 이는 폭격기 마피아가 예상했던 대독 총력전을 그 폭격기들에게만 맡기지는 않겠다는 의미였다. 이 폭격기들의 임무는 나치가 점령한 프랑스에 대한 상륙작전을 준비하는 것이었다. 만약 소련이 독일에 패한다면 상륙작전은 1942년 가을에 실시될 예정이었다. 그러나 실질적으로는 1943년 봄이 되어서야 시작할 확률이 더 높았다. 마셜 장군은 영미 연합군이 독일 심장부로 가기 위해서는 북프랑스를 통해야 한다고 여기고, 이를 열렬히 지지했다. 마셜은 이커에게 그의 폭격기와 호위 전투기들로 1년 안에 북유럽 상공의 제공권을 확보하라고 지시했다. 마셜 장군은 이렇게 말했다.

"독일 공군을 괴멸시키지 못한 상태에서 영불해협을 건너 유럽 본토를 침공할 수 있으리라고는 보지 않네. 귀관은 독일 공군을 괴멸시키기 위한 계획을 가지고 있나?"

이커는 충분한 인원과 장비만 주어진다면 침공 당일 목표 해안에서 독일 항공기는 그림자도 찾아볼 수 없을 것이라고 장담했다.

1942년 2월 4일, 아이라 이커와 6명의 참모진이 영국의 새로운 임지를 향해 떠났다. 칼 스파츠는 영국으로 파병될 제8공군 항공기와 승무원을 준비, 훈련시키기 위해 워싱턴에 남았다. 제1차 세계대전 당시 최고의 조종사였던 프랭크 '몽크' 헌터Frank 'Monk' Hunter 준장이 이끄는 제8공군 전투기 부대도 아직 준비가 되지 않아서 워싱턴에 남았다. 결국 지금까지 장병 1,500명 규모의 전투기 부대를 이끈 게 전부인, 이제 45세 된 신출내기 장군에게 외국에서 공군 전체를 건설하라는 임무가 떨어진 것이었다. 이커의 책임은 막중했다. 작전 사령부를 설치하고, 항공기지를 확보하며, 영국 공군과 긴밀하게 협조해 제8공군 폭격 작전에 필요한 항공력 인프라를 건설해야 했다. 1942년 2월, 영국 주둔 제8공군의 규모는 장병 7명, 항공기 0대였다. 그런 제8공군을 이커는 1943년 12월에는 장병 18만 5,000명, 항공기 4,000대로 늘려 놓았다.

1942년, 당시 미국 최대 기업이던 제네럴 모터스General Motors사는 112개의 공장과 31만 4,000명의 노동자를 보유하고 있었다. 이커가 맡은 임무는 불과 2년도 안 되는 기간 내에 이만한 자동차 회사를 새로 만들어 낸 것과 비슷했다. 이커의 부관 제임스 파튼James Parton은 이런 글을 남겼다.

"아무리 대기업이라도 제8공군처럼 빠르게 대규모의 조직을 만들기란 매우 어렵다. 게다가 일반 기업과 달리 제8공군은 휘하의 장병들이 목숨을 걸고 싸우도록 동기부여를 해야 했다. 큰 공장을 만들고, 그 공장에서 자동차를 만들어 파는 일과는 차원이 다르다."

아놀드는 이커가 임무를 수행하는 데 어떠한 도움도 주지 않았다. 육군 항공부대 내 최고의 인재들을 워싱턴 본부의 참모로 삼았던 것이다. 그는 이커에게 이렇게 말했다.

"영리하고 젊은 민간인들을 모아보게. … 그 친구들을 제대로 훈련시키면 계급은 자네가 원하는 대로 주겠네. 회사에 소속된 똑똑한 중역을 육군에 입대시켜 몇 달 만에 장교로 만들어 놓으라고. 멍청한 녀석은 절대 훌륭한 전투 지휘관이 될 수 없지."

이커의 초기 참모 중 2명만이 정규군이었다. 그중 1명은 윌리엄 S. 코워트 주니어William S. Cowart, Jr. 중위로, 제20추격비행대대에서 이커 밑에서 복무했던 젊은 전투 조종사였다. 나머지 1명은 프랭크 암스트롱 주니어 대령이었다. 나이 많고 믿음직했던 그는 이커의 부사령관이 되었다.

이후 이커는 육군 예비역에서 참모 3명을 선발했다. 예일대학교를 졸업하고 1930년대에 작가가 되기 위해 육군 항공단에서 퇴역한 버니 레이 주니어, 그리고 스페리 자이로스코프Sperry Gyroscope Corporation사의 중역 출신인 해리스 B. 헐Harris B. Hull과 프레더릭 W. 캐슬Frederick W. Castle이 그들이었다. 캐슬은 육군사관학교 졸업생이었으며 경험 많은 조종사이기도 했다. 참모진의 나머지 한 사람은 록히드 항공사Lockheed Aircraft 중역 출신으로 갓 임관한 피터 비슬리Peter Beasley 소령이었다.

이후에도 헐과 캐슬은 나름 열심히 사람들을 선발했다. 이들이 모은 인원은 거의 대부분이 민간인 출신으로 언론인, 법률가, 회사원, 신문사와 출판사의 중역 등 다양한 직업을 가지고 있었다. 그중에는 이커의 책을 담당했던 출판사의 편집자, 《새터데이이브닝포스트》지의 편집자도 있었다. 《타임》지 편집자이자 중역이었던 제임스 파튼도 그해 봄 이커와 합류하기 위해 영국으로 왔다. 영국 공군은 이들의 실력을 의심하며 이들을 '이커의 아마추어들'이라고 불렀다. 그러나 이들은 놀랍도록 유능한 사령부 참모진이 되었고, 그들 중 암스트롱과 캐슬은 이후 뛰어난 전투 지휘관이 되었다.

영국 주둔 제8공군 최초의 7인은 사실 배정된 육군 항공기가 없어서 하마터면 영국에 못 갈 뻔했다. 그래서 이들은 팬 아메리칸Pan American

항공사의 4발 수상기를 타고 우선 중립국인 포르투갈까지 갔다. 여기서 영국까지는 런던 주재 네덜란드 망명정부에서 운영하는 여객기를 타고 가기로 계획했다. 그런데 항공기로 포르투갈 리스본에 도착하고 보니 활주로에 독일 공군 항공기들이 빼곡하게 세워져 있었다. 리스본 시내도 나치 첩보원들로 붐볐다. 이때를 이커는 이렇게 회상했다.

"물론 우리도 사전에 주의는 받았습니다. 그 때문에 우리는 사복 차림으로 여행을 했고, 어떤 문서도 지니고 있지 않았습니다. 꼭 필요한 내용은 모두 외웠습니다."

저녁을 먹으러 호텔을 나서기 전, 이커 일행은 옷 가방 속의 내용물을 다시 정리하다가 누군가가 가방을 뒤졌다는 사실을 알아챘다. 아마도 독일 비밀경찰의 짓이었을 것이다. 이들은 이틀 후 오전 5시, 네덜란드인 조종사가 모는 KLM 항공의 DC-3 항공기에 탑승했다. 이들이 지나가는 비스케이만 상공은 독일 공군기가 엄중히 초계하고 있었기 때문에 모두 긴장한 상태였다. 독일 비밀경찰은 이들이 리스본에 있다는 사실은 물론, 다음 목적지가 영국이라는 것도 이미 알고 있었다. 그렇다면 헤르만 괴링 Hermann Göring이 이끄는 독일 공군이 이들을 격추하지 않으리라는 법이 없었다.

이륙 후 한 시간쯤 지났을 때 네덜란드인 조종사는 객실에 있던 이커에게 독일 항공기가 자신들을 추적하고 있다고 알렸고, 이들이 탄 항공기는 포르투갈 북부의 포르투에 비상 착륙했다. 그리고 지상에서 한 시간 정도 기다렸다가 다시 이륙했다. 항공기는 독일의 추적을 피하기 위해 멀리 비스케이만으로 날아갔고, 조종사는 이커를 조종실로 불러 자기들 쪽으로 다가오는 독일 폭격기 1대를 가리켰다. 프랭크 암스트롱은 당시를 이렇게 회상했다.

"그 네덜란드 조종사는 여객기를 독일 폭격기가 제대로 조준하지 못하게 하려고 천천히 지그재그로 비행했어요. 그때 행운의 여신이 우리에게 미소 지어 주었어요. 그 독일 항공기의 엔진 한쪽에서 갑자기 연기가 뿜어져 나오지 뭡니까!"

독일 항공기의 조종사는 고장 난 엔진을 끄고 추적을 포기했다.

"그 독일 폭격기는 기수를 돌리면서 우리보다 800야드(730미터) 정도 낮은 고도로 스쳐지나갔어요. 여객기 조종사는 조종실에서 나와 우리를 노려봤어요. 우리는 모두 추수감사절에 기도하는 사람들처럼 한동안 아무 말이 하지 않았어요."

그날 늦게 이들은 영국에 도착했다. 비행 기록에는 이렇게 적혀 있다.

"목적지에 도착했다. 평범한 비행이었다."

1년 후 독일 공군은 비스케이만 상공에서 민항기 1대를 격추했다. 이는 독일 공군이 리스본에서 출발하는 민항기를 격추한 사례 중 기록에 남은 두 번째 사례였다. 이 민항기에는 영국 배우 레슬리 하워드Leslie Howard를 포함해 승객 13명이 타고 있었고, 생존자는 없었다.

런던에 도착한 이커 일행은 황폐하지만 여전히 투지가 높은 대도시를 차를 타고 돌아보았다. 런던 시내는 1940년부터 1941년까지 8개월 동안 독일의 폭격으로 인해 화재와 공포에 휩싸여 있었다. 런던 시민 약 3만 명이 죽었고, 5만 명이 부상당했다. 전황 또한 연합국에 매우 불리하게 돌아가고 있었다. 리비아의 영국군은 에르빈 롬멜Erwin Rommel 장군이 이끄는 독일 사막 군단에 크게 패했고, 소련의 적군Red Army은 모스크바와 레닌그라드까지 후퇴했다. 필리핀에서는 더글러스 C. 맥아더Douglas C. MacArthur가 이끄는 미군이 심각한 인명 손실과 식량 부족에 시달리면서 바탄반도의 산악 정글 지대에 있는 최후의 요새에서 간신히 버티고 있었다. 그리고 이커가 런던에 도착하기 5일 전인 2월 15일, 극동에 있는 서방 세력 최후의 보루, 싱가포르가 일본군에게 함락되었다.

이 기간은 제2차 세계대전 중 영국에게 가장 큰 고난의 시기였다. 미국이 참전하면서 처칠은 영국에게 살길이 생겼다고 확신했지만, 영국의 여론은 달아오르지 않았다. 런던 시민은 미국이 일본에게 진주만을 공격받은 사실을 비웃으면서 전쟁에 너무 늦게 참전했다고 비난했다.

적에게 포위당한 나라에 온 이커 일행은 큰 충격을 받았다. 그들 중 누구도 대영제국 국민의 삶이 얼마나 궁핍해졌는지 알지 못했다. 고기, 생선, 채소, 잼, 마가린, 계란, 우유, 시리얼, 치즈, 비스킷, 의류, 비누, 난방용 석탄이 엄격한 통제 속에서 배급되었다. 아직 굶주리는 사람은 없었으나 배급제 때문에 활력을 잃은 단조로운 식사를 하게 되었고, 그마저도 녹말 위주였다.

이커와 소수의 참모진은 아직 전면전이 준비되지 않은 미국을 떠났다. 그러나 영국은 이미 총동원령이 내려진 병영 국가에 가까운 상태였다. 18세부터 60세까지의 신체 건강한 남녀라면 어떤 형태로든 국가를 위해 봉사할 것을 요구받았다. 아이가 없는 20세부터 30세까지의 여성들은 후방을 지키는 군부대에 징집되거나 탄약 공장에서 근무해야 했다. 서방 국가에서 전례가 없던 조치였다. 정부가 영국보다 민간인을 더 철저하게 통제하고 강제 동원한 국가는 소련뿐이었다. 런던을 지키는 대공포대에는 여군이 배치되었다. 영국 전국의 공장들은 온종일, 휴일 없이 쉬지 않고 돌아갔고, 노동자들도 하루에 10~12시간씩 근무했다.

당시 영국은 생존을 위해 필사적으로 투쟁하는 국가 그 자체였다. 런던의 노동자들이 살던 수십만 호의 주택 중 60퍼센트가 독일의 공습으로 인해 반파 또는 완파되었다. 많은 사람이 가족과 친구를 잃었다. 폭격으로 죽은 영국 민간인은 약 4만 3,000명에 달했다. 독일군의 공격으로 사망한 영국군 전사자 수가 영국 민간인 여성과 아동 사망자 수를 넘어선 것은 전쟁 4년차가 됐을 때였다. 처칠은 이렇게 말했다.

"이번 전쟁은 무명 용사들의 전쟁입니다. 참전국의 모든 사람들이 싸우고 있습니다. 군인들만 싸우는 게 아니라 모든 민간인 남성, 여성, 아동까지 참전하고 있는 것입니다."

그의 말대로 이 전쟁은 모든 국민의 전쟁이었지만, 국민은 지쳐가고 있었다. 어느 영국 여성은 일기에 이런 말을 남겼다.

"작년의 런던과는 너무도 달라졌다. 작년에도 독일로부터 폭격을 당하고 상륙에 대한 위협을 느꼈지만, 그때만 해도 영국인들은 여전히 의기양양하고 쾌활하고 현명했다."

사람들은 일찍 잠자리에 들었다. 전기와 석탄 공급량이 크게 줄었기 때문이다. 밤에는 가로등이 꺼졌고, 창문에는 등화관제용 암막 커튼이 쳐졌다. 해가 뜬 낮에도 사람들은 좀처럼 웃지 않았다.

정확하게 말하자면, 독일에 대한 보복 폭격은 미국이 아닌 영국의 결단이었다. 전쟁 초기에 영국 공군이 독일에 떨어뜨린 것은 나치의 독재에 맞서 봉기하라는 내용의 전단지뿐이었다. 주간에 소수의 구식 쌍발 폭격기를 동원한 폭격 작전은 엄격하게 독일의 공군기지, 해운 관련 시설 등으로 제한되었다. 영국의 정치인들은 독일 도시에 대한 폭격이 런던에 보복 폭격을 불러올 것을 우려했다. 게다가 영국 공군에게는 독일의 산업 생산력과 국민의 사기를 떨어뜨릴 만한 충분한 인력이나 장비가 없었다. 그래서 앞으로 다가올 결전을 위해 폭격기 전력을 보존하고 충분히 키워 놓는 편이 낫다고 생각했던 것이다.

1940년 5월 중순, 독일군은 너무도 쉽게 네덜란드 전 국토를 점령하고,

로테르담을 폭격해 민간인 980명을 죽였다. 그러자 영국 처칠의 전시 내
각은 영국 공군 폭격기사령부에 루르와 라인란트에 있는 철도 조차장과
합성 연료 공장을 폭격할 권한을 주었다. 독일군의 자원 공급망을 망가뜨
리고, 프랑스 북부에 집결해 있는 연합군이 독일군에 맞서 버틸 시간을 주
기 위한 조치였다. 당시 영국 공군이 보유하고 있는 소규모의 폭격기 부대
가 독일 전투기와 대공포에 의해 큰 피해를 입었기 때문에 공습은 야간에
실시되었다.

　1940년 5월 15~16일에 영국이 실시한 야간 공습으로 사상 최초로 대
규모 전략폭격 전쟁이 시작되었다. 적국 국민이 공포심을 느끼게 하는 것
이 목표는 아니었지만, 처칠은 이 공습으로 민간인 사상자가 나올 수 있다
는 것을 알고 있었다. 또한 독일 공군이 런던에 보복 폭격을 가할 수 있다
는 것도 알고 있었다. 그러나 그는 이제 막 개발한 신형 레이더를 이용해
영국 공군 전투기가 독일 폭격기를 저지할 수 있을 거라고 믿었다. 그리고
1940년 8월 24일 밤과 25일 새벽, 영국 본토 침공을 위한 준비 폭격이 한
창이던 독일 공군이 실수로 런던을 폭격하자 처칠은 그 다음 날 밤 베를린
을 향한 보복을 명령했다.

　이로 인해 베를린이 입은 피해는 미미했지만, 히틀러는 분노했다. 그는
9월 7일부터 런던에 폭격기로 맹공을 퍼붓게 했고, 폭격 목표를 이내 영국
의 다른 도시들로 확대했다. 그들의 목표는 공장을 파괴하고 민간인들을
공포에 빠뜨려 전쟁 수행 능력을 마비시키는 것이었다. 1940년 11월 14
일 밤과 15일 새벽, 코번트리에 대규모 폭격이 가해지자 신임 영국 공군
참모총장 찰스 포털Charles Portal 경은 이에 대한 보복으로 1940년 12월
중순, 독일 만하임에 공포 폭격을 가할 것을 명령했다. 하지만 폭탄은 도시
주변으로 흩어졌고, 그 효과는 매우 미미했다.

줄리오 두헤와 빌리 미첼이 예견한 폭격 전쟁이 현실이 돼가고 있었다. 그러나 한동안 영국은 인내했다. 독일은 영국 도시에 밤낮 가리지 않고 무차별적인 폭격을 가했지만, 영국의 표적은 주로 군사시설이었다. 따라서 독일의 민간인 인명 피해는 이들 표적 인근에 사는 극소수의 사람들에 국한되었다. 독일과 영국은 폭격의 의도도 달랐다. 독일은 정복을, 영국은 생존을 위해 폭격했다. 덩케르크에서 지상군 병력을 철수시킨 영국은 폭격 외에는 독일을 타격할 다른 방법이 없었다. 역사학자 맥스 헤이스팅스Max Hastings의 말마따라 "1940년, 폭격은 영국이 원하는 전쟁 수행 방식이 아니라 영국의 유일한 전쟁 수행 방식"이었다.

이러한 폭격의 결과는 실망스러웠다. 폭격도 부정확하게 이뤄진 데다 아군의 손실도 컸다. 1941년 여름에 공개한 영국 정부의 '폭격 정확성 연구 보고서'에 따르면 6월과 7월, 표적에 도달한 영국 폭격기 중 3분의 1만이 조준점으로부터 5마일(8킬로미터) 이내에 폭탄을 명중시켰다. 방어 태세가 철저하고, 공장의 연기로 가려져 늘 시야가 흐린 루르 지방의 경우 그 비율은 10분의 1로 떨어진다고 했다.

이 보고서는 영국의 폭격 전략에 큰 변화를 가져왔다. 야간 정밀폭격이 불가능하다는 것을 깨달은 영국은 처칠이 절대 하지 않으려 했던 비전투원에 대한 의도적 폭격을 시작했다. 독일 도시의 도심지나 노동자들이 사는 주거지역이 영국 항공 작전의 새로운 표적으로 정해진 것이다. 인구 10만 명 이상의 58개 도시가 목록에 올랐다. 목표는 적국 민간인, 특히 노동자들의 사기를 꺾는 것이었다. 이는 두헤와 미첼이 구상했던 공포 폭격과 다를 바 없었다. 다만 영국은 이를 군사적 목적이 아니라 필사적인 저항 수단으로 사용했다는 것이 달랐다.

이 새로운 폭격 전략에는 처칠도 동의했다. 그는 이 전략을 수행할 사람도 직접 선발했다. 그가 바로 영국 공군 중장 아서 해리스Arthur Harris다. 촌티 나는 외모에 퉁명스러운 말투의 직업 군인인 그는 워싱턴 주재 영국 공군 대표를 맡고 있었다.

2월 22일, 해리스는 영국 공군 폭격기사령부 사령관에 취임했다. 그는 이 새로운 폭격 방침을 정하는 데 참여하지 않았지만, 이 방침을 열렬히 지지했다. 다만 그 내용 중 한 가지는 지지하지 않았는데, 폭격으로 인해 독일 국민의 사기를 떨어뜨리고, 반정부 혁명까지 일으키겠다는 목표는 말도 안 된다고 생각했다. 두에는 무자비한 공포 폭격을 당한 국민들은 결국 봉기를 일으켜 전쟁을 끝내도록 정부에 강요할 것이라고 예측했다. 그러나 폭격으로 독일 국민의 사기를 바닥까지 떨어뜨린다 해도 지독한 감시와 고문을 일삼는 억압적인 체제의 나치 정권에 맞서 수백만 독일 국민이 과연 봉기할 수 있을까? 해리스는 폭격으로 독일 산업 단지를 파괴하고 수많은 노동자들을 살상함으로써 독일 산업의 생산 속도를 떨어뜨리는 것을 핵심 목표라고 정했다. 그는 영국으로 떠나기 전 워싱턴에서 이커를 만나 이렇게 말했다.

"훌륭한 노동자를 양성하는 데는 훌륭한 기계를 생산하는 것보다 더 많은 시간이 듭니다. 노동 인력 부족도 공장 파괴만큼이나 군수물자 생산에 차질을 줄 수 있습니다."

노동자들의 주거지역만 파괴해도 독일의 군수물자 생산에 지장을 줄 수 있다. 노동자들에게 불안감을 조성하고 이탈을 유발할 수 있기 때문이다. 영국의 한 관료는 이 새로운 구상을 '주택 철거de-housing'라고 완곡하게 표현했다. 그러나 지나치게 솔직했던 해리스는 이것이 사실상 공포 폭격임을 부인하지 않았다. 언론은 그런 해리스에게 '폭격기'라는 별명을 붙여 주었다.

해리스의 폭격기들은 너무 구식인 데다가 그 숫자도 적었다. 가용 기체 400여 대 중 중폭격기는 69대뿐이었다. 그러나 폭격기사령부는 점차 양적으로, 기술적으로 성장하고 있었다. 그해 3월, 영국 폭격기들은 새로운 항법 보조 장비 '지Gee: Ground electronics engineering'를 사용해 달빛이 없는 야간에도 표적을 향해 비행할 수 있게 되었다. 그리고 영국 항공기 공장들은 해리스의 도시 파괴 작전을 수행할 4발 중폭격기 스털링Stirling, 핼리팩스Halifaxe, 랭커스터Lancaster를 양산하기 시작했다. 해리스는 폭격전이 성공하면 지상전을 시작하기도 전에 독일을 굴복시킬 수 있으리라 믿었다. 그는 나중에 이런 글을 남겼다.

"나는 지속적으로 투하되는 적절한 종류와 충분한 양의 폭탄 앞에 버틸 수 있는 나라는 없을 거라고 믿었다."

처칠은 폭격만으로 나치 독일을 굴복시킬 수 있다는 해리스의 생각에 동의하지 않았지만, 다른 대안이 없었기 때문에 해리스가 제안한 이 무자비한 폭격 계획을 승인했다. 처칠은 해리스를 '해적'이라고 불렀다. 이 표현에는 경의와 혐오의 의미가 섞여 있었다. 해리스가 총애하고 지원을 아끼지 않았던 영국 폭격기 승무원들은 해리스를 '도살자'라고 불렀다. 처칠 총리는 그 당시에도, 그 후로도 이러한 항공전에 대해 양심의 가책은 전혀 느끼지 않았다. 종전 후 그는 폭격기사령부 소속 전직 장교에게 이런 편지를 보냈다.

"우리는 독일에게 했던 일에 대해 절대로 사과하지 않을 것입니다."

이커와 참모진은 런던에서 서쪽으로 25마일(40킬로미터) 떨어진 하이 위컴High Wycombe의 영국 공군 폭격기사령부로 갔다. 그들은 작위를 수여받아 '아서 경'이 된 해리스의 따뜻한 환대를 받았다. 해리스는 미군 사령부가 완성될 때까지 이들의 숙식과 업무 공간을 영국 공군 폭격기사령부 내에 마련해 주었다. 게다가 그는 아내와 2살 된 딸이 사는 자신의 저택에서 이커가 지낼 수 있게 해주었다.

이커와 해리스는 생일이 같았고, 어린 시절 둘 다 육체적으로 힘든 시기를 거쳤다. 해리스는 청년 시절, 로디지아의 거친 숲에서 말을 몰며 모기가 들끓는 땅을 개척하기도 하고, 담배 농장을 운영하기도 했다. 그러나 그들은 그 밖의 다른 모든 부분에서 정반대였다. 《뉴욕타임스》 기자 레이먼드 다니엘Raymond Daniell은 이들에 관해 다음과 같이 묘사했다.

"로디지아에서 금광 광부이자 담배 농장을 운영했던 해리스는 어깨가 떡 벌어지고 키가 큰 거구의 사내로, 거침없는 유머 감각의 소유자이기도 했다. 도발적이고 자극적인 달변가답게 영국인치고는 허풍이 심했지만 다정했다. 이커는 부드러운 말씨의 텍사스 출신으로, 날렵한 운동선수 같은 몸매의 소유자였다. 비행에 인생을 건 많은 사람이 그러하듯 그 역시 마치 독수리를 연상케 하는 날카롭고 강인한 모습을 하고 있었다. 그러나 그는 수줍어 보이리만치 겸손했고, 남북전쟁 이전의 남부인들처럼 사려 깊고, 공손함이 몸에 배어 있었다."

여가 시간에 해리스는 군대의 역사, 농업에 관한 책을 읽었으나, 이커는 마치 독실한 신도가 예배를 드리듯이 매일 정해진 시간에 운동을 했다. 저녁이 되면 해리스는 칵테일을 만들어 마시기를 좋아했으나 이커는 술을 잘 마시지 않았다. 해리스는 야만스러울 정도로 지독하게 직설적이었지만, 이커는 늘 자신의 감정을 엄격하게 억제했고, 사교 모임에서는 늘 다른 사람들을 즐겁게 해 주려고 노력했다. 외무성 공무원의 아들인 해리스는 상류층을 비꼬기를 좋아했지만, 자신의 참모들과 거리를 두는 차갑고 엄격한 지휘관이었다. 반면 이커는 훨씬 유연한 인물로, 그는 참모진과 가깝게 지냈다. 참모들과 운동을 함께 즐기면서 그들의 조언을 기꺼이 구했다. 아서 해리스는 집에서는 따뜻한 가장이었지만, 폭격기사령부 지하 작전실에서 부하들에게는 냉혹한 상관이었다.

그와 이커는 서로를 무척 좋아했다. 매일 저녁 두 사람은 해리스의 서재에 모여 입체 환등기를 틀어놓고 영국 공군이 파괴한 도시의 3차원 항공사진을 보곤 했다. 이들은 순식간에 친구가 되었다. 그러나 폭격 철학까지 같은 것은 아니었다. 해리스는 주간 폭격이라는 실험을 앞둔 이커를 잘 이해하고 있었다. 그리고 그 실험의 성공을 위해 정보, 작전, 기상예보, 표적 선정 등 무엇이든지 다 지원해주었다. 그러나 해리스는 미국의 실험이 실패할 거라고 확신했다. 결국 이커가 승무원들을 다시 훈련시키고, 폭격기의 장비를 바꾸어 영국 공군과 함께 야간 폭격에 나설 거라고 믿었다.

아이라 이커는 인명 피해를 신경 쓰지 않는 해리스식 폭격 방식에 반대하지는 않았다. 이커는 전쟁이 끝난 후 이렇게 지적했다.

"제2차 세계대전 중 그 점에 대해 도덕적으로 심사숙고해 본 군인이 없으리라고는 생각하지 않습니다. 물론 폭탄이 주택과 교회에 명중하는 모습을 볼 때 나도 전쟁에 대한 혐오감을 느꼈습니다. 하지만 그들은 우리에게 사격을 해대는 적이었습니다. 만약 1942년에 원자폭탄이 있었고 나에게 그 사용 권한이 있었다면, 나는 아무 망설임 없이 원자폭탄을 독일에 떨어뜨렸을 것입니다."

이커가 지역폭격을 반대한 것은 전적으로 군사적 관점의 산물로, 그 전략이 적을 굴복시키는 가장 효율적인 방법이 아니라고 믿었기 때문이다. 그러나 그는 영국의 지역폭격을 미국의 정밀폭격과 연계한다면 독일을 시시각각 압박해 견딜 수 없게 만들고, 독일의 붕괴를 앞당길 수 있다고 생각했다. 그는 해리스의 작전을 자신의 작전을 보완하는 수단으로 여겼고, 따라서 해리스를 경쟁 상대가 아닌 협력자라고 여겼다.

해리스는 이커와 참모진이 쓸 사령부를 세우는 데 협조적이었다. 이커의 참모진은 점점 늘어났다. 그의 부관들은 칠턴 힐스 일대에서 부지를 물색하다가 완벽한 장소를 찾아냈다. 그곳은 다름 아닌 위컴 애비 여학교로, 마치 공원 같은 캠퍼스에는 보리수나무가 가로수처럼 길게 늘어서 있고, 성벽에 총안이 뚫려 있는 저택이었다. 해리스와 이커의 집요한 설득 끝에 영국 공군성은 이 학교의 학생들을 옥스퍼드로 옮기게 하고, 학교 건물은 제8공군이 인수했다. 그리고 4월에 이커와 20명의 장교가 이곳에 입주했다.

암호명 '파인트리Pinetree'로 불리던 위컴 애비 사령부는 영국 공군 사령부와는 4마일(6.4킬로미터) 정도 떨어져 있어 의사소통이나 연락을 하기에 용이했다. 이커는 해리스와 함께 런던 바로 북쪽에 있는 헌팅던셔의 오래된 영국 공군기지 여덟 곳을 확보했다. 그리고 얼마 후 영국 땅에는 100여 개의 미군 항공기지가 세워졌다. 이곳은 폭격기 기지, 전투기 기지, 보급기지, 훈련 기지, 수리기지 등으로 활용되었다. 이들 대부분은 이스트앵글리아 인근의 노퍽주와 서포크주에 위치했다. 1943년 하반기에 제8공군은 높은 교회와 작은 마을이 있던 이 지역들을 거대한 육상 항공모함으로 변모시켰다. 이렇게 이스트앵글리아는 미군 폭격기의 중심지가 되었다.

5월, 영국 공병부대가 미 제8공군의 첫 번째 기지인 폴브룩Polebrook 기지와 두 번째 기지인 그래프턴 언더우드Grafton Underwood 기지를 한창 짓고 있을 때 아놀드 장군이 영국에 도착했다. 5월 30일, 처칠은 아놀드 장군과 미국 대표단을 버킹엄셔에 있는 자신의 별장으로 초대했다. 이 자리에는 이커와 위넌트 대사도 함께 참석했는데, 손님들이 저녁 만찬을 위해 자리에 앉자 처칠 총리가 일어나 다음과 같이 연설했다.

"지금 이 시각, 영국 공군은 사상 최대 규모의 공습을 시작하고 있습니다. 1,000대의 영국 폭격기가 쾰른을 폭격하기 위해 이륙하고 있습니다."

해리스는 중세에 지어져 화재에 취약한 두 도시, 뤼베크와 로스토크를 전소시킨 전력이 있다. 그러나 그는 융단폭격의 효과를 더욱 확실하게 보여줄 더 큰 작전이 필요하다고 여겼다.

그날 저녁, 손님들이 응접실에 모여 차와 담배를 즐기고 있을 때, 처칠 총리는 '밀레니엄 작전Operation Millennium'이 성공을 거두었다고 발표했다. 라인란트 지방에 자리 잡은 쾰른 전체가 불바다가 되었다. 나중에 알려진 바에 의하면, 불과 2시간 만에 쾰른 시민 약 500명이 죽고 4만 5,000명이 이재민이 되었으며, 건물 1만 2,000채가 파괴되었다. 반면 영국 폭격기 손실은 41대에 그쳤다. 이는 크나큰 성공을 거둔 군사작전이었을 뿐만 아니라, 대중의 이목을 사로잡기에 충분했다. 해리스가 이 공습에 투입한 폭격기 수는 총 1,046대로, 사실 훈련 비행대 소속의 구식 폭격기 400대가 아니었다면 이만한 전력을 동원할 수 없었을 것이다. 이 공습으로 해리스는 영국의 영웅이자, 영국 언론이 주목하는 명사가 되었다.

그날 밤 아놀드는 총리에게 따뜻한 축하의 말을 건넸다. 처칠과 영국 공군 수뇌부에게 미국식 주간 폭격의 미래를 설명하기 위해 이곳에 온 그는 이번 작전이 성공함으로써 미군이 또다시 기회를 잃었다고 생각했다.

"내가 보기에 그날 밤은 영국식 폭격의 우수함을 전 세계에 가장 확실하게 알린 순간이었다. 앞으로 영국이 미군의 4발 중폭격기들을 영국 공군에 인도하라고 다시 압력을 넣을 것이 불 보듯이 뻔했다."

쾰른 폭격 당일 영국에 주둔한 미 제8공군 병력은 불과 1,871명이었고, 그중 대부분은 지상 근무자였으며, 미 제8공군이 보유한 항공기는 없었다. 다음 날 위넌트 대사는 루스벨트 대통령에게 급하게 메시지를 보냈다.

"영국은 이 전쟁에서 승기를 잡았습니다. 가급적 빨리 영국에 항공기와 추가 병력을 보내 주십시오."

6월 10일, 이미 출발한 첫 번째 전투부대는 병력 수송선으로 개장한 거대한 여객선 퀸엘리자베스호를 타고 클라이드만에 닻을 내렸다. 이 배에는 수천 명의 미군 보병과 함께 제97폭격비행전대 기관총 사수들이 타고 있었다. 그리고 한 달 후, 조종사와 항법사 들이 대서양을 횡단해 영국으로 날아왔다. 사실 이는 15년 전 찰스 린드버그Charles Lindbergh의 비행*만큼이나 위험한 비행이었다.

물론 B-17은 린드버그의 스피릿 오브 세인트 루이스Spirit of St. Louis호보다는 훨씬 믿음직했으나 린드버그는 뛰어난 조종사였고, 제8공군 B-17의 조종사들은 비행 경력이 몇 달도 되지 않은 신참내기들이었다. 이 조종사들이 의지하는 통신수들은 아직 모스 부호의 선과 점도 구분하지 못했으며, 항법사도 고도로 복잡한 항법 기술을 제대로 익히지 못한 건 마찬가지였다. 미국 내륙 출신 승무원 중에는 생애 처음으로 바다를 본 사람도 있었다. 이들의 목적지는 스코틀랜드 프레스트윅으로, 흔히 말하는 '대권great circle' 항로의 동쪽 끝 지점이었다. 비행 기착지는 뉴펀들랜드, 래브라도, 그린란드, 아이슬란드 네 곳이었다. 이후 다른 부대들은 스코틀랜드까지 약 2,000마일(3,200킬로미터) 거리를 무기착으로 비행했으나, 처음 출발한 이 부대는 하필이면 최악의 기상 조건으로 인해 기착지가 꼭 필요한 상

---

* 1927년 5월 20일, 비행기로는 최초로 단엽기인 스피릿 오브 세인트 루이스호를 타고 뉴욕에서 파리까지 무착륙 대서양 횡단 비행에 성공했다.

황이었다.

첫 번째 기착지는 메인주 북쪽 해안에서 700마일(1,120킬로미터) 떨어진 래브라도의 구스만과 뉴펀들랜드 남부 갠더 호수 중 한 곳이었다. 두 번째 기착지는 미국이 덴마크와 협의를 거쳐 그 즈음 완공한 그린란드 미군 기지 두 곳이었는데, 거기까지 가려면 다시 700~1,000마일(1,120~1,600킬로미터)의 해상을 비행해야 했다.

폴 티비츠가 이끄는 제97폭격비행전대의 첫 항공기들은 그린란드까지는 쉽게 도달했으나, 거기서부터 길이 꼬이기 시작했다. 그린란드 해안의 험준한 산 위를 비행하던 티비츠의 눈에 끝도 없는 만년설이 들어왔다. 그것은 그들이 블루 웨스트 원(이하 'BW-1') 비행장에 접근하고 있다는 신호였다. BW-1은 세계에서 착륙하기 가장 어려운 비행장이었다. 티비츠는 위태로우리만치 좁은 피오르fjord 안으로 폭격기를 몰고 들어갔다. 피오르의 길이는 20마일(32킬로미터)로, 양 옆에는 높고 거친 절벽이 비행기 날개 끝에 스칠 듯이 가까이 서 있었다.

"그 다음에 까다로운 선회를 여러 번 했습니다. 그 피오르에는 여러 갈래로 나뉜 계곡이 있었는데, 지도를 꼼꼼하게 보면서 그 계곡들로 들어가지 않도록 주의해야 했습니다. 그런 곳은 빠져나갈 길이 없는 막다른 길이거든요."

티비츠는 이렇게 회상했다.

일단 피오르로 들어간 조종사는 비행장 상공의 기상 상태가 어떤지 알아야 했다. 그곳은 항공기를 돌릴 공간이 없고, 만약 안개가 끼거나 폭풍이 밀려온다면 B-17의 엔진 추력으로는 활주로 바로 뒤에 버티고 있는 돌과 얼음으로 된 거대한 벽을 피할 만큼 빨리 상승하지 못해 항공기가 추락할 수도 있기 때문이었다. 다행히 날씨는 청명했고, 티비츠는 항공기를 완벽하게 착륙시켰다.

BW-1 비행장은 북극권 바로 남쪽에 위치한, 그야말로 오지 중의 오지였다. 식당 한 곳, 기상관측소 한 곳과 바람이 술술 새는 숙소가 흩어져 있었고, 피오르 건너편에는 고립된 에스키모 마을이 있었는데, 그 누구도 머물고 싶은 마음이 들지 않는 곳이었다. 연료를 다시 보급한 티비츠는 아이슬란드를 거쳐 동쪽으로 846마일(1,360킬로미터) 떨어진 프레스트윅으로 향했고, 그곳에서 영국 공군 관제사가 티비츠가 이끄는 폭격기들을 폴브룩으로 유도해주었다.

제97폭격비행전대의 마지막 항공기가 도착한 것은 그로부터 몇 주가 더 지난 후였다. 그때 티비츠는 자신의 부대원들이 엄청난 행운아였다는 사실을 알았다. 영국으로 오는 길에 5대의 항공기가 손상을 입었지만, 그럼에도 다행히 인명 피해는 없었다.

칼 스파츠는 한 달 전 B-24 리버레이터를 타고 영국에 도착했다. 그는 런던과 유럽 전구 최고사령부와 가까운 부시 파크Bushy Park에 사령부를 설치했다. 새롭게 임명된 유럽 전구 최고사령관은 드와이트 D. 아이젠하워Dwight D. Eisenhower 장군이었다. 제97폭격비행전대가 도착함으로써 제8공군은 드디어 전쟁 준비를 마쳤다.

제8공군 예하에는 4개의 사령부가 있었다. 폭격기사령부와 전투기사령부 외에도 B-26 마로더 쌍발 폭격기가 배치된 지상항공지원사령부가 있었고, 항공기 보급과 정비를 담당하는 항공근무지원사령부가 있었다.

헌터 장군이 지휘하는 전투기사령부는 런던 북서쪽 교외의 하트포드셔 주 부시 홀에 위치하고 있었다. 8월이 되자 영국에는 4개의 미국 전투비행전대가 구성되었는데, 이 중 2개의 전대는 영국산 스핏파이어 전투기를, 나머지 2개의 전대는 P-38 라이트닝 전투기를 장비했다.

제8공군의 폭격기사령부는 전투 작전 기획과 지휘를 용이하게 하기 위해 전투비행단과 유사한 편제를 갖추고 있었다. 3개의 폭격비행전대가 1개의 전투비행단으로 구성됐으며, 서로 가까운 기지에 배치되어 출격 시 인근 하늘에서 집결해 함께 전장으로 향했다. 전투비행단의 상위 조직은 처음에는 '폭격비행단'이라고 부르다가 나중에는 '항공사단'이라고 불렸다. 항공사단은 육군 보병사단과 마찬가지로 대규모 전투를 치를 수 있는 규모가 큰 조직이었다. 1942년, 당시 폭격비행단은 제1폭격비행단과 제2폭격비행단 2개뿐이었다. 폭격비행단별로 자체 지휘관과 본부 건물이 별도로 있었고, 서로 긴밀한 협력을 통해 폭격 공격을 계획하고 조직했다.

1942년 여름, 영국에 상륙한 대규모 미군은 본격적으로 유럽 본토 침공 훈련을 시작했다. 그러나 미 육군 항공대 장병들은 영국에 도착하자마자 바로 전투 임무에 투입되었다. 제97폭격비행전대의 승무원들은 연합국의 전쟁 전략을 크게 바꿔놓을 첫 임무를 준비하고 있었다.

미군 전투 승무원이 조종하는 B-17이 영국 본토에 처음으로 착륙한 1942년 7월 1일, 당시 독일군은 엄청난 승리를 거두고 있었다. 크림반도의 마지막 소련군 거점인 세바스토폴 기지를 245일 만에 함락했고, 10일 전에는 롬멜 장군이 이집트의 국경 인근에 있는 리비아 영국군 거점인 토브루크를 포위하고, 공격 끝에 점령했다. 이 두 번의 승리로 독일은 엄청난 자신감을 얻었다. 반면, 그 시각 워싱턴에 있던 윈스턴 처칠은 미국 독립 전쟁 당시 새러토가에서 항복한 버고인Burgoyne 장군 이후 미국에서 가장 불쌍한 영국인이 되었다며 씁쓸한 독백을 남겼다.

처칠은 백악관에서 연합군의 주요 정책에 대한 변화를 시도하고자 했다. 그는 연합군의 사기를 살리고 소련에 가해지는 압력을 완화하며, 북아

제8공군 조직도

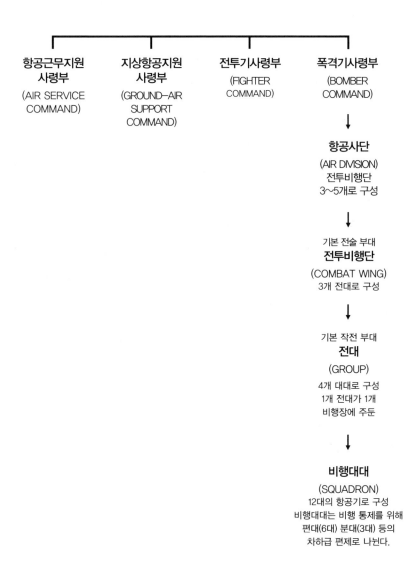

항공근무지원
사령부
(AIR SERVICE
COMMAND)

지상항공지원
사령부
(GROUND-AIR
SUPPORT
COMMAND)

전투기사령부
(FIGHTER
COMMAND)

폭격기사령부
(BOMBER
COMMAND)

↓

항공사단
(AIR DIVISION)
전투비행단
3~5개로 구성

↓

기본 전술 부대
전투비행단
(COMBAT WING)
3개 전대로 구성

↓

기본 작전 부대
전대
(GROUP)
4개 대대로 구성
1개 전대가 1개
비행장에 주둔

↓

비행대대
(SQUADRON)
12대의 항공기로 구성
비행대대는 비행 통제를 위해
편대(6대) 분대(3대) 등의
차하급 편제로 나뉜다.

프리카에서 궁지에 몰린 영국군을 증원하기 위해 가급적 빨리 미군과 폭격기를 전투에 투입할 필요가 있다고 주장했다. 지난 4월, 처칠은 1943년 봄에 프랑스 북부로 침공한다는 미국의 계획에 마지못해 동의했는데, 이제 그는 뛰어난 언변으로 루스벨트에게 그 계획을 연기해 달라고 요청했다. 그는 덩케르크를 떠올리며 루스벨트 대통령에게 자칫하다가는 '영불해협이 영국군 병사의 시신으로 가득할 것'이라고 말했다.

이 전략은 효과가 있었다. 그해 7월, 루스벨트는 프랑스령 북아프리카에 연합군을 상륙시키기로 결정했다. 이러한 정책의 변화는 큰 논란을 불러일으켰는데, 영불해협을 건너 나치 점령하의 프랑스에 대한 침공은 물론, 이오시프 스탈린Joseph Stalin이 다급하게 요청했던 제2 전선의 형성 또한 무기한 연기되었기 때문이었다. 다만 육군 참모총장 조지 마셜 장군과 그의 제자 드와이트 아이젠하워 장군은 루스벨트의 결정에 이의를 제기하지 않았다. 루스벨트는 아직 검증되지 않은 아이젠하워를 암호명 '횃불 작전Operation Torch'의 지휘관으로 임명했다.

처칠의 판단은 틀리지 않았다. 아직 프랑스 침공에 적합한 수준의 상륙함대는 조직되지 않았고, 유보트U-boat는 연합국 대서양 호송 선단에 엄청난 피해를 입히고 있었다. 독일 공군은 여전히 북유럽 하늘을 지배하고 있었다. 또한 그해 11월에는 미국 총선이 있었기 때문에 루스벨트는 정치적인 고려도 해야 했다. 그는 미국 지상군을 서둘러 대독일 전선에 투입하라는 압박을 받고 있었다. 당시 시점에서 미군이 강력한 독일군을 압도할 수 있는 전선은 북아프리카가 유일했다. 그러나 그것도 영국군의 지원을 받아야 가능한 일이었다.

아놀드는 이러한 정책 변경에 대해 분개했다. 아직 편성이 끝나지도 않은 제8공군의 인력과 장비를 북아프리카 침공 계획의 일환으로 돌려 지중해 작전 지원에 투입하라는 명령을 받았기 때문이다. 그러나 그에게는 이러한 명령을 스파츠나 이커에게 말해 줄 권한은 없었다. 이제 막 영국에 도착한 제97폭격비행전대와 제301폭격비행전대는 초가을에 북아프리카로 다시 배치될 것이고, 그 외의 다른 폭격기들은 미국 본토에서 훈련을 마치자마자 바로 북아프리카로 파병될 예정이었다. 이는 1943년 4월까지 1,000대의 중폭격기를 독일 폭격에 투입한다는 육군 항공대의 원대한 계획이 무기한 연기된다는 것을 의미했다. 그리고 그 계획이 언제 실행되게 될지는 그도 역시 알지 모를 일이었다.

이는 지연, 그 이상의 문제였다. 아놀드는 횃불 작전을 제8공군의 존립을 위협하는 사안이라고 여겼다. 규모가 축소된 제8공군은 횃불 작전이 실행되기 전에 영국 공군에 흡수되어 야간 폭격에 투입될지도 모를 일이었다.

바로 이러한 이유 때문에 아놀드는 스파츠와 이커에게 아직 충분한 훈련을 받지 않은 승무원들을 즉시 전투에 투입하라고 압력을 넣을 수밖에 없었다. 이제 미 육군 항공대가 주간 전략폭격 교리의 진가를 입증할 기회는 그해 10월로 예정된 북아프리카 침공 전까지로, 몇 주밖에 남지 않았던 것이다. 루앙 폭격 이후 횃불 작전에 대해 알게 된 이커와 스파츠는 앞으로 12회 남은 작전의 결과에 유럽 육군 항공 작전의 미래가 걸려 있다고 믿었다.

아놀드는 훗날 이렇게 털어놓았다.

"처음에 우리는 어떻게 폭격 공격을 벌여야 할지도 몰랐습니다. 우리가 아는 것은 공격을 성공시켜야 한다는 것뿐이었습니다."

그러나 이커와 스파츠는 자신들의 항공기와 승무원을 믿고 있었다. 그리고 전략폭격 교리에 대한 확신이 있었다. 그렇기에 제2차 세계대전의 세 번째 늦여름, 미국의 젊은 폭격기 승무원들은 영국의 작은 비행장을 이륙해 위험을 무릅쓰고 빌리 미첼이 캔버스 천과 나무로 만든 조잡한 복엽기를 타고 참호 상공을 날면서 구상했던 항공력 이론을 입증하기 위해 나섰던 것이다.

MASTERS OF THE

제3장

위험한 하늘

AIR

"1942년 말부터 1943년 초까지 치러진 항공전은
그 이후의 항공전과는 사뭇 달랐다."

- 러셀 스트롱Russell Strong, 《첫 독일 폭격First over Germany》

1942년 9월 6일, 폴브룩

표적은 프랑스 북부의 항공기 공장이었다. 이번에도 제8공군의 폭격기 부대는 폴 티비츠가 지휘했고, 아직까지 인명 손실은 없었으나 이번에는 독일 공군의 본격적인 반격이 예상되었다. 제8공군의 지휘관인 버드 피슬리는 이렇게 썼다.

"9월 6일, 미국인들은 처음으로 공중전 맛을 봤다."

괴링의 전투기들은 미군 폭격기들이 폭탄을 투하하고 귀환할 때까지 기다렸다가 스핏파이어의 호위를 뚫고 성난 벌떼처럼 폭격기들에 달려들었다. B-17 2대가 불덩어리로 화해 공중에서 분해되며 추락했다. 그중 1대는 티비츠의 동료 폴 립스키Paul Lipsky 중위가 조종하고 있었다. 티비츠는 후일 이런 글을 남겼다.

"립스키는 좋은 친구였다. 그의 죽음은 큰 충격을 주었다. 이제까지 전쟁은 게임이었다. 이륙해서 폭탄을 투하하고, 안전하게 복귀하면 그만이었다. 우리 스스로는 슈퍼맨이라고 생각하고, 뛰어난 기술로 적을 제압하고 있다고 생각했다. 그러나 근거 없는 자신감이었다. 립스키의 항공기가 통제 불능 상태가 되어 회전하다가 불꽃을 튀기며 추락하는 것을 보자 그 자신감은 흔적도 없이 사라져버렸다."

티비츠와 함께 항공기에 탄 승무원들은 누구도 입을 떼지 못했다. 모두가 립스키의 최후를 마음속에 말없이 새겨 넣었다.

마스터스 오브 디 에어 1

"바로 다음 임무에서 우리 역시 죽을 뻔했죠. 나는 전쟁 중 독일, 아프리카, 태평양 상공에서 전투 비행을 했지만, 그때만큼 죽음의 공포를 강하게 느꼈던 적은 없었습니다."

티비츠의 폭격기들이 막 폭격을 마쳤을 때 독일 공군 방공 부대 주력기 메서슈미트 Bf 109(Me 109)가 그들을 덮쳤다.

"3시 방향에서 적기가 우리를 향해 급강하해 오자 아군 항공기들이 기관총을 미친 듯이 뿜어댔습니다. 그러나 우리 B-17도 적기의 사격에 동체와 날개에 구멍이 뻥뻥 뚫렸어요."

최악의 고비는 넘겼나 싶은 순간, 적기 1대가 태양 속에서 튀어나와 티비츠의 기체를 향해 돌진했다. 기관포탄이 조종석 오른쪽 유리창을 관통하고, 계기판 일부를 날려버렸다. 티비츠는 다음과 같이 회상했다.

"그 순간, 나는 금속이 찌르는 듯한 따끔함을 느꼈어요. 몸 오른쪽에 금속 파편들이 여기저기 박혔더군요."

그러나 포탄에 정통으로 맞은 사람은 따로 있었다. 부조종사 진 록하트 Gene Lockhart 중위의 오른손 일부가 날아갔고, 부서진 조종실은 피범벅이 되었다. 티비츠는 피격으로 인해 덜덜 떠는 기체의 항로를 유지하려고 애썼다. 바로 이럴 때에 엄격한 군기가 필요했으나, 공황에 빠진 승무원들 때문에 기내는 한동안 소란스러웠다. 그 원인은 티비츠의 폭격기를 타고 전투 지휘 비행을 하고 있던 제2폭격비행단의 신임 사령관 뉴턴 D. 롱펠로 Newton D. Longfellow 대령이 패닉에 빠졌기 때문이었다. 티비츠는 그때를 이렇게 회상했다.

"롱펠로는 부하들 사이에서 진정한 사나이로 불리던 인물로, 부대원들 절반은 그를 무서워했습니다. 그런데 공격을 받자 그때까지 허세를 부리던 그는 미친 듯이 날뛰었고, 그의 부하들도 두려움에 빠져 어쩔 줄 몰라

했어요. 게다가 롱펠로는 패닉에 빠져 내 어깨 너머로 손을 뻗어 스로틀과 터보 제어 장치를 멋대로 조작하기 시작했어요. 고도 2만 5,000피트(7.6킬로미터)에서요. 엔진 추력이 줄어들기 시작했고, 기내는 혼란 그 자체였어요. 나는 한 손으로는 기체를 제어하고, 다른 한 손으로는 록하트에게 응급조치를 취했어요. 그가 다친 손을 머리 위로 들고 있는 동안, 나는 오른손으로 그의 손목을 지혈하면서 동시에 수평 비행을 유지하려고 했어요."

티비츠는 롱펠로에게 기체에서 손을 떼라고 소리쳤다. 그러나 부서진 계기판을 뚫고 들어오는 바람 소리 때문에 롱펠로는 티비츠의 말을 듣지 못했다. 티비츠는 결국 왼팔 팔꿈치로 롱펠로의 얼굴을 때려 쓰러뜨렸다. 잠시 후 적의 총탄이 기관총 사수의 머리를 스쳤고, 그가 넘어진 롱펠로 위로 쓰러졌다. 나중에 의식을 차린 롱펠로는 구급상자를 꺼내어 록하트의 손에 지혈대를 묶어주고, 쓰러진 기관총 사수의 머리에 붕대를 감아주었다.

티비츠는 항공기의 균형을 바로잡고, 롱펠로를 부조종사 삼아 귀환 길에 올랐다. 롱펠로는 엉망진창이 된 폭격기가 다시 고도를 높이자 티비츠에게 말했다.

"폴, 정말 잘 해냈어."

두 부상자는 곧 회복되었고, 티비츠와 함께 퍼플 하트Purple Heart 훈장을 받았다. 티비츠는 훈장 수여식을 취재하러 온 사진기자들 앞에서 포즈를 취했다. 사진 속 티비츠의 얼굴에는 당혹한 빛이 역력했다. 그는 경미한 부상을 입은 것뿐이었고, 이런 훈장 수여식을 치를 겨를이 없었기 때문이었다. 그날 그는 그때까지와는 다른 규모의 작전을 준비해야 했기 때문이었다.

릴 폭격 임무

10월 9일, 제8공군은 프랑스의 철강 산업과 철도의 중심지 릴을 폭격하기로 결정했다. 더 많은 부대가 준비를 마치자 아이라 이커는 이번 공격에 108대의 중폭격기를 투입하기로 했다. 여기에는 제93폭격비행전대 소속의 B-24 폭격기 24대도 포함되었다. 제93폭격비행전대장은 훗날 이 전쟁이 배출한 최고의 항공 지휘관으로 이름을 날리게 되는 에드워드 J. '테드' 팀버레이크Edward J. 'Ted' Timberlake 대령으로, 이번 작전은 제8공군이 B-24 폭격기로는 처음 참전하는 전투였다. 호위 전투기가 무려 400대가 넘었는데, 여기에는 진주만 공습 이전에 영국 공군에 입대한 미국인들로 구성된 독수리 비행대대Eagle Squadron의 P-38이 30여 대, 그리고 그와 비슷한 수의 스핏파이어도 포함됐다. 이제 이들은 막 창설된 제8공군 전투기사령부의 제4전투비행전대로 편입되었다.

릴 폭격은 J. 켐프 맥로플린 중위J. Kemp McLaughlin에게는 첫 실전 임무였다. 그는 웨스트버지니아대학교를 졸업한 23세의 청년으로, 악명 높은 대공황기에 성장한 사람이었다. 군대는 그에게는 제대로 된 첫 직장이었다. 게다가 세상에서 가장 위험한 인물을 권좌에서 끌어내리는 아주 훌륭한 대의명분을 가지고 매달 250달러의 월급과 90달러의 비행 수당을 받았다.

제92폭격비행전대 소속으로 영국에 온 지 얼마 안 된 그와 그의 동료들은 B-17 폭격기에 탑승했다. 임무가 있던 날 아침, 보빙던Bovingdon 기지의 브리핑실에서 맥로플린은 자기만 신경이 곤두서 있는 게 아니라는 것을 알게 되었다. 그 방에 있는 모두의 얼굴이 창백하게 일그러져 있었다. 전대장인 제임스 S. 서튼James S. Sutton 대령이 이번 임무는 독일 공군의 환영식이 매우 치열할 것이라고 경고하자, 여기저기서 나직하게 앓는 소리가 났다.

그리고 전대의 정보장교인 가디너 '고디' 피스크Gardiner 'Gordy' Fiske 소령은 승무원들에게 예상되는 적의 저항에 대해 브리핑했다. 피스크 소령은 제1차 세계대전 당시 유명했던 라파예트Lafayette 비행대의 일원으로 참전했던 노병으로, 진주만이 공격받자 항공대에 다시 입대했다. 과거, 복엽기를 타고 참호 상공에서 공중전을 벌였던 그는 이후 항공전 기술이 얼마나 발달했는지 거의 모르는 상태였다. 브리핑을 마치자 한 승무원이 프랑스 해안에 배치된 독일 대공포에 대해 질문했다. 맥로플린은 이렇게 회상했다.

"피스크는 그 질문을 받자 좀 당혹스러워했어요. 그러다가 결국 이렇게 답했지요. '내가 제1차 세계대전에 참전했을 때는 거기 아무것도 없었어.' 그 말을 들은 서튼 대령이 자리에서 일어나 소리쳤어요. '고디, 그 따위 대답이나 할 거면 가만히 앉아 있어!' 그 모습을 보고도 웃는 사람은 별로 없었어요."

맥로플린은 부조종사였다. 그의 항공기의 조종사는 대대장 로버트 켁Robert Keck 소령이었다. 켁 덕택에 맥로플린은 조금은 안심이 되었다.

폭격기들이 릴에 접근할 때쯤, 상공에는 짙은 안개가 드리워져 있었다. 폭격수가 안개 때문에 표적을 제대로 보지 못하자 켁은 비행대대에 2차 표적으로 이동할 것을 지시했다. 2차 표적은 생토메르Saint-Omer 비행장이었는데, 그곳 상공에서 그들은 적으로부터 대공포 사격을 당했다. 항공기 연료의 절반이 실려 있는 좌측 날개에 대공포탄이 명중해 불타오르자 맥로플린은 공포에 질렸다. 또 다른 대공포탄이 동체에 명중해 뜨겁게 달궈진 파편이 날렸고, 통신수가 파편에 맞아 쓰러졌다.

"그 친구가 인터폰에 대고 비명을 질러대는 통에 다른 모든 통신수들이 통신망을 차단했어요."

켁 소령은 맥로플린에게 자신이 직접 기수로 가서 통신수 대신 화재 진압을 돕겠다고 신호를 보냈다. 최소한 맥로플린은 그렇게 알아들었다고 생각했다. 적기가 사라지고 화재가 진압되자 켁은 조종실로 돌아와 항공기 통제권을 넘겨받았다. 나중에 맥로플린은 그때 켁이 무엇을 했는지를 항법사에게서 들었다. 항법사의 말에 의하면 켁은 항공기가 폭발하거나 날개가 떨어져나갈 경우 가장 먼저 탈출하려고 낙하산을 짊어지고 비상 탈출구 앞으로 가서 덜덜 떨고 있었다고 했다.

"그 사실이 밝혀진 건 그로부터 1년이 지나고 나서였죠. 결국 그 일로 켁 소령의 군 경력은 끝장나버리고 말았습니다."

기지에 돌아온 맥로플린은 자전거를 타고 숙소로 향했다. 가는 길에 비행학교 동기생을 만나 인사를 건넸으나 대답을 듣지 못했다. 나중에 알았는데, 그 동기생은 본부에 조종 흉장을 반납하러 가는 길이었다. 그는 더 이상 비행하고 싶은 마음이 없었던 것이다.

그 임무 이후 캠프 맥로플린은 자신은 물론, 믿었던 지휘관들도 전투할 준비가 돼 있지 않다는 사실을 깨달았다. 그리고 어쩌면 자신이 이 전쟁에서 살아남을 확률이 거의 없을지 모른다는 사실도 알았다.

릴 공격은 제8공군이 처음으로 경험한 싸움다운 싸움이었지만, 미군은 폭격기 4대를 격추당했다. 9월 6일 이후 제8공군이 격추로 입은 첫 손실이었다. 또한 전례 없이 강력하고 지속적인 적 전투기의 반격으로 폭격기 46대가 손상을 입었다. 제8공군의 기관총 사수 중 릴과 생토메르 상공과 같은 상황에 준비된 사람은 하나도 없었다. 적 전투기의 파상공격이 계속 이어지자 기관총 사수들은 사방팔방으로 총을 난사하다가 아군의 폭격기와 호위 전투기를 맞췄고, 적기는 어쩌다가 맞출 뿐이었다. 전투가 끝난 후 육군 항공대 공보 담당자는 기관총 사수들이 혁혁한 전과를 거두었다고 자랑했다. 미군의 공식 발표는 더 화려했다. 독일 전투기 56대를 확인 격추하고 46대를 미확인 격추하거나 손상을 입혔다고 주장했는데, 그 수치는 정작 이날 독일 공군이 투입한 숫자보다도 많았다. 반면 독일 측은 그날 격추된 독일 전투기는 2대뿐이었다고 기록했다. 한 지휘관은 이렇게 말했다.

"우리는 바보들의 천국에서 살고 있었습니다."

기관총 사수들은 경험과 숙련도는 낮았지만, 자신들의 진가를 증명해 보이고 싶어 안달이었다. 이는 실로 최악의 조합이었다. 대부분의 기관총 사수들은 자기가 잘못 봤을 수도 있다는 사실을 인정하려 하지 않았다. 전투의 혼란 속에서 심하면 10여 명의 기관총 사수들이 1대의 독일 전투기에 사격을 가할 때도 있었다. 그 독일 전투기가 격추당하면 그중 5~6명은 그게 자신의 전과라고 주장했다. 부정확한 전과 보고의 원인은 또 있었다. 독일 전투기는 시속 500마일(800킬로미터)이 넘는 속도로 다가와 기관총으로 폭격을 가한 후 배면 비행을 하며 급강하했는데, 이때 내뿜은 검고 짙은 연기를 보면서 미 공군의 많은 기관총 사수들은 자신이 적기에 치명타를 입혔다고 믿어 의심치 않았다.

항법사와 폭격수 들도 힘든 시간을 보내기는 마찬가지였다. 이들 중 일부는 1만 피트(3킬로미터) 이상의 고도에서 폭격을 해본 적이 없었다. 모든 폭격기에는 당시 가격으로 무려 1만 달러에 이르는 노든 폭격조준기가 실려 있었다. 개발자인 칼 노든은 이런 질문을 받은 적이 있다.

"노든 폭격조준기를 쓰면 정말로 2만 피트(6킬로미터) 상공에서 피클 통안에 폭탄을 명중시킬 수 있습니까?"

그러자 노든은 이렇게 대답했다.

"여러 개의 피클 통 중 원하는 통만 골라 맞출 수도 있습니다."

그러나 이렇게 정밀한 폭격조준기는 사용하기가 매우 어려웠다. 미국에서 구름 한 점 없이 화창한 날 훈련할 때도 마찬가지였다. 심지어 서유럽은 연중 3분의 2가 구름이 잔뜩 낀 흐린 날씨이거나 산업 지대 특유의 연무가 끼어 있는 날이 대부분이었다. 그리고 설령 폭격수가 표적을 잘 볼 수 있다 해도, 그런 날에는 적의 눈에도 아군이 잘 띈다. 폭격기의 플렉시글라스로 된 기수에 뜨거운 총탄과 날카로운 파편이 뚫고 들어와도 폭격수는 침착함과 집중력을 유지하면서 대지속도, 폐쇄속도, 풍향과 풍속, 예측되는 공기저항과 폭탄의 비행 시간 등 자료를 입력해야 한다. 육군 항공대의 비밀 보고서에 따르면, 조종사 역시 폭격 항정 내내 항공기를 수평 직선 비행 상태로 유지해야 했지만 흥분한 조종사들은 적에게 사격을 당하면 난폭하게 회피 기동을 하기 일쑤였다. 그러면 노든 폭격조준기의 민감한 자이로스코프는 설정이 해제되고 만다. 게다가 일부 폭격수는 너무 긴장한 나머지 폭탄창을 여는 것조차 잊어버리기도 했다.

폭탄을 정확하게 투하하려면, 미숙한 폭격수는 항법사에게 의존할 수밖에 없었지만, 항법사들도 미숙하기는 마찬가지여서 훈련 비행 후 기지로 돌아오는 항로를 잃어버린다는 게 문제였다. 한 육군 항공 조사관은 보고서에 이렇게 썼다. "신참은 영국 상공에서 5~10분만 비행하면 지도가 있어도 길을 잃어버리기 일쑤였다." 전쟁 기간 내내 폭격의 평균 정확도는 원형 공산 오차 기준 0.75마일(1.2킬로미터)로, 피클 통치고는 너무 컸다. 릴 임무를 다룬 육군 비밀 보고서에 따르면, 폭격의 오차는 너무 컸고, 이러한 오차가 반복되고 있었다. 이를 바로잡지 않는 한 노든 폭격조준기의 장점은 기대할 수 없었다. 이커 장군도 폭격 성과가 형편없다는 것은 알고 있었다. 그러나 그는 기자들에게 거짓말을 했다.

릴을 폭격한 승무원들은 표적이 인구 밀집 지대 한복판에 있다는 정보를 전달받았다. 작전 후 티비츠는 어느 기자에게 이렇게 말했다.

"표적 상공에 도착했을 때 교회가 보였어요. 그게 우리의 목표물이었죠. 그걸 보니 표적을 빗맞히면 많은 사람이 죽게 된다는 생각이 들었어요. 우리는 프랑스인들을 죽이고 싶지 않았어요. 특히 여자와 아이들 때문에 더 신경이 쓰였습니다. 나도 고향에 세 살짜리 아들이 있어요. 그 아이의 놀이터 근처에 우리가 폭격할 공장이 있다고 생각해 보세요. 끔찍하죠. 그 때문에 나는 폭격에 더욱 주의를 기울였습니다."

그러나 공중전의 혼란스러운 상황에서, 게다가 거친 바람까지 불고 있어서 아무리 주의를 기울여도 무고한 민간인의 피해를 막을 수는 없었다. 그런데도 정밀폭격이 가능하다고 굳게 믿고 있던 지휘관들은 부하들에게 불가능한 임무를 내렸다. 그러나 정밀폭격에 대한 맹목적인 믿음을 가진 자들에게는 실패하더라도 그에 대한 핑곗거리가 항상 있었다. 릴 폭격 이틀 전에 BBC 방송을 통해 '프랑스의 공장 또는 조차장 2킬로미터 반경 내에 사는 프랑스인들은 집을 비우고 떠나라'라는 권고를 했던 것이다.

제8공군의 승무원들은 릴에서 투하한 폭탄으로 최소 40명의 민간인이 죽었다는 사실을 전혀 알지 못했다. 이후 로리앙에서 프랑스 민간인 150명이 죽었고, 제2차 루앙 공습 때는 140명의 프랑스인이 죽었지만, 아무도 그 사실을 장병들에게 알리지 않았다. 그나마 다행인 것은 루앙 공습에 사용된 폭탄 중 수십 발이 불발탄이었다는 사실이다. 그 불발탄 중에는 병원 천장을 관통한 것도 있었다. 이것들이 모두 폭발되었더라면 노르망디의 문화 중심지인 루앙의 피해는 더욱 컸을 것이다.

그러나 어떤 것도 제8공군의 사기를 막을 수는 없었다. 아이라 이커는 릴 공습을 작전의 전환점이라고 봤다. 미군의 주간 전략폭격의 첫 번째 단계가 성공적으로 마무리된 것이다. 그는 아놀드에게 다음과 같은 보고서를 보냈다.

"강력한 대형을 구성하면 전투기의 호위가 없어도 효과적이고 성공적인 전개를 할 수 있음이 확실히 입증되었습니다."

아놀드는 이 보고서를 루스벨트 대통령에게 보냈다. 처칠의 압박에 시달리고 있던 루스벨트 대통령은 미국식 폭격이 독일에 가하는 타격에 대해 의심을 품고 있었다. 아놀드는 스파츠에게 이런 글을 써 보냈다.

"나는 대통령 각하께 걱정하실 필요가 없다고 단언했네. 우리가 옳기를 바라네."

루스벨트는 회의적이었을지 모르지만, 미국 종군기자들은 이커의 낙관적인 보고서 내용에 직접적인 문제를 제기하지는 않았다. 종군기자들 역시 이커의 말을 철저히 믿었다. 설령 그렇지 않았더라도 불리한 전시 상황에서 미국인들을 그렇게 믿게 해야 한다고 생각했을 것이다. 그해 10월, 《라이프》지는 스타 기자 마가렛 버크 화이트Margaret Bourke-White를 영국 현지에 파견해 당시 나치 독일군과 유일하게 맞서 싸우는 제8공군을 취재하게 했다. 《라이프》지의 기사를 인용해 보자.

"모든 공습은 놀라울 정도로 성공적이었다. 제8공군 폭격기사령부의 전력은 분명 아직 미약하지만, 앞으로 성장하고 또 성장할 것이다. 이들의 전력을 증강함에 따라 독일에 대한 폭격 강도와 그 참혹함도 더욱 강해질 것이며 유럽의 하늘은 미군의 폭격기로, 유럽의 대지는 미군의 폭탄으로, 한 치도 남김없이 뒤덮이게 될 것이다."

물론 《라이프》지의 예상만큼 폭격의 강도는 빠르게 증가하지 않았다. 그로부터 6개월 동안 제8공군이 히틀러의 유럽 요새를 향해 하루 동안 투입했던 항공기의 대수는 릴 폭격에 동원했던 대수를 넘지 못했다.

결국 이커의 생각처럼 릴 폭격은 전환점이었다. 그러나 그가 생각했던 것처럼 낙관적인 전환점이 아니었다. 독일의 항공전 역사학자인 호르스트 보크Horst Boog는 이렇게 글을 썼다.

"1942년 가을, 제8공군이 유럽 상공에 출현한 것은 폭격 전쟁에서 실로 가장 중요한 순간이었다. 이로써 연합군은 주간에도 폭격 공세를 가하게 된 것이다. 이는 영국의 야간 공습과 맞물려 독일 방공망을 밤낮 가리지 않고 24시간 압박했고, 이를 통해 연합군이 우위를 더욱 확실하게 점할 수 있게 되었다."

그러나 1942년 당시에는 독일군과 연합군 최고사령부 모두 제8공군의 성과가 애처로우리만치 형편없다는 데 의견을 같이했다. 그리고 그해 가을, 영미 세계 전략은 제8공군을 더욱 약화시키고, 생존 자체를 위협하게 된다.

비스케이 방공호

1942년 10월 말, 폴 티비츠는 5대의 B-17을 이끌고 지브롤터로 제1급 비밀 공수 임무를 실시하라는 명령을 받았다. 이 폭격기의 탑승객들은 북아프리카 침공을 위한 횃불 작전을 지휘할 영미 연합군 사령관들이었다. 특히 티비츠의 레드 그렘린호에는 이 작전의 최고사령관 아이젠하워 장군이 탑승할 예정이었다. 11월 2일, 티비츠가 이끄는 편대는 폴브룩을 이륙해 인근에 있는 본머스공항에 착륙했다. 다음 날 런던에서 출발한 아이젠하워와 그의 참모진은 특별 열차로 본머스에 도착했다. 이들은 지브롤터에 사령부를 차리기 위해 여장을 꾸리고 있었다. 당시 기상 상태는 안개가 무척 짙고 형편없어서 '새들도 비행을 포기할' 수준이었다. 여러 차례 연기했지만 기상이 갈수록 나빠지자 아이젠하워는 그냥 출발하기로 결정했다. 비행 대기선에 서 있는 레드 그렘린호의 날개 아래에서 아이젠하워 장군은 티비츠에게 말했다.

"이보게, 나는 이제 그곳에 가서 전쟁을 시작해야 한다네."

비를 동반한 안개로 시계視界는 최악이었다. 활주로에서 속도를 높이고 있던 티비츠의 눈에는 기체 양쪽 날개 끝이 간신히 보였다.

그로부터 3일 후인 11월 8일 오전 3시 정각, 영국과 미국에서 각각 출발해 병력과 보급품을 가득 실은 2개의 함대가 상륙 지점 해역에서 조우했다. 미국에서 출발한 미 함대 규모는 전쟁 시 미국 영해 밖으로 출항한 함대 중 최대 규모였다. 이 함대는 모로코의 대서양 연안에 있는 카사블랑카에 병력과 물자를 상륙시켰다. 그리고 영미 연합군으로 구성된 2개의 특수 임무 부대가 각각 알제리의 지중해 연안 도시 오랑과 알제에 상륙했다. 그달 하순, 티비츠도 새롭게 편성된 미 제12공군의 폭격비행대대장으로 임명되어 북아프리카로 파견되었다.

제12공군의 암호명은 '주니어Junior'로 참으로, 묘하게 잘 어울리는 이름이었다. 스파츠와 그의 참모진에게는 전략폭격을 위해 창설한 제8공군을 해체하고 제12공군 창설을 지원하라는 명령이 내려왔다. 새롭게 창설되는 제12공군은 아군 보병 지원과 적 보급선 차단 등의 전술폭격을 핵심 임무로 하게 될 예정이었다.

"그건 자네 것이 아니야. '주니어' 것이라고."

이 말은 당시 스파츠의 관저인 파크 하우스에서 한창 유행하던 농담이다. 부시 파크에 있는 제8공군 사령부에서 그리 멀지 않은 이곳에서 스파츠는 매일 참모들과 회의를 했다.

한 장교는 이렇게 회상했다.

"호출을 받고 새벽 2시에 관저로 달려갔던 적이 있습니다. 스파츠 장군의 작전 고문인 프레더릭 앤더슨Frederick Anderson 장군이 잠옷 차림으로 마중 나오더군요. 스파츠 장군은 차를 대접해 주었습니다. 거기서 우리는 해가 뜰 때까지 밤을 새웠습니다."

스파츠의 전기 작가가 지적했듯이 같이 먹고 자며, 같이 일하는 방식이 스파츠의 리더십과 철학에 잘 들어맞았다. 그는 서류 뭉치와 짜증나는 메모가 산더미처럼 쌓여 있는 책상에 앉아 일하는 스타일이 아니었다.

"투이는 마치 소설 주인공이라도 된 것처럼 늦게 일어나 늦게까지 일하는 타입이었어요."

스파츠의 친구는 이렇게 말했다.

그는 처칠처럼 자신의 업무를 대부분 잠옷 바람으로 침대에 기대어 앉아 늦은 오전까지 처리했다. 그는 혼자서, 또는 자신이 전적으로 신뢰하는 서너 명의 부하들과 함께할 때 최고의 업무 효율을 낼 수 있었다. 종종 밤늦게까지 포커를 치면서 전략을 구상한 적도 있었다. 강압적인 명령을 내린 적은 거의 없었다. 스파츠는 포커 테이블에 앉아 버번을 홀짝이며 자신의 돈을 따려고 혈안이 된 부하들이야말로 자신이 진정 원하는 것이 무엇인지 잘 알고 있다고 생각했다.

아이젠하워는 스파츠에게 정예부대인 제97, 제301폭격비행전대, 그리고 런던 북쪽의 데브덴에 주둔하고 있는 제4전투비행전대를 제외한 모든 전투비행전대를 차출해 횃불 작전을 지원하라고 지시했다. 11월 초, 아이젠하워는 '주니어'를 위해 제8공군에서 장병 2만 7,000명, 항공기 1,200대를 차출해 갔으며, 1942년 실시한 도쿄 공습으로 미 육군 항공대의 영웅이 된 지미 둘리틀Jimmy Doolittle 준장도 데리고 갔다. 그는 이 공습으로 의회명예훈장을 받아 제8공군 예하의 폭격비행단장에서 이제 제12공군의 사령관으로 임명되었다. 스파츠는 참모 회의에서 이렇게 말했다.

"횃불 작전으로 우리에게 남은 게 뭐지? 내가 보기에는 그리 많지 않은 것 같군."

마침 영국의 험상궂은 날씨 덕분에 스파츠의 폭격기들은 10월 내내 지상에 묶여 있었다. 스파츠는 연합군이 지중해를 점령하면 제8공군을 해체하고 폭격기들을 날씨가 훨씬 좋은 남부 유럽에 배치할 거라고 우려했다.

막상 북아프리카에 파견된 것은 제8공군 전체가 아니라 지휘관 자신이었다. 침공 전날, 아이젠하워는 스파츠를 지중해 전역을 담당하는 항공 작전 사령관에 임명했다. 전력이 감소한 제8공군 사령관은 아이라 이커에게 넘어갔고, 후임 제8공군 폭격기 사령관에는 뉴턴 롱펠로가 임명되었다. 이제 제8공군에 남은 전력은 B-17 전대는 제91, 303, 305, 306뿐이고, B-24 전대도 제44, 93(팀버레이크 소속 부대)뿐이었다. 그중 B-24 전대마저도 북아프리카에 임시 배치되기로 예정돼 있었다. 따라서 제8공군은 1942년 11월부터 1943년 여름까지 영국에서 출격하는 폭격 작전 대부분을 B-17이 수행해야만 했다. 횃불 작전의 총사령관은 전력이 감소한 제8공군에게 가장 힘든 임무를 맡겼다. 북아프리카의 연합군을 위한 대서양 보급선 확보의 일환으로 프랑스 비스케이만에 있는 독일 유보트 방공호를 격파하라는 것이다.

제8공군의 최우선 목표는 적에게 실질적인 타격을 가하기보다 미군이 큰 손실 없이 주간 폭격을 할 수 있다는 것을 입증하는 것이었다. 이제까지 스파츠와 이커는 위험한 임무로 큰 손실을 입으면 폭격 실험 전체가 끝장날 것이라고 우려했다. 그래서 영국과 거리가 가깝고 호위 전투기의 전투 행동반경 내에 있어 비교적 안전한 프랑스와 네덜란드 산업 시설을 표적으로 삼았던 것이다. 그러나 이제 다음 임무에서는 미군 중폭격기의 폭격으로 부서지지도 않고 호위 전투기 항속거리 밖에 있는 목표를 격파하기 위해 출격해야 하는 상황이었다. 이 와중에 티비츠가 영국에 두고 온 수많은 동료들이 전사했다.

아이라 이커는 제8공군의 사령관으로 취임하고 잘 훈련되고 헌신적인 150명의 장교들을 하이 위컴에 남겨둔 채 부시 파크로 사령부를 옮겼다. 스파츠는 자신의 관저를 사령부로 쓰라고 했지만, 이커는 많은 사람이 꾸준히 방문하기 때문에 훨씬 넓은 공간이 필요하다는 핑계로 더 큰 관저를 원했다.

"전쟁은 점점 승리와는 거리가 멀어져 가는데, 불타는 로마를 보며 리라를 켜는 네로 황제의 연회장처럼 보였다."

이커의 부관 파튼은 자신의 회고록에 이렇게 남겼지만, 이커에게는 외교와 선전 역시 중요한 문제였다.

"그는 국왕에서부터 모든 영국인과 친밀한 관계를 유지하기 위해 노력했다. 자신의 부대를 방문하는 고위층에게 아직 실효성이 입증되지 않은 고공 정밀폭격이라는 개념이 프랑스 너머까지도 유효하다는 것을 계속 설득해야만 했다."

그의 영국 공군 친구들이 기가 막힌 곳을 찾아주었다. 부시 파크에서 그리 멀지 않은 곳에 있는 '캐슬 쿰Castle Coombe'이라 불리는 튜더 양식의 대저택으로, 2에이커나 되는 정원, 테니스장, 12개의 침실과 넓은 리셉션장도 있었다. 여기에 골프장과 연결되는 문도 있었다. 이커는 유난히 긴 영국의 여름 저녁에 몰래 골프장으로 가 9홀을 돌곤 했다. 캐슬 쿰이 준비되는 동안, 이커는 스파츠의 파크 하우스에 묵으면서 횃불 작전으로 독립 작전권을 가진 제8공군이 사라질 수도 있는 위기의 시간에 폭격 작전의 첫 번째 단계를 수행했다.

제2차 세계대전 중 가장 큰 규모의 해군력 대결을 펼친 것은 대서양 전투였다. 대서양 전투는 독일이 유보트로 영국과 그 동맹국, 그리고 해외로 파견된 영국군 간의 해양 통상로를 끊으려는 것을 막기 위한 필사적인 투쟁이었다. 처칠은 이렇게 말했다.

"대서양 전투는 제2차 세계대전의 향방을 결정했습니다. 땅과 바다, 하늘에서 벌어진 모든 일이 대서양 전투의 결과에 의해 좌우되었습니다."

대서양 전투는 영국이라는 국가의 존망을 건 싸움이었다. 섬나라인 영국은 경제 기반이 취약했다. 엄청난 산업력에도 불구하고 비철금속의 대부분, 식량의 절반, 석유 전체를 수입해야 했다. 독일 잠수함대 사령관 카를 되니츠Karl Dönitz 제독의 잠수함이 영국에 대한 해상 봉쇄에 성공한다면 영국은 굶주리게 되고, 결국 항복하고 말 것이었다. 소련이 모스크바와 레닌그라드에서 독일군의 진격을 막으려면 영국이 보내주는 군용기와 전차가 필요한데, 그런 것은 물론, 미국을 떠나 영국으로 가는 항공기의 가솔린, 항공기, 항공 관련 인력, 영국을 떠나 북아프리카로 가는 병력과 군수품 공급도 막히게 된다. 처칠은 이후 이렇게 말할 정도였다.

"전쟁 중 나를 진정 두렵게 한 건 유보트의 위협뿐이었다."

1942년, 연합군은 대서양 전투에서 패배할 것 같았다. 유보트 건조 속도가 하루가 다르게 빨라졌고, 이렇게 건조된 유보트들은 '늑대 떼'라는 집단 전술로 연합국 호송 선단을 공격했다. 유보트는 1942년 한 해 동안 북대서양에서 1,000척 이상의 연합국 상선을 격침시켰다. 특히 그해 11월은 연합국 호송 선단에게 최악의 달로, 116척의 연합국 상선이 유보트에 의해 격침됐다. 이는 연합군의 북아프리카 침공 작전까지 위태롭게 할 수준의 손실이었다. 처칠은 루스벨트에게 북대서양 항로에서 출몰하는 유보트 늑대 떼를 사냥하는 데 필요한 B-24 리버레이터 폭격기를 보내달라고 간청했다. 그러나 계속되는 생산 지연, 태평양 전역에서의 항공기 수요, 영국에서 주간 폭격을 지속해야 한다는 아놀드의 요청이 겹쳐지면서 루스벨트의 응답은 계속 지연되었다. 결국 영국은 소량의 항공 초계용 장거리 폭격기를 얻어내는 데 그쳤고, 미군 폭격기들은 독일 잠수함보다 덜 중요하고 취약한 목표물을 공격하는 데 투입되었다.

영국이 부분적으로 돕기는 했지만, 유보트 작전에 대한 공중 폭격은 미군이 주도적으로 수행했다. 해리스의 영국 폭격기들이 독일 북부의 잠수함 조선소를 폭격하는 동안, 미 제8공군은 프랑스 서해안의 주요 항구인 로리앙, 생나제르, 브레스트, 라 팔리스, 보르도에 위치한 다섯 곳의 유보트 기지를 폭격했다.

비스케이만에 위치한 이 항구들은 파리와 함께 나치가 프랑스를 점령하면서 얻은 큰 성과로, 이곳이 독일 수중에 있는 한 유보트는 사냥터인 북대서양으로 나가기 위해 킬과 빌헬름스하펜 유보트 기지를 출항해 북해와 영국제도 사이를 지나는 일주일간의 위험한 항해를 할 필요가 없었다. 게다가 바다에서 더 오래, 더 멀리 이동할 수 있으며 보급, 지휘, 정비, 정보 측면에서 장점이 많았다. 1942년 한 해 동안 비스케이만을 따라 12척의 유보트가 배치되었는데, 이 유보트들은 각각 10만 톤 이상의 연합국 상선을 격침시켰다. 전쟁 기간 동안 이보다 많은 적함을 격침시킨 미국 잠수함은 없었다.

되니츠는 이 항구들을 유보트의 주요 작전 기지로 삼았다. 그리고 자신의 사령부도 로리앙 교외의 한 저택에 차렸다. 전쟁 전에는 한적한 어촌의 항구였던 로리앙에서는 이제 나치 엔지니어들이 사상 최대 규모의 잠수함 방공호를 짓고 있었다. 이 방공호는 총 3개 동으로, 건설에 무려 1만 5,000

명의 노동자가 강제로 동원되었다. 지붕의 두께만 25피트(7.6미터)의 철근 콘크리트로 된 이 방공호는 역사상 가장 단단한 방어 시설에 속했다. 또한 제2차 세계대전 중 가장 큰 규모의 건설 프로젝트 중 하나이기도 했다. 여기 사용된 콘크리트는 후버댐Hoover dam*에 사용된 콘크리트의 4분의 3에 달했다.

제8공군은 로리앙과 다른 비스케이만 항구에 설치된 잠수함 방공호에 관해 다음과 같이 묘사하고 있다.

"고도 4마일(6.4킬로미터) 상공에서 이 방공호들은 판지로 된 신발 상자처럼 보이고, 지상에서는 거대한 사각형 입구로 된 철도 터널 같다. 이 방공호는 단단한 육지 위에 세워졌고, 경사로를 통해 바다로 이어져 있다. 이곳에 들어온 유보트는 선가船架로 끌어올려져 12개의 개별 방공호 중 하나에 들어간다."

독일은 방공호 속 깊은 터널에 정밀 수리 및 근무 지원 시설은 물론 기숙사, 치과, 병원, 빵집, 주방, 공습 대피소 같은 생활 편의시설도 만들었다. 연합국 정보기관들은 이 방공호가 공중 폭격에 끄떡없을 것으로 봤다. 스파츠 장군은 이것을 가리켜 '도저히 부술 수 없을 만큼 단단한 호두'라고 표현했다. 그러나 그와 이커는 고공폭격을 하면 부유식 부두, 철도 차량 기지, 어뢰 창고, 발전소, 주조장 등 방공호 주변의 지원 시설은 파괴할 수 있을 것이라고 봤다. 이 시설들을 파괴하면 유보트가 항구에서 지내는 시간을 더 연장할 수 있다. 그러면 대서양 초계에 투입되는 유보트 수량도 줄

---

* 미국 애리조나주와 네바다주의 경계에 있는 콜로라도강 중류에 지어진 높이 221미터, 길이 411미터의 다목적댐.

일 수 있는 것이다. 아이젠하워는 제8공군의 지휘관들에게 이는 전쟁에서 승리하기 위한 기본적인 조건 중 하나라고 말했다.

이커는 아이젠하워에게 자신의 폭격기로 그 조건을 만들겠노라고 장담했다. 사실 그는 진정한 전략폭격에서 벗어난 이 임무가 마음에 들지 않았다. 그러나 앞으로 10개월간 유보트 시설은 그의 부하들이 파괴해야 할 '최우선 순위'가 되었다.

이커가 본격적으로 공격을 시작한 것은 1942년 10월 21일이었다. 이날 90대의 폭격기가 로리앙으로 출격했으나 구름이 너무 짙어서 15대를 제외하고는 표적까지 가보지도 못하고 돌아와야 했다. 그러나 이번 임무를 끝으로 북아프리카로 파견될 제97폭격비행전대의 자부심 넘치는 베테랑 승무원들은 구름층 사이에 뚫린 구멍을 발견하고 고도 17,500피트(5.3킬로미터)까지 내려가 완벽하게 조준하는 데 성공했다. 하지만 이들이 떨어뜨린 1톤짜리 폭탄은 유보트 방공호 지붕을 관통하지 못하고 탁구공처럼 튕겨져 나가고 말았다. 폭격기들은 적 전투기와 대공포의 공격을 피하기 위해 해상 항로만 이용했다. 그러나 귀환 길에 맹렬한 전투기의 저항에 부딪혀 3대가 격추당하고 말았다.

이 공습으로 40명의 프랑스인이 죽었다. 그러나 현지 레지스탕스의 보고에 따르면 공습 당시 거리에 있던 로리앙 시민들은 미군의 정확한 폭격에 박수갈채를 보냈다고 한다. 게다가 이 공습으로 사망한 프랑스인들은 해군기지에서 독일을 위해 일한 자들로, 자기 스스로 명을 재촉했다고도 보고했다.

다음 목표는 생나제르였다. 이커는 이번에는 폭격기들을 일부러 위험하리만치 초저공으로 보냈다. 역시 적의 저항은 치열했다. 제8공군은 악천후로 18일 동안 지상에 묶여 있었다. 이 시간은 독일군이 생나제르 주변의 대공포 진지를 강화하기에 충분한 시간이었다. 독일군은 이곳에 20파운드(9킬로그램) 유탄을 발사하는 88밀리미터 대공포를 집중적으로 배치했다. 그 결과 이 작전에 참가한 B-17의 반 이상이 대공 포화에 피격되어 손상을 입었다. 맨 마지막에 진입한 제306폭격비행전대의 피해가 가장 처참했는데, 이 부대의 거의 모든 기체가 손상을 입었고, 3대는 끝내 격추당했다. 그 후로 전쟁이 끝날 때까지 생나제르는 제8공군 승무원들 사이에서 '대공포 도시'로 불렸다. 한 기관총 사수는 이렇게 말했다.

"생나제르 임무는 정말 힘들었어요. 탄도학 박사들만 모아 대공포를 쏘는 곳이죠."

이후 1942년 말까지 제8공군은 유보트 은신처에 대한 임무를 여섯 번 더 수행했다. 미군 폭격기들은 가장 중요한 유보트 기지인 생나제르에 가장 큰 피해를 입혔지만, 독일군은 불과 수 주, 심지어는 며칠 만에 모든 피해를 복구했다. 제8공군은 루앙과 릴, 프랑스에 있는 독일 공군기지에 다시 공습을 가했다. 제1차 생나제르 공습 때와 달리 이 거의 모든 상황에서 가장 맹렬하게 달려든 것은 독일 전투기 부대였다.

1942년 초겨울, 당시 불과 30세로 독일군의 에이스 전투 조종사이자 독일 공군 전투기 부대 총사령관이며 최연소 장성이었던 아돌프 갈란트 Adolf Galland 장군은 북서부 유럽의 독일제국 방공망에 대해 크게 우려하고 있었다. 영국 공군이 이미 독일 도시들을 강타하고 있었다. 거기에 미국이 본격적으로 폭격기 양산에 돌입하면 독일 영공을 침공해 독일의 군수산업에 위협을 가할 게 자명했다. 갈란트가 미군의 주간 폭격기에 맞서 프랑스와 북해 연안의 저지대 국가들을 방어하는 데 쓸 수 있는 전투기는 200대가 채 안 되었다. 그중 대부분은 제2, 제26 전투비행단으로, 미군 전투기 승무원들은 프랑스 북부의 아브빌에 배치된 독일 공군 제26전투비행단JG26을 가리켜 '아브빌의 아이들'이라고 불렀다. 이 2개의 전투비행단은 모두 독일 공군의 정예부대로, 경험 많은 일류 조종사들과 독일 군수산업이 빚어낸 최신 성능의 전투기를 보유하고 있었다. 그러나 전후 갈란트도 인정했듯이 독일 전투 조종사들은 막강한 장비로 무장한 미군 폭격기와 싸울 준비가 제대로 돼 있지 않았다. 설령 손상을 입은 미군 폭격기라도 그들에게는 위협적인 상대였다. 엔진 하나가 꺼진 채 영불해협으로 도주하던 1대의 B-17에 4대의 독일 전투기가 덤벼들었다가 그중 3대가 격추당한 적도 있었다. 독일의 어느 정예 조종사는 보고서에 이렇게 썼다.

"그 결과, 미군 B-17은 난공불락이며, 어떤 전투기로도 격추시키기 불가능하다는 말까지 떠돌고 있다."

갈란트는 독일 조종사들이 심리적 장애물을 극복하기 위해 완전히 새로운 전술을 고안해야 한다고 봤다. 갈란트는 괴링에게 새로운 장비와 전술을 개발하지 않는 한, B-17이 언젠가 베를린까지 날아올 것이라고 보고했다. 그러나 영국 공군이 벌였던 졸전을 기억하고 있던 괴링은 B-17을 '날아다는 관'이라고 일축하며 갈란트의 보고를 무시했다. 괴링은 또한 루스벨트의 군용기 대량 증산 계획도 얕잡아 보고, 나약하고 물질주의에 젖은 미국인들은 자동차와 냉장고 말고는 제대로 만들 수 있는 게 아무것도 없다고 주장했다.

1942년 하반기에만 하더라도 독일 최고 지도자는 독일제국 서부 상공의 항공전을 보조 전장, 즉 독일의 항공전 역사학자 호르스트 보크의 표현을 빌려 '여흥' 정도로 생각했다. 그들이 주요 전장으로 여긴 곳은 동부전선으로, 독일 전투기 밀도가 가장 높은 곳이었다. 히틀러는 대공포와 수백 대의 전투기만으로도 독일 본토를 공격하는 연합군 폭격기들을 충분히 저지할 수 있을 거라고 생각했다. 독일 공군 총사령부 역시 연합군의 폭격 공세가 영국이 1940년과 1941년에 했던 폭격 공세처럼 실패하고 말 것이라는 오만한 믿음을 품고 있었다.

히틀러와 독일 공군 참모총장 한스 에쇼네크Hans Jeschonnek 장군은 전투기 생산을 우선해달라는 갈란트의 요청을 무시했다. 1930년대 후반 이후 독일 공군의 원칙은 방어보다 공격을 강조했으며, 이는 전투기 생산보다 폭격기 생산을 우선시하는 전략이었다. 게다가 히틀러는 보복 병기 개발에 지나치게 몰두하고 있었다. 보복 병기란, 영국 공군의 무자비한 폭격에 복수하기 위해 비밀 연구 시설에서 개발 중이던 첨단 폭격기와 로켓 무기였다.

영미 공군의 전략 역시 공격에 초점을 맞추고 있다는 것이 독일이 처한 딜레마였다. 영국 공군과 미 제8공군은 영국의 안전한 기지에서 독일 공군의 쌍발 폭격기들을 능가하는 숫자와 항속거리, 파괴력을 지닌 폭격기들을 동원해 공습에 나서고 있었다. 나치 지도부는 갈란트가 지휘하는 전투기 부대의 우선순위를 뒤로 미룸으로써 독일의 방공망에 빈틈을 만들고 말았다. 그리고 폭격기 전쟁에서 최우선적으로 선행되어야 할 폭격기 대량 생산 면에서 영미 연합국이 압승을 거두고 나면 이 빈틈을 이용해 영미 폭격기들이 공격에 박차를 가할 것이다.

설령 히틀러가 1942년 후반, 서부전선에 더 많은 전투기를 배치했더라도 독일 국방군에게 큰 위험만 가중시켰을 것이다. 이미 독일 국방군은 소련과 북아프리카 전선에서 크게 밀려 승리가 아닌 생존을 위해 싸우고 있었다. 독일 공군의 전력은 히틀러가 광범위하게 벌여 놓은 전쟁을 수행하기 위해 너무 넓은 지역에 흩어져 있어서 집중력이 떨어졌다. 히틀러가 전투기 증산에 관심이 없는 한, 갈란트의 서부전선 방공 부대는 무시무시하게 무장한 B-17을 격퇴할 새로운 전술을 개발하는 데 모든 것을 걸 수밖에 없었다.

이제까지 독일 공군 전투기들은 B-17의 후방에서 단독으로 공격했는데, 이 방법으로는 폭격기의 막강한 화망火網에 최대 1분까지 노출되고 말았다. 11월 23일 제8공군이 생나제르를 폭격했을 때 독일 공군은 새로운 전술을 선보였는데, 당시 독일 공군의 가장 빠른 최신 전투기인 포케불프190Focke-Wulf 190: Fw 190 30대가 줄지어 늘어선 상태에서 B-17 정면에서 공격한 것이었다. 이들 Fw 190 전투기들은 제2전투비행단JG2의 에곤 마이어Egon Mayer가 지휘하는 부대로, 그 역시 화려한 전공이 빛나는 에이스 조종사 중 하나였다. 마이어는 미군의 공습을 면밀히 관찰해 분석한 결과 B-17과 B-24는 기수 부분의 방어가 취약하다는 사실을 알아냈다. 일부 B-17의 기수 부분에 플렉시글라스를 뚫고 설치한 1정의 수동식 30구경 기관총이 있을 뿐이었고, 거기서 더 좋아져 봤자 기수 바로 뒤에 설치한 50구경 2연장 기관총이 다였다. B-24의 무장도 비슷한 수준이었다. 게다가 기수의 위치는 항공기 내에 있는 다른 기관총 사수들이 지원해 줄 수도 없는 사각지대였다.

마이어와 그의 부하들은 일단 폭격기 기관총의 사정거리 밖, 그러나 폭격기 기관총 사수들의 신경이 날카로워질 정도로 가까운 거리에서 나란히 비행했다. 그다음 폭격기를 1마일(1.6킬로미터) 정도 앞질러 나갔다가 급선회한 뒤 미군 폭격기 편대 선도기를 표적으로 파상 공세를 벌였다. 선두는 날개가 닿을 만큼 밀집 대형을 이룬 전투기 2~4대로 구성되며, 미군 폭격기의 프로펠러가 보일 때까지 근접해 전투기가 가진 모든 탄약을 쏟아붓고, 폭격기에 충돌하기 직전에 급강하해 회피했다.

훗날 한 독일 전투기 조종사는 이러한 정면공격의 효과에 대해 설명했다. 방어 대형을 이룬 미군 폭격기 화력의 집중력과 화망의 밀도 때문에 공격 전투기에 가장 위험한 거리는 폭격기로부터 600~1,000미터 사이다.

"만약 그보다 더 가까워지면 미군 폭격기의 기관총 조준 각도가 조금만 틀어져도 우리를 맞출 수 없습니다. 반면 우리 전투기는 미군 폭격기를 확실히 격추시킬 수 있습니다. 승무원은 물론 엔진과 연료 탱크를 정확하게 명중시킬 수 있었죠."

이후 여러 차례의 임무에서 독일 전투기들은 폭격기로부터 불과 100야드(90미터) 이내에서 사격을 가해 미군 승무원들의 간담을 서늘하게 했다. 이러한 공격은 미군의 항공기에도 꾸준히 손실을 입혔지만, 승무원들에게 심리적 타격도 크게 입혔다. 항공기 전방을 바라보는 위치에 있던 미군 폭격기 승무원들은 설령 달려드는 포케불프의 조종사를 죽이더라도 포케불프가 자신이 탄 기체에 정면으로 충돌할지 모른다는 생각에 무력감에 가까운 공포심을 느꼈다. 1942년 10월, 전투를 시작한 이후 제306폭격비행전대로 배정된 기장과 부기장의 30퍼센트를 전투에서 잃었다. 이스트앵글리아의 어느 기지에는 사기 진작용 포스터가 나붙었는데, 포스터 속 미소 짓는 조종사 얼굴 아래에는 이런 문구가 적혀 있었다.

"신형 포케불프를 누가 무서워해?"

그걸 본 누군가가 문구 옆에 '무서워하는 사람 명단'이라고 적힌 빈 메모지를 붙여 놓았다. 그러자 전대장을 비롯해 모든 비행 장교가 그 종이에 자신의 이름을 적어 넣었다.

조종사들은 이륙 전 승무원들을 안심시켜야 할 때도 있었다. 상당수의 승무원에게는 지프나 트럭을 타고 항공기가 있는 곳까지 가는 짧은 시간이 가장 고통스러운 순간이었기 때문이다. 유럽 전역에서 가장 유명한 미군 폭격기가 된 제91폭격비행전대 소속 B-17 멤피스 벨Memphis Belle호의 조종사 로버트 모건Robert Morgan 대위는 이렇게 회상했다.

"항공기로 향하는 차에 타고 있으면 극도의 공포심과 불안감이 엄습합니다. 돌아가고 싶은 마음도 간절하고요. 항공기가 이륙하면 그나마 안심됩니다. 그러나 항공기까지 가는 길에 느끼는 두려움은 정말로 살인적입니다."

승무원들은 이런 말도 했다.

"항공기가 활주로에 있는 순간부터 이미 우리는 죽은 목숨이죠. 적탄에 맞은 후가 아니라고요."

모건 대위는 노스캐롤라이나주 애슈빌 출신이었다. 술을 좋아했던 그는 활주로에서 항공기에 탑승하기 직전, 같은 항공기에 탈 승무원들을 집합시켰다. 승무원들은 마치 경기에 나서기 직전의 풋볼팀 선수들처럼 둥그렇게 모여 서서 옆 사람과 서로 어깨동무를 했다. 모건은 부하들에게 낮은 목소리로 몇 마디 말을 했다. 내용은 그리 중요치 않았다.

"내용보다 중요한 것은 우리가 몸을 맞대고 함께하고 있다는 것이었죠. 동료의 숨소리를 들을 수 있었고, 어깨 위로 동료의 손길을 느낄 수 있었어요. 그 순간 우리는 10명이 아니라 하나가 됐습니다."

이전에는 어떤 것도 심각하게 여기지 않았을 이 젊은이들은 이 순간 갑자기 실제보다 2배는 더 산 사람처럼 엄숙하고 예리한 시선으로 세상을 보게 된다. 그리고 10명의 마음이 한 점으로 모이게 된다.

임무

1942년 11월 7일, 멤피스 벨호는 브레스트의 잠수함 방공호 폭격에 투입되었다. 모건은 출동을 앞두고 멤피스 출신이자, 멤피스 벨호라는 폭격기 이름이 있게 한 자신의 약혼녀에게 편지를 썼다.

"내가 곧 돌아온다고 믿어야 해. 당신과 내 앞에는 멋진 미래가 있어."

출격 전야, 장교들은 아무 말도 하지 않고 저녁 식사를 한 후, 일찍 숙소로 돌아갔다. 감히 술집 순례를 하려는 사람은 없었다.

"영국 공군이 입은 피해에 대해서는 익히 알고 있었어요. 그러나 우리 중에서도 거기에 가면 뭐가 기다리고 있을지, 적으로부터 사격을 당하는 느낌이 어떤지 아는 사람은 없었어요."

미군들은 조용히 침대에 누웠지만 잠을 청할 수 없었다. 밖에서는 해리스 장군의 폭격기들이 우르릉거리며 루르 공업 지대로 출격하고 있었다.

통상적인 임무라는 것은 없었다. 모든 임무가 다 다르고, 각기 특별한 경험을 하게 해주었다. 그러나 어떤 임무에도 공통적인 사항은 있기 마련이었다.

일과는 보통 오전 4시 정각에 반원형 막사 앞에 서는 지프의 소음으로 시작되었다. 제384폭격비행전대 부조종사인 버나드 제이콥스는 다음과 같이 회상했다.

"하사 하나가 조심스럽게 막사 안으로 들어와 그날 비행 일정이 잡혀 있는 장교들의 침대로 가죠. 사병 막사는 다른 곳에 있었습니다. 침대 앞으로 와서 자는 척하는 우리의 팔을 잡아당겨 깨웁니다. 그러고는 '안녕히 주무셨습니까? 오늘은 저공 전대의 저공 편대 6번 기를 맡을 것입니다. 아침 식사는 4시 30분, 브리핑은 5시 15분, 이륙은 6시 15분입니다'라고 말합니다."

사병들의 기상 방식은 조금 거칠다. 당직병이 들어와서 손으로 막사 벽을 탕탕 두드리며 소리를 지른다.

"고추 그만 주무르고 양말 신어라. 자, 비행이다!"

막사 밖에 가로등 같은 것은 없다. 독일 공군의 야간 기습에 대비해 기지는 등화관제를 실시하고 있었고, 식당으로 가려면 개인용 손전등이 있어야 했다. 멀리 귀환하는 영국군 폭격기를 위해 하늘을 가로지르는 탐조등 불빛이 보일 뿐이다.

제91폭격비행전대장 스탠리 레이Stanley Wray 대령이 한 손에 지시봉을 들고 한쪽 벽면을 가득 메우고 있는 유럽 지도 앞에 서 있었다. 지도에는 케임브리지대학교 인근의 배싱본에서 표적인 브레스트 잠수함 방공호까지를 잇는 선이 테이프로 연결 돼 있었다.

"제군들, 제1차 표적을 찾지 못하면 제2차 표적으로 가라. 제2차 표적도 찾지 못하면 제3차 표적으로 가라. 절대로 폭탄을 아무 곳에나 투하해서는 안 된다. 어떤 표적도 발견하지 못하면 폭탄을 투하하지 말고 기지로 복귀하기 바란다."

그러나 후일 제8공군에서는 이러한 주의 사항이 잘 지켜지지 않은 경우가 많았다.

"이번은 귀관들 모두의 첫 임무다. 잘 해내리라 믿는다. 이상! 시계를 맞춰라."

승무원들이 식당 밖으로 나가면 가톨릭 신자들은 문밖에 서서 무릎을 꿇고 군종신부에게 고해를 하고 영성체를 받는다. 개신교도들은 군종목사 앞에서 고개를 숙이고 주기도문을 암송한다. 유대인들은 자신들끼리 모여 종교 의식을 치른다. 일부 기지 사령관들은 군종 장교들이 브리핑실에 들어오거나 비행 대기선에 서서 눅눅한 영국의 대기 속으로 첫 배기가스를 토해내기 시작하는 항공기를 향해 축복을 내리는 의식을 좋아하지 않았다. 어느 사령관은 이렇게 말했다.

"우리 부하 장병들이 무사히 고향으로 돌아가려면 행운과 배짱, 그 이

보잉사 B-17 '플라잉 포트리스'의 구조

상의 것이 필요했다. 그러나 그 사실을 그들에게 깨우쳐 주기는 싫었다."

이후 승무원들은 트럭을 타고 낙하산 등의 개인 장비를 착용하러 이동한다. 장비를 착용하면 다시 차를 타고 항공기로 향한다. 눈부신 가을날, 주변 농장의 짙은 녹색 나무들을 배경으로 거대한 갈색 폭격기들이 활주로에 떼 지어 앉아 있는 모습은 정말 장관이었다. 공기 중에 가솔린 냄새와 농장 가축들의 분뇨 냄새가 섞여 떠돌았다. 인근에 사는 농부들은 기지 경계선인 철조망 밖에서 큰소리로 미군들을 격려했다. 심지어 농부 중에는 미군 장병들을 자식처럼 여겨 자기 집으로 초대하는 사람도 있었다. 미군 승무원들은 풀밭에 작은 원을 그리듯 옹기종기 모여 앉아 담배를 피우며 낮은 소리로 이야기를 나누다가 하나, 둘 항공기에 탑승했다.

후방 측면 사수 잭 노비Jack Novey는 이렇게 말했다.

"B-17 내부는 마치 알루미늄으로 된 담배 파이프 같았어요."

이 항공기에는 수천 개의 리벳rivet으로 고정한 촘촘한 간격의 알루미늄 골조 덕에 공기역학적으로 강도와 내구성이 보장됐지만, 이 골조가 받치고 있는 알루미늄제 외피는 너무 얇아 드라이버로도 구멍을 낼 수 있었다. B-17 날개의 폭은 100피트(30미터) 정도로 매우 커 보였지만 막상 내부에 10명이 타면 잠수함보다 공간이 더 좁아서 폐소공포증을 일으킬 지경이 었다. 2명의 후방 측면 기관총 사수가 열린 창문을 통해 사격을 할 때면 사 수끼리 서로 등이 거의 맞닿을 정도였다. 따라서 이 2명은 적과 싸우는 동 시에, 자신의 공간을 확보하기 위해 서로 싸워야 했다. 이들 위치에서는 보 이지 않는, 기체의 맨 후미 부분에는 후미 기관총 사수가 후방으로 나 있 는 작은 창문을 응시하며 쪼그려 앉게 돼 있다. 후미 기관총 사수실은 말 도 못하게 좁아서 2연장 기관총 탄약은 기체 가운데 있는 탄약고와 연결 된 통로를 통해 공급되었다.

콘솔리테이티드사 B-24 '리버레이터'의 구조

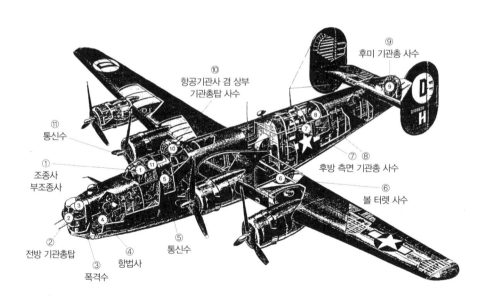

마스터스 오브 디 에어 1

후방 측면 기관총 사수들 앞에는 볼 터렛을 작동시키기 위한 유압 마운트가 놓여 있다. 비행하는 항공기 안에서 볼 터렛 사수는 직경 30인치(76센티미터)짜리 볼 터렛의 총구를 지면으로 향하게 회전시킨 뒤, 해치를 연 후 탑승했다. 마치 알 속의 배아처럼 몸을 잔뜩 웅크린 채 가랑이를 벌려 그 사이에 2연장 기관총을 놓으면 머리 위의 작은 해치를 단단히 잠글 수 있었다. 그리고 무릎 사이에 난 작은 관측창을 통해 밖을 볼 수 있었다. 볼 터렛 내부는 너무 좁아서 낙하산은 해치 근처에 벗어 놓았다.

볼 터렛 앞의 격벽 문을 지나면 통신실로 연결된다. 통신실은 이 기체에서 유일하게 밀폐된 공간으로, 통신수는 앞쪽을 바라보고 있는 작은 책상에 앉아 있다. 그 위 천장에는 후방을 조준하고 있는 50구경 기관총이 설치되어 있다. B-17 후기형은 구름 위에서도 폭격이 가능하도록 레이더 유도 체계가 설치돼 있는데, 그것을 다루는 레이더 조작사는 통신수 자리 바로 앞에 탑승한다.

통신실 전방 격벽을 지나면 폭격기의 배 부분에 해당하는 곳에 폭탄창이 있다. 폭탄창 양쪽에는 바닥에서 천장까지 꼬챙이에 꽂힌 커다란 물고기들처럼 거대한 폭탄들이 폭탄 걸이에 걸려 있고, 그 사이로 폭 18인치(45센티미터) 정도의 통로가 있다. 이륙 후에는 폭격수나 상부 기관총탑 사수가 폭탄창에 들어가 폭탄의 안전핀을 제거한다. 이 안전핀은 기체에 폭탄이 탑재될 때 갑자기 폭발하는 것을 막아주는 역할을 한다. 폭격 항정 중에 폭탄이 투하되지 않고 걸리면 승무원이 흔들리는 좁은 폭탄창 통로에서 간신히 균형을 잡으면서 수동으로 조작해야 했다. 그리고 폭탄창 문이 대공포탄에 손상되어 제대로 닫히지 않으면 승무원 2명이 수동으로 닫아야 했다. 이들은 소용돌이처럼 들이치는 바람을 맞으며, 발아래 펼쳐진 '무시무시할 정도로 아무것도 없는' 공간이 주는 지독한 공포심과 싸워야만 했다.

폭탄창 바로 앞, 조종실 바로 뒤에는 유압으로 제어되는 상부 기관총탑이 있다. 이 기관총탑에 달린 2연장 50구경 기관총은 360도 어느 방향으로나 조준할 수 있으나, 항공기의 수직 꼬리날개 방향으로는 겨눌 수 없다. 반구형으로 된 기관총탑은 항공기의 기관사와 수석 정비사를 겸하는 기술 하사관이 조작한다. 기술 하사관은 총을 쏘지 않을 때는 조종사 뒤에 서서 조종석 계기판을 보며 엔진 4개의 상태를 점검했다.

조종실 통로는 항공기의 기수부까지 이어진다. 기수 좌측에는 지도와 항법 장비가 들어 있는 선반처럼 생긴 책상에 항법사가 위치한다. 이곳에는 동체 양쪽에 2쌍의 창문이 나 있고, 천장에도 돔 모양의 녹색으로 칠해진 플렉시글라스로 된 천문항법용 관측창이 있다. 항법사 엘머 벤디너 Elmer Bendiner는 천문항법용 관측창을 통해 별자리를 관측해 항공기의 위치를 추산할 수 있다고 설명했다.

항공기에서 가장 외부로 많이 노출된 폭격수 자리는 항법사 바로 앞에 있다. 앞에는 노든 폭격조준기가 있고, 왼쪽에는 폭탄창 개방 손잡이와 스위치가 있다. 폭격 항정 중 몸을 앞으로 숙여 폭격조준기를 통해 지상을 내려다보는 모습은 마치 높은 나무 위에 앉아 먹잇감을 노려보는 독수리 같다. 5,000파운드(2,270킬로그램)에 달하는 폭탄이 그의 손에 맡겨진 것인데, 그 순간만큼은 그가 세상에서 가장 위험한 사나이다.

B-17 후기형의 경우는 폭격수에게 2정의 기관총 사격도 맡겨졌다. 한 정은 플렉시글라스로 된 기수를 뚫고 벌의 독침처럼 튀어나와 있다. 다른 한 정은 기수부 좌측에 설치되어 있다. 항법사에게도 기수부 우측에 설치된 기관총이 맡겨졌다.

조종사와 부조종사가 타는 조종실은 다른 모든 승무원석보다 높아 조종실에 들어가면 마치 배의 함교에 들어선 느낌이 든다. 비행을 할 때는 이 자리에서 하늘과 둥근 지구의 곡면도 볼 수 있다. 조종사와 부조종사는 150여 개에 달하는 스위치, 다이얼, 크랭크, 핸들 및 계기판 등에 파묻혀 있다. 그중 하나라도 신경 쓰지 않으면 항공기와 승무원들을 위험에 빠뜨릴 수 있어서 세심한 주의가 필요했다. 한 항공 군의관은 폭탄과 연료를 가득 채운 6만 파운드(27.24톤)짜리 폭격기를 조종하는 어려움에 대해 이렇게 표현했다.

"이 항공기의 모든 장비를 능숙하게 조작하는 것은 안락한 사무실 회전의자에 앉아서 하기도 어려운 일입니다. 게다가 그 사무실이 5세제곱피트(0.141세제곱미터)밖에 안 되고, 시끄러운 엔진 소리에 파묻혀 있으며, 지상에서 5마일(8킬로미터) 정도 떨어져 있다고 생각해보세요. 이들은 이러한 악조건 속에서도 엔진 회전수, 유압, 공기역학, 기압, 고도, 풍향, 대지속도, 위치, 방향 등을 모두 고등 수학적으로 계산해야 합니다."

B-17은 그때까지 설계된 항공기들 중에서 분명 가장 멋진 디자인을 하고 있었다. 그러나 그 안에 타면 윤활유 냄새, 찌든 땀 냄새, 화약 냄새, 마른 피 냄새, 오줌 냄새가 코를 찔렀다. 그리고 이륙하기 전에는 담배 연기도 자욱했다. 담배를 피우지 않던 승무원들도 마음을 안정시키기 위해 담배를 찾았다.

최종 점검을 마치자 일부 승무원들은 사과와 말린 과일을 씹으며 관제탑에서 출격을 알리는 녹색 신호탄이 터지기를 기다렸다.

활주로는 짧고, 지면은 고르지 못했다. 버나드 제이콥스는 이렇게 말한다.

"충분한 이륙 속도를 얻어 기체가 막 하늘로 떠오르려 하면 활주로는 이미 끝나고 있었어요. '60-70-90-110', 항공기관사가 속도를 불러줍니다. 활주로 끝이 눈에 보이면 기도하며 조종간을 잡아당기죠."

때때로 고도 2만 3,000피트(7킬로미터)까지 구름에 덮여 있는 경우가 있다. 그럴 때는 구름이 없는 고도까지 계기에 의존한 채로 날아갈 수밖에 없다. 어둠 속에서 상승하는 동안 일부 조종사들은 완전히 방향감각을 잃어버려 다른 폭격기와 충돌하기도 했다.

"구름 위로 나오면 정말 숨 막히는 장관이 펼쳐졌습니다. 이제 막 해가 떠오르고, 우리 아래로는 빛을 받아 붉게 물든 솜의 바다가 끝없이 펼쳐져 있었습니다. 이렇게 운해를 뚫고 올라오는 항공기들은 마치 어디선가 나타난 물고기들처럼 보였습니다."

부조종사 제이콥스는 이렇게 묘사했다.

각 폭격기는 편대를 이루기 위해 자신이 맡은 자리로 들어간다. 18대의 폭격기로 구성된 그룹 3개가 모여 1개의 전투 날개 대형을 이루었다. 이들은 영국 해안에 설치된 최종 무선 신호가 유도하는 대로 다른 비행단과 합류해 타격 부대를 구성한다.

북해 상공에서 하사관들은 기관총을 점검하기 위해 시험 사격을 해본다. 귀가 찢어질 것 같은 총성이 울리며 항공기 전체가 진동하면서 사방으로 화약 냄새가 퍼진다. 시험 사격이 끝나고 다시 정적이 찾아오면 엔진의 낮고 단조로운 소리를 들으면서 승무원들은 다가올 전투에 대비해 마음을 가다듬는다. 모두 준비가 끝났다. 승무원들은 비상 탈출에 대비해 구명조끼와 낙하산 하네스를 착용하고 있다. 낙하산은 승무원들이 앉는 자리 인근에 비치되어 있지만, 일부 승무원들은 제대로 사용하는 방법을 몰랐고, 대부분은 실제로 뛰어내려 본 적도 없었다. 나치 치하의 프랑스에서 탈출할 것을 대비해 허리 벨트에 여벌의 부츠를 묶어 놓은 사람도 있었다. 그리고 모든 사람이 비행복 주머니에 현지 화폐, 응급처치 도구, 방수 처리된 지도, 작은 나침반, 약간의 식량이 담긴 소형 탈출 키트를 소지했다.

항공기가 성층권에 오르면 완전히 낯선 세계가 펼쳐진다. 2만 피트(6킬로미터) 상공에서 승무원들이 처음 마주하는 적은 다름 아닌 눈에 보이지 않는 추위다. 일부 승무원들은 전열 비행복, 장갑, 부츠도 착용했다. 그러나 전쟁 초기에 이런 장비는 각 폭격기당 2~3명에게만 지급됐다. 항공기 내부에 난방이 되는 구역은 조종실, 기수, 통신실이 있는 전방 동체뿐이었다. 그나마 난방기의 성능도 시원치 않아 승무원 대부분은 알파카 점퍼와 바지, 양가죽 비행 부츠를 착용하고, 그저 추위에 벌벌 떨어야 한다.

'작은 친구들'이라고 부르는 호위 전투기가 날개를 흔들면 긴장은 더욱 고조되었다. 그것은 항속거리 한계점에 도달했다는 신호로, 그때부터는 모든 승무원이 적기를 발견하기 위해 하늘을 샅샅이 뒤져야 한다. 모건과 그의 승무원들은 첫 임무에서 단 1대의 적기만을 목격했다. 그러나 이내 상황이 바뀌었다.

"독일 전투기들에게 정면공격을 당하면 누구라도 신을 찾지 않을 수 없어요. … 조종실에서 당하는 것도 지독하지만 기수 쪽은 상황이 더 나빴어요. 하늘을 향해 열려 있는 넓은 창 쪽에 있는 폭격수와 항법사에게 방어 무기라고는 소구경 기관총 한 자루뿐이었어요. 어떤 때는 너무 열심히 쏘아댄 나머지 총열이 휘기도 했어요. 그럴 때 조종실에 있는 저와 부조종사는 오직 비행에 정신이 팔려서 어떤 것도 생각하지 못합니다."

히틀러의 최정예 조종사들이 모는 전투기들이 한 번에 4대씩 몰려들면 조종사들은 생각을 할 수가 없었다. 덜덜대는 기체를 안정시키고 대형을 유지하려면 온 정신과 체력을 동원해 집중해야 한다. 폭격기들은 날개 끝이 맞닿을 정도로 가까이 날았다.

항공기 후방의 측면 기관총 사수들은 바닥이 미끄럽고 경사진 곳에 서 있다. 게다가 탄피가 수북이 쌓이면 사수들은 얼음 위를 걷는 당나귀처럼 미끄러졌다. 얼굴에 몰아치는 차가운 바람 속에서 긴장감과 공포에 사로잡힌 채 분투하는 기관총 사수들은 평상시보다 더 크게 숨을 쉴 수밖에 없다. 그로 인해 산소마스크 사이로 뜨거운 입김이 빠져나와 고글에 뿌연 김이 서리고, 이내 얼어붙기까지 한다. 기관총 사수 존 H. 모리스John H. Morris는 이럴 때 어떻게 대응하는지 설명했다.

"나는 한 손으로는 기관총을 조작하면서 다른 한 손으로는 고글을 문질러 얼음을 제거했어요. 그런데 밖을 내다보니 독일 전투기들이 우리 대형 속으로 뛰어드는 게 보이는 거예요. 하지만 또 고글에 얼음이 끼어 앞을 볼 수 없었죠. … 나는 눈 먼 총잡이나 다름없었죠. 하지만 나는 살아남았어요."

독일군 전투기들이 쏜 포탄은 그의 항공기에 양 한 마리가 지나갈 정도의 큰 구멍을 뚫어놓았다. 그래도 그는 살아남았다.

적의 대공포 탄막이 집중되면 산소마스크를 착용한 상태에서도 그 냄새를 맡을 수 있었다. 폭발로 인한 충격은 조종사들이 벨트를 매지 않았다면 조종실 지붕을 뚫고 나가게 할 정도로 강력했다. 어떤 승무원은 자신의 '물건'을 지키기 위해 납판을 구해 깔고 앉았다. 대공포의 강력한 화망 속에서 승무원들이 할 수 있는 것이라고는 앉아서 견디는 것 외에는 아무것도 없었다. 그리고 그들은 인간이 영하 40도에서도 땀을 흘릴 수 있다는 것을 알게 되었다.

폭격수 시어도어 할록Theodore Hallock은 평소에 독실한 신자는 아니었다. 그러나 목표 상공에 이르면 좁은 폭격기 내에서 그는 자신도 모르게 이런 기도를 하고 있었다.

"하나님, 부디 저를 살려서 집으로 보내주소서. 하나님, 제발 저의 기도를 들어주소서.”

대다수 승무원이 ‘살려주신다면 술과 여자를 끊겠다’고 신께 기도했다. 그러나 할록은 “하나님이 진정으로 계신다면 남자는 술과 여자를 좋아할 수밖에 없다는 걸 이해하실 겁니다”라고 기도했다.

로버트 모건이 첫 임무에서 브레스트의 잠수함 방공호 상공으로 멤피스 벨호를 몰고 갔을 때, 그의 항공기 바로 앞에서 날고 있던 편대 선도기의 폭격수는 구름이 짙은 표적 상공에서 노든 폭격조준기 조정을 잘못해서 폭탄을 엉뚱한 시점에 투하하고 말았다. 그리고 편대의 다른 모든 항공기에서 같은 실수를 저질렀고, 그로 인해 거의 모든 폭탄이 브레스트시 밖으로 떨어졌다.

제91폭격비행전대의 B-17은 폭격을 마친 뒤 고도를 낮추고 천천히 방향을 돌려 대공포 화망을 빠져나와 귀환 길에 올랐다. 그러나 귀환도 쉬운 일은 아니었다. 북해를 건널 때 영국 본토에 안개라도 짙게 끼게 되면 전투로 인해 간이 콩알만 해져 있던 승무원들은 안개 속에서 사고로 추락해서 죽을 수 있다는 두려움에 더 주눅이 들었다. 멤피스 벨호가 첫 임무를 마치고 배싱본에 착륙하자 승무원들은 항공기에서 뛰어내린 뒤 땅에 서서 한동안 꼼짝도 하지 않았다. 웃는 사람도 없었다. 그러나 다시 땅을 밟을 수 있다는 기쁨으로 그들의 얼굴은 환하게 펴졌다.

첫 임무를 마친 일부 승무원들은 마치 길을 잃은 사람처럼 행동했다. 제8공군 폭격기에 동승해 잠수함 방공호 폭격 임무를 참관한 《양크》지의 기자 덴턴 스콧Denton Scott은 이런 글을 남겼다.

“이들은 마치 다른 세상에서 갑자기 온 사람들 같았다. 살고자 하는 원초적인 의지 외에는 다른 모든 이성이 사라진 것 같았다. 우리가 지나온 전쟁터는 지상에 있지도 않고, 지상에 발을 디딘 인간들이 있던 곳도 아니다. 그곳은 지상으로부터 무려 2만 5,000피트(7.6킬로미터)나 떨어져 있는 밝고 푸른 세계다."

귀환하고 나면 갑자기 공포와 긴장감이 사라진다. 대신 같은 항공기를 타는 동료들에게, 심지어 대공포탄 파편과 주먹만 한 총탄으로부터 자신들을 보호해주는 항공기에도 깊은 전우애가 생긴다.

"시련과 폭력이 난무하는 하늘에서 8시간을 보내며 함께 무서워하고 적에 맞서 싸운 10명의 사나이들 사이에는 정상적인 환경에서 8년을 함께 보낸 사람들보다도 더 깊은 연대감과 우정이 피어났다. 아마도 폭격기 승무원들 간의 전우애야말로 남자들의 우정 중 가장 짙을 것이다."

승무원들은 지칠 대로 지쳐 있었지만, 아직 임무는 끝나지 않았다. 이들에게는 신문이 남아 있었다.

"하늘에서 있었던 모든 일을 자세히 기억해내 차근차근 설명해야 합니다. 커피와 샌드위치가 도움이 되지만, 한편으로는 친근하게 지냈던 전우들의 얼굴이 떠오릅니다."

설명을 할 때는 승무원들에게 위스키가 제공된다. 버나드 제이콥스는 이렇게 말한다.

"위스키를 몇 잔만 들이켜도 다들 반쯤 취한 채로 침대에 몸을 던지게 되죠."

막사로 돌아오면 돌아오지 못한 동료들의 빈 침대가 눈에 들어오게 된다. 생존자들은 죽은 이들에 대해 이야기하지 않았다. 이것은 불문율이었다. 한 항법사는 이렇게 말했다.

"항공기는 무사히 돌아왔으나 전사자가 발생한 경우, 우리 대부분은 장례식을 생존자를 위한 행사라고 여기지 않았습니다. 나 역시 장례식에 한번도 참석한 적이 없습니다. 대신 막사의 벽에 전사한 전우의 이름과 고향, 마지막 임무 날짜를 적어 추모를 대신했습니다."

생존자들은 아무도 자신을 영웅이라고 생각하지 않았다. 타인의 이목을 끄는 행동을 하지 않는 것이 승무원들 사이의 불문율이었다. 진정한 영웅은 찾기가 힘들었다. 하늘에서 상상할 수 없는 용기 있는 행동을 한 사람도 자다가 갑자기 공포에 질려 비명을 지르거나, 시시하기 그지없는 군대에 대해 쉴 새 없이 욕을 늘어놓거나, 맥주에 만취해 동료들에게 "우리가 싸우는 유일한 이유는 집에 돌아가는 티켓을 얻기 위해서야!" 같은 말을 지껄이고는 했다. 애리조나주 템피의 사막 마을에서 온 목장 주 출신 기술 하사관 애리조나 T. 해리스Arizona T. Harris는 군 생활에서의 모든 것을 싫어했다. 그러나 일단 비행기에만 타면 그는 다른 사람이 되었다. 해리스는 B-17의 항공기관사이자 상부 기관총 사수로, 정비 반장을 제외한 그 누구보다 자신의 항공기에 대해 잘 알고 있었다. 선즈 어브 퓨리Sons of Fury, 분노의 아들들호가 지상에서 활주할 때 조종석 옆 창밖으로 누군가 빨간 머리를 흩날리며 앞 유리를 닦고 있었는데, 동료들은 그 굵은 팔뚝의 주인공이 해리스라는 것을 알 수 있었다. 하지만 이것이 그의 마지막 모습이었다.

"유리창에 얼룩이 묻으면 Me 109 전투기와 헷갈리니까요."

1943년 1월 3일, 해리스는 생나제르를 폭격하고 귀환하는 길에 최후를 맞았다. 제306폭격비행전대의 후미 기관총 사수 P. D. 스몰P. D. Small 하사는 그의 마지막을 목격했다. 스몰은 심각한 손상을 입은 선즈 어브 퓨리호가 해상에 착수하기 직전, 4개의 낙하산이 튀어나와 펼쳐지는 것을 봤다. 탈출하지 못한 승무원들은 비상 착수 할 때 가장 안전한 장소인 통신실로 모였으나 해리스의 2연장 50구경 기관총은 계속해서 불을 뿜고 있었다. 선즈 어브 퓨리호는 비스케이만의 차가운 바다 위에 완벽하게 착수하는 데 성공했다. 하얀 파도가 몰아치며 바닷물이 날개를 삼키고 기체가 점점 물속으로 가라앉는데도 해리스의 50구경 상부 기관총은 계속 불을 뿜어댔고, 기관총의 급탄 지레는 쉴 새 없이 탄을 빨아들이고 있었다. 그때까지 애리조나 해리스는 출렁이는 차가운 회색 바다 위에서 허우적대는 조종사와 부조종사를 지키기 위해 총알을 빗발처럼 쏘아대는 Fw 190을 향해 계속 사격을 가하고 있었던 것이다. 차가운 바닷물이 총탑 안으로 차올랐고, 그는 자신도 물에 빠져 죽을 것을 분명 알고 있었을 것이다. 그러나 그는 성난 바다가 뜨겁게 달아오른 기관총 총열을 집어삼킬 때까지 계속 방아쇠를 당겼다.

이러한 이야기들이 미국 본토에 전해지자, 대중은 영국에 있는 미국 장병들이 제1차 세계대전은 물론 영국 본토의 항공전과는 완전히 다른 전투를 벌이고 있다는 사실을 알게 되었다. 이 실상을 미국에 처음으로 알린 사람은 종군기자 어니 파일Ernie Pyle이었다. 그는 1942년 가을, 북아프리카의 횃불 작전을 취재하러 가던 중 영국에 있는 미 육군 항공기지를 방문했다. 다음은 그가 쓴 '항공 최전선'이라는 제목의 기사 일부다.

"하늘에서 전쟁을 치르고 있는 장병들은 진흙 속에서 싸우는 장병들보다 더 영예로워 보인다. 그러나 항공전의 신기원이 열리고 거대 전함이 하늘을 누비는 시대에 고독하고 쾌활하며 허세를 부리는 하늘의 영웅들은 갈수록 희귀해질 것이다."

그러면서 파일은 제8공군에 틀림없이 새로운 영웅들이 나타날 것이라고 예견했다. 그러나 그들 역시 애리조나 해리스가 그랬던 것처럼 하나의 팀으로 뭉쳐 서로를 지키기 위해 싸우다가 죽을 것이다.

"항공전도 결국 팀으로 싸운다. 우리 폭격기들은 선도기를 따라 거대한 편대를 이루어 프랑스를 향해 날아간다. 자신을 보호하기 위해 무리를 지은 것이다."

육군 항공대 장교와 하사관 사이는 보병 부대 장교와 하사관 사이보다 가깝다. 폭격기 승무원의 계급은 전원 병장 이상이었다. 장교들 중 정규군 출신의 비율은 매우 낮았고, 대부분 하사관처럼 스스로 지원해 입대한 사람들이었다. 따라서 '때 빼고 광내는' 식의 군기는 보기 드물었고, 기지 내에서도 경례는 그다지 철저하게 하지 않는 문화였다.

제8공군의 수석 군의관 맬컴 C. 그로우Malcolm C. Grow 박사는 항공 정보 조사관들에게 이렇게 말했다.

"우리 장병들은 민주주의, 자유 같은 것에는 관심이 없어요. 이들이 소중하게 여기는 것은 동료, 팀뿐입니다. 이 세상에 폭격기 승무원들만큼 굳게 뭉치는 사람들은 없습니다."

B-17 기관총 사수인 잭 노비는 다음과 같이 회상했다.

"우리 폭격기 승무원들에게는 외적 군기는 전혀 없었습니다. 그러나 매일같이 가장 위험한 적이 기다리고 있는 최전선에서 목숨을 걸고 비행했습니다. 그 이유는 설명하기 힘듭니다. 나 역시 공포에 시달리고 몸이 아파도 임무를 거부하지 않고 계속 출격했습니다. 나는 동료들이 쓰러지는 것을 원치 않았습니다. 차라리 내가 대신 죽기를 바랐습니다."

생존 장비 역시 이러한 유대감을 강화해주는 상징이 되었다. 10명의 승무원들은 산소 공급 호스와 유선 통신 장치로 서로 연결되어 같이 호흡하고 대화했다.

입대 전 승무원들의 직업은 놀라우리만치 다양했다. 헬스 엔젤스Hell's Angels, 지옥의 천사들호의 승무원들은 자동차 영업사원, 농부, 농지 조사 공무원, 주유소 직원, 로데오 선수, 의류 매장 직원, 트럼펫 연주자, 상선 승조원, 대학생, 전문 여행가 출신이었다. 이들 중 진주만 공습 전에 군 생활을 시작한 사람은 단 한 사람도 없었다. 비행기를 타 본 사람도 3명뿐이었다.

헬스 엔젤스호의 조종사는 28번째 임무에서 돌아온 후 이렇게 말했다.

"전투에서 돌아오지 못할 수도 있었지만, 그걸 걱정한 사람은 아무도 없었습니다. '사람은 누구나 언젠가는 죽는다', 그게 우리의 태도였습니다. 따라서 나와 우리 승무원 누구도 죽음을 두려워하지 않았습니다."

하지만 이는 기자들의 입맛에 맞춘 발언이었다. 폭격기 승무원들 중 누구도 죽음을 두려워하지 않거나 죽음을 경멸하는 사람은 없었다. 어니 파일 기자는 이렇게 썼다.

"승무원들도 다른 사람들과 마찬가지로 두려움을 느낀다."

많은 사람이 독일 공군이 지배하는 하늘을 날면서 큰 두려움을 느꼈다.

희박한 공기 속으로

작전 첫해, 가장 큰 장애물은 독일의 대공포나 전투기가 아니라 날씨를 비롯한 자연환경이었다. 날씨가 좋아야 주간 폭격에 성공할 수 있다. 그러나 1942년 가을과 겨울, 북유럽 날씨는 이례적일 정도로 나빴다. 미 공군 전사戰史에도 다음과 같이 기록돼 있다.

"10월 초까지 영국 기지에서 이런 종류의 전면적인 공격을 수행하는 게 가능한지에 대해 심각하게 논의했다."

상당한 규모의 폭격은 기껏해야 한 달에 5~8일 정도에 불과했고, 유럽 대륙의 기상 상황에 따라 육안으로 확인하고 폭격할 가능성도 20~30퍼센트에 불과했다. 이곳의 기상 상황은 알래스카와 알류샨 열도의 기상 상황 다음으로 대규모 작전을 실행하기에 불리한 조건이었다.

악천후는 단독 비행을 하기에도 위험하지만, 밀집한 대규모 편대에게 는 가히 재앙에 가까웠다. 폭격기가 장거리 편대비행을 하려면 적어도 다 섯 번 이상 좋은 날씨가 받쳐줘야 했다. 이륙과 집결 시, 표적으로 이동할 때, 표적 상공에 있을 때, 그리고 귀환할 때를 위해서 말이다. 오전 8시 정 각에 날씨가 맑지 않으면 그날 임무는 취소됐다. 그로부터 6시간 후인 오 후 2시, 그러니까 폭격기 귀환 예상 시각에 영국 상공의 날씨가 나빠질 것 이라고 예측돼도 임무는 취소됐다. 영국 농촌 지방에는 빠르게 형성되는 안개와 구름 때문에 귀환 도중에 추락한 미군 폭격기들의 잔해가 쌓이기 시작했다.

　훌륭한 지상군 지휘관이 휘하의 병력이 싸우는 지형을 잘 알아야 하듯 이 뛰어난 항공부대 지휘관은 휘하의 병력이 싸우는 공역空域의 기상 상 태를 잘 알아야 한다. 그러나 북유럽의 날씨는 예측하기가 매우 어려웠고, 당시 기상예보 수준은 매우 조잡했다. 전쟁 기간 중 날씨로 취소된 작전은 45퍼센트에 달했고, 북유럽 상공의 날씨로 인해 임무 취소 또는 회항한 항 공기의 비율도 10퍼센트나 됐다.

　이런 임무 연기는 장병들의 사기에도 큰 영향을 미친다. 적지 상공까지 들어갔더라도 임무가 취소되거나 그냥 돌아오는 경우, 이 임무는 귀국하 기까지 달성해야 할 임무 횟수에 포함되지 않았다. 게다가 임무 취소가 반 복됨에 따라 비행 전에 겪게 되는 트라우마와 긴장감도 그만큼 반복되었 다. 트라우마와 긴장감에 빠진 장병들은 구토와 설사를 심하게 했다. 제대 로 수행되는 임무와 중간에 취소되는 임무의 비율에 1:8까지 올라간 적도 있었다. 이럴 때면 모든 승무원은 낙담하고, 우울증에 빠지게 된다. 이런 상황은 전투 임무를 수행하는 것보다 훨씬 나쁘다는 것이 거의 모든 사람 의 의견이다. 날씨 때문에 임무가 취소되지 않고 연기되더라도 정신적으로 타격을 입기는 마찬가지였다.

보병과 달리 항공기 승무원들은 고도로 복잡한 기술 지원 시스템, 즉 폭격기와 그에 딸린 산소 공급을 위한 생명유지장치가 없으면 전투는 물론 생존도 불가능하다. 이 장치들이 만약 비행 도중에 고장 나면, 답이 없었다. 그러나 안타깝게도 그런 일이 자주 벌어졌다. 지독한 추위 속에서 비행하면 항공기의 창문과 기관총 조준기에 성애가 끼기 시작한다. 심지어 폭탄창 문도 얼어붙고, 주요 기계 장치들이 오작동한다. 사람 역시 추위 앞에 굴복하고 만다. 북극이나 남극, 거대한 산맥의 산봉우리와 맞먹는 기온에서 비행할 때는 동상이 더 무서운 적이었다. 작전 첫해에 전투로 입은 부상으로 비행 임무에서 제외된 장병은 400여 명에 불과했지만, 동상으로 인해 비행 임무에서 제외된 장병은 1,634명이나 됐다.

제8공군의 군의관 윌리엄 F. 쉴리William F. Sheeley 대위는 이에 대해 연구했다. 그의 연구 보고서에 따르면, 북극 탐험가들은 발이 젖은 채로 있으면 동상에 걸린다는 사실을 오래전부터 경고했다. "빗속을 걷거나 더운 방에서 땀을 흘리며 자고 나오거나 이륙한 항공기에서 비행복을 입고 땀을 흘린 승무원들은, 항공기가 착륙하고 나면 영락없이 동상에 걸리게 된다."

신형 전열 비행복이 보급됐지만, 성능은 영 신통치 않았다. 이것들은 종종 합선으로 감전을 일으켜 승무원의 손과 발, 고환에 전기 충격을 가하곤 했다. 그리고 관리법을 알려주지 않아 몇 번 사용하다 보면 불이 나기도 했다. 임무를 마치고 피로에 지친 승무원들은 이 옷을 둘둘 말아 옷장이나 의류함 속에 처박아두었는데, 이렇게 하면 예민한 전열 기구가 손상되기 일쑤였다.

외부에 직접 노출된 곳, 즉 기체 후방을 맡고 있는 측면 기관총 사수와 후미 기관총 사수가 차가운 바람의 제물이 되었다. 적 상공에서 몇 시간 동안 볼 터렛 안에 들어가 있어야 하는 볼 터렛 사수들은 소변이 마려우면 어쩔 수 없이 옷을 입은 채로 볼일을 봐야 했다. 그러면 차가운 소변이 등과 엉덩이, 허벅지로 번져 나가 그대로 꽁꽁 얼어붙는다. 제482폭격비행전대의 볼 터렛 기관총 사수 조지 E. 모팻George E. Moffat은 다음과 같이 말했다.

"근육은 물론 뼈까지 얼어붙는 느낌이죠. 표적에 도달할 때쯤에는 자신이 아무것도 할 수 없다는 사실에 너무 비참하고, 진절머리가 나서 자포자기 상태가 되죠."

한번은 막 폭탄을 투하한 직후 모팻의 볼 터렛 바로 아래에서 대공포탄이 폭발했다. 불과 몇 초 만에 그의 손가락과 발에 감각이 사라지기 시작했다.

"주위를 둘러보니 플렉시글라스에 작은 구멍이 뚫려 있고, 비행복과 장갑을 연결해주는 전선이 잘려 나갔더군요."

전열 비행복은 크리스마스트리에 다는 조명처럼 비행복과 장갑, 신발모두 직렬로 연결되어 있기 때문에 회로 중 한 곳만 나가도 나머지 부분에 더 이상 열기가 들어오지 않는다. 모팻은 그 안에 계속 있다가는 얼어 죽을 것 같다는 생각이 들었지만, 밖에는 아직 적이 있어서 자리를 벗어났다가는 동료들이 위험에 처하게 될 것 같았다.

"그래서 나는 남았어요."

그는 혈액순환을 위해 주먹으로 기관총을 내리치고, 발로 바닥을 굴렀다.

"고통이 너무 심해서 미쳐버릴 것 같았어요. 눈에서 흘러내린 눈물이 산소마스크 위에서 그대로 얼어버렸어요. 비행기 밖으로 뛰어내리고 싶다는 생각마저 들었어요."

1분쯤 후 적기들이 모두 사라졌고, 그제야 모펏은 터렛 밖으로 간신이 기어 나올 수 있었다. 폭격기가 고도를 2만 피트(6킬로미터) 아래로 낮추자 한 동료가 자신의 전열 장갑 한 짝을 벗어서 모펏에게 주었다.

"너무 뜨거워서 손발이 다 아플 지경이었어요. 비명을 지르지 않으려고 눈을 감고 이를 악물었죠."

전투 중에 기관총이 고장 나면, 어떤 사람은 공포에 질려 장갑을 벗고 맨손으로 기관총을 고치려고 했다. 그러면 얼어붙은 금속에 손이 달라붙었고, 그 손을 억지로 떼어내려고 하다가 살점이 떨어지는 일도 있었다. 때로는 전투의 공포에 압도되어 자해하는 사람도 있었다. 폭격기가 최고 고도에 올랐을 때 일부러 장갑을 벗는 것인데, 그로 인해 길고 고통스러운 병원 생활을 해야 했지만, 더 잔혹한 운명에서 잠시나마 벗어날 수 있었다.

전투에서 부상당한 장병들은 특히 동상에 취약했다. 강철 파편에 맞으면 부상도 부상이지만, 종종 전열 비행복의 회로가 끊어지는 경우가 있다. 얼음장 같은 항공기 바닥에 의식을 잃고 누운 부상자의 몸은 점점 감각이 사라지고, 동료들은 부상자의 체온을 유지해보려 애쓰지만, 이들이 할 수 있는 것이라고는 모포 몇 장을 덮어주는 것뿐이었다.

쉴리 박사는 어느 환자를 사례로 들어주었다. 그가 탄 항공기의 기수가 대공포탄에 박살나면서 산소마스크도 파편에 맞아 구멍이 나버렸다. 그는 거의 한 시간가량 산소 공급이 안 되는 상태에서 의식을 잃고 항공기 바닥에 쓰러져 있었다.

"그 환자는 6주 후 손, 발, 코를 절단해야 했고, 얼어붙은 두 눈과 괴사한 광대뼈 일부 조직까지 도려내야 했지만, 그래도 살아남았어요."

전사자 중 상당수는 동료 승무원들에게 적절한 의료 지식이나 장비만 있었더라도 살릴 수 있었을 것이다. 어느 B-17 폭격기에서는 후미 기관총 사수가 적기의 기관포 사격으로 양 볼과 엉덩이를 크게 다쳤다. 동료 기관총 사수들이 상처를 지혈하려 애썼지만 출혈은 계속되었다. 그들 중 한사람은 이렇게 회상했다.

"그래서 우리는 무게 140파운드(63킬로그램)짜리 탄약 상자로 그의 부상 부위를 눌렀어요. 다행히 탄약 상자의 무게 때문에 지혈이 됐고 안정을 찾은 듯했지만, 전열 비행복이 찢어진 상태라 몸은 차갑게 식어갔죠. 당시 우리 항공기에는 모포도 없었어요."

그 부상병은 일반인들이 경험할 수 없는 완전히 다른 환경에서 죽음을 기다렸다. 어느 장교는 이렇게 말했다.

"전혀 낯선 환경에서 죽을 수도 있다는 것을 납득하려면, 그 부담감은 2배가 됩니다."

임무가 끝나고 항공기에서 내리는 승무원들의 손발과 얼굴은 염증과 붓기 때문에 붉은색을 띠었다. 동상 부위는 처음 이틀 동안은 보라색을 띠다가 시간이 지나면 칙칙한 검은색으로 바뀌었다. 동상 환자 중 3분의 1이 입원 치료를 받아야 했고, 경증 환자조차 최대 2주간 비행을 할 수 없었다. 제8공군 작전 초기에 쉴리 박사는 이렇게 경고했다.

"이것은 진짜 비상사태입니다. 병원에 입원한 승무원들은 수개월 동안, 어쩌면 다시는 비행을 할 수 없습니다."

일단 동상에 걸리면 경험이 없는 군의관은 오래된 러시아식 전통 치료법에 의존했다. 동상으로 떨어져나갈 부위는 다 떼어버리고, 멀쩡한 부위만 남겨놓는 것이다. 동상은 예방만이 확실한 치료법이었다. 1942~1943년 겨울, 모든 항공기지에 군의관이 1명 이상 배치돼 있었는데, 이들은 이 문제에 대해 심도 있게 대응했다. 강의와 시연을 통해 승무원들에게 동상의 위험성을 알리고, 볼 터렛에는 소변 배출관을 설치하도록 하고, 전열 장갑 속에 착용하는 얇은 실크 장갑을 지급한 것이다. 그러나 작전 첫해의 이러한 시도도 폭격기 승무원의 건강 문제를 해결하기에는 턱없이 부족했다. 특히 중이염은 치료법도 없었다. 중이염은 귀 내부에 생기는 만성 염증으로, 여압與壓이 안 되는 항공기를 타고 높은 고도까지 여러 차례 오르내리며 기압 변화에 노출되면서 발생한다. 작전 횟수가 늘어날수록 중이염은 마치 전염병처럼 번져나가 비행이 불가능한 환자 중 3분의 2가 중이염 환자였다.

무산소증 또는 산소 결핍은 제8공군에 닥친 재앙 중 하나였다. 비행기 멀미를 일으킨 승무원의 타액이나 토사물이 산소마스크 속으로 들어가 얼어버리면 산소의 공급이 차단되고, 승무원은 의식을 잃거나 심지어 사망에 이르게 되기도 한다. 따라서 임무 내내 항법사는 인터폰을 통해 승무원들을 호출하며 그들의 상태를 점검했다. 호출에 응답하지 않으면, 사람을 보내 상태를 점검하고, 필요할 경우 인공호흡이나 휴대용 산소호흡기로 응급처치를 했다.

제8공군에서 전쟁 기간 중 산소 결핍으로 사망한 사람은 채 100명이 되지 않는다. 그러나 사망자 대부분이 작전 첫해에 사망한 것이었다. 게다가 전체 승무원의 50~60퍼센트가 전투 중 산소 결핍을 경험했다. 이는 변명의 여지없이 부실한 계획 때문이었다. 맬컴 그로우 박사는 작전 개시 후 1년이 지난 시점에 육군 항공 조사관들에게 마지못해 다음과 같이 시인했다.

"우리 누구도 그렇게 높은 상공에서 작전을 수행할 거라고는 예상하지 못했습니다. 작전에 나가면 누구도 생각하지 못한 사소한 부분들이 늘 있기 마련입니다."

항공 전략을 기획했던 전략가들도 비난받아 마땅하다. 그들은 승무원의 생존보다는 폭격전략만을 신경 썼다. 제대로 된 준비 없이 나선 폭격기 승무원들은 적을 죽이기도 전에 자기들이 먼저 죽게 될 판이었다.

산소 결핍은 침묵의 살인자다. 산소 공급 장치가 고장 나도 그것을 알아챌 방법이 거의 없다. 물론 산소 공급 장치에도 투명한 관에 작은 공 모양의 밸브가 달린 계기가 있다. 이 계기는 숨을 쉴 때마다 위아래로 움직이며 산소 공급 여부를 알려준다. 공이 계속 움직이면 아무 문제가 없지만, 독일 공군과 싸우기에 바빴던 승무원들에게 이것을 쳐다볼 여유는 없었다.

기체 후방, 고립된 위치에 탑승하는 후미 기관총 사수는 산소 결핍에 가장 취약했다. 적의 전투기와 한바탕 전투를 벌이고 난 후, 조지 모펏의 항법사는 인터폰으로 승무원의 상태를 확인했다. 그런데 후미 기관총 사수 빌 갈바Bill Galba가 응답하지 않았다. 다른 승무원이 가 보니, 갈바는 산소 튜브가 잘린 채 기관총 위에 쓰러져 있었다. 조종사가 그를 살리기 위해 북해 상공에 이르렀을 때 산소가 풍부한 고도로 내려갔지만, 갈바의 의식은 돌아오지 않았다. 모펏은 볼 터렛에서 나와 갈바를 조심스럽게 살폈다.

"나는 좁은 통로를 따라 갈바에게 갔습니다. 갈바의 얼굴에 내 얼굴을 갖다 대고 자세히 살펴봤죠. 그의 얼굴은 백지장처럼 창백했어요. 코와 입에는 얼어붙은 점액이 달라붙어 있었어요. 눈을 크게 뜬 채 나를 바라보고 있었지만, 눈동자에는 성에가 잔뜩 끼어 있었죠. 그걸 보고 나는 그가 죽었다는 것을 알았어요."

모펏은 담배를 꺼내 물고 불을 붙인 다음, 동료 사수의 담배에도 불을 붙여 주었다. 두 사람은 아무 말 없이 앉아 담배를 피웠다.

"항공기가 착륙하자 사람들이 갈바의 시신을 들것으로 수습해 구급차로 옮겨갔어요. 그 모습을 보고 있자니 나도 모르게 눈물이 뺨을 타고 흘러내리더군요. 하지만 부끄럽지 않았어요. 내 전우였으니까요. 힘든 하루였어요. 우리 기체는 벌집이 되었고요. 침대에 누웠지만 잠이 오지 않았어요."

갈바의 침대는 모펏의 침대 바로 옆에 있었다. 갈바의 군복과 침구는 이미 다 수거해 간 후였다. 모펏은 갈바의 침대를 보지 않으려고 몸을 돌렸다.

윌리엄 갈바는 기지에서 멀지 않은 묘지에 안장되었다. 조지 모펏은 시간이 날 때마다 꽃을 들고 갈바의 무덤을 찾아갔다.

항공 의료

고고도에서 벌어지는 공중전은 폭격기 승무원들에게 이전에 경험하지 못한 감정적·육체적 스트레스를 준다. 대기권의 상층부에서 인체는 이상한 일들을 겪게 된다. 귀가 아프고 몸과 생각이 느려진다. 위와 내장은 부풀어 오르는데, 특히 출격을 앞두고 가스를 많이 발생시키는 음식을 먹었을 때는 더욱 그렇다.

이러한 새로운 전쟁에서는 정신과 육체 모두에 새로운 종류의 의술이 필요했다. 맬컴 그로우 대령이 이끄는 제8공군 의료진이 참고할 만한 선례가 없었다. 아직 걸음마 단계였던 항공 의료의 최전선에서 항공 외과 군의관들에게는 해결해야 할 문제가 산적해 있었다. 제8공군의 폭격기 부대 지휘관들과 마찬가지로 이들의 초기 활동은 지극히 실험적이었으며, 장비와 인력은 심각할 정도로 부족했다.

모든 폭격기 기지에는 항공 외과 군의관이 상주하는 작은 의무실과 경상자를 위한 병상이 몇 개 있다. 중상자는 구급차에 실려 3~4시간 거리에 있는 옥스퍼드의 육군 병원으로 후송됐다. 도로는 울퉁불퉁했고, 심지어 등화관제를 실시하는 탓에 구급차의 헤드라이트를 가리개로 가리고 컴컴한 어둠을 뚫고 가야 할 때도 있었다. 이런 악조건 속에서 환자가 병원으로 후송되던 중에 죽는 사례도 있었고, 구급차가 산울타리를 들이받고 부상을 입는 경우도 있었다. 그래서 그로우는 환자 수송을 위한 C-47 수송기 1대를 요청했다. 또 그는 항공기지 인근에 병원을 지어달라고 요구했다.

폭격 작전 첫해에도 의료 물자와 장비는 여전히 부족했다. 그리고 제8공군 장병 절반 정도가 부대 내 병원의 원시적인 시설을 제외하면 어떤 의료 서비스도 받지 못하고 있었다. 그러나 1944년이 되자 그로우의 활약 덕에 거의 모든 폭격기 기지 30마일(48킬로미터) 이내에 완편 육군 병원이 생겼다. 또 그로우는 숙련도 높은 의료 인력을 끊임없이 요청했다. 1942년, 당시 영국에 주둔하고 있던 미군 항공 외과 군의관 중 4분의 3은 항공 의료 교육을 받지 못했다. 또한 의무병 중 교육을 제대로 받은 인원은 10퍼센트에 불과했다. 폭격기 기지의 군의관들은 부상병들이 제대로 치료받지 못해 죽어가는 모습을 지켜봐야 했다.

그로우와 그의 보좌관 해리 G. 암스트롱Harry G. Armstrong 대령은 항공 의료라는 새로운 분야를 개척한 선구자였다. 1934년 그들은 오하이오 주 데이턴 인근에 있는 라이트Wright 비행장에 항공 의료 연구소를 설립하고 비행 시 인체가 받는 영향을 연구하기 시작했다. 제8공군이 영국에 도착한 직후, 이들은 하이 위컴 인근에 작은 연구소를 차렸다. 'CME Central Medical Establishment, 중앙의료시설'라 불린 이 연구소의 설립 목적은 고공에서 전투를 치르는 승무원의 생존과 임무의 효율을 높이기 위한 교육 기법과 장비를 개발하는 것이었다. 그들은 승무원 보호라는 한 가지 목적을 위해 매진했다.

CME는 라이트 비행장, 하버드대학교 보건대학원, 미국 기업들과 협력해 더욱 성능이 뛰어난 산소 공급 장치, 비행복, 해상 구조 작전 방법 등을 개발하기 위해 60여 건의 연구를 진행했다. CME는 연구 외에도 승무원과 항공 외과 군의관들을 위한 생존 기술 교육을 실시했다.

한편, 해리 암스트롱은 거의 혼자서 신경정신 클리닉을 창설해 신경정신 예방 치료를 실시하고, 신경정신 질환에 시달리는 승무원을 진단 · 치료하고, 재활을 도왔다.

비록 CME는 18명 정도의 작은 조직이었지만, 그들은 엘리트들로 구성돼 있었다. 암스트롱은 미국 전역에 있는 의대, 연구소, 신경정신과 병원의 우수 인력들을 직원으로 선발했다. 그는 후일 이렇게 회고했다.

"그들은 여기 오기 전에는 민간인이었는데, 일부를 제외하고 대부분은 군에 끝까지 남았어요. 그리고 그들 모두 여기서 뛰어난 의사가 되었어요."

1943년 가을, 이들의 연구는 드디어 제8공군에 실질적인 도움을 주기 시작했다. 이들이 실시한 예방 치료와 장비 덕에 동상, 산소 결핍, 적의 공격으로 인한 사상자 수가 크게 줄어들기 시작한 것이다. 그러나 불행하게도 전투 임무 첫해에 참전했던 승무원들에게는 그 혜택에 돌아가지 않았다. 그 기간 동안 극도의 시련을 견디고 살아서 본국으로 돌아간 승무원들도 있었지만, 그들은 첫 임무를 시작할 때부터 마지막 임무를 마칠 때까지 충분한 산소 공급 장비, 방탄 장비, 보온 장비, 휴식 없이 전쟁을 치러야 했다.

MASTERS OF THE

제4장

사상자 발생!

AIR

"우리는 계속 경험을 쌓아가는 중이다.
그 모든 경험이 다 좋은 것만은 아니지만."
- 커티스 E. 르메이Curtis E. LeMay, 미국 공군 장군

1942년 10월 9일, 북해

도널드 스웬슨Donald Swenson 중위는 이제까지 얼마 안 되는 그의 인생 중 최악의 시련을 겪고 있었다. 역사에 길이 남을 릴 공습 작전에서 그의 B-17이 독일 Fw 190의 공격을 받아 엔진 2개가 고장 난 것이다. 스웬슨의 기체는 간신히 영국으로 귀환하는 중이었지만, 고도가 1분에 1,000피트(300미터)씩 떨어지고 있었다. 통신수는 계속 조난신호를 보냈지만, 영국 해안의 무선국은 그 신호를 수신하지 못했다. 인터폰도 고장 났기 때문에 스웬슨 중위는 부조종사에게 조종을 맡기고, 후방 동체로 가서 기관총 사수들에게 바다에 착수할 준비를 하라고 말했다. 전방 동체에 있는 조종사와 부조종사를 제외하고 모든 승무원이 통신실에 모였다. 항공기가 바다에 착수할 때 통신실 전방 격벽 옆에 있으면 충격이 그나마 적을 것이기 때문이었다. 통신수는 비밀 전문과 주파수가 적힌 라이스페이퍼를 먹어버리고, 쪼그려 앉아 머리를 두 다리 사이에 집어넣고 목 뒤에서 손으로 깍지를 끼었다. 충격에 대비하기 위한 자세를 취한 것이다.

"바닷물은 차가워 보였어요. 그리고 해상 착수가 꽤 어렵겠다고 생각했어요. 파도는 15~20피트(4.5~6미터)는 족히 돼 보였어요. 듣기로는 그런 파도를 맞으면 돌덩어리에 부딪히는 것과 다를 바가 없다고 하더군요. 우리는 항공기 속도를 최대한 줄이고, 후방 동체를 내린 상태로 착수를 시도했어요. 하지만 그렇게 해도 충격은 엄청나게 컸죠. 전 승무원이 충격을 받아

나뒹굴었어요."

스웬슨은 좁은 조종실 창문을 열고 빠져나왔다. 물 위로 머리를 내밀자 부조종사가 부상을 입은 채 항공기 날개 아래 물속에서 떠내려가는 것이 보였다. 스웬슨은 부조종사에게 헤엄쳐 가서 그를 잡아끌고 다른 승무원들이 있는 곳으로 갔다. 다른 승무원들은 통신실 기관총 해치로 나와서 항공기에 달려 있는 2척의 자동 팽창식 구명정 쪽으로 헤엄쳐 가고 있었다. 그러나 구명정 1척은 이미 적의 사격으로 벌집이 돼 있었다. 승무원들은 그 구명정이 제대로 펴지지 않을 거라고 소리쳤다.

폭격기는 추락한 지 채 2분도 되지 않아 완전히 가라앉고 말았다. 스웬슨은 기관총 사수 3명에게 멀쩡한 구명정에 타라고 지시하고, 나머지 승무원들은 손상된 구명정의 가장자리에 매달리게 했다. 그 와중에 어떤 기관총 사수가 물에 뛰어들어 자살을 시도했다.

"그는 바닷속으로 사라졌다가 다시 수면 위로 머리를 내밀고 물을 뱉어내기를 반복했어요. 그는 계속 우리에게 자기를 죽게 내버려두라고 말했어요. 나는 그가 왜 그런 행동을 하는지 알 수 있었어요. 자기가 남아 있으면 나머지 사람들의 생존 확률이 줄어든다고 생각한 거였어요. 차가운 물 위에 무력하게 떠서 과연 구조대가 오기는 올까 싶은 생각만 하는 최악의 순간이었죠."

그러나 그들은 자신들이 구조될 확률이 매우 높다는 사실을 모르고 있었다. 그들의 항공기가 해상에 착수하기 직전부터 영국 공군의 해상 구조대는 이미 빠르게 움직이고 있었다. 그들을 호위하는 스핏파이어 전투기가 항공기가 추락한 위치를 해상 구조대에 알렸고, 또 다른 우군 전투기가 착수 지점 상공을 선회하며 착수 지점을 더 정확하게 보고했다. 더구나 그들이 착수한 지점은 육지에서 멀지 않았다.

"얼마 안 있어 구조대를 태운 배가 물살을 가르며 다가오더군요."

이렇게 영국 공군 해상 구조대는 처음으로 제8공군 승무원들을 해상에서 구조했다.

북유럽 상공에서 항공기에 문제가 생길 경우, 승무원들은 독일이 점령한 북유럽에 불시착하거나 낙하산으로 탈출하기보다 어떻게 해서든 영국으로 귀환하고자 했다. 영국 본토까지 도저히 갈 수 없으면 북해 또는 영불해협에 착수하는 경우가 많았다. 어느 해상 구조대 항공기 조종사는 통상적인 구조 요청에 대해 이렇게 설명했다.

"겁에 질린 승무원이 무선으로 구조 신호를 보내는 것을 들으면, 인간의 목소리가 어디까지 높아지고, 커지고, 떨릴 수 있는지 알 수 있게 됩니다. 두려움에 사로잡힌 인간의 목소리만큼 무서운 것은 세상에 없습니다."

스웬슨의 승무원들은 운이 좋았다. 제8공군이 작전을 시작한 첫해에는 해상 구조 체계가 없는 것은 물론, 착수 훈련 프로그램도 없었다. 항공기에 탑재된 팽창식 구명정과 위치 표시기는 거친 바다에서 사용하기에는 적합하지 않았으며, 조명탄, 전투식량 상자, 구급낭은 방수 처리가 돼 있지 않았다. 게다가 항공기 자체도 비상 착수 시 쉽게 탈출할 수 있도록 설계되어 있지 않았다. 제8공군은 해상 구조를 오로지 영국 공군과 영국 해군에 의지하고 있었다. 영국군 구조대는 매우 헌신적이었으나 양국의 협력 관계는 그리 원활하지 않았다. 그 결과, 해상에 착수한 제8공군 승무원의 99퍼센트를 잃고 말았다. 반면 같은 기간 동안 해상에 착수한 영국 공군 폭격기 승무원의 구조 성공률은 모두 야간이었음에도 무려 3분의 1에 달했다. 1년이 지나자 여전히 구조의 상당 부분을 영국군에 의존했으나 협력은 전보다 훨씬 원활하게 이뤄졌고, 그 덕분에 제8공군의 승무원 해상 구조 성공률은 44퍼센트로 증가했고, 종전 시에는 66퍼센트에 달했다.

바다에 떨어진 생존자 중 10퍼센트 이상은 전문가의 치료 및 비행 금지 처분이 필요한 정신적 충격을 입었다. 이런 사람들은 충분한 식량이나 식수도 없이 구조를 기다리면서 먼저 죽어가는 동료들을 바닷속으로 떠나보내야 했다. 유진 도라시크Eugene Dworaczyk는 자신의 품에 안겨 꺼져가는 목소리로 아내의 이름을 부르며 숨을 거둔 동료의 모습을 잊지 못했다.

"우리 모두 주기도문을 암송했어요. 그리고 가능한 한 정중하게 시신을 구명정 밖 바닷속으로 밀어 넣었어요."

탈출과 도피

북유럽 땅에 불시착하거나 낙하산을 타고 지상으로 무사히 탈출하더라도 연합군 항공기 승무원들은 외국인 동조자들의 도움을 받아야만 체포를 피할 수 있다. 네덜란드인, 벨기에인, 프랑스인 모두가 연합군 승무원 탈출을 위해 극비리에 정교하게 조직된 탈출 작전을 펼쳤다. 이들은 대부분 훈련된 지하조직 요원이 아닌 일반 시민이었다. 그러나 이들이 감수해야 하는 위험은 실로 엄청났다. 격추당한 연합군 승무원의 은닉 및 탈출을 돕다가 적발되면 남자는 총살형, 여자는 사실상 사형선고나 다름없는 강제수용소로 보내졌다. 영국 정보기관은 격추당한 연합군 승무원 1명이 탈출할 때마다 프랑스, 벨기에, 네덜란드 협력자 1명이 총살당하거나 고문당해 죽었을 것으로 예상했다.

이런 활동에 가담하고 있는 용감한 저항군 대부분은 런던에 있는 영국과 미국의 정보 요원들과 긴밀하게 협력하고 있었다. 그러나 가장 성공적인 탈출 루트는 이들과 완전히 독립적인 코메트 라인Comet Line이었다. 전쟁 초기에 이 라인은 벨기에 브뤼셀에 있는 수백 명의 자원봉사자들에 의해 운영되었다. 총책임자는 '디디Dédée'라는 암호명으로 불리는 25세의 상업 예술가 앙드레 드 종Andrée de Jongh이었다.

코메트 라인의 총 길이는 1,200마일(1,930킬로미터)로, 브뤼셀에서 출발해 나치 치하의 프랑스, 그리고 파시스트 정권이 지배하지만 공식적으로는 중립국인 스페인을 지나 지브롤터까지 이어졌다. 디디는 한 푼의 자금 지원도 받지 않고 이 라인을 개척했다. 처음에 도움을 준 사람도 전직 교사인 그의 아버지 프레드릭Frédéric과 동료 아르놀 드페Arnold Depée뿐이었다. 연합국 승무원들은 브뤼셀 시외에 있는 은신처에 숨어 있다가 기차편으로 파리로 보내졌다. 파리는 탈출한 승무원들의 중앙 집결지였다. 이곳에서 승무원들은 작은 그룹으로 나뉘어 처음에는 기차로, 그다음에는 자전거로, 그리고 마지막은 걸어서 피레네산맥 기슭에 있는 농가로 이동했다. 따뜻한 식사와 진한 스페인식 커피를 마시고, 디디가 직접 선발한 노련한 바스크인Basque 밀수업자들의 안내로 험난한 산맥을 넘는 고된 등반을 마친 후 이들은 스페인 북부 산세바스티안에서 영국 외교관 마이클 크레스웰Michael Creswell에게 인도되어 차편으로 지브롤터까지 간 다음, 거기서 해상이나 항공편으로 영국으로 돌아갔다.

디디는 '소포'라고 부르는 탈출한 승무원들에게 위조 여권과 신분증을 제공하고, 그들에게 옷과 암시장에서 구한 음식 등을 제공했으며, 스페인까지 가는 길 중간중간에 쉴 수 있는 공간도 만들어 놓았다. 그녀의 동지 앙 브루셀망Ann Brusselmans은 브뤼셀 시내의 은신처에 한 번에 50명 이상의 연합군 승무원을 숨겨준 적도 있었다. 앙 브루셀망의 딸 이본은 이런 글을 남겼다.

"우리 가족 중에 어머니가 지하조직에서 일하고 있다는 것을 아는 사람

마스터스 오브 디 에어 1

은 없었다. 밖에서 봐도 우리는 독일의 지배를 견디며 일상의 어려움의 겪고 있는 평범한 가정일 뿐이었다."

독일은 연합군 승무원이 민간인 복장을 하고 있거나 군인 신분증이 없는 상태에서 체포될 경우 스파이로 간주해 총살형, 또는 강제수용소로 보낼 것이라고 경고했다. 따라서 격추당한 연합군 승무원들은 딜레마에 빠졌다. 지휘관들은 격추될 경우 최선을 다해 탈출하는 것이 군인의 의무라고 가르쳤다. 그러나 연합군 군복을 입은 상태에서 독일 점령지를 탈출할 방법은 없었다. 앙 브루셀망은 연합군 승무원들의 인식표를 그들의 바짓가랑이에 꿰매어 묶어 놓는 것으로 이 문제를 해결했다. 그녀는 베레모, 긴 재킷, 유럽식 하이탑 신발 등 유럽인들의 일상복도 구해 주었다. 그리고 밖에 나갈 때는 미국인처럼 보이지 않는 요령을 가르쳐 주었다. 껌을 씹거나 주머니에 든 잔돈을 쩔랑거려서는 안 된다. 또 유럽인들이 그러는 것처럼 담배를 피울 때도 불붙은 쪽 가까운 곳을 엄지손가락과 다른 손가락 끝으로 잡아야 한다.

디디는 코메트 라인을 운영할 자금을 마련하기 위해 자신이 가지고 있는 귀금속을 팔았다. 그녀는 32회에 걸쳐 100여 명의 연합군 승무원이 피레네산맥을 넘도록 도왔다. 영국 정보기관이 지원해 주겠다고 했지만, 그녀는 이 라인은 자신과 잘 아는 벨기에인들로 완전히 독립적으로 운영되어야 한다며 제안을 거절했다. 그녀는 레지스탕스들과 함께 태업을 하거나 첩보를 수집하는 정보 요원이 이 라인에 개입하기를 원치 않았다. 그랬다가는 이중간첩으로 인해 조직이 노출될 위험이 있고, 위장한 독일 비밀경찰이 격추당한 연합군 행세를 하며 스파이 활동을 할 수도 있기 때문이었다. 이런 스파이들을 걸러내기 위해 그녀는 동료들에게 도움을 요청하는 연합군 승무원을 철저히 신문하라고 지시했다. 만약 자신이 뉴욕 출신 연합군 승무원이라며 앙 브뤼셀망의 아파트로 찾아오면 브뤼셀망은 그에게 뉴욕 양키스의 중견수 이름을 물었다. 정답을 맞히지 못할 경우, 브뤼셀망은 그 자를 산속에 있는 벨기에 레지스탕스에게 넘겨 더욱 철저하게 신문하게 했다.

독일 비밀경찰은 코메트 라인에 침투하려고 시도했으나, 라인을 무너뜨리는 데는 실패했다. 1943년 1월, 디디가 다른 연합군 승무원들과 함께 체포됐을 때 코메트 라인은 붕괴되기 직전이었다. 그러나 그녀는 마우트하우젠Mauthausen, 라벤스브뤼크Ravensbrück 강제수용소에서 21번에 걸친 신문을 받으면서도 동료들에 대해 발설하지 않았다. 그녀가 없는 동안 코메트 라인은 그녀의 아버지가 운영했으나 밀고자에 의해 정체가 들통난 아버지는 동료들과 함께 사형을 당했다. 코메트 라인의 새로운 리더는 '프랑코Franco'라는 암호명을 쓰는 23세의 벨기에 열혈 청년 장 프랑스와 노통브Jean-François Nothomb였다. 그러나 탈진과 건강 악화로 노통브 역시 물러날 수밖에 없었다. 그는 영국에서 교육받은 벨기에 정보 요원을 자신의 후계자로 임명했다. 새로운 리더의 도움으로 격추당한 연합군 승무원 구출은 계속되었다. 전쟁 기간 동안 격추되었다가 영국으로 귀환한 연합군 항공기 승무원은 5,000~6,000명으로, 이 중 3,000명은 미군이었고, 코메트 라인에 의해 구조된 미군은 약 700명이었다.

코메트 라인이 폐쇄된 것은 노르망디상륙작전 이틀 전이었다. 1944년 봄, 연합군은 노르망디상륙작전에 앞서 프랑스 철도를 폭격했다. 그로 인해 연합군 승무원의 탈출 지원이 사실상 불가능해졌다. 그 후로 격추당한 승무원들은 연합군이 진격해 들어간 그해 늦은 여름까지 농장이나 숲속에 숨어서 낙하산으로 공수해 주는 물자로 연명해야 했다.

1945년 라벤스브뤼크 강제수용소에서 석방된 디디는 벨기에령 콩고로 한센병 환자들을 돌보기 위해 떠났다. 디디 덕분에 자유를 되찾은 한 승무원은 이렇게 말했다.

"앙드레 드 종은 세상에 고통받는 사람들이 있다는 걸 알고, 그들의 고통을 덜어주기 위해 온 힘을 다 기울이는, 참으로 보기 드문 사람이었다."

영원히 사라진 줄 알았던 사람이 살아 돌아오는 것만큼 미군의 사기를 높이는 것도 없었다. 장병들은 기쁨의 함성으로 그들을 환영했다. 귀환한 장병들에게는 미국 본토로 송환되어 다른 부대에 재배치되는데, 미국으로 떠나기 전 며칠 동안 전우들과 함께 지낼 시간이 주어졌다. 윗선에서는 북유럽 전 지역이 나치로부터 해방되기 전까지는 격추당했던 승무원을 다시 비행 임무에 투입하는 것은 너무 위험하다고 판단했다. 그 승무원이 또 격추당해 독일 측에 붙잡혀 고문을 당하면 전에 유럽을 탈출할 때 이용했던 루트에 대해 발설할 수도 있기 때문이었다. 귀환자들은 자신이 소속된 기지에서 강연을 하기도 하고, 적지에서 생존에 필요한 정보도 알려 주었다. 그 모습을 본 어느 군종목사는 일기에 이렇게 썼다.

"장병들은 귀환자들이 들려주는 이야기를 마치 구명정에 올라타려는 조난자처럼 진지한 태도로, 토씨 하나 빼먹지 않고 경청하려 했다."

이 영웅들은 사지에서도 살아 돌아올 수 있다는 것을 보여준 산 증인이었다.

르메이

병사들의 희생을 감수할 필요는 없다. 더 적은 인명 손실로 더 정확한 폭격을 가할 방법은 있다. 이것이 커티스 E. 르메이Curtis E. LeMay의 신념이었다. 1942년 10월 영국에 도착했을 때 그의 계급은 소령이었다. 이후 그는 미군 폭격전 수행 방식을 바꾸게 되었다.

제305폭격비행전대의 항법사 랠프 H. 너터Ralph H. Nutter 중위는 자신의 전대장이자 항법사 출신 르메이의 신봉자였다. 너터는 진주만 공습 직후 하버드대학교 법대를 그만두고 육군 항공대에 입대했다. 영국으로 가는 도중, 너터는 자신이 탄 로열 플러시호를 뉴펀들랜드의 갠더 호수 상공까지 무사히 안내했지만, 착륙하자마자 대서양 상공 북쪽에서 불어오는 북극의 폭풍에 휘말리게 될 것이라는 사실을 알게 되었다. 울창한 상록수림으로 둘러싸인 험악한 전초기지인 갠더 비행장에서 르메이 소령은 신경이 곤두선 승무원들을 불러 모았다. 그는 이곳의 항로를 잘 알고 있었다. 진주만 공습 전, 르메이는 공장에서 막 생산한 항공기를 유럽 동맹국에 전달하기 위해 이곳을 여러 차례 지나갔었다. 그는 승무원들에게 동체에 얼음 알갱이가 들러붙으면 큰 문제를 일으킬 수 있으며, 폭풍 속에서는 항법사들이 항로를 확인하는 것이 불가능하다고 말했다. 게다가 폭풍에 떠밀려 너무 남쪽으로 가버리면 탁 트인 바다 위에서 연료가 바닥날 수 있고, 프랑스 해안에서 나치 전투기들의 공격을 받을 수도 있다고 경고했다.

"무선 보조 장치나 방향 탐지기에 의존해서는 안 된다. 나치가 영국의 무선 시설과 같은 주파수로 가짜 무선 신호를 보낼 수 있기 때문에 여기에 절대 속아서는 안 된다. … 미국에서는 조종사의 실력과 항행 무선 보조 장치에 의지했지만, 이제는 조종사를 비롯해 모든 승무원이 제군에게 의지하고 있다. 그들을 실망시키지 마라."

이제 막 22세가 된 랠프 너터는 2달 전 화창한 모하비사막에서 처음으로 비행기를 탔었다. 그날 밤 활주로를 달리며 속도를 높이는 사이, 로열 플러시호에 하나 있던 구명정이 상부 해치 밖으로 날아가버렸다. 처음에 너터는 구름 사이로 천체를 볼 수 있었지만, 한 시간도 안 돼서 하늘은 짙은 구름으로 뒤덮였고, 앞을 볼 수 없을 정도로 몰아치는 눈보라가 플렉시 글라스로 된 기수와 작은 천문항법용 관측창을 덮어버렸다. 그리고 몇 분 후 엔진 하나가 멎어버렸다. 한 시간 후 다른 엔진 하나가 더 꺼졌고, 로열 플러시호의 고도는 점점 낮아지기 시작했다. 너터는 조종사에게 폭풍우가 몰아치는 바다 위를 간신히 스칠 정도로 낮게 비행하면서 착륙등을 켜도록 요청했다. 만약 착륙등 불빛으로 파도가 일으키는 하얀 물보라를 볼 수 있다면, 찰스 린드버그가 최초로 대서양 무착륙 횡단 비행을 하면서 사용했던 방식처럼 편류계로 풍향을 계산하고, 그 계산 값으로 항로를 추측해 나침반 진로를 바로잡을 수 있을 것이다.

"결국 동 트기 전, 구름 사이로 난 틈을 통해 3개의 천체를 볼 수 있었어요. 나는 인터폰으로 '정상 항로'라고 보고했어요."

그리고 점점 구름이 흩어지자 저 멀리 아일랜드의 푸른 언덕이 보이기 시작했다. 벨파스트 상공을 비행하면서 너터는 조종사에게 프레스트윅으로 가는 직항로를 알려 주었다. 항공기에서 승무원들이 내리자, 친절한 마을 주민들이 몰려왔다. 한 스코틀랜드인이 소리쳤다.

"왜 이렇게 늦었어? 우리는 너희 양키들을 무려 2년이나 기다렸다고!"

다음 날 그들은 그래프턴 언더우드를 향해 출발했다. 프레스트윅에서는 그리 오래 머물지 않았지만, 그들이 머무는 내내 그곳의 진흙, 안개, 한기가 그들과 함께했다. 너터의 막사는 금속 골판으로 지은 길쭉한 반원형 모양으로, 난방 기구는 석탄 난로 하나가 전부였다. 내부에는 22개의 장교용 침대가 있었다. 잠들기 전 너터는 실내를 둘러보았다. 그는 자신이 해낸 일이 도무지 믿기지 않았다. 캘리포니아에서 그와 함께 훈련받은 동기 중 1년 후까지 살아남은 사람은 단 2명뿐이었다.

다음 날 아침, 르메이는 전체 회의를 소집했다.

"귀관들은 앞으로 별도 지시가 있을 때까지 이 기지에서 나갈 수 없다. 우리의 첫 번째 전투 임무는 프랑스 해안의 독일 잠수함 기지를 타격하는 것이다. 이것은 일종의 현장 실습이 될 것이다."

커티스 르메이는 미 군사 역사상 가장 큰 논란을 불러일으킨 인물 중 하나다. 로지 로젠탈은 이렇게 말했다.

"그는 원칙주의자였죠. 게다가 공군 역사상 가장 위대한 지휘관이기도 합니다."

그러나 나중에는 로젠탈도 르메이의 행동에 문제가 있다는 것을 알게 되었는데, 이후 항공사단장을 역임하면서 그는 '폭탄 투하Bombs Away 르메이'라고 불리게 되었다. 이때의 르메이는 훗날 스탠리 큐브릭Stanley Kubrick 감독이 제작한 냉전 풍자 영화 '닥터 스트레인지러브Dr. Strangelove'에서 시가를 씹고 마약에 중독된 괴짜 장군 잭 D. 리퍼의 모델이 되었다. 르메이는 1950년대 미국 전략공군 사령부Strategic Air Command: SAC의 매우 유능하면서도 지극히 호전적인 사령관으로, 적극적인 핵 억제 전략 옹호론자였다. 1962년 쿠바 미사일 위기 당시, 공군 참모총장이었던 르메이는 존 F. 케네디 대통령에게 쿠바의 핵미사일 기지로 의심되는 장소를 폭격할 수 있게 해달라고 요구했다. 그는 쿠바 미사일 위기 이후에는 쿠바 침공을 제안했으며, 1964년에는 린든 존슨Lyndon Johnson 대통령에게 북베트남에 무차별적인 폭격을 가할 것을 촉구했다. 1968년에는 대통령 선거에 출마한 조지 월리스George Wallace의 선거 캠프에 합류해 부통령 후보가 되었는데, 극단주의 성향을 가진 월리스조차 르메이의 거침없는 행동에 혀를 내둘렀다.

그는 윌리엄 테쿰세 셔먼 장군, 조지 S. 패튼George S. Patton 장군처럼 평화에 어울리지 않는 전사였다. 르메이는 미국 중서부 출신으로, 가족과 함께 이곳저곳을 떠돌며 고난에 단련된 자수성가형 인물이었다. 육군사관학교에 입학할 만한 여건이 안 됐던 그는 고향 콜럼버스에 있는 오하이오 주립대학교 공대에 입학했고, ROTC 수업을 들으면서 주조 공장에서 야간에 하루 9시간, 주 6일씩 일했다.

"공장 일은 힘들지만 즐거웠습니다."

르메이는 1929년에 전투기 조종사로 육군 경력을 시작했다. 8년 후 폭격기로 기종을 전환하고, 랭글리 기지의 제2폭격비행전대 항법학교 교장직을 맡게 된다. 그는 맥스웰 기지의 항공전술학교에도 다녔지만, 교관들이 가르치는 항공력 교리보다는 자신이 조종하는 항공기를 더 믿었다. 1942년 4월 제305폭격비행전대장에 임명되었을 때 그의 나이는 불과 35세였으나, 그는 항공전 최선봉에 서는 폭격기에 대해 세상 누구보다 더 잘 알고 있었다.

그는 체격이 크고 뚱뚱했다. 눈동자는 석탄처럼 까맣고 벽돌 같은 얼굴은 늘 찌푸려져 있었다. 르메이와 함께 복무한 사람 중 그가 웃는 것을 본 사람은 없었다. 그건 그가 유머 감각이 없는 사람이라서가 아니라 입 가장자리의 근육 일부가 마비되었기 때문이었다. 거친 외모와 달리 그는 부하들을 위해서라면 누구보다 헌신하는 사람이었다. 그는 지독한 원칙주의자였으며, 원칙에 충실해야 살 수 있다고 믿었다.

르메이는 용기와 창의력을 겸비한 뛰어난 항공 전술가이기도 했다. 그는 제2차 세계대전 중 가장 가혹했던 임무에 부하들과 함께 출격했는데, 부하들에게 모범을 보이고 싶어서이기도 했지만, 부하들이 겪는 문제를 직접 경험하고 싶었기 때문이었다.

르메이는 부하들을 움직이게 하기 위해 소리를 지르지 않았다. 그의 목소리는 너무 부드러워 알아듣기 힘들 지경이었다. 그러나 동시에 감정을 표현하지 않는 폐쇄적인 성격이었으며, 싸움꾼 본능을 지니고 있었다. 게일 클리븐은 이렇게 말했다.

"우리는 그를 히틀러보다 더 두려워했습니다."

주변 사람들은 강철 같은 외모와 앞뒤 가리지 않는 솔직함을 겸비한 그를 공정한 인물이라고 평가했다. 그는 부하들에게 이런 말도 했다.

"귀관들의 실수는 적어도 한 번은 용서해줄 수 있다. 그러나 내게 거짓말을 한다면, 그땐 죽을 줄 알아라!"

또한 그는 지독한 성과 지상주의자였다. 그는 성과의 크기에 따라 부하들을 다르게 대했다. 랠프 너터가 제305폭격비행전대에 도착하자, 동료 장교가 이렇게 말했다.

"전대장님은 헛소리를 듣고 싶어 하지 않으시지. 자네 법대 출신이라며? 전대장님은 법률가를 필요로 하지 않아. 법률가들은 말만 많고, 아무 것도 하지 않는 사람들이라고 생각하시거든."

너터는 영국에 도착한 직후의 제305폭격비행전대는 군복 입은 민간인들의 모임에 불과하다고 생각했다.

"우리가 나치에 맞서 싸우고 살아남으려면 르메이 같은 지도자가 필요했어요."

르메이 역시 자신이 애처로울 정도로 준비가 안 된 사람들을 이끌고 있다는 것을 알고 있었다. 폭격수들은 실탄을 투하해 본 적이 없었고, 기관총 사수들이 모하비사막의 훈련장에서 쏴 본 움직이는 표적이라고는 방울뱀 정도였는데, 그마저도 권총으로 쏴본 게 전부였다. 르메이는 자기 스스로가 독일 공군에 맞서 싸울 준비가 되어 있는지 의구심을 가지고 있었다. 그 역시 처음 전투 부대를 지휘하는 것이었기 때문에 도움받을 만한 사례가 없었다. 육군 항공대 폭격기사령부는 고공폭격에 대한 멋진 이론은 있었지만, 이를 구현하기 위한 전투 전술을 발전시키는 데는 무관심했다. 르메이는 순수한 실용주의자로, 미첼과 두헤, 한셀과 이커가 구상한 너무나 대단해서 자칫 그대로 믿었다가는 큰 코 다칠 것 같은 이론을 현실로 만들기 위해 누구보다 열심히 노력했다. 그는 이론을 믿지 않고, 대신 실전 경험을 신뢰했다. 그것이 그가 가진 편협한 천재성의 비결이었다. 《스타스 앤 스트라이프스 Stars and Stripes》의 선임 기자 앤디 루니Andy Rooney는 이런 글을 남겼다.

"르메이는 폭격기들의 비행 방식을 바꾸어 놓았다."

그의 경력의 궤적을 바꿔놓은 한 사건이 있었다. 제305폭격비행전대를 이끌고 프레스트윅 공항에 도착한 르메이는 그곳에서 미국으로 귀국하는 항공기를 기다리고 있는 프랭크 암스트롱 대령을 발견했다. 르메이는 그때의 상황을 이렇게 기억했다.

"그 사람은 실전에서 총을 쏴 본 사람이에요. 자신의 경험과 지식에 대해 우리가 꼭 알아야 할 것과 들려줄 말이 분명 있을 것 같았어요. 우리는 왠지 그와 악수할 때 고개를 90도로 숙여야 할 것 같은 기분이 들었어요."

르메이와 그의 신참 장교들은 암스트롱에게 질문을 쏟아냈다.

"폭격 항정을 할 때는 어떤 기분입니까?"

"독일군의 저항은 얼마나 강합니까?"

암스트롱은 이렇게 답했다.

"적의 대공포의 위력은 가히 살인적이야. 그 속에서 10초 이상 수평을 유지하면서 직선비행을 하면, 자네들은 이미 죽은 거나 다름없다네."

르메이는 처음에 그의 말을 하나님의 계시처럼 신봉했다. 그러나 시간이 흐르면서 의심이 들기 시작했다.

"나는 이렇게 자문했어요. '10초 이상 수평 직선비행을 할 수 없는데, 무슨 수로 표적을 맞출 수 있을까?' 하고요."

살아남기 위해 어쩔 수 없었겠지만, 암스트롱과 그의 조종사들은 폭격 항정 중에 적의 대공포를 피하기 위해 갑자기 방향과 고도를 바꾸면서 회피 기동을 했던 것이다. 이렇게 해서 승무원들의 생존률은 높아졌지만, 폭탄이 제대로 맞을 리 없었기 때문에 적에게 피해를 입힐 확률은 낮아졌던 것이다. 적을 제대로 처리하지 못한다는 것은 두고두고 그 적과 맞서야 한다는 것을 의미한다. 그것은 병력과 항공기의 낭비가 아닐 수 없었다.

어느 날 저녁, 잠들지 못하고 침대에 누워 뒤척이던 르메이에게 한 가지 아이디어가 떠올랐다. 그는 불을 켜고 사물함에서 ROTC 후보생 시절부터 가지고 있던 포병 교범을 꺼냈다. 그는 연필과 종이를 들고 침대에 앉아 간단한 계산을 해봤다. 그 결과, 적이 수평 직선비행을 하는 B-17 크기만 한 표적에 포탄 1발을 명중시키려면 272발을 쏴야 한다는 계산이 나왔다. 그 정도면 감당할 만한 위험이었다.

이제 다른 말은 필요 없었다. 전대의 첫 실전 임무 때 그는 부하들에게 폭격 항정을 할 때 가급적 오랫동안 수평 직선비행을 유지하라고 지시했다. 폭격 항정 시간도 전보다 늘렸다. 물론 위험했으나 미 육군 항공대가 표적을 명중시키지 못한다면, 그들 모두 집에 가서 애나 봐야 할 판이었다. 11월 23일 아침, 르메이는 첫 전투 임무에 나서는 제305폭격비행전대원들에게 브리핑을 하면서 이렇게 말했다.

"기왕 생나제르까지 갔다면 반드시 표적에 폭탄을 명중시켜야 한다. 그리고 그 방법은 이것 하나뿐이다. 피하고 싶은 마음은 접어두고, 무조건 표적 상공에서 수평 직선비행을 해라. 물론 아군의 손실이 생길 수도 있다. 그러나 표적을 파괴하는 것이 무엇보다 중요하다. 만약 내 말을 따를 용기가 없다면, 얼마든지 보병 부대로 보내줄 수 있다. 보병으로 전출 가고 싶은 사람은 당장 전대 부관을 만나라. 질문 있나?"

그러자 대원들 사이에서 불편한 듯 신음이 흘러나왔다. 그러나 르메이가 이 임무를 직접 지휘하겠다고 하자 브리핑실은 쥐 죽은 듯 조용해졌다.

생나제르 상공에서 제305폭격비행전대는 르메이의 지시를 정확하게 따랐다. 표적 상공에서 10초가 아닌, 무려 420초간 수평 직선비행으로 폭격 항정을 한 것이다. 전대는 대공포의 공격에 단 1대의 항공기도 잃지 않았고, 에곤 마이어가 이끄는 Fw 190 요격 전투기들에 의해 2대의 폭격기가 격추되었을 뿐이다. 항공사진 촬영 결과 제305폭격비행전대는 생나제르에 다른 전대보다 2배 이상의 폭탄을 명중시킨 것으로 밝혀졌다. 비행단장 로렌스 커터의 열렬한 지지를 얻은 이 르메이식 폭격 전술은 이후 모든 폭격전대 작전의 표준이 되었다.

11월 23일, 르메이의 제305폭격비행전대는 운이 좋았다. 그러나 3.7퍼센트였던 폭격기의 손실률은 이후 3개월 동안 8퍼센트로 높아졌다. 게다가 지중해에서의 작전 때문에 인원 보충은 자꾸 지연되었고, 승무원 식당의 빈 의자는 계속 늘어갔다. 로버트 모건은 이때를 다음과 같이 기억한다.

"임무가 끝나고 나서 장교클럽에 갈 때마다 익숙한 얼굴들 여럿이 더이상 보이지 않았어요. 그럴 때면 내 앞에 놓인 스카치 잔에 집중했죠. 스카치는 그 우울한 밤의 야간 비행을 도와준 계기판이었어요."

술은 많은 훌륭한 승무원들을 망쳤고, 모건 역시 그렇게 될 뻔했다.

"그러나 폭발하는 B-17이 나오는 악몽에서 저를 구원해 준 것은 스카치 말고는 없었어요."

이제 모건이 속한 제91폭격비행전대의 장병들은 비정한 현실을 깨달기 시작했다. 부대의 공식 전사에는 이렇게 기록되어 있다.

"그들은 육군 항공대가 벌이는 거대한 실험에 쓰이는 실험동물에 불과했다. 일부 장병들은 스스로를 '기니피그'라고 불렀다."

이제 1930년대에 벌어졌던 이론 논쟁은 끝이 나고, 인간의 피를 재료로 하는 실험이 이루어지고 있었다. 한 지휘관은 부하들을 이렇게 꾸짖었다.

"무섭나? 무섭지 않은 사람은 비정상이다. 이 전쟁에 어떻게 대처할지, 그 비결을 알려주겠다. 귀관들이 이미 죽었다고 생각해라. 그러면 편해진다."

르메이식 전술은 폭격 정확도를 높였다. 그러나 크게 보면 여전히 오십보백보였다. 르메이식 전술을 써도 조준점으로부터 1,000피트(300미터) 이내에 탄착하는 폭탄의 비율은 3퍼센트를 넘지 못했다. 폭격수들이 폭탄을 제대로 명중시키지 못하는 것은 그들이 표적을 제대로 연구할 시간이 없기 때문이라고 르메이는 생각했다.

폭격수는 표적의 위치를 출격 당일 아침 브리핑 시간에 졸음과 피곤, 향수병과 싸우며 처음 듣게 된다. 그리고 벽에 걸린 대형 지도를 가리고 있던 커튼이 걷혀도 안개와 대공 포화를 뚫고 표적까지 가야 한다는 사실 말고는 이렇다 할 만한 다른 정보를 얻지 못한다. 그 외에 제공되는 정보들은 일반 브리핑 이후 항법사와 함께 보게 되는 슬라이드 사진 몇 장뿐이다. 르메이는 이러한 상황을 두고 '5분 만에 기말고사 준비를 끝내라는 것'과 같다고 했다.

르메이의 해법은 우선 전대 내에서 가장 기량이 뛰어난 항법사와 폭격수를 선발한 다음, 이들에게 표적에 관해 철저히 교육시켜, 이들이 탄 항공기를 선도 폭격기로 활용하는 것이었다. 이 시점부터 르메이의 전대에서는 이들 선도 폭격기에만 노든 폭격조준기를 장착했다. 다른 항공기들은 선도 폭격기가 폭탄을 투하할 때 조준 없이 바로 투하하는 방식이었다. 르메이는 이 방식으로 평균 수준에 머무르던 편대의 폭격 정확성을 일거에 최고 수준으로 올려놓았다. 랠프 너터 역시 르메이 휘하의 최우수 대원이었다. 르메이는 그에게 선도 폭격기를 대상으로 하는 폭격수를 위한 학교를 세우라고 명령했다.

그러나 미군이 공격 전술을 발전시켜 나가는 동안, 독일군의 대공 방어망도 강화되고 있었다. 1943년 1월 3일, 독일 대공포수들은 생나제르를 공격한 제8공군을 산산조각 냈다. 과거에 그들은 개별 폭격기나 편대를 향해 조준 사격을 했지만, 이날은 미군 폭격기 편대가 지나가는 길목에 탄막을 형성하여 살상 지대Kill Box로 만드는 예측 사격을 구사했다. 폭 500피트(150미터), 높이와 길이가 1,000피트(300미터)인 이 살상 지대를 지나가는 3대의 폭격기가 격추당하고 39대가 손상되었다.

이 사건 이후 많은 것이 변했다. 전쟁 전에 폭격전 이론가였던 헤이우드 한셀 준장이 그 변화의 총대를 멨다. 1943년 1월 1일, 한셀은 로렌스 커터의 뒤를 이어 신임 제8공군 제1폭격비행단장으로 취임했다. 전임자 커터는 스파츠의 선임 참모로 임명되어 북아프리카로 떠났다.

르메이보다 3살이 더 많았던 한셀은 남부의 명망 높은 군인 가문 출신으로, 열렬한 전쟁사학도였다. 특히 그는 셔먼 장군과 달리 적의 전투원만을 공격했던 로버트 E. 리Robert E. Lee 장군을 매우 존경했다. 한셀은 온화하고 똑똑한 인물이었는데, 그와 함께 일해 본 사람이라면 누구나 그를 육군 항공대에서 최고의 두뇌를 가진 사람이라고 인정했다. 그런 그가 처음으로 전투 부대 지휘를 맡게 된 것인데, 그에게는 그토록 목말라 하던, 직접 발전시킨 항공력 이론을 현장에서 검증할 기회였다.

사람들이 한셀에게 기대하는 바는 컸다. 그러나 그는 얼마 안 가 성질 더러운 어느 소령과 대립하는 처지에 놓이게 되었다. 그 소령은 기질과 성장 배경에서 한셀과 대척점에 있는 인물로, 항공전술학교 시절 한셀의 제자이기도 했다. 그가 바로 커티스 르메이였다. 르메이는 가는 곳마다 파란을 몰고 다니며 한셀과 충돌을 일으켰다. 한셀이 수업 시간에 가르쳤던 이론은 르메이에 의해 산산조각 나고 있었다. 르메이는 한셀에게 폭격기 마피아들의 주장과 달리 미군 폭격기는 세계에서 가장 뛰어난 방공망을 갖춘 독일의 하늘에서 대공포탄보다 더 높이 날지 못하고, 적의 전투기를 따돌리지 못하고 있다고 말했다. 게다가 폭격 정밀도도 미국 남서부의 쾌청한 사막에서만큼 나오지 않았다. 한셀과 참모들은 장거리 호위 전투기를 만들 수 없고, 만들 필요도 없다고 주장했다. 그러나 이제 미군 폭격기들에게는 그 장거리 호위 전투기가 절실하게 필요했다.

비행단 회의에서 르메이는 한셀에게 여러 가지 난처한 질문을 던졌다.

"대체 폭격기 기수에 화력이 부족한 30구경 기관총을 단 멍청이가 누굽니까?"

"폭격기가 호위 전투기도 없이 지상의 피클 통을 정확하게 날려버릴 수 있다고 주장한 이론가가 대체 누굽니까?"

한셀은 르메이의 돌직구에 잠시 흔들렸으나, 타협에 능했던 그는 은근슬쩍 화제를 다른 데로 돌리곤 했다. 한셀은 전술의 세부적인 이론에는 큰 관심이 없었다. 그래서 그는 전술적인 문제를 휘하의 전대장들에게 일임하고, 자신은 표적의 우선순위를 정하는 데 집중했다. 그에 관해서 육군 항공대 내에서 한셀보다 뛰어난 사람은 없었다. 그 덕분에 한셀은 체면을 살릴 수 있었다.

결국 그리 우호적인 관계는 아니지만, 이들은 이론가와 행동가로서 매우 효과적인 팀을 구성했다. 게다가 둘 다 매우 용감했기 때문에 마찰은 꽤 줄어들었다. 한셀이 제305폭격비행전대의 생나제르 폭격 임무에 동행한 후에 르메이식 전술은 제1폭격비행단 전체로 퍼져나갔다.

　　이듬해 여름에는 제8공군 폭격기 전체가 선도 폭격기를 따라 폭격을 했다. 표적의 상공을 지나는 7~10분 동안에는 선도기의 폭격수가 제8공군에서 가장 큰 권한을 갖게 된다. 그 때문에 나머지 항공기의 폭격수들은 자신들은 단순한 거수기에 불과하다고 불평했다. 그러나 상황에 따라 변하기는 했지만 이 방식을 따르자 폭격 정밀도가 3배로 뛰어올랐다. 너터는 새로 개발된 장비를 사용해 자동 비행 제어 시스템을 설치하는 데 참여했다. 이 시스템을 사용하면 폭격수는 폭격 항정의 마지막 몇 분 동안 노든 폭격조준기를 통해 안정적으로 항공기를 제어할 수 있었다. 조종사 크레이그 해리스Craig Harris는 이렇게 말했다.

　　"자동 비행 제어 시스템을 사용하면, 누구보다도 더 정확한 수평 직선 비행을 유지할 수 있습니다. 항공기가 아니라 기차를 탄 것 같은 느낌이 들 정도입니다."

　　한셀과 다른 지휘관들은 이 전술뿐 아니라 르메이가 그래프턴 언더우드의 첫 임무에서 실험한 쐐기 모양의 다양한 전투 상자 변형 전술도 채택했다. 르메이는 쐐기의 뾰족한 앞부분에 선도 편대를 두고, 그 뒤에 2개의 편대를 배치했다. 뒤를 따르는 2개의 편대는 서로 다른 고도, 즉 하나는 선도 편대보다 조금 높게, 다른 하나는 선도 편대보다 조금 낮게 배치했다. 이 3개의 편대로 이루어진 1개의 전투 상자 대형은 총 18~21대의 폭격기로 이루어졌는데, 이러한 전투 상자 2~3개가 합쳐져 전투 날개 대형이 된다. 이 전투 날개는 어떤 방향으로든 사거리 1,000야드(900미터) 이내로 들어오는 적기를 향해 50구경 기관총의 화력을 집중시킬 수 있었다. 그러나 전투 날개 대형의 폭은 최대 2,500피트(760미터)에 달했기 때문에 정밀폭격을 하기에는 대형의 크기가 너무 컸다. 각각의 항공기가 개별적으로 폭격하는 편이 이렇게 편대비행을 하는 것보다 더 정확했다. 그러나 폭격 항정 시 가해지는 독일 전투기들의 공격이 너무 맹렬했기 때문에 제8공군은 전투 상자 대형의 집단 폭격 방식을 그대로 유지했다. 그로 인해 폭격기는 대공포에 더 많이 노출되었다. 1943년 늦은 여름, 워싱턴으로 돌아온 한셀은 상관에게 이렇게 해명했다.

"그러나 적 전투기의 반격은 대공포보다 더욱 지독합니다."

제8공군은 폭격 정밀도를 높이는 동시에 폭격기의 안전을 지키는 방법을 찾아내지 못했다. 이러한 난처한 상황에서 결국 융단폭격을 가할 수밖에 없었고, 융단폭격 시 표적에 명중하는 폭탄은 극히 일부에 불과했고, 나머지는 주변으로 모두 흩어져버렸다. 이것이 바로 전쟁 전에 세운 이론과 다른 전투의 현실이었다. 그리고 그 현실은 제8공군을 '폭격기' 아서 해리스의 무차별적인 지역폭격이라는 결과로 이어졌다. 두헤와 미첼이 그들의 저서에서 말한 것처럼 공격자의 이점을 한껏 강조하려 했으나 방어자인 독일이 강력한 전투기와 대공포 전력을 보유하고 있는 한, 폭격의 정확성은 낮아질 수밖에 없었다. 한셀은 상급자들에게 이렇게 말했다.

"물론, 할 수 있다면 개별 폭격으로 돌아가는 게 더 바람직하기는 합니다. 그러나 그 경우 우리는 값비싼 대가를 치러야 할 것입니다."

줄리오 두헤는 이러한 새로운 형태의 전쟁이 소모전이 아닌 섬멸전에 기반하고 있다고 내다봤다. 그러나 그는 제공권을 장악하기 위해 잔혹할 정도의 근접전과 장기전을 치러야 한다는 것은 예견하지 못했다. 르메이는 두헤가 쓴 책을 읽지 않았는데, 그 점은 영국 주둔 미 육군 항공대에게

마스터스 오브 디 에어 1

는 실로 다행한 일이었다.

부하들이 커티스 르메이에게 붙인 별명은 '늙은 쇠대가리Old Iron Ass'
였다. 르메이는 이상주의자들을 몸소 겪어왔기 때문에 어느 정도는 알고
있었다. 다름 아닌 르메이의 아버지는 여러 직업을 전전하며 미국 전역
을 떠돌아다니는 구제 불능의 이상주의자였다. 그러한 부친의 모습을 보
고 자라면서 르메이는 냉철한 실용주의자가 되었다. 게다가 그는 지독한
회의주의자로, 임무와 전술에 대해 세밀하고 날카로운 시각을 가지고 있
었다. 한셀과 동료들은 강의에서 폭격전이 미군을 승리로 이끌 거라고 장
담했지만, 당시 제8공군은 계속 지고 있었고, 르메이는 제8공군을 패배의
늪에서 구해주는 데 적합한 지휘관이었다.

1942년 12월 커티스 르메이가 지휘하는 제305폭격비행전대는 그래프
턴 언더우드를 떠나 더 나은 설비를 갖춘 첼베스톤에 있는 새로운 기지로
이동했다. 첼베스톤은 과거에 그곳을 지배했던 노르만족 가문의 성을 따
붙인 지명이었다. 당시 나날이 기량이 늘고 있는 르메이의 부하들은 스스
로를 '능력남'이라고 불렀다. 이제는 그러한 자신감이 필요할 때였다. 이들
의 다음 표적은 바로 독일 본토였기 때문이다.

MASTERS
OF THE

제5장

용기의 실체

AIR

"세상에서 내가 가장 두려워하는 것은 공포다."
- 몽테뉴Montaigne, Michel Eyquem de, 프랑스의 사상가

1943년 1월, 카사블랑카

1943년 1월, 루스벨트와 처칠은 프랑스령 모로코의 카사블랑카에서 만나 제8공군을 결국 진정한 대량 살상을 위한 기계로 전환시키기로 결정했다. 두 정상은 영미 연합군이 대공세를 통해 북아프리카의 독일군을 먼저 괴멸시키고, 그 다음으로 여름에 지중해에서 시칠리아를 침공한다는 데 동의했다. 북유럽 침공은 처칠의 주장대로 1년 더 연기하기로 했다. 두 정상은 그 침공을 염두해 두고 '연합 폭격기 공세 계획'을 발표했다. 주요 목적은 공대공 전투와 생산 시설 파괴를 통해 독일 공군을 격파하는 것이었다. 영국은 야간 폭격을, 미국은 주간 폭격을 맡아 공격을 지속할 계획이었다. 그러나 계획은 실제와 다를 수 있었다.

이 회담이 소집되기 직전, 아이라 이커는 햅 아놀드가 보낸 긴급 메시지를 받았다. 다음 날 카사블랑카에서 만나자는 내용이었다. 12시간 후 이커를 태운 B-17이 콘월 반도에 있는 랜즈 엔드 비행장에서 이륙했다. 북아프리카에 도착한 이커와 그의 부관 제임스 파튼은 안파 호텔로 향했다.

아놀드는 이커에게 이렇게 말했다.

"아이라, 나쁜 소식이 있네. 루스벨트 대통령께서 처칠 총리의 요구를 받아들였어. 이제 자네의 제8공군은 주간 폭격을 중단하고 영국 공군과 함께 야간 폭격을 하게 될 거야."

이커는 격분해서 아놀드에게 이렇게 말했다.

"이건 바보 같은 결정입니다. 저는 그따위 결정에 놀아나지 않겠습니다. 부하들에게 그 이유를 밝힐 권리가 있습니다."

한 시간쯤 후 아놀드는 이커가 다음 날 아침에 처칠을 만날 수 있게 주선해 주었다. 이커가 제8공군의 해체를 막을 시간은 채 24시간도 안 남아 있었다. 아놀드는 이커에게 말했다.

"오직 자네만이 우리를 살릴 수 있네."

이커와 파튼은 처칠에게 보여줄 1페이지짜리 간단한 각서와, 아놀드와 참모진이 영국과의 고위급 회담 시 사용할 긴 보고서를 작성했다. 다음 날 아침 10시 정각, 이커는 처칠이 묵고 있는 별장으로 갔다. 처칠 총리가 준장 계급장이 달린 공군 군복을 입고 계단을 걸어 내려왔다.

"듣기로는 처칠은 만나는 상대에 따라 착용하는 군복이 달라진다고 하더군요. 해군을 만날 때는 해군 군복을 입는 식이었습니다. 그러나 공군 군복을 입은 모습은 이번에 처음 보았습니다. 그걸 보니 왠지 승산이 있겠다는 생각이 들었습니다."

처칠은 바로 본론으로 들어갔다.

"이봐 젊은이, 나도 어머니가 미국인이라서 절반은 미국인이라네. 그러니 우리 용감한 승무원들의 엄청난 죽음에 어찌 마음이 아프지 않을 수 있겠나."

이커는 처칠에게 각서를 내밀었다. 그러자 처칠은 이커에게 자신의 옆자리에 앉으라고 손짓하고는 각서를 낮은 목소리로 소리 내어 읽기 시작했다. 그 각서의 핵심 내용은 '24시간 폭격'이었다. 영국 공군이 야간 폭격을 계속하고, 제8공군이 주간 폭격의 강도를 크게 높인다면 독일 방공망은 쉴 틈이 없게 된다. 히틀러는 방공망 규모를 현재의 2배, 어쩌면 3배까지도 더 강화해야 할 것이다. 그렇게 하기 위해서는 군수공장에서 일하는 수만 명의 노동자를 징집해 방공 포병으로 전용할 수밖에 없을 것이다.

"인내심을 가지고 기회를 주신다면, 그만큼 큰 결실을 얻으실 겁니다. 영국 공군의 훌륭한 야간 폭격에 우리의 주간 폭격이 가세한다면, 독일의 산업 시설과 교통을 마비시키는 것은 물론, 유럽에서 침략과 살육을 일삼고 있는 독일인들의 사기까지 꺾을 수 있고, 최종적으로 승리를 거둘 수 있습니다."

이커의 각서는 '제8공군은 이번 달 말부터 독일 본토를 폭격하기 시작할 것이며, 미국 본토에서 항공기 생산 공장과 훈련 시설이 확장됨에 따라 폭격의 강도와 빈도가 크게 높아질 것'이라는 약속으로 끝났다.

처칠은 각서를 내려놓고 말했다.

"자네는 아직 내게서 완벽한 동의까지는 끌어내지 못했어."

그러나 총리는 '24시간 폭격'이라는 말의 어감과 뜻만큼은 확실히 좋아했다.

"그는 '24시간 폭격'이라는 말을 마치 맛있는 사탕이라도 되는 양 웅얼거렸습니다. 그러다가 '오늘 점심에 미국 대통령을 만난다네. 그때 자네들의 주간 폭격을 중지시키고 야간 폭격에 자네들을 투입하자는 제안은 철회하겠다고 말하겠네. 우리 연합군은 24시간 폭격을 시도할 거야. 그러나 당분간만일세', 이렇게 말했습니다."

이커의 말에 따르면 처칠이 '당분간'이라는 부분을 힘주어 강조했다고 했으나, 처칠은 자신은 확신을 가지고 그 결정을 내렸다고 기억했다. 그는 자신이 쓴 전쟁사에 이런 글을 남겼다.

"나는 이커의 주장을 채택하기로 했다. 그리고 그때까지 B-17의 주간 공습에 대해 반대하던 의견을 완전히 철회했다."

그러나 이커는 카사블랑카 회담으로 제8공군의 생명을 보장받았다고 확신하지 않았다. 텍사스 소작농의 아들인 이커는 설득력이 매우 뛰어났다.

그런데 처칠 총리에게 미군과 같은 주장을 하는 사람들은 또 있었다. 영국 공군 참모총장 찰스 포털 경이 이끄는 자문단 역시 미군의 폭격을 반대하지 말라고 진언했다. 영국 주둔 미군의 주간 폭격을 중지시키면, 미국의 전략가들은 영국 주둔 미군 폭격기를 다른 전구에 배치하려고 할지도 모를 일이었다. 처칠과 루스벨트는 영불해협에서 라인강에 이르는 지역의 제공권을 확보하지 못할 경우, 북프랑스 침공은 실패하고 말 것이라고 확신했다. 이커는 각서에 "주간 폭격이야말로 독일 공군의 전력을 약화시키는 가장 경제적인 방법"이라고 적었다. 독일은 주요 표적을 공격하는 폭격기에 맞서 자신의 공군 전력으로 반격해야 하기 때문이었다. 이커는 제8공군의 폭격기는 엄호를 받지 않는 상태에서도 독일 전투기와의 공중전에서 압도적으로 우위를 차지할 거라고 확신했다. 그러나 이런 확신이야말로 이 전쟁에서 범한 최악의 실수 중 하나였다.

카사블랑카에서 영국과 미국의 공군 지휘관들은 처칠과 루스벨트에게 연합군 함대가 영국 해안을 떠나 북프랑스로 향하기 전까지 반드시 북유럽 상공에서 독일 항공기의 씨를 말려버리겠다고 장담했다. 그러나 조지 마셜, 아이라 이커와 달리 영국 공군의 아서 해리스 장군과 미국 육군의 칼 스파츠 장군은 전면적인 폭격 공세를 벌여야 지상전이 벌어지기 전에 독일을 굴복시킬 수 있다고 믿었다. 유럽 침공 일정은 1944년 봄으로 잠정 결정되었다. 이제 호언장담했던, 공군력만으로 독일을 굴복시킬 수 있다는 말을 실현시킬 수 있는 시간은 불과 1년 수개월밖에 남지 않았다.

글 쓰는 제69연대

연합 폭격 공세는 공식적으로 향후 6개월 동안은 실시되지 않았다. 연합군 표적 선정 기획관들에게는 그해 겨울과 봄에 독일 잠수함의 위협을 제거하는 것이 최우선 과제였다. 독일 잠수함 기지에 대한 제8공군의 폭격은 여전히 효과가 없었기 때문에 제8공군은 해리스 장군의 영국 폭격기들을 도와 독일군의 보급 원점인 빌헬름스하펜, 브레멘, 페게자크, 킬 등에 위치한 잠수함 조선소들을 먼저 파괴했다. 1943년 1월 27일, 제8공군은 독일 본토 상공으로 처음 출격했다. 북해를 면한 빌헬름스하펜 잠수함 조선소가 표적이었다. 아이라 이커는 제306폭격비행전대와 그 신임 전대장 프랭크 암스트롱 장군에게 첫 독일 본토 임무의 영예를 안겨주었다. 1943년 1월 초, 만신창이가 된 제306폭격비행전대를 인수한 후, 부대원의 군기와 사기를 복구한 데 대한 보답 차원에서였다. 표적 상공에서 독일군의 방어 태세는 약했으며 저항도 크지 않았다. 그러나 표적 상공에 드리운 구름 때문에 폭격의 효과는 미미했다. 미국은 그래도 상관없었다. 이 정도면 만족스러운 출발이라고 평가했다. 엄청난 생산력을 가진 미국은 이제 영국과 함께 전쟁 역사상 가장 거대한 도시와 경제를 파괴하는 작전을 벌일 것이었기 때문이다.

2월 26일, 기상 악화로 인해 오래 연기된 끝에 제8공군은 빌헬름스하펜으로 다시 출격했다. 이번에는 미국 기자들이 폭격기에 탑승했다. 그중 한 사람인 앤디 루니는 이렇게 회상했다.

"제8공군은 그 당시 유럽 전쟁 최고의 이야깃거리였어요. 우리는 제8공군 항공기지를 돌아다니며 전우를 잃은 우리와 나이가 비슷한 젊은 승무원들을 인터뷰하고, 저녁이면 안락한 런던으로 돌아오는 생활을 지겹게 반복했어요. 그런데 제8공군의 높은 양반들이 기자들도 일주일간 항공기 기관총 사수 학교에 입교시킨다는 결정을 내렸을 때는 도무지 믿기지가 않았어요. 우리를 임무 수행 중인 폭격기에 태웠다가 전투 중에 문제가 생기면, 우리라도 대신 기관총을 쏠 수 있게 하는 게 그나마 낫지 않겠는가 하는 생각에서 나온 결정이라고 들었어요."

항공기 탑승 허가를 받은 기자는 모두 8명이었다. 그중에는 UPUnited Press 통신의 월터 크롱카이트Walter Cronkite, APAssociated Press 통신의 글래드윈 힐Gladwin Hill, 육군 주간지《양크》의 덴턴 스콧,《뉴욕타임스》의 밥 포스트Bob Post, 그리고《뉴욕 헤럴드-트리뷴New York Herald-Tribune》지의 호머 비가트Homer Bigart도 있었다. 이 중 스콧은 빌헬름스하펜 폭격 임무에는 참가하지 않았고, 이후 로리앙 폭격 임무에 참가했다. 공보장교는 그들을 '글 쓰는 제69연대The Writing 69th'라고 불렀는데, 제1차 세계대전 당시 유명했던 미군 부대인 '싸우는 제69연대Fighting 69th'를 패러디한 것이었다. 미국 언론에서는 이들을 '날아다니는 타자기'라고 불렀고, 항공기에 타는 기자들은 스스로를 '저주받은 군단'이라고 불렀다. 크롱카이트의 상관인 해리슨 살리스버리Harrison Salisbury는 이렇게 회상했다.

"나도 솔직히 내키지 않았어요. 그러나 월터를 B-17에 태우고 싶어 하는 거물들이 10여 명이나 있었어요."

이들은 눈을 가린 상태에서 기관총 분해하는 법을 배웠다. 그리고 결코 쉽지 않은 일이었지만, 1,000야드(900미터) 떨어진 독일 포케불프과 영국 허리케인을 분간하는 방법도 배웠다. 그 다음에는 사격장에 가서 산탄총과 톰슨 기관단총으로 사격 훈련을 받았다. 5일 후 치러진 필기시험에 그들은 모두 통과했다. 덴턴 스콧은 필기시험 점수를 받고 이렇게 소리쳤다.

"하나님은 히틀러의 편일 거야."

이후 그들은 여러 부대에 나뉘어 배정됐는데, 루니는 서레이의 제306

폭격비행전대에, 크롱카이트는 몰워스의 제303폭격비행전대에 배정됐다. 르메이가 지휘하는 제305폭격비행전대에도 기자 2명이 배정됐다.

공습 당일 아침, 불안감이 고조되었다. 제8공군이 본격적으로 독일 본토를 침공하기 전에 로버트 모건의 폭격비행전대가 독일 공군의 새로운 전술에 당했기 때문이었다. 쌍발 독일 폭격기가 미군 폭격기보다 2,000피트(600미터) 높은 고도에서 미군 폭격기 대형에 시한신관이 달린 폭탄을 투하했던 것이다. 여기에 피격된 미군 폭격기는 없었다. 그러나 이러한 새로운 방식의 공대공 전술은 나치의 새로운 결정을 의미했다.

빌헬름스하펜 폭격 임무에서 앤디 루니는 빌 캐시Bill Casey 중위의 밴시Banshee호에 배정되었다. 함께 탑승한 승무원들은 애리조나 해리스가 물에 빠져 죽을 때까지 사격하는 모습을 목격한 자들이었다. 루니는 폭격기 기지에 자주 방문했었지만, 비행 전 브리핑에 참가한 적은 없었다.

"나는 이 모든 것이 매우 훌륭하며, 미국적이라고 생각했다. 젊은 비행사들은 가죽 재킷에, 셔츠의 칼라는 풀어헤치고, 머리에는 가죽으로 장식된 모자를 대충 눌러 쓰고 있었다. 넥타이를 맨 사람은 예일대 출신 말고는 거의 없었다."

브리핑 장교가 승무원들에게 그날의 표적이 독일 본토라고 말하자, 루니는 난생처음 진지하게 자신이 죽게 될지도 모른다는 생각을 했다. 루니는 당시 24세였고, 고향에는 그를 기다리는 아내가 있었다. 그는 자신이 뭔가 큰 실수를 한 것 같은 기분이 들었다. 그러나 여기까지 와서 빠져나갈 방법은 없었다.

루니는 출격 다음 날 발행된 신문에 이런 기사를 썼다.

"항공기가 영국 해안을 벗어난 이후 한 시간 동안 모든 것이 조용하고 단조롭기까지 했다. 그러다가 문제가 다시 일어났다."

은색 전투기가 난데없이 태양 속에서 튀어나와 급강하했다가, 역시 순식간에 구름 속으로 사라졌던 것이다.

"그들은 조그맣게만 보였다. 파괴의 기계로도, 중요한 표적으로도 보이지 않았다."

좁은 기수에 앉아 있던 루니는, 항법사가 갑자기 빠르게 지나치는 메서슈미트 전투기를 향해 기관총을 겨누자 폭격수 쪽으로 쓰러질 뻔했다. 그로부터 2시간 동안, 기관총 사수들의 조준경에서 독일 전투기가 사라진 적이 없었다. 그리고 항공기가 독일 내륙과 가까워지자 짙은 대공포 탄막이 그들을 맞이했다. 귀청이 찢어질 듯한 큰 폭발음이 울렸고, 그 충격으로 플렉시글라스로 된 캐노피가 동체에서 떨어져 나갈 것처럼 보였다. 갑자기 폭격수가 양손으로 눈을 가리고 뒤로 쓰러졌다. 그는 자신의 눈이 멀었다고 생각했다. 그러나 그는 아무 데도 다치지 않았다.

"기수 전체가 떨어져 나갈 것같이 충격이 컸다. 그러나 그 충격은 고작 주먹만 한 총구멍이 뚫리면서 생긴 것이었다."

폭격수가 자신의 장갑을 벗어 그 구멍을 틀어막으려고 했으나, 장갑을 벗자마자 손이 얼어붙어 삐쭉한 언저리를 만지자 손가락 껍질 일부가 떨어져 나갔다.

폭격 항정 중 루니는 순식간에 항법사의 얼굴이 보랏빛으로 변하는 걸 보고 산소마스크에 문제가 생겼다는 것을 알아챘다. 항법사는 쓰러져 기관총에 얼굴을 박았다. 루니는 폭격수와 함께 항법사의 얼굴에 산소마스크를 제대로 씌워주었다. 그리고 응급처치 도구를 가지러 조종실로 올라갔다. 그때 잘못해서 루니의 산소마스크가 풀렸고, 그 역시 제대로 서 있기가 어려웠다.

"캐시 중위는 내가 인생 최대의 위기에 처한 것을 보고 소스라치게 놀랐다. 그는 내 산소마스크를 고쳐 씌워주었다. 정신이 든 내 눈에는 조종석 너머로 펼쳐진 전쟁의 현장이 가장 먼저 들어왔다.

그날 출격했던 6명의 기자는 임무 후 몰워스의 창문 없는 방에서 만나기로 했다. 그 방에서 기사를 작성하고, 검열을 받은 다음 런던으로 전송할 예정이었다. 모두 복장은 풀어져 있고, 얼굴은 창백했으며, 피로의 기색이 역력했다. 그러나 자신이 본 것을 글로 담고자 하는 열의만큼은 아직 충분히 남아 있었다. 모두가 약속 장소에 나타났지만, 밥 포스트는 오지 않았다. 출격 전날 밤 밥 포스트는 자신이 출격하면 죽을 것 같다고 이야기했었다. 몇 시간이 지났을까, 군인 하나가 방 안으로 들어왔고, 그는 최악의 소식을 전해주었다. 누군가는 남편과 함께 지내기 위해 방금 런던에 도착한 포스트의 아내에게 이 사실을 알려야 했다.

할리우드의 참전

로버트 모건 대위는 빌헬름스하펜 폭격 임무 한 달 전쯤 배싱본에서 기관총 사수용 비행 재킷과 챙이 뾰족한 가죽 모자를 착용한 말쑥하고 단호해 보이는 남자의 첫 인상을 이렇게 기억한다.

"그는 양팔을 허공에 흔들고 있었어요. 입에는 담배를 물었고, 두어 명의 촬영 기사가 뒤를 바싹 따르고 있었지요. 군복에는 소령 계급장이 달려 있었는데, 주위 사람들에게 또렷한 어조로 명령을 내리고 있었죠. 나는 그가 VIP가 분명하다고 생각했어요."

그 남자의 정체는 유명한 할리우드 감독 윌리엄 와일러William Wyler였다. 그가 1942년에 만든 영화 '미니버 부인Mrs. Miniver'은 나치의 공격을 견뎌내는 어느 영국인 가족의 이야기다. 그 영화는 당시 영국과 미국의 극장에서 엄청난 흥행을 기록했고, 아카데미 시상식에서 최우수 감독상을 포함해 6개 부문에서 상을 받았다. 와일러와 그의 촬영팀은 영국에 5개월 간 머무르면서 육군부의 의뢰로 전략폭격 다큐멘터리 영화를 촬영하는 중이었다.

칼 스파츠는 진주만 공습 직후 한 파티에서 와일러 감독을 만났다. 그는 와일러에게 육군 소령 계급을 주고, 영국에 주둔한 미 육군 항공대의 작전 현장을 촬영할 기회도 주겠다고 제안했다. 와일러는 한 시간 만에 이 제안을 받아들였다. 그때를 와일러는 이렇게 회상했다.

"군사 훈련 같은 건 없었습니다. 육군은 바로 군복부터 지급했습니다. 몸에 완벽하게 딱 맞지는 않았지만, 나는 그 군복을 입고 담배를 피우며 거리를 걸었습니다. 그런데 눈앞에 어느 장군이 보이더군요. 이런, 어떻게 하지? 피우던 담배를 삼켜버려야 하나? 손에 들고 있던 서류 가방을 던져 버려야 하나? 나는 담배를 던져 버리고 장군에게 경례를 했습니다. 그 장군이 보더니 웃더군요."

독일의 유보트가 와일러의 비싼 35밀리미터 카메라를 싣고 오던 배를 격침시켰다. 그래서 그의 촬영팀은 옷 가방에 넣어 온 16밀리미터 카메라로 촬영해야만 했다. 그는 승무원들에게 카메라를 빌려주며 직접 촬영하도록 했다. 그러나 승무원들이 찍어 준 영상에 만족하지 않고 자신이 직접 항공기에 탑승해 찍어야 한다고 고집을 부렸다. 와일러는 자신이 찍는 영화가 단순한 정부 선전물처럼 보이기를 원하지 않았다. 현장의 힘과 진실을 담을 수 있기를 바랐다. 결국 그는 루니, 크롱카이트 등 '글 쓰는 제69 연대' 대원들과 함께 기관총 사수 학교를 졸업하는 조건으로 자신의 소원을 이루었다.

배싱본에서 그의 촬영팀이 촬영한 컬러 필름 대부분은 폭격기 인베이

전 2invasion II, 침공 2호의 모습을 담고 있었는데, 어느 날 인베이전 2호는 임무에서 돌아오지 않았다. 어느 촬영 기사는 다음과 같이 말했다.

"그래서 우리는 지프를 타고 기지 내를 돌아다니며 눈에 띌 만한 항공 기들을 촬영했습니다."

그러던 중 다리가 길고 매끈한 수영복 차림의 빨간 머리 여자를 그려 넣은 B-17이 와일러의 눈에 들어왔다. 그 옆에는 '멤피스 벨'이라고 적혀 있었다.

"바로 저거야', 윌리가 그 항공기를 가리키며 말했어요."

그는 배싱본에 오자마자 폭격기들에 그려진 노즈 아트nose art*에 시선을 빼앗겼다. 독일 공군과 영국 공군의 항공기에는 그런 노즈 아트가 없었다.(미국만큼은 아니지만, 독일 공군과 영국 공군에도 노즈 아트가 있었다. – 역자주) 미군 내에서도 해군과 해병대는 규정으로 노즈 아트를 금지하고 있었다. 노즈 아트는 젊은 승무원들의 정열을 강렬하게 표현하고 있었다. 훗날 로버트 모건은 노즈 아트를 두고 이렇게 말했다.

"노즈 아트는 지극히 기계적이고 야만적인 방대한 전쟁 속에서도 개성과 유머 감각을 잃지 않기 위한 수단이었어요."

노즈 아트의 소재로는 미키 마우스나 불 뿜는 용 같은 만화 캐릭터도 쓰였지만, 대개 아마추어 노즈 아트 화가들이 가장 좋아하는 소재는 관능적인 옷과 포즈의 젊은 여성 모델이 대부분이었다. 조지 페티George Petty, 길 엘브그렌Gil Elvgren, 페루의 알베르토 바르가스Alberto Vargas 등의 상업 예술가들이 즐겨 그려 유명해진 스타일이었다. 은근히 유혹적이면서,

---

* 비행기 동체에 그림을 그려 넣는 행위.

현실에서 보기 힘든 아름다운 이 그림 속 여성들은 고향에서 승무원들을 기다리고 있는 아내나 애인을 미화한 것 이상의 의미를 지니고 있었다. 바로 죽음이 모든 것을 지배하는 전쟁의 최전선에서도 당당하게 빛나고 있는 생명의 상징이었던 것이다.

모건은 영국으로 출발하기 전, 자신이 탈 항공기의 노즈 아트와 애칭을 직접 정했다. 그때 그는 조지 페티에게 전화를 걸어 페티가 《에스콰이어》 지에 연재했던 핀업 걸 그림을 항공기에 그려 넣어도 되냐고 물었다. 그러자 페티는 그림 한 장을 골라 모건에게 보내주었다. 모건은 그 그림을 부대 내의 화가에게 주면서, 이것과 똑같이 항공기 기수 좌·우측에 그려달라고 부탁했다. 그 그림은 승무원들도 매우 좋아했다. 그림 속 여자는 젊은 승무원들의 열정과 향수, 성욕을 달래주었다. 모건은 훗날 이런 말도 했다.

"그런 그림이 그려진 미군 폭격기들과 맞서 싸우는 독일 전투기 조종사들은, 마치 속옷 카탈로그의 파상공격에 맞서 싸우는 듯한 느낌이 들었을 겁니다."

장교 클럽에서 와일러를 만난 모건은 자신의 항공기 애칭은 자신의 애인 이름에서 따왔고, 미국으로 돌아가면 멤피스에서 결혼할 계획이라고 말했다. 그 말을 들은 와일러는 멤피스 벨 이야기를 영화로 만들어야겠다는 생각을 하게 됐다. 와일러는 모건에게 함께 비행하고 싶다고 말했다. 모건은 다음과 같이 회상했다.

"문제없다고 말해줬지요. 그분이 임무에 쓸데없이 간섭하다가 우리 승무원 전원을 죽게 하는 일만 없다면 말입니다. 저는 그분이 좋아졌어요. 배짱과 열정이 있는 인물이었죠. 하지만 막상 비행을 같이 해 보니 임무에 일일이 간섭을 하시더군요."

멤피스 벨이 적의 포화 속에 놓이자 와일러는 폭발하기 시작했다. 한 손에는 휴대형 산소통을, 다른 한 손에는 작은 카메라를 들고 기내를 분주하게 돌아다니며 작열하는 대공포탄과 달려드는 전투기들을 찍기 시작했다. 그러다가 근사한 폭발 장면을 제대로 못 찍었다 싶으면 모건에게 기수를 방금 폭발한 대공포탄 쪽으로 돌리라고 요구하기까지 했다.

독일 알자스 출신의 유대인이었던 와일러는 히틀러를 무너뜨리는 데 일조하고 싶어 했다. 이커 장군은 와일러가 격추당해 포로가 될 경우 나치 독일의 기막힌 선전거리가 될 것을 우려해 비행 금지 처분을 내렸다. 그러나 와일러는 그런 명령 따위는 아랑곳하지 않고 비행을 계속했다. 이커의 부관 버니 레이 주니어가 명령 불복종으로 군사재판에 회부될 수 있다고 경고했지만, 와일러는 이렇게 대꾸했다.

"난 영화를 찍으러 여기 왔단 말이오!"

레이는 이커에게 그 사실을 알리지 않았다. 레이는 훗날 왜 그랬는지를 설명했다.

"와일러가 영화를 제대로 찍으려면, 최전선으로 나가는 방법 말고는 없었거든요."

한번은 산소 공급 장치가 고장 나 와일러가 죽을 뻔한 적도 있었다. 또 다른 임무에서는 이륙하는 B-17을 멋지게 찍겠다며 이륙 중인 기체에서 볼 터렛 안으로 들어가 촬영한 적도 있었다. 그것은 어떤 사수들에게도 금지된 일이었다. 고도 2만 5,000피트(7.6킬로미터) 상공에서 카메라가 얼어붙자 그는 카메라를 녹이기 위해 두툼한 비행 재킷 안에서 집어넣고, 미리 따뜻하게 데워둔 예비 카메라를 꺼내 촬영을 계속했다. 누구도 그의 영화 촬영을 막을 수 없었다.

할리우드의 스타 배우 클라크 게이블 대위 역시 자신이 맡은 임무에 열정을 품고 있었고, 많은 기회를 얻을 수 있었다. '할리우드의 왕'이라 불리던 그는 1943년 4월, 폴브룩 기지에서 신규 편성된 제351폭격비행전대에 배치됐다. 그는 아놀드의 요청로 '싸워라 미국Combat America'이라는 제목의 폭격기 기관총 사수 교육용 영화 제작을 돕기 위해 이곳에 온 것이었다.

게이블이 육군 항공대에 입대한 것은 그의 아내 캐롤 롬바드Carole Lombard가 사망한 해의 여름이었다. 열렬한 애국자였던 롬바드는 게이블에게 입대를 권했고, 게이블도 아내의 뜻에 마음이 끌렸다. 그의 아내는 전쟁 공채 판매 순회공연을 위해 전국을 돌면서도 게이블에게 군 입대를 권하는 전보를 보냈다. 그러나 그녀는 1942년 1월, 집으로 돌아오던 중 항공기 사고로 사망하고 말았다.

아내의 장례식 다음 날, 게이블을 우연히 알게 된 아놀드가 그에게 매우 중요한 자리를 주겠다는 전보를 보내왔다. 스타 배우를 잃고 싶지 않던 게이블의 소속사 MGM은 아놀드에게 게이블이 부재중이라 전보를 전달할 수 없다는 답장을 보냈다. 그러나 그해 여름 게이블은 육군 항공대에 폭격기 기관총 사수가 되기 위해 사병으로 입대했다. 그는 기자들에게는 "진짜 화끈하게 싸울 수 있는 곳으로 가고 싶다"라고 말했다. 그러나 아놀드는 게이블에게 전투 보직을 맡기지 않았다. 게이블은 이에 실망하지 않았다. 그는 공중전 촬영 역시 전투만큼이나 위험한 일이라는 것을 알고 있었다. 그는 한 영화 제작진에게 이렇게 말했다.

"그들은 나방처럼 떨어지고 있다네. 죽어가는 나방처럼 말이야."

동료들은 처음에 게이블을 할리우드의 거물로 여기고 그를 쉽게 받아들이지 않았다. 그러나 게이블은 그들이 틀렸다는 것을 증명하기 위해 노력했다. 그의 해외 파병 비행 수당은 월 320달러로, '바람과 함께 사라지다Gone With the Wind'에서 레트 버틀러를 연기하면서 받은 출연료의 100분의 1밖에 안 되는 돈이었다. 게이블은 승무원들과 함께 가장 혹독한 임무에도 출격해 모두를 놀라게 했다. 그는 제351폭격비행전대의 첫 임무에도 출격했는데, 마침 그때 그의 절친한 친구이자 극작가 존 리 마힌John Lee Mahin이 관제탑에 있었다. 마힌은 모두에게 말했다.

"오늘 게이블이 출격한다고 들었습니다."

그 말에 관제탑에 있던 사람들은 이렇게 반응했다.

"헛소리하지 마. 그자가 출격할 리가 없지."

게이블이 귀환했을 때, 그들은 이번 임무는 쉬웠다고 입을 모았다. 그러나 실은 전혀 그렇지 않았다. 대공포탄 파편이 항공기를 뚫고 들어와 게이블의 부츠 뒷굽을 날려버렸고, 게이블의 머리에서 불과 몇 센티미터 떨어진 곳을 뚫고 지나갔던 것이다.

"게이블의 두 번째 임무도 힘들었습니다. 그 임무를 마치자 녀석들은 게이블을 존경하기 시작했죠. 더 이상 그를 따돌릴 수 없었어요."

힘든 일이었지만 게이블은 적응하려 했다. 코미디언 밥 호프Bob Hope가 폴브룩에서 열린 USOUnited Service Organization, 미군 위문 협회 행사에 왔을 때 관중석을 바라보며 그 자리에 레트 버틀러가 있다면 일어나 보라고 말했다. 게이블은 일어나지 않았고, 게이블 주변의 장병들도 굳이 그를 지목하지 않았다.

히틀러도 게이블이 영국에 있다는 것을 알고 있었다. 헤르만 괴링은 게이블에게 5,000달러의 현상금을 걸고 조종사들에게 그를 격추하도록 독려했다. 게이블은 자신이 포로가 될 경우, 히틀러가 자신을 고릴라처럼 철창에 가두고, 독일 전국을 돌며 전시할 것을 두려워했다. 그는 마힌에게 항공기에 문제가 생기더라도 절대 탈출하지 않을 거라고 말했다.

"이 얼굴로 어디를 어떻게 숨어 다닐 수 있겠어? 추락한다면 나는 항공기와 운명을 함께하겠어."

세상에서 가장 가혹한 시간을 보낸 사람들

육군 항공대 공보장교는 《스타스 앤 스트라이프스》의 기자에게 윌리엄 와일러가 만들고 있는 영화는 항공력을 통한 독일 영토의 궁극적인 파괴를 다룰 것이라고 말했다. 그러나 제8공군의 홍보 활동이 왕성해지는 만큼 제8공군의 손실도 커지고 있었다. 5월 18일, 제8공군은 브레멘 인근 베저강의 페게자크 잠수함 조선소에 정밀폭격을 가했다. 이후 이커 장군은 기자들 앞에서 이제 실험은 끝났다고 선언했다.

"이제 새로운 시대가 열렸습니다. 우리 폭격기들이 주간에 독일 영토 내의 어떤 표적이든 전투기의 엄호 없이도 큰 손실 없이 갈 수 있다는 것을 증명했습니다. 이제 우리가 할 일은 이 중대한 임무를 수행하는 데 충분한 수의 폭격기를 모으는 것뿐입니다."

마지막 말에서도 알 수 있듯이 이커는 자신에게 충분한 폭격기가 없다는 것을 알고 있었다.

그해 초, 아놀드는 이커에게 더 많은 항공기와 승무원을 보내주겠다고 약속하면서 공습의 빈도와 강도를 더 높여달라고 요구했다. 그러나 나날이 쇠약해지는 전력으로 이커의 부대는 그야말로 희생양이 되고 있었다. 물론 제8공군이 페게자크를 정확하게 타격하기는 했지만, 그 공습이 독일 잠수함 생산에 미친 영향은 크게 과장된 것이었다. 비스케이만의 유보트 방공호에 대한 계속되는 공습도 효과가 없기는 마찬가지였다. 이커가 기자들에게 보여준 사진들은 매우 인상적이었다. 생나제르와 로리앙에는 더 이상 사람이 살 수 있는 곳은 남아 있지 않았다. 되니츠 제독은 독일 국방군 최고사령부에 보낸 보고서에 다음과 같이 적었다.

"그곳에는 개도 고양이도 없습니다. 오직 잠수함 방공호만이 남아 있습니다."

그러나 얼마 전 유보트 운용에 필요한 장비들을 방공호로 이동시켰기 때문에 되니츠 제독이 신경 쓴 곳은 오직 잠수함 방공호뿐이었다.

수석 항법사 출신의 랠프 너터는 후에 이 작전을 돌이켜 생각하면 미국 정부의 숫자 놀음에 지나지 않았다고 했다.

"육군은 … 격추된 독일 전투기 수와 표적에 명중한 폭탄 톤수를 엄청나게 과장해 발표했습니다. 미국 항공부대 지휘관들은 미국인들에게 항공력을 통한 극적인 결과와 승리를 약속했습니다."

그들은 약속을 지키기 위해 필사적이었다. 그러기 위해 더 많은 예산과 인력이 필요했고, 그것을 얻어내기 위해 진실을 가려버렸다.

해리슨 살리스버리 기자는 회고록에 이렇게 적었다.

"제8공군은 매우 열정 넘치는 부대였다. 이 부대의 장병들은 야심이 가득했고, 워싱턴의 최고사령관들 또한 그랬다. 특히 공보정훈 부서는 매우 거대했는데, 이 부서의 장병들은 입대 전에는 신문사, 홍보기획사, 광고대행사 등에서 일하던 사람들이었다. 이곳에서는 또한 할리우드 유명 스타도 활용했다."

이커는 언론을 놀라울 정도로 잘 다루었다. 칼럼니스트 월터 리프먼Walter Lippmann,《뉴욕타임스》의 발행인 아서 설즈버거Arthur Sulzberger 등 유력 언론인들을 제8공군 사령부로 불러 만찬을 열고 포커 게임을 즐겼다. 런던 그로우브너 광장에 있는 제8공군 공보실에는《뉴욕 미러New York Mirror》지의 인기 칼럼니스트 존 '텍스' 맥크러리John 'Tex' McCrary,

할리우드의 유명 인사이자 훗날 주영 미국 대사가 되는 존 헤이 '조크' 휘트니John Hay 'Jock' Whitney, 무성영화 시절의 대스타 벤 라이언Ben Lyon 등 홍보의 귀재이자 영향력 있는 사람들이 근무하고 있었다. 라이언은 아내와 함께 런던의 타운 하우스에서 화려한 파티를 여러 차례 열었다. 그 파티에는 이커 장군은 물론 그의 참모진, 영국의 귀족, 제독, 고위 관료, 그리고 언론의 유력 인사가 총망라되었다. 앤디 루니는 맥크러리를 가리켜 "역사에 길이 남을 위대한 홍보 전문가, 역대 최고의 사기꾼"이라고 평했다. 맥크러리는 파티에 참석한 사람들에게 제8공군과 관련해 근거 없는 과장된 통계와 전과를 귀에 못이 박히도록 떠들어댔다.

언론은 제8공군 폭격기 귀족들에 대한 장밋빛 기사를 써댔다. 그들 역시 나치에 대한 분노가 객관성을 뛰어넘었기 때문이었다. 월터 크롱카이트는 훗날 이렇게 설명했다.

"그 당시 우리 모두는 한 배를 타고 있었죠. 그리고 대부분 기자들은 우리 폭격기 승무원들의 영웅담과 나치의 잔악상을 묘사할 때 공정성이라는 가치를 머릿속에서 지워버렸습니다."

앤디 루니도 이렇게 지적했다.

"최악의 검열은 언제나 신문사 사람들 스스로 자신에게 강요한 것이었어요."

루니가 근무하는 《스타스 앤 스트라이프스》는 군인들이 집필하고 편집했다. 1943년, 《스타스 앤 스트라이프스》는 자칭 '육군 항공 사보'가 되었다. 당시 영국 주변에서 싸우는 미군은 육군 항공대뿐이었기 때문이다. 그러나 아이젠하워 장군은 육군의 검열 때문에 잡지가 '아첨하는 사보'가 되어서는 안 된다고 명령했고, 이후 《뉴욕 헤럴드-트리뷴》지 출신인 로버트 무라Robert Moora 하사, 《버펄로 이브닝 뉴스Buffalo Evening News》지 출신인 버드 허튼Bud Hutton 상병의 특이하고도 명민한 관리, 감독하에 점차 진실을 담고 편견을 배제해나가려고 노력했다. 이 신문은 매일 해외 파병 미군 병사들의 소식을 전했는데, 런던 지사에는 2명의 군 검열관이 배치되어 있었다. 그러나 루니의 회상에 따르면, 그들이 신문에 뭔가를 못 싣게 하는 경우는 거의 없었다. 그리고 검열관들이 뭔가 하려고 할 때면 그들과 협의를 통해 기사를 내보낼 수 있었다.

"그들과 마찬가지로, 우리 역시 원칙을 알고 있었습니다. 그 원칙이란, 앞으로의 작전에 대해 나치에게 절대 알려주지 말아야 한다는 것이었죠. 지극히 당연한 원칙이었습니다."

뼛속까지 타고난 철저한 회의주의자였던 루니는 말도 안 될 만큼 부풀려진 폭격기로 인한 전과는 무시하고, 대신 폭격기 승무원들에게 집중했다. 그들의 이야기를 전하는 것이 자신의 임무라고 생각했다. 연합군은 추축국이 내놓는 통계보다 성과를 부풀려서 내보이려 했고, 승무원들의 이야기는 그 속에 파묻혀버렸다. 그러나 그중에는 외부에 알리기에는 너무 슬픈 이야기들도 있었고, 어떤 것은 도저히 잊기 어려운 이야기도 있었다.

루니와 다른 기자 여러 명이 폭격기 1개 대대의 귀환을 기다리며 관제탑 앞에 서 있었다. 그런데 어느 항공기에 기관총 사수가 볼 터렛에 갇혀 있다는 이야기가 돌았다.

"볼 터렛을 자유롭게 회전시키는 기어가 있어요. 그 기어로 볼 터렛을 특정 각도로 맞춰야만 사람이 출입할 수 있습니다. 그런데 그 기어가 적의 사격으로 망가졌다고 했어요. 그 때문에 볼 터렛 속에 있던 사수가 나올 수가 없었던 거죠."

게다가 착륙 직전, 적탄에 맞아 벌집이 되어버린 B-17의 유압계가 고장 나서 조종사가 착륙 장치를 꺼낼 수 없었다. 남은 방법은 동체착륙밖에 없었다.

"8분 동안 관제탑과 조종사, 볼 터렛 사수 간에 가슴 아픈 대화가 오갔어요. 볼 터렛 사수는 항공기가 동체착륙을 하면 자신에게 어떤 일이 벌어질지 알고 있었어요. 우리는 모두 두려움에 휩싸여 그 항공기가 동체착륙을 하는 장면을 지켜봤어요. 사람이 콘크리트 활주로와 항공기 하부동체 사이에 끼어 갈려나가며 죽는 장면을요."

루니는 그날 저녁 런던으로 돌아갔다. 그러나 그가 살면서 본 가장 극적이고 무시무시한 이야기를 도저히 기사로 남길 염두가 나지 않았다.

존 맥크러리는 항공모함에서 해군 조종사로 근무하고 있는 아들에게 이런 편지를 썼다.

"B-17에 타고 독일로 날아가는 젊은이들은 세상에서 가장 가혹한 시간을 보내고 있단다. 잠수함 승조원들을 제외하고 말이야. 이런 사람들이 또 어디에 있겠니."

몇 년 후, 뉴스 앵커 톰 브로코Tom Brokaw는 추축국에 맞서 싸운 젊은 미국인들을 '가장 위대한 세대'라고 불렀다. 그러나 전쟁 첫해, 어떤 사람들은 그들의 헌신에 의문을 표하기도 했다. 1942년, 작가이자 사회 비평가 필립 와일리Philip Wylie는 당대의 청년 문화에 관한 《독사의 세대 Generation of Vipers》라는 책에서 '1930년대, 히틀러와 히로히토의 군대가 전 세계를 위협하고 있을 때 미국의 10대들은 땅속에 머리를 박고 있었다'며 비판했다. 미국의 10대들은 개조한 자동차를 타고 저급한 만화책을 읽으며 프랭크 시나트라Frank Sinatra의 음악이나 들을 줄 알았지, 수학과 과학 실력은 시원찮고 역사와 자신들이 사는 세상에 대한 지식도 형편없다고 주장했다. 당시 중국이 어디 있는지 모르는 미국 10대가 59퍼센트나 되었다. 그러나 그들과 몇 번 임무를 함께해 본 맥크러리는 전쟁 중 친구에게 보낸 편지에서 이렇게 말했다.

"그들이야말로 미국의 최고라고 자부할 수 있네. 미국 역사가 낳은 가장 훌륭한 세대지. 총력전이라는 시련 속에서 자신들 안에 있는 훌륭한 품성을 드러내지 않았다면, 나는 세상에 그런 사람들이 있는 줄도 모르고 살았을 것이고, 그들 역시 그러한 품성을 드러낼 기회가 전혀 없었을 것이네."

전쟁 중에 펴낸 책에서 맥크러리는 텍사스주 샌앤젤로 출신인 매티스 형제 이야기를 소개했다. 와일리가 목격한 비극적인 사건과는 정반대되는 이야기였다.

마크 매티스Mark Mathis와 잭 매티스Jack Mathis 형제는 1941년 육군 항공에 입대해 같은 부대에 복무하게 해달라고 요청했다. 형제는 폭격수 학교에 함께 입학했으나, 배치 부대는 달랐다. 잭은 중폭격기를 타게 되었고, 마크는 쌍발 폭격기를 타게 되었다. 잭은 제303폭격비행전대 소속으로 미국이 독일 영토를 처음 폭격하는 작전에 참가했으나, 그때 마크는 아직 미국 본토에 있었다. 얼마 후 잭은 마크에게서 영국으로 왔다는 전보를 받았다. 잭은 지프를 이용해 마크를 자신의 부대로 데려왔다. 그날 밤, 부대의 장교클럽에서는 둘의 재회를 기념하는 파티가 열렸지만, 파티는 오래지 않아 끝났다. 내일 '거사'가 예정돼 있었기 때문이었다. 마크는 장교클럽을 나서면서 잭의 대대장 빌 칼훈Bill Calhoun에게 내일 공습에 자신도 참가할 수 있는지 물었다. 칼훈이 절대 안 된다고 하자 마크는 루스벨트 대통령에게 편지를 보냈다.

3월 11일, 표적은 페게자크였다. 잭이 자신의 승무원들과 더 더체스The Duchess, 공작부인호에 탑승할 때 마크는 "나중에 또 만나"라고 인사하고 헤어졌다. 페게자크 폭격은 그때까지 미군이 벌인 독일 본토 폭격 중 최대 규모로, 더 더체스호는 선도 폭격기들 중 하나였다.

그날 저녁, 마크는 관제탑에서 B-17들이 복귀하기를 기다렸다. 더 더체스호는 가장 먼저 착륙했다. 그러나 더 더체스호는 원래의 활주로가 아닌 다른 활주로로 조명탄을 쏘아 올리면서 내려왔다. 부상자가 있다는 신호였다. 항공기에서 구급차가 부상자를 실어 나르고 있을 때, 마크에게 잭이 부상당했다는 소식이 전해졌다. 그리고 군종 장교의 호출로 마크가 병원에 도착했을 때 그를 기다린 것은 잭이 결국 사망했다는 소식이었다.

더 더체스호의 항법사 제시 H. 엘리엇Jessie H. Elliott은 잭이 부상당할 때 함께 기수에 있었다. 잭 매티스는 제8공군 승무원 중 최초로 의회명예훈장을 받았는데, 매티스가 받은 상훈과 함께 남기는 기록문에는 엘리엇의 다음과 같은 증언이 기록되어 있다.

폭탄 투하 몇 초 전, 독일군의 대공포탄이 항공기 기수 바로 앞에서 폭발했다.

"파편이 기수 측면으로 뚫고 들어왔고, 엄청난 소리를 내면서 오른쪽 창문이 깨져 버렸어요. 잭이 나를 향해 쓰러지자 나는 팔을 내밀어 그를 부축했어요. 우리 두 사람은 엉망진창이 된 기수의 후방으로 몸을 피했습니다."

매티스의 한쪽 팔은 팔꿈치 아랫부분이 떨어져 나가기 직전이었고, 그의 몸 오른편에는 파편이 수없이 박혀 있었다. 그러나 칼훈은 매티스가 두꺼운 비행복을 입고 있었기 때문에 그 사실을 알지 못했다. 그런데 매티스는 스스로 폭격조준기에 앉아 폭탄 투하 레버를 작동시켰다. 칼훈은 인터폰을 통해 매티스가 폭탄을 투하하며 외치는 소리를 들었다.

"폭탄 투…"

그러나 매티스는 말을 다 잇지 못하고 폭격조준기 위로 쓰러졌다. 사진 분석 결과 그가 투하한 폭탄은 조준점에 정확하게 명중했다.

기지 병원에서 마크 매티스는 잭 매티스의 만신창이가 된 시신을 보고 쓰러지고 말았다. 그들은 그날 밤 재회 기념 파티를 다시 할 예정이었다. 그러나 이제 그는 잭의 전사 소식을 부모님께 알려야 했다. 병원을 떠나기 전, 그는 군종 장교에게 잭을 죽인 자들을 반드시 죽이고 말겠다고 말했다. 칼훈은 그 어느 때보다 빠르게 그를 자신의 부대에 전속시켜 더 더체스호의 폭격수로 임명했다. 침대도 잭이 쓰던 것으로 배정했다.

마크 매티스의 첫 임무는 브레멘 폭격이었다. 폭격수 자리에 앉은 마크는 폭격조준기에 난 흠집을 봤다. 잭을 죽게 한 대공포탄 폭발로 인해 생긴 흠집이었다.

맥크러리는 이후 세 번의 임무를 뛴 마크를 인터뷰했다. 의외로 많은 승무원은 "독일인을 증오하기는 어렵다. 독일인보다는 일본인에게 더 강한 복수심이 생긴다"라고 토로했다. 마크의 생각은 어땠을까?

"독일 놈들에게 당해 보지 않으면 그놈들을 미워하기 어렵죠. 저는 독일 놈들 때문에 동생을 잃었습니다. 그래서 저는 독일 놈들이 밉습니다. 놈들의 공장보다는 도시를 폭격하는 게 더 낫다고 생각합니다."

안타깝게도 마크 매티스도 다음 임무에서 전사하고 말았다.

암울한 날들

훗날 커티스 르메이는 이렇게 회상했다.

"그해 겨울, 우리 부대의 사기는 바닥을 치고 있었죠."

제8공군의 표적은 갈수록 독일 본토 중심부에 가까워졌다. 인명 손실은 늘어나는데 인원은 보충되지 않았다. 장병들은 이런 상황을 절망스럽게 여기기 시작했다. 본토에서 훈련을 마친 병력이 준비되더라도 북대서양의 악천후로 인해 항공편을 이용해 영국에 올 수 없었다. 그렇다고 배를 타기도 어려웠다. 애초에 미국과 영국 사이를 오가는 배편이 부족했기 때문이다. 승무원들은 조국을 위해 싸우고자 했으나, 어쩐지 조국으로부터 버림받은 느낌이었다. 승무원들은 불평을 하면서도 어쨌든 출격했다. 뼛속까지 피로에 절은 정비사들은 크게 손상을 입어 다시 비행할 수 없는 항공기들을 밤새 해체해 사용 가능한 항공기를 위한 수리 부품으로 활용했다.

1943년 늦겨울, 르메이의 제305폭격비행전대의 인원 손실은 정원의 약 절반에 달했다. 그뿐 아니라 영국에 처음 도착한 3개 B-17 폭격비행전대의 원래 병력 중 남은 인원은 20퍼센트에 불과했다. 따라서 이들은 모든 임무에 총력을 기울여야만 했다. 가용 승무원이 부족하면 병원에 입원해 있던 환자들까지 끌고 나와 항공기에 태웠다. 영국에 온 지 6개월밖에 안되는 승무원들은 그동안 6년이나 나이를 먹은 느낌이었다. 헤이우드 한셀의 보고에 따르면, 로리앙이나 빌헬름스하펜 같은 힘든 곳을 폭격한 승무원들은 독서실이나 식당 같은 곳에서 새로운 소름끼치는 게임을 했다고한다. 다름 아니라, 자신들의 생존 확률을 그래프로 표시하는 게임이었다. 해리슨 살리스버리 기자도 "제8공군의 공중 근무자로 발령받는 것은 사형선고나 다름없다"라고 보도했다.

또한 그해 겨울, 육군 항공대 외과 및 정신과 군의관들은 공중 근무자들이 이상행동을 보인다고 보고하기 시작했다. 계속되는 전투로 인해 승무원들의 자제력이 떨어지고 있었던 것인데, 승무원이 정서적 분열 증상을 보이기 시작했다. 구체적으로는 불면증, 과민증, 갑작스러운 분노, 집중력 저하, 대인관계 악화, 메스꺼움, 체중 감소, 어지럼증, 시야 흐림, 심계항진, 파킨슨병과 비슷한 떨림, 성적 무력증, 발기부전과 공격성, 폭음, 전투와 관련된 악몽 등이었다. 특히 악몽은 너무나도 생생해 비명을 지르며 깨어나는 장병이 많았다. 2층 침대에서 굴러떨어져 팔이나 다리가 부러지는 병사도 있었다. CME의 수석 정신과 군의관 도널드 W. 헤이스팅스Donald W. Hastings가 이끄는 연구팀이 쓴 보고서에는 이렇게 적혀 있다.

"비행전대에서 열리는 월례 무도회 때는 싸움이 빈번하게 일어났다. 한번은 이런 적도 있었다. 원래 절친한 사이였던 두 대대장이 적당히 술을 마시고 기지로 복귀하던 중 난데없이 서로 시비가 붙었다. 이들은 차를 세우고 내린 다음, 한 사람의 손바닥뼈가 부러질 때까지 싸웠다. 그러고 나서 그들은 아무 일도 없었다는 듯 평화롭게 차에 다시 타고 기지로 복귀했다."

야간에 불이 다 꺼진 생활관에서 총을 쏴 벽에 자신의 이름 앞 글자를 새긴 병사도 있었다. 군의관과 군종 장교에게 성욕 때문이 아니라 잠재울 수 없는 불안을 다스리기 위해 수많은 여성을 유혹했노라고 고백한 승무원도 있었다. 어떤 사람들은 이러다가 자신이 서서히 미쳐가지는 않을까 두려워했다.

CME의 후속 연구에서는 전투 임무를 마친 거의 모든 승무원이 하나 이상의 전투 피로 증상을 앓고 있음이 드러났다. 이들 대부분은 불안을 억누르며 비행을 계속했지만, 동료들에게는 공포를 인정하고 부끄러움 없이 털어놓았다. 심지어는 서로를 '대공포 중독자', '포케불프 신경과민증 환자'라고 부르며 농담을 하기도 했다. 승무원들 사이에서는 이런 두려움을 인정한다고 해서 상대를 '노랭이'*라고 여기는 분위기는 없었다고 헤이스팅스는 보고했다. 이러한 고난을 극복하고 살아남은 약 25퍼센트의 승무원은 스트레스를 이길 힘을 얻게 되었고, 결연하게, 심지어는 영웅적으로 비행을 계속했다. 그러나 너무 짧은 기간 내에 이러한 증세가 누적되면 본인만이 아니라 동료 승무원들도 위험에 처하게 된다.

전투 중 몸 떨림, 기절, 일시적 실명, 긴장증 등의 히스테리 반응을 보인 승무원도 있었다. 조종사 클린트 해먼드Clint Hammond는 자신의 첫 임무에서 살인적인 포화에 직면했다. 부조종사가 정신을 완전히 놓아버리자 해먼드는 그의 머리를 세게 때리면서 정신을 차리게 했다.

명문 군인 가문 출신인 한 부조종사는 네덜란드 영공으로 들어갈 때마다 일시적 실명 증상을 일으켰다가 임무를 마치고 영국으로 귀환하기 위해 북해로 들어서면 그제야 갑자기 시력이 돌아오곤 했다. 르메이는 그에게 비행 금지 처분을 내렸다. 랠프 너터는 그와 이야기할 수 있는 몇 안 되는 장교 중 하나였다. 그러나 너터의 항공기 폭격수가 폭격 도중 일시적으로 실명 증상을 앓자, 너터는 공포로 얼어붙은 그의 뺨을 때려가며 억지로 폭격 조준을 하게 했다.

극도의 스트레스로 반응이 늦게 나타나는 사람도 있었다. 작전에서 지독한 경험을 한 후 수 시간, 심하게는 수 주 후 신경쇠약 증상을 일으키는 것이다. 영국 상공에서 훈련 비행을 하던 중 한 B-17의 폭탄창 문짝이 떨어져 나가 동체 후방을 잘라 버렸다. 지상으로 추락하는 동체에 갇힌 후미 기관총 사수는 미친 듯이 총좌의 유리창을 주먹으로 두들겨댔다. 그러다가 기체 외피를 열심히 발로 걷어차 가까스로 구멍을 만드는 데 성공했다. 그리고 그 구멍으로 빠져나가려고 했으나 이번에는 어깨가 걸려버렸다.

* 당시 '노랭이 yellow'는 '겁쟁이'를 의미하는 속어로 쓰였다.

이젠 죽었구나, 하는 순간 어찌 된 일인지 그의 몸이 동체 밖으로 튕겨져 나갔다. 불과 지면에서 수백 피트 높이의 상공이었고, 그는 낙하산을 착용하지 않았지만 기적적으로 아무런 부상도 입지 않았다. 그 직후, 항공기 전방 동체가 100야드(90미터)도 떨어지지 않은 곳으로 추락해 폭발했고, 그의 동료들은 그 자리에서 산산조각 나고 말았다.

문제의 후미 기관총 사수는 자신에게 아무런 문제가 없다고 생각했고, 이후 비행을 계속했다. 그러나 그 끔찍한 추락 사고에 관한 악몽을 꾸기 시작했다. 그리고 휘파람 소리와 바람 소리를 들으면 견딜 수 없을 만큼 괴로웠다. 그 소리만 들으면 추락하는 후방 동체에서 들었던 바람 소리가 그대로 떠올랐기 때문이다. 그는 누구에게도 도움을 요청하지 않았다. 겁쟁이, 열외자 취급을 받기 싫었기 때문이었다. 그러나 그는 다섯 번의 임무를 마친 뒤 점점 무력해졌다. 항공기 동체의 삐걱거리는 소리에 필요 이상으로 귀 기울였고, 후방 동체가 또 떨어져 버릴까 봐 가슴을 졸였다. 결국 며칠 뒤 신경쇠약 증세를 일으켰고, 대대 군의관은 그에게 비행을 금지시켜야 한다는 진단을 내렸다.

헤이스팅스와 그의 동료들은 지휘관들에게 그들이 지휘하는 병력의 실태에 대해 제대로 납득하게 하기 위해 애썼다. 이 승무원들은 단순히 비행 피로증flying fatigue에 걸린 것이 아니었고, 진짜 심각한 문제가 생긴 승무원이 갈수록 늘고 있었지만, 지휘관들은 며칠 휴식을 취하면 회복될 거라고 주장했다. 승무원 중에는 심각한 기체 손상 없는 전투 임무를 몇 번만 뛰어도 신경쇠약을 일으키는 사람도 있었다. 그러나 지휘관들은 이런 승무원들을 도무지 이해하지 못했다. 그런 사람들을 '근성 부족'한 겁쟁이로 치부했고, 개인의 인성 문제로 치부했다. 일선의 지휘관들은 정신적 질병이 기생충처럼 전염되는 것이라 여기고, 해당 환자들이 건강한 장병들을 전염시키기 전에 처리해야 한다고 여겼다.

'근성 부족'으로 판단되는 장병들은 의료적 절차가 아닌, 행정적 절차에 따라 처분되었다. 장교들은 육군 재분류 위원회에 회부되었는데, 여기서는 육군을 위해 자발적으로 전역할 기회를 부여했고, 이를 거부할 경우에는 용기가 없는 자로 간주되어 불명예제대에 처해졌다. 전쟁 기간 동안 재분류 위원회에 회부된 장교는 100명 미만이었다. 사병의 대우는 또 달랐다. 사병은 항공기 승무원 자격이 박탈되고, 이등병으로 강등된 후 보충대로 보내져 다른 보직에 배치되었다. 다만 스스로 비행을 거부한 병사는 비교적 적었다.

전투에서 용기를 보였으나 전투 파견이 끝날 무렵이거나 전투에서 충격적인 경험을 한 이후 신경쇠약 증세를 보인 병사에게는 처우가 달랐다. 지휘관들은 이들을 CME 군의관의 눈에 띄지 않게 하려고 애썼다. 정신과 의사들이 '건강한' 장병들에게 '오명'을 씌우는 것을 원치 않았기 때문이다.

앤디 루니는 다음과 같이 말했다.

"폭격기 기지는 너무 우울해서 방문하기 싫을 정도였다. 장병들은 애써 웃으며 잊으려 하지만, 언제 어디서나 저승사자가 미소 짓고 있었다."

물론 폭격기 부대의 장병들은 기꺼이 목숨을 바칠 준비가 되어 있었다. 그러나 그 짓을 얼마나 감당해야 할지 아무도 알 수 없었다. 그들이 죽거나, 부상당하거나, 포로가 되거나, 정신이 나가버릴 때까지 계속 비행해야 한다는 말인가? 왠지 그럴 것 같았다.

그해 늦은 겨울, 제8공군 수석 군의관 맬컴 그로우 박사는 승무원 73명을 '전쟁 폐인'으로 진단하고, 비행 피로증과 정신쇠약 환자가 급격히 증가하고 있다는 소식을 이커에게 전했다. 그는 이커에게 의무 출격 횟수를

15회로 줄여 달라고 요청했으나 이커는 부대의 사기에는 아무런 문제가 없다고 강조하고 환자들은 그저 피로로 탈진한 것일 뿐이라며 요청을 거부했다. 그러나 승무원들에게 살아서 끝을 볼 수 있다는 믿음을 줘야 했기 때문에 이커는 의무 출격 횟수를 25회로 정하기로 했다. 이제 폭격기 승무원은 25회만 출격하면 본국으로 귀환하여 다른 보직에 재배치되거나 영국에 남아 지상 근무를 할 수 있게 되었다(이는 1944년 3월에 다시 30회로, 1944년 7월에 35회로 늘어났다). 그러나 당시 폭격기 승무원이 25회 출격하며 살아남을 확률은 20퍼센트에 불과했기 때문에 승무원들의 사기 진작에 큰 도움은 안 되었지만, 일말의 희망이 생긴 셈이었다.

그럼에도 불구하고 여전히 작전 때마다 정신적으로 고통받는 승무원은 계속 늘었다. 육군 항공대 정신과 군의관들은 불안증으로 고통받는 환자를 두 가지 범주로 분류했다. 첫 번째 범주는 '비행 피로증'으로, 휴식 부족과 비행이 주는 긴장감으로 인해 생긴 비교적 가벼운 불안증이었다. 두 번째 범주는 '작전 피로증'으로, 이는 육체적 피로가 아니라 정신적인 피로, 즉 임무 수행 중 경험하게 되는 두려움 때문에 스트레스가 누적되어 만성적인 공포와 정신적 갈등에 처하게 되는 것이다. 의사들은 비행 피로증은 며칠 쉬면 낫는다고 믿었다. 그러나 작전 피로증은 휴식과 광범위한 정신과 치료가 필요했으며, 완치율은 비행 피로증보다 훨씬 낮았다.

그로우 박사는 전쟁 폐인 환자를 73명으로 보고했으나 이는 상당히 보수적으로 잡은 것이었다. 지휘관의 재량으로 임시 비행 금지 조치가 내려진 승무원 대부분은 육군 항공 통계에 기록되지 않았다. 폭격비행전대장이나 대대장은 보통 군의관의 의견을 참고하여 기지에서 쉬게 하거나 간단한 치료를 하고 어느 정도 회복된 것으로 판단되면 다시 비행에 내보냈다. 아주 심각한 상태의 환자들만 CME 군의관에게 치료받을 수 있었고,

통계에 포함되었다.

전쟁 기간, 전투 임무에 투입된 제8공군 승무원은 대략 22만 5,000명으로 추산된다. 이 중 정신적 사상자로 분류되어 치료받은 인원은 대략 4,000~5,000명에 불과했다. 그리고 이들 중 정신장애 판정을 받고 영구비행 금지 처분을 받은 인원은 2,100여 명이었다. 여기에는 '근성 부족'으로 비행 임무에서 배제되거나 전역한 인원은 포함되지 않았다. 이들은 정신적 문제가 아닌, 성격상 문제가 있었던 것으로 간주되었다. 물론 이 수치조차 상당히 부정확하고 많은 문제를 내포하고 있다. CME를 제외하면 제8공군은 정신적 사상자에 대한 신뢰할 만한 통계를 작성하거나 보관하지 않았다. 육군 항공대 군의관들은 정신적 사상자에 대해 명확하고 일관성 있는 정의를 내리지 않았다. 또 다수의 승무원이 신경쇠약 초기에 나타나는 신체적 증상을 이유로 대대 군의관에 의해 비행을 금지당했다. 그리고 지휘관들이 '근성 부족'이라고 판단한 승무원 중에는 미처 진단받지 못한 감정적인 문제를 가진 사람들이 있는데, 폭격비행전대장들이 이를 은폐했다는 정황 증거가 있다. 많은 승무원은 극심한 불안감을 겪고 있어도 가급적 빨리 출격 횟수를 채우고 싶다는 생각에 지휘관이나 동료들에게 자신의 상태를 숨기려 했다고 증언한 사람도 있었다. 군의관들은 마지막 임무가 끝날 때까지 치료받지 않은 인원이 매우 많았다고 보고했다. 얼마나 많은 제8공군 승무원이 비행 금지 처분을 받을 만큼 중대한 감정적 문제를 겪었는지 결코 알 수 없겠지만, 공식 통계에서 보여주는 것보다 많다는 것은 확실해 보인다.

용기의 실체

북아프리카와 이탈리아에 파견된 미군 보병 덕분에 아놀드와 제8공군 지휘관들은 정신적 부상에 대한 이해도를 높일 수 있었다. 지중해 전구에서 가공할 만한 독일 국방군과 처음으로 맞붙게 된 신출내기 미군 장병이 전투 지역에서 후송되어 군에서 제대하는 주요한 원인이 바로 정신 질환이었던 것이다. 이곳에서 발생한 치명적이지 않은 부상자 중 무려 3분의 1이 정신적 부상자였다. 이러한 의료적 재난에 대한 이해도를 높이기 위해 육군은 당시 최고의 내과 전문의 존 W. 아펠John W. Appel에게 전투를 겪은 장병들에 대해 연구하게 했다. 그의 결론은 냉철했다.

아펠은 인간이 전투에 익숙해지는 일은 없다고 결론 내렸다. 전투는 매 순간 인간에게 크나큰 부담감을 안겨준다. 그러한 부담감의 강도와 지속 시간이 길면 길수록 인간의 정신이 붕괴될 가능성은 커진다. 따라서 전투에서 총상 환자가 발생하는 것만큼이나 정신적 부상자가 발생하는 것은 당연하다고 주장했다. 보병의 경우 전투에 100일 정도 노출되면 신경쇠약을 일으킨다. 그 정도의 시간이 지나면 긴급 상황에 반응하기 위해 인체에 자연적으로 설계된 투쟁-도피 기제fight-or-flight mechanism가 위험하리만치 과다하게 확장되기 때문이다.

제8공군의 정신과 군의관들의 초창기 연구 역시 유사한 결론에 도달했다. 1943년 겨울, '정서장애'는 장기 비행 금지 처분의 흔한 사유였다. 그리고 정신적 부상자 수는 항공기 손실률과 비례했다. 피와 살로 이루어진 승무원 1명이 신경쇠약을 일으킬 때마다 중폭격기 2대가 돌아오지 못했다. 헤이스팅스와 그의 동료들은 "현재까지 이 전장에서 정신적 붕괴를 일으키는 가장 큰 원인은 개인의 인성이나 선천적으로 타고난 정신적 결함이 아니라, 공중전에서의 실재적 위험"이라고 보고했다.

아놀드는 위험과 신경쇠약 간의 관계를 이해하고 있었다. 그 역시 미 육군 최초의 시험비행 조종사로 비행 사고에 휘말려 목숨을 잃을 뻔한 후, 비행이라면 온몸이 마비될 정도로 공포를 느꼈었다. 그는 상관에게 보낸 편지에 이렇게 적었다.

"제 신경계는 어떠한 기체에도 탈 수 없는 상태입니다."

아놀드는 그 뿌리 깊은 공포를 극복하는 데 4년이 걸렸다. 아마도 그 경험 때문에 그는 독일 상공에서 비슷한 트라우마를 겪은 승무원들을 이해할 수 있었을 것이다.

끔찍한 죽음과 사지가 절단되는 무시무시한 공포, 그것이 제8공군에서 정신적 부상자를 만들어내는 원인이라는 것이 헤이스팅스가 내린 결론이었다. 스트레스가 지속되면 아무리 뛰어난 병사라도 신경쇠약을 일으키고 만다. 전사의 용기, 즉 공포를 견딜 수 있는 능력에는 한계가 있다. 헤이스팅스는 몰랐지만, 제1차 세계대전을 겪은 군의관들 역시 비슷한 결론을 내렸다. 그중 가장 두드러진 사람이 처칠의 개인 주치의였던 모런Moran 경이었다. 모런은 '용기는 전쟁에서 어떻게 쓰이는가?'라는 주제로《용기의 실체The Anatomy of Courage》라는 책을 썼다. 그 책에서 그는 이렇게 말한다.

"용기란 의지력이다. 그 누구도 이것을 무한히 가진 사람은 없다. 전쟁에서 의지력이 고갈되면 그 사람은 끝난다. 용기는 자본이며, 인간은 그것을 항상 소비한다."

그러나 모런은 주로 보병을 연구했고, 공중전과 지상전 사이에는 분명 엄청난 차이가 있었다. 공중전이 주는 신체적 긴장감은 지상전만큼 길지도 않고, 사람을 쇠약하게 만들지도 않는다. 공중전은 짧고 격렬하며, 승무원들은 보병처럼 제대로 된 욕실이나 화장실도 없는 진흙탕 속에서 눈과

비를 맞아가는 악조건 속에서 생활하지 않는다.

육군 항공대 폭격기 승무원들이 견뎌야 하는 스트레스는 지상군과 달랐다. 스트레스는 지속적이기보다 간헐적이었고, 따라서 몸은 쇠약해지지 않았다. 승무원들 사이에서는 장기간 입원을 요하는 무력한 외상 후 증후군 발생률이 현저히 낮았고, 자아가 붕괴되거나 무감각해지고 기억상실증에 시달리며 기괴한 행동을 하는 경우는 더 드물었다.

헤이스팅스는 제8공군에서 진정한 정신병자 발생률은 현저히 낮았다고 결론 내렸다. 그러나 승무원들은 보병보다 현저하게 높은 사상자 비율과 함께 독특한 형태의 전투 노이로제를 겪고 있었다. 승무원들이 기지에 있을 때의 위험은 사실상 민간인 수준이었다. 그러나 비행 임무 중에는 극도로 위험한 순간을 견뎌내야 했다. 극과 극의 상황이 공존했던 것이다. 그 때문에 승무원들은 극단적인 두 가지 상황에 대한 기억이 언제나 생생할 수밖에 없었고, 이렇게 다른 삶의 방식에 대한 생각을 계속 유지함으로써 만성적인 위험에 처해 있었다. 그리고 보병들과 달리 승무원들은 임무에서 맞닥뜨릴 위험에 대해 속속들이 브리핑 받는다. 이것은 그들의 마음을 위험하리만치 흔들어 놓았다. 모런은 이런 글을 썼다.

"상상력을 버려야 한다. 그렇지 않으면 상상력 때문에 고통받을 것이다."

중폭격기 승무원들은 특별한 종류의 두려움에 취약했다. 정신과 의사들은 이들이 겪는 증상을 '공포 상태phobic states'라고 불렀다. 악천후나 적기의 공격 등 특정한 상황에 노출되었을 때 극도의 불안감에 시달리게 되어 아무것도 할 수 없게 되는 증상을 말한다. 이런 특정한 상황에 놓이게 되면 어떤 사람은 생물학적 취약성을 부정하게 해주는 자아 기제인 '자기애적 방어narcissistic defenses'가 해체되고 만다. 이것이 해체되면 '나에게 어떤 일도 일어나지 않는다'라고 믿던 승무원들도 '나에게 무서운 재앙이 생기고 말 거야'라고 철석같이 믿게 된다. 객관적인 시각을 잃게 되고, 자신을 표적으로만 여기게 되는 것이다. 공중전에서 가장 두려운 경험은 적에게 사격당하는 것이다. 그 다음 두려운 것은 표적의 상공에서 느끼는 무력감이다. 그 무력감은 적이 가하는 위협을 절대 피할 수 없다는 생각에서 온다. 그리고 재난은 놀랄 만큼 갑자기 찾아온다. 졸음이 올 정도로 단조로운 엔진 소리가 갑자기 사라지고, 대폭발이 일어나면서 피와 살점이 사방으로 날리는 것이다. 의도했건 의도치 않았건, 부상자가 당하는 충격은 자연재해를 당한 사람이나 강렬한 포격에 노출된 보병, 심지어는 미군에게 폭격당한 독일 민간인이 느끼는 충격과도 유사하다. 폭격 항정 중 승무원들의 기분은 공습경보 사이렌이 울리는 동안 지하 창고 안에 웅크리고 있는 독일인 모자의 기분과 다를 게 없다. 그러한 상황에서 삶과 죽음을 결정하는 것은 오직 확률뿐이다. 폭격기 승무원들이 할 수 있는 것은 쭈그려 앉아 견디는 것뿐이다. 고조되는 긴장감을 해소해줄 방법은 없다. 폭발하는 대공포탄 사이에서 승무원들은 홀로 공포에 직면한다. 프로이트Freud가 말했듯이 무력감을 경험하는 것이야말로 트라우마 상황의 본질이다.

모런은 이렇게 봤다.

"위험에 처했을 때 인간은 종종 어떻게 해서라도 위험에서 벗어나려고 한다."

그러나 대공포의 탄막 속에서는 통하지 않는 얘기였다. 제8공군의 후미 기관총 사수 셔먼 스몰Sherman Small은 전후 60년이 지나 이렇게 말했다.

"아직도 대공 포화의 폭발음과 폭발 장면이 생생하게 기억나요. 그때는 내가 할리우드 액션 영화의 주인공이라고 상상하며 공포를 억누를 수 있었어요. 그러나 전쟁이 끝난 후에는 더 이상 그런 상상이 통하지 않았어요. 지독한 공포의 기억이 나를 압도하고 말았어요. 결국 군 정신병원으로 보내지고 말았죠."

승무원의 삶을 지배하는 유일한 변수는 운이었다. 어떤 사람들이 탄 항공기에 배치되는가도 순전히 운이었다. 그의 항공기가 전투 대형에서 어느 위치에 있는지도, 작전 당일 기상 상태도, 적의 반격 정도도, 그리고 승무원의 생사 여부도 모두 운이 지배했다. 스스로 이런 요소를 제어할 능력은 없었다. 그리고 그중 일부는 이유도 알지 못한 채 산산조각 났다. 한 승무원은 이렇게 말했다.

"어떤 놈이 내 항공기 뒤쪽에 무려 폭 1야드(90센티미터) 짜리의 노란 줄무늬를 그려놨더군요. 누가 언제 그랬는지 알아낼 수 없었습니다. 저는 절대 노랭이 짓을 한 적이 없는데도 말이죠."

승무원들이 느끼는 불안증 사례 중 대부분은 항공기 자체와 직결되어 있었다. 항공기는 하늘을 나는 물건이기 때문이다. 이런 불안감은 비행 금지 처분을 받으면 사라졌다. 육군 항공기지의 정신과 군의관들은 지휘관들에게 정신적으로 약한 사람을 비행 임무에 복귀시키지 말라고 주의를 줬다.

"지독한 불안감을 느끼는 사람에게 억지로 비행 임무를 시키는 것은 어렵지 않다. 그러나 그 사람이 효과적으로 비행 임무를 수행하는 것은 불가능에 가깝다."

불안감에 시달리는 승무원들은 자신뿐만 아니라 다른 승무원들을 위험에 빠뜨릴 수 있기 때문에 결국 지휘관들은 비행 금지 처분을 내릴 수밖에 없었다.

제8공군의 정신과 군의관들은 정신적 손상을 입은 장병들이 재활을 통해 임무에 복귀할 수 있다는 것을 알게 되었다. 항공 승무원을 훈련시키는 데는 비용이 많이 들기 때문에 그 수가 항상 모자랐다. 이는 지휘관들이 CME의 정신과 군의관이나 항공기지의 군의관과 긴밀하게 협력할 수밖에 없는 또 다른 이유였다.

육군 항공대 의료 지휘 체계의 핵심 인물은 항공 군의관이다. 폭격기 기지에는 각 비행대대당 항공 군의관이 1명씩 배치되었다. 승무원이 전투 중 쇠약 증세를 보이면 처음에는 항공 군의관이 진단과 치료를 한다. 하지만 항공 군의관의 정신과 학력이라곤 하이 위컴의 CME 본부에서 단기 속성으로 수료한 게 전부다. 항공 군의관은 두 가지 역할 사이에서 거의 불가능해 보이는 균형점을 찾기 위해 노력해야 했다. 그는 잘 훈련받은 의사로서, 마치 군종 장교처럼 장병들에게 가까이 다가가 상담과 치료를 해야 했다. 그러나 동시에 군 장교로서 장병들이 조국을 위해 임무를 수행할 수 있도록 그들의 심신 상태를 유지시켜야 했다. 정신적 고통을 겪는 장병은 전쟁에서 일시적인 치료, 또는 완치를 위해 군의관을 찾았다. 그러나 항공 군의관의 임무는 전쟁이 주는 공포와 고통으로 무기력해진 장병들을 가급적 많이 전쟁터로 되돌려 보내는 것이었다.

과로에 시달리던 소수의 CME 소속 정신과 군의관들은 폭격기 기지에서 항공 군의관들이 이러한 딜레마를 처리하는 데 도움을 주었다. 그들은 공중전 중 사람의 머릿속에서 일어나는 일을 알기 위해 승무원들과 함께 임무 비행에 참가했다. CME 정신과 군의관인 데이비드 G. 라이트David G. Wright 중위는 커티스 르메이의 제305폭격비행전대에서 야전 정신과 자문으로 4개월을 보냈다. 전투 임무에도 다섯 번 참가하면서 이때의 경험을 바탕으로 여러 선구적인 보고서를 썼고, 이 보고서들은 군사 심리학 분야의 고전이 되었다.

라이트가 비행에 나섰던 이유 중에는 장병들의 신뢰를 얻고자 한 것도 있었다. 그는 어느 보고서에 이런 글을 썼다. 이 보고서는 훗날 육군 항공대 항공 군의관들의 필독서로 배포되었다.

"승무원들은 마음을 터놓고 이야기하는 법이 별로 없다. 특히 감정이 좋지 않을 때 대화 상대가 전투의 혹독함을 겪어보지 않은 사람이라면 더 그렇다."

1943년 한 해 동안 53명의 항공 군의관이 총 91회의 전투 임무에 동행했다. 이 중 전사자는 없었으나, 몇 명이 부상을 당했다.

라이트는 군의관들에게 이렇게 조언했다.

"긍정적이고 예방적인 심리요법을 이용하려면 장병들이 군의관을 자신들의 전우로 느끼게 해야 한다. 그리고 군의관이 언제 어디든 올 수 있다고 느끼게 해야 한다."

그러나 라이트는 이보다 더 중요한 것이 있다고 지적했다. 장병들이 군의관을 좋아하게 하는 것으로는 부족하며, 존경하게 만들어야 한다는 것이다. 훌륭한 항공 군의관은 굳건한 정신력의 소유자로, 전쟁에서 승리하기 위해 장병들을 헌신적으로 보살피는 사람이어야 했다. 즉, 장병들이 정신적 외상과 공포를 견뎌내게 하는 것이 아니라, 비행을 계속하고자 하는 내면의 의지를 지지하고 독려해야 하는 것이다.

'피투성이 100' 폭격비행전대 소속의 웬델 C. '스모키' 스토버Wendell C. 'Smoky' Stover 대위는 이러한 조건에 완벽하게 들어맞는 사람이었다.《스타스 앤 스트라이프스》의 기자이자 제100폭격비행전대의 창설 멤버 사울 레빗 병장은 이런 기사를 썼다.

"그는 미국에서부터 우리의 이름을 모두 외우고 있었다. 소프 애보츠 기지에서 임무가 시작되면서 중상을 입은 사수들을 싣고 귀환하는 항공기들이 붉은 조명탄을 터뜨릴 때도 그는 우리와 함께 있었다."

당시 33세였던, 허스키한 목소리에 말투가 느린 스토버는 인디애나주 분빌에서 의사 생활을 하다가 입대했다. 그곳에서 그가 돌보던 환자 대부분은 석탄 광부들이었다. 스토버는 군대에서 환자들이 꾀병을 부리게 놔두지 않았다. 폭격기 기지 안에는 '스모키는 죽기 직전까지 가야 비행 금지 처분을 내린다'는 소문이 파다했다. 그래도 문제가 있는 승무원들은 마치 군종 장교를 찾아가듯 그를 찾아갔고, 그 또한 누구든지 만났다. 그는 군대에서 마치 가정 주치의 같은 인물이었다."

스토버는 전투 피로증의 징후를 발견하고, 그 심각성을 진단하기 위해서는 부하들을 세밀하게 파악하는 것이 중요하다는 사실을 깨달았다. 승무원들은 눈치채지 못했지만, 그는 그들을 면밀하게 관찰하고 있었다. 브리핑 때, 비행 대기선에서, 항공기, 생활관, 현지 술집에서의 행동을 꼼꼼하게 살폈다. 스토버는 정말 뛰어난 군의관이었다. 그는 장병들의 의사, 군종 장교, 변호사, 아버지, 어머니, 형제, 친구였다. 그러나 그도 결국 폭격비행전대장의 부하에 불과했다. 군의관은 장병에게 비행 금지 처분을 내리라고 권고할 수는 있어도, 전대장의 명령 없이는 불가능했다. 이 때문에 데이비드 라이트는 군의관들에게 지휘관과 긴밀한 관계를 맺고, 장병들에게 필요 이상으로 약하거나 관용적인 모습을 보이지 말라고 주문했다.

제8공군 역사에서 눈에 띄는 것은 전투에서 무너진 사람보다 무너지지 않은 사람이 압도적으로 더 많다는 점이다. 어떤 전쟁이든지 죽음을 무릅쓰고 자신의 자리를 지키는 사람들은 있다. 그들은 어떻게 그럴 수 있을까? 그것이야말로 가장 풀기 어려운 전쟁과 관련된 의문이다. 도대체 무엇 때문에 도망치려는 원초적인 본능을 뿌리치고 전투를 계속할 수 있었을까? 무엇 때문에 합리적인 사람들이 그러한 비합리적인 행위를 하게 될까?

위험에 직면해서 도망치지 않고 그것과 맞서는 힘을 '용기'라고 한다면, 그러한 힘은 어디에서 나올까? 모런은 자신이 빈틈없이 관찰한 내용을 다음과 같은 말로 옮겼다.

"용기는 도덕적 자질이다. 사냥에 소질이 있는 것처럼 우연히 주어지는 자연의 선물이 아니다. 두 가지 선택지 중에서 냉정하게 판단해 도망치지 않겠다는 굳은 신념을 품는 것이다. 의지의 힘을 통해 자기 스스로 반복적으로 극복하는 행위로, 용기는 의지력이다."

그렇다면 그 의지력을 유지하려는 이유는 무엇일까? 공중전을 치른 미군 대부분은, 독일군에 대한 뿌리 깊은 증오심 때문에 자신의 의지력을 지키려 한 것이 아니다. 연구에 따르면, 승무원 대부분은 나치 독일의 잔악성에 대해 잘 알지 못했다. 독일에 대한 증오심이 커질 때는 동료가 전사했을 때였다. 육군 항공대 정신과 군의관은 북아프리카에서 항공기 승무원과 보병을 모두 치료해 본 후 이런 결론을 내렸다.

"증오심이 아니라 전우애가 그들의 추진력이었다."

병사는 처음에는 홀로 공포와 직면할 수밖에 없다. 따라서 전우라는 공동체가 그 무엇보다도 중요할 수밖에 없다. 종군기자 에릭 세버레이드Eric Sevareid는 이렇게 말했다.

"전쟁은 인간의 내면에서 일어난다. 그것은 오로지 그 사람만의 것이다."

병사들은 자신의 두려움을 홀로 감당할 수 없기 때문에 함께 내적 싸움을 하는 전우들의 도움이 필요했던 것이다.

항공기 승무원 사이에는 '집단적 자아'가 형성되어 있었다. 그 자아가 충분히 강하면 모든 승무원은 양호한 감정 상태를 유지하고, 외부의 위협으로부터 보호받고 있다고 느낀다. 그러나 그 자아가 약하면 신경성 증상의 발생 빈도가 급증한다. 그러나 전쟁에서 승리하기 위해 가장 필요한 사기를 북돋우기 위해서는 뛰어난 리더십이 있어야 했다. 거의 모든 항공기에서 모두가 인정하는 리더는 조종사로, 조종사는 나머지 승무원들이 의지하고 희망을 걸 수 있는 구명보트 같은 존재였다. 절망적인 상황에서는 조종사가 어떻게 반응하는가가 나머지 승무원들의 상태를 좌우했다. 설령 조종사가 두렵다고 말하더라도, 그것은 그리 중요하지 않았다. 나머지 모든 승무원은 그 두려움이 비겁함에서 비롯된 것이 아니라는 것을 알기 때문이었다.

영국 전역에 있는 미군 주둔 항공기지에서 장병들의 사기에 관해 조사한 육군 항공 장교 존 C. 플래나건John C. Flanagan 중령은 이렇게 보고했다.

"만약 옆 전대가 큰 피해를 보았다면 '거참 안됐군' 하고 말은 하지만, 특별히 크게 동요하지 않는다. 자신들과 상관없는 다른 집단에서 일어난 일이라고 생각하고 합리화시킨다."

어느 날 플래나건은 정확한 소속을 알 수 없는 폭격비행전대 장병들과 점심을 함께했다. 그 자리에서 다른 비행단 소속으로 최근 큰 피해를 본 두 폭격비행전대에 관한 이야기가 화제에 오르자 그 자리에 있던 한 장병은 마치 농구 리그에서 선두를 달리고 있는 팀 소속의 선수가 할 법한 말을 했다.

"그 폭격비행전대처럼 한 폭격비행전대만 더 그 정도로 손실을 입으면, 우리 전대가 제8공군에서 가장 안전한 전대가 되겠네요."

매일같이 사선을 넘나드는 장병들은 죽음을 소재로 한 블랙 유머를 일상적으로 구사했다. 유머 속에는 잔인한 진실이 녹아 있었다. 정치학 수업이나 육군의 사기 진작용 영화에서는 장병들이 자유와 조국을 위해 싸우고 있다고 선전했다. 그러나 장병들이 이 말을 받아들이기에 전쟁은 너무 가까운 곳에 있었다. 이제 기지의 장병들에게 들을 만한 가치 있는 말은 새벽에 조종사들이 비행 전 승무원들을 집합시킨 자리에서 하는, 위안과 결의를 다지는 연설뿐이었다. 승무원들에게는 자신들에게 곧 닥칠 하늘의 시련 이상으로 중요한 것은 없었기 때문이다.

더 중요한 게 하나 있기는 했다. 바로 집으로 돌아가는 것! 육군 항공 정신과 군의관들이 어느 승무원에게 물었다.

"자네는 왜 싸우나?"

그러자 그는 이렇게 받아쳤다.

"그래야 집에 갈 수 있으니까요!"

1943년 초, 전투 파견 기간이 개정되지 않았다면 제8공군의 장병들은 고향 생각 때문에 아무것도 할 수 없는 지경이 되었을 것이다. 어떤 승무원에게는 25회 의무 출격이 자아를 잃지 않도록 받쳐주는 유일한 버팀목이었다. 그들은 의무 출격 횟수를 채우기 위해서는 무엇이든지 할 수 있다고 여겼다. 일부 폭격기 승무원들은 실제로 그 출격 횟수를 채웠다. 그러나 1942년에서 1943년으로 넘어가는 겨울 사이에는 아직 그런 사람이 없었다.

지켜지지 못한 약속

1943년 8월, 워싱턴으로 돌아온 헤이우드 한셀은 육군 항공대 정보장교들에게 이렇게 말했다.

"지난겨울은 제8공군에게 매우 엄혹한 시기였습니다. 자칫하면 제8공군이 없어지는 게 아닌가 싶을 정도였습니다."

생활 여건도 그러한 암울함을 더했다. 르메이는 이렇게 회상했다.

"온 천지가 진흙탕이었다. 심지어 대기 속에도 퍼져 있어서 싫어도 흙먼지를 마셔야 했다. 손톱 밑에도, 지문에도 어느새 흙먼지가 배어 들어가 있었다."

유일한 연료는 석탄으로, 그 마저도 영국 정부에 의해 배급되었다. 물자를 공급하는 상선의 손실률이 높았기 때문에 매 끼니마다 양배추와 분말로 된 계란이 기본으로 나왔고, 음식은 단조롭고 형편없었다.

악천후로 비행이 없는 날이면 일부 승무원들은 종일 침대에 누워 담배를 피우거나 편지를 쓰고, 책을 읽고, 막사 천장만 뚫어지게 쳐다봤다. 또 일부는 자전거를 타고 마을에 있는 술집에 가서 미지근한 맥주와 물로 희석된 위스키를 마셨다. 영국 현지인들은 우호적이었지만, 어머니들은 뻔뻔한 양키들로부터 자신의 딸들을 숨기기 위해 애썼다. 그러나 전시에 영국 각지에서 징발되어 농장에서 일하는 여성들은 어디에나 있었다. 커티스 르메이는 부하들이 부대 울타리에 매달려 밭에서 외바퀴 손수레를 밀고 다니는 제복 입은 여성들에게 치근댔던 것을 기억했다.

"물론 우리 병사들은 그저 대화만 하는 것으로 끝내지 않았어요."

얼마 지나지 않아 기지와 인근 마을에서 성병 발생률이 크게 늘었다. 그리고 여성의 어머니들이 항의 시위를 벌이기 시작했다.

런던은 미군 폭격기 부대의 좋은 표적이었다. 등화관제를 실시하고, 폭격을 당했으며, 물가가 비싸고, 돌아다니기도 힘든 곳이었지만, 런던은 여전히 국제적인 대도시였고, 파시즘의 위협에 맞서 싸우는 세계 각국에서 온 군인과 외교관, 기자 들로 북적였다. 1943년, 전투에서 끔찍한 피해와 우울증에 시달리던 미군 폭격기 승무원들에게 런던은 해방구였다. 얼마 후 수많은 미군이 영국으로 들어오면서 런던의 색깔은 좀 더 다채로워지고 친근하고 매력적인 곳이 되었으나, 1943년 초에는 런던을 즐길 여유도, 그럴 마음도 없었다. 승무원들은 오직 여자와 술로 모든 것을 잊어버리기 위해 런던을 찾았다.

로버트 모건은 이렇게 말했다.

"런던에 갈 수 없었다면 모두 다 미쳐 버렸을 거예요."

모건은 동료 장교들과 함께 사병들과는 다른 코스로 런던을 여행했다.

"그건 계급의식이나 개인적인 감정 때문은 절대 아니었어요. 그저 장교 숙소와 사병 숙소가 달랐기 때문이었죠."

에릭 웨스트먼Eric Westman은 제2차 세계대전에 참전한 영국 군인으로, 미군의 '런던 침공' 당시의 모습을 다음과 같이 회상했다.

"양키들은 영국 여자들이 겪어 본 남자 중 가장 흥미진진한 상대였어요. 그들은 뭐든지 갖고 있었죠. 물론 돈도 많았지만, 매력적이고 자신감 넘치고 담배, 초콜릿, 나일론, 지프도 있었어요. 심지어는 튼튼한 물건도 있었죠. 양키 놈들은 잠자리에 환장한 놈들이었어요. 그런 쪽에 별로 경험이 없던 무수한 영국 여자들은 그들에게 홀딱 넘어가 몸도 마음도 다 털렸죠. 밖에서 일하는 영국 여자라면 거의 모두 양키를 애인으로 삼고 싶어 했어요. 인류 역사상 제2차 세계대전의 영국 주둔 미군보다 현지 여자들을 완벽하게 정복한 남자들은 아마 없을 거예요."

모건도 런던에 애인이 엄청나게 많았다. 고향에서 멤피스 벨이 기다리고 있었지만, 전혀 죄책감이 들지 않았다. 지금은 전시였기 때문에 그리 큰 죄를 짓고 있다고 생각하지 않았다. 모건은 동료 장교들과 런던을 여행할 때, 영화배우 클라크 게이블 대위와 함께 다닌 적이 있었다.

"어딜 가든 여자들이 대시했어요. 하지만 게이블은 초연했죠. 할리우드 스타라기보다는 휴가 나온 승무원 같은 태도로 받아들이려고 했어요. 물론 먹힐 턱이 없었죠. 하루는 어느 클럽에 들어갔는데, 밴드 리더가 그를 알아보고 바로 '와일드 블루 욘더Wild Blue Yonder'라는 곡을 연주했어요. 그러자 영국, 프랑스, 벨기에 출신의 미녀들이 우리 테이블로 벌떼같이 몰려오더군요. 게이블과 함께 다니는 것은 정말 대단했어요."

모건은 런던에서 친한 3명의 동료 장교와만 어울렸다. 미군들을 잔뜩 태운 열차 안에서도 마찬가지였다.

"우리는 친구를 만들고 싶지 않았어요. 친구를 많이 만드는 것은 위험했죠. 워낙 많이 죽어나갔으니까요. 친구가 죽으면 그 고통을 감내해야 합니다. 그리고 고향에 남아 있는 사람들, 심지어 아내나 애인에 대해서도 말하지 않았죠. 우리는 오직 항공기에 관한 대화만 했습니다. 엔진에 생길 수 있는 문제에 대해서는 얘기했지만, 전투 중 겪는 문제는 말하지 않았습니다. 누가 보면 우리가 트럭 운전사인 줄 알았을 겁니다."

기자들도 마찬가지였다. 월터 크롱카이트는 해리슨 살리스버리를 처음 폭격기 기지에 데리고 갈 때 이런 말을 했다.

"그 녀석들하고 친구가 되려고 하지 말게. … 자네도 알다시피 거기 있는 녀석들 대부분은 격추당할 팔자야."

제8공군의 활동 반경은 갈수록 넓어져 방공망이 매우 삼엄한 루르 계곡까지 목표로 삼았다. 물론 그럴수록 독일 전투기 부대의 저항도 강해졌다. 마침내 미군의 위협을 제대로 인식한 괴링은 동부전선에 배치되어 있던 항공기와 조종사 들을 서부전선으로 이동시켰다. 1942년 가을에 260대였던 북유럽의 독일 공군 전투기 전력은 이듬해 봄이 되자 그 2배가 되었다. 1943년 4월 17일, 제8공군은 브레멘 상공에서 가장 치열한 공중전을 벌였다. 이 전투에서 제8공군은 적의 전투기에 의해 15대가 격추되었다. 이전 임무의 2배 이상에 달하는 손실이었다. 브레멘 폭격 이전까지 멀쩡했던 장병들도 뚜렷한 이유 없이 웃거나 하는 증세를 보였다. 늦은 밤까지 술을 마시는 장병이 위험할 정도로 늘었고, 때문에 지휘관들은 기지의 클럽을 폐쇄하려 했으나 장병들이 반란을 일으킬까 봐 망설였다. 심지어 가끔 출격하는 클라크 게이블마저도 신경쇠약에 걸린 것 같았다. 그는 잠들기 위해 술을 마시거나 하루, 이틀씩 기지를 떠나 친구이자 배우인 데이비드 니븐David Niven이 소유한 윈저 성 근처에 있는 별장에서 휴식을 취하곤 했다.

중상을 입은 친구를 문병하기 위해 육군 항공대 병원에 갔을 때, 그는 이성을 잃고 말았다. 그 친구는 대공포탄에 맞아 미이라처럼 온몸에 붕대를 감고 있었다. 담당 군의관은 게이블에게 친구는 이제 몇 시간밖에 살 수 없으며, 모르핀을 맞아서 게이블이 그 방에 있다는 사실도 모를 거라고 말했다. 군의관은 건조하고 기계적인 말투로 전문 의학 용어를 사용해 환자의 한쪽 폐가 손상되었고, 척추와 갈비뼈가 부러졌다고 말했다. 그러나 게이블은 환자의 눈에 눈물이 고이는 것을 볼 수 있었다. 게이블은 군의관의 팔을 잡고 복도로 끌고 나가 벽에 밀어붙이며 말했다.

"다시 그런 짓을 했다가는 널 죽여 버리겠어!"

그 일로 게이블은 군사재판에 회부될 뻔했다.

그해 늦은 봄, 아이라 이커는 아놀드에게 신랄한 내용의 보고서를 보냈다. 이커는 새 항공기와 승무원을 보내주겠다는 약속을 받았으나, 그 약속은 그때까지 지켜지지 않고 있었다. 인내심이 바닥난 그는 결국 경력을 걸고 보고서에 이렇게 썼다.

"현재 제8공군은 도저히 미 육군의 정예부대라 할 수 없는 상태입니다. 16개월간 전투를 치른 지금, 표적 하나에 출격할 수 있는 폭격기 수는 123대가 안 됩니다. 폭격기 수도 부족한데, 승무원 중 상당수는 8개월씩이나 작전을 수행하고 있습니다. 그들은 이제 확률의 법칙을 깨달았습니다. 전우들에게 적용되는 것을 보았기 때문입니다. 제8공군을 창설하면서 한 약속들은 아직도 지켜지지 않았습니다."

또한 그는 '24시간 폭격'이라는 개념이 허구라는 주장도 했다. 미국 제8공군과 영국 공군 간의 합동 작전은 몇 가지 예외를 제외하고는 시간적 차이가 아닌, 지역적 차이가 있었기 때문이다. 영국군은 독일 본토를 폭격하고, 미군은 프랑스를 폭격하는 식이었다. 그것은 제8공군이 독일 본토 상공에서 지속적으로 작전을 수행할 만한 전력이 없기 때문이었다. 독일은 이를 이용해 전투기 전력을 보강할 시간을 얻었다. 연합군이 북유럽을 침공하려면 해당 지역의 제공권을 확보해야 했으나, 제공권은 이미 독일 손안에 들어가 버렸을지도 모른다고 경고했다.

이커는 자신의 승무원들에 대해서도 걱정했다. 그들은 1,500여 명 규모로 제8공군 전력의 핵심이었다. 1942년 11월부터 폭격 임무를 수행한 4개 B-17 전대는 하루속히 대체 전력이 와 주기를 바라고 있었다.

"그들은 실전에서 검증받았습니다. 물론 실수도 했지만, 극복했습니다. 이제 그들을 본국으로 불러들여 피로 쌓은 실전 경험을 다른 부대에 전수하게 해야 합니다. 그렇게 하지 않는다면 그들을 계속 소모하면서 아무런 경험 없는 초짜들이 교대할 때까지 영국에 남아 있을 수밖에 없습니다. 약속된 병력이 빨리 오지 않으면, 이러한 심각한 상황이 벌어지고 말 것입니다."

아놀드에게도 나름 문제가 있었다. 그는 워싱턴의 친구에게 털어놓았다. 폭격기들이 북아프리카로 전환 배치되는 것은 아놀드의 잘못 때문이 아니라고 말이다. 아놀드는 이커에게 보낸 공식 답장에 이렇게 썼다.

"나는 먹여야 할 식구가 여덟(제2차 세계대전 당시 자신이 지휘하는 8개 전구) 이나 딸려 있어. 항공기가 준비되는 대로 서둘러 그 식구들의 입 안에 밀어 넣고 있는 중이라네."

이 8개 전구의 사령관들은 각자 자기 발등의 불이 가장 뜨겁다고 생각했다. 그러나 영국의 상황은 곧 호전될 것이라고 아놀드는 장담했다.

제8공군의 사기는 심각하게 저하되고 있었기 때문에 공보장교들은 기자들에게 장병들의 이야기를 더 많이 기사화해 달라고 간청했다. 루니는 이렇게 말했다.

"승무원들은 자신의 목숨을 버리면서 처절하게 싸우고 있다는 사실을 누군가가 이해해주기를 간절히 바랐고, 그들의 이름을 신문에 알리는 것이 프로의 일이었다."

루니 역시 프로였다. 때마침 루니도 장병들의 죽음에 대한 우울한 기사를 그만 쓰고 싶었다. 그해 봄, 제8공군에서 가장 극적으로 생존하며 이름을 떨친 것은 제306폭격비행전대의 문제아 '스너피Snuffy' 스미스였다.

메이나드 해리슨 스미스Maynard Harrison Smith는 그해 봄에 도착한 첫 번째 보충병들 중 하나였다. 당시 그의 나이는 32세로, 보충병 중 최연장자 축에 속했다. 작은 마을 판사의 아들로, 그는 기지 인근의 술집을 빈번히 들락거리며 지역 주민들과 정치에 대해 논쟁하기를 즐겼다. 그러나 기지로 돌아오면 영락없는 문제아였던 그는 막사 동료들 사이에서는 '고문관'으로 통했다.

스미스는 1943년 5월 1일, 첫 번째 공습에 나섰다. 베테랑 조종사 루이스 페이지 존슨Lewis Page Johnson 중위가 조종하는 이 항공기는 사실 원래부터 스미스가 타던 기체가 아니라 다른 사람을 대신해 타게 된 것이었다. 스미스가 맡은 자리는 볼 터렛이었는데, 사실 그는 단 한 번도 볼 터렛에 들어가 본 적이 없었다.

폭격비행전대가 생나제르 폭격을 마치고 돌아오던 중 육지를 육안으로 확인하고 하강하기 시작했다. 부조종사는 당시 기내의 상황을 이렇게 묘사했다.

"시야가 잘 확보되지 않았지만 분위기는 꽤 좋았다. 그런데 갑자기 평 평 평 평! 대공포가 일제사격을 시작했고, 우리는 순식간에 그 한가운데 놓이게 됐다."

그들이 날고 있는 곳은 영국 상공이 아니었다. 항법사의 실수로 그들은 브레스트의 유보트 기지 상공을 날고 있었던 것이다. 잠시 후 구름을 뚫고 Fw 190 무리가 벌떼처럼 날아와 공격했다.

상부 기관총 사수 윌리엄 파렌홀드William Fahrenhold는 총탑에서 내려와 후방에서 적이 엄청난 사격을 퍼붓고 있다고 보고했다. 인터폰이 총격으로 고장 나자 조종사인 존슨은 파렌홀드에게 위치로 돌아가서 항공기의 피해 상황을 보고하라고 지시했다. 존슨이 통신실 문을 열자 엄청난 불길이 뿜어져 나와 꼼짝할 수가 없었다.

"탄약이 폭발하고 있었다. 나는 그 화염을 뚫고 스미스가 뛰어다니는 것을 봤다. 탄피가 날아다니다가 그의 낙하산 하네스에 부딪쳐 튕겨 나갔다."

당시 스미스는 볼 터렛에서 나왔는데, 나와서 보니 기체 여기저기서 불기둥이 맹렬히 타오르고 있었다. 앞쪽의 불기둥은 통신실에서, 뒤쪽의 불기둥은 후방 동체에서 뿜어져 나오고 있었고, 화염이 점점 그를 향해 다가오고 있었다. 스미스는 훗날 루니에게 이렇게 말했다.

"갑자기 불길을 뚫고 통신수가 비틀거리며 걸어 나왔죠. 그는 기관총 사수용 탈출 해치까지 한걸음에 내달리더니 해치를 열고 뛰어내렸습니다. 그 친구는 수평 꼬리날개에 부딪혀 튕겨져 나갔지만, 이내 낙하산이 펼쳐지는 것을 보았습니다."

잠시 후 측면 기관총 사수도 탈출했다. 후일 조종사는 스미스가 탈출하지 않고 남아 있었던 이유를 이해할 수 없었다고 인터뷰에서 밝혔다.

연기와 유증기가 너무 독해 스미스는 숨을 쉴 수 없었지만, 그는 스웨터를 얼굴까지 끌어올려 덮고 소화기를 들고 통신실에 불을 끄러 갔다.

"어깨 너머로 보니 후방 동체도 불바다였는데, 불 속에서 무언가가 기어 나오고 있어서 뒤로 물러났어요. 후미 기관총 사수 로이 깁슨Roy H. Gibson이 부상을 입고 온몸에 피를 흘리며 힘들게 기어 나오더군요. 자세히 살펴보니 등에 총을 맞았는데, 총탄이 그의 왼쪽 폐를 관통한 것 같았어요. 나는 그의 몸을 왼쪽이 바닥으로 향하도록 눕혔어요. 그래야 피가 오른쪽 폐로 안 들어가거든요. 그 다음 모르핀을 주사했어요."

미군 폭격기에 실린 응급처치 키트에는 1회용 모르핀 주사기가 들어 있었다. 승무원은 그 사용법도 교육받았다. 그러나 항공기는 불바다가 되었고, 밖에서 얼음장처럼 차가운 바람이 들이치는 상황에서 두꺼운 비행복까지 입은 부상자에게 모르핀을 주사하는 것은 매우 힘든 일이었다.

깁슨을 안정시키고 스미스는 다시 화재 현장으로 돌아갔다. 그때 독일 Fw 190 1대가 최후의 일격을 날리기 위해 그들에게 돌아왔다.

"저는 측면 기관총을 잡고 그 적기에다 사격을 가했어요. 그리고 불타고 있는 통신실로 갔죠. 불붙은 문서들을 기체 밖으로 던져버렸어요. 화재로 동체 측면에 큰 구멍이 나서 그 구멍을 통해 던져버렸죠. 소화기에서 뿜어져 나오는 소화 가스 때문에 숨이 막힐 지경이었어요. 그래서 저는 다시 불붙은 후방 동체 쪽으로 갔어요. 편하게 다니려고 낙하산은 벗어 던져 버렸어요. 그런데 빨리 벗지 않아서 다행이었어요. 나중에 그 낙하산에 30구경 총탄이 박혀 있다는 것을 알게 됐거든요."

마지막 남은 소화기마저 다 쓰자, 스미스는 불에 소변을 보고 장갑과 부츠에서 연기가 날 때까지 손과 발로 불을 끄려고 했다.

"그 포케불프가 또 날아오자 이번에는 그냥 놔뒀어요. 그런데 그때는 우리에게 총을 쏘지 않고 가버리더군요. 불길이 어느 정도 잡히자 다시 육지가 눈에 들어왔어요."

스미스는 무릎을 꿇고 앉고, 부상당한 후미 기관총 사수를 돌봤다. 스미스는 그에게 곧 집에 돌아갈 수 있다고 말했지만, 곧 항공기 뒷바퀴가 없어졌다는 사실을 알고는 착륙 시 충격으로 B-17이 반으로 부서질까 봐 두려움에 떨었다. 이 땅딸막한 기관총 사수는 1시간 15분 동안 화재와 적기에 맞서 싸웠다. 그가 밖으로 내버린 탄약 상자들의 무게를 다 합치면 그의 체중보다 30파운드(13.5킬로그램) 부족한 100파운드(45킬로그램)였다.

이 항공기는 다른 항공기들과 밀집 대형으로 비행하고 있었는데, 바로 왼쪽에는 레이먼드 J. 체크Raymond J. Check 대위가 조종하는 항공기가 날고 있었다. 그 항공기의 승무원들은 스미스가 사투를 벌이는 것을 전부 목격했다.

"우리는 스미스가 부상당한 사수를 구하기 위해 불길을 뚫고 다니는 것을 봤습니다. 탄약이 폭발해 통신실 상부 창문에서 화염이 뿜어져 나오는 것도 볼 수 있었어요. 우리는 그가 불길과 싸우며 적의 전투기를 공격하는 모습도 볼 수 있었습니다. 그는 이 모든 것을 불을 뿜는 바람 속에서 했습니다. 그 와중에 그가 죽지 않고 살아남은 것은 오직 하나님의 뜻입니다."

엉망이 된 스미스의 B-17은 랜즈 엔드 인근의 비상 활주로에 착륙했고, 그때까지 동체는 부서지지 않고 버텨 주었다. 스미스는 육군 항공대 조사관들에게 이렇게 말했다.

"동체가 두 동강 나지 않은 것은 정말 기적이었어요. 저는 그 녀석을 만든 사람들과 개인적으로 악수라도 하고 싶어요."

제303폭격비행전대의 기록에는 "스너피의 경험담이야말로 공보장교들이 알리고 싶어 하는 이상적인 것이었다. 그의 공적을 보도하지 않은 언론이 없었다"라고 적혀 있다. 보통 해외에 주둔하는 미군이 의회명예훈장을 받을 때는 미국으로 소환해 대통령에게서 직접 훈장을 받는다. 그런데 마침 육군 장관 스팀슨이 영국의 미군 항공기지를 시찰하고 있었고, 동료들이 보는 앞에서 육군 장관이 스미스에게 미국 최고의 무공훈장을 수여한다면 사기 진작에 큰 도움이 될 거라는 의견이 나왔다.

스팀슨과 그 일행이 스미스가 있는 기지로 왔을 때, 그는 보이지 않았다. 빠르게 수색 작업을 펼쳐 드디어 그를 찾았는데, 그는 기지 내에 있는 주방에서 감자 껍질을 벗기고 있었다. 그는 임무에서 돌아온 뒤 외출을 한 번 다녀온 후 훈장 수여식 때까지 주방에서 근무하라는 명령을 받은 상태였다. 그러다 훈장 수여식에 대해 잊어버리고 감자 깎기에 몰두하고 있던 것이다.

스미스의 훈장증에는 이렇게 적혀 있다.

"위 사람은 미합중국 군의 귀감이다."

그럼에도 여전히 그를 '고문관'으로 여기는 사람들이 있었고, 어쩌면 그들의 생각이 옳을지도 모른다. 그러나 스미스의 조종사는 이 쓸데없는 고집쟁이가 해낸 일을 '완벽한 자기희생'이라고 불렀다.

종결

　그해 5월, 마침내 보충병들이 도착했고, 폭격기 부대의 사기는 다시 오르기 시작했다. 이들은 적절한 때 영국에 도착했는데, 당시 제8공군은 전투 행동반경을 460마일(740킬로미터)로 늘려 독일 본토의 킬까지 폭격하고 있었다. 제8공군의 인명 손실은 막대했다. 마크 매티스도 이때 전사했다. 5월 13일 보충병이 도착하자 제8공군의 작전 병력은 2배 이상으로 늘었고, 기존 100개에 불과하던 승무조는 단숨에 215개가 되었다. 개척자들은 제8공군을 정상 궤도에 올려놓기 위해 엄청난 대가를 치렀다. 제8공군은 임무를 시작하고 처음 10개월간 중폭격기 188대와 승무원 약 1,900명을 잃었다. 영국으로 돌아오는 데 성공했으나 전투 중 중상을 입은 사람, 혹은 부상이 악화되어 숨을 거둔 사람은 포함하지 않은 수치다. 1942년 여름과 가을, 무사히 전투 파견 기간을 마치지 못한 승무원은 약 73퍼센트에 달했다. 전체 인원의 57퍼센트가 전사 또는 실종되었고, 16퍼센트는 영국에서 비행 사고로 순직하거나 중상 또는 정신적·육체적으로 장애를 입어 영구 비행 금지 처분을 받았다.

　5월 29일, 제8공군은 61번째 실전 임무를 실시했다. 이번 임무에는 279대의 중폭격기가 출격했다. 이 임무로 제8공군은 이커가 말한 실험 기간을 끝냈다. 이커는 이제 카사블랑카에서 처칠에게 약속한 24시간 폭격을 감당할 수 있는 전투력이 갖추어졌다고 확신했다. 그는 전쟁 전에 항공전 원칙에 대한 확고한 믿음이 있었는데, 그동안 여러 사건을 겪으면서 그러한 믿음은 더욱 단단해졌다. 그리고 장거리 호위 전투기가 없어도 폭격을 지속할 수 있다고 믿었다. 그러한 믿음은 어느 정도 현실에 기반한 것이었다. 당장 마땅한 장거리 호위 전투기가 없었고, 가까운 미래에도 그런 전투기가 나올 리 없는 게 현실이었다.

그러나 육군 항공대는 그런 전투기가 필요하다는 것을 인식하기는 했다. 헤이우드 한셀조차 이제는 장거리 호위 전투기 개발을 지지하기 시작했다. 종전 후 한셀은 효과적인 장거리 호위 전투기 개발이 기술적인 타당성이 없다고 주장한 자신은 물론, 맥스웰 기지 항공 전략가들의 실책을 인정했다.

"기술적 요인에 대한 충분한 지식이 없는 나 같은 사람들은 기술적 특징에 비중을 두어야 할 때 그렇게 하지 않았습니다. 그러나 훗날 엔지니어들은 장거리 호위 전투기 개발이 가능하다고 했습니다. 그 말은 완벽하게 합리적으로 들렸습니다."

항공 차관보 로버트 러베트는 가 영국 주둔 미군 항공기지들을 시찰하고 돌아온 1943년 6월, 아놀드에게 즉시 장거리 호위 전투기 생산에 집중할 것 요구했다. 당시 아놀드는 5월에 두 번째 심장마비를 일으켰고, 회복 후 막 복귀한 상태였다. 아놀드는 자신의 참모장 바니 자일스Barney Giles 소장에게 문서 하나를 보냈다. 어떤 역사가는 이 문서를 가리켜 아놀드가 작성한 문서 중 가장 중요한 것이라고 했는데, 그 내용은 다음과 같다.

"러베트의 보고서에는 폭격기와 함께 행동할 수 있는 전투기 생산이 절대적으로 필요하다고 강조하고 있다. 더구나 이러한 전투기는 독일 본토 상공으로 들어갈 수도 있어야 한다. … 이제 6개월 뒤에 독일 본토 상공에서 본격적으로 장거리 침투 작전을 시작할 것이다. 그 전까지 폭격기 호위 전투기를 반드시 확보해야 한다. 기존 전투기를 사용하든, 새로 전투기를 개발하든 상관없다. 즉시 시작하라."

아놀드가 이렇게 서두른 것은 현명한 조치였다. 그해 여름, 이커는 호위 전투기 없이 독일 도시 상공에 폭격기를 투입할 계획이었기 때문에 시간이 촉박했다.

아놀드의 문서 어디에도 P-51 머스탱Mustang 전투기에 대한 언급은 없지만, 이 전투기는 유럽 항공전의 판도를 뒤집을 수도 있었다. 아놀드는 호위 전투기 프로젝트를 맡은 생산팀을 직접 독려하지 않았고, 이 문제를 맡은 자일스가 엔지니어와 설계자 들을 감독했다. 그러나 자일스도 1943년 말까지 머스탱을 준비할 수 없었기 때문에 그때까지 폭격기들은 원통형 기수로 스핏파이어를 빠르게 대체하고 있는 신형 P-47 썬더볼트의 호위를 받아야 했다.

허버트 허브 젬케 소령의 제56전투비행전대는 고도로 숙련된 베테랑들을 보유한 최고의 정예부대였다. 이들은 1943년 10월, 뮌스터로 출정했다 돌아오는 폭격기들을 호위하게 되었다. 이들이 보유한 P-47에는 50구경 기관총 8정을 탑재하고 있었다. 그러나 이 항공기들도 독일 국경까지만 폭격기를 따라갈 수 있었다.

1930년대 폭격전의 선구자 해럴드 조지는 훗날 제2차 세계대전에 참전하게 될 학생들에게 이렇게 가르쳤다.

"양측의 대규모 공군이 공중에서 맞붙을 일은 없다. 그런 일은 잘 모르는 이들의 상상 속에서나 가능하다."

그러나 1943년 초여름, 미군 중폭격기들은 숫자가 크게 늘어난 독일 공군 요격 전투기들과 대규모 공중전을 치르기 시작했다.

이러한 새로운 항공전을 준비하기 시작하던 1943년 봄 무렵, 20세의 통신수 겸 기관총 사수 마이클 로스코비치Michael Roscovich가 승무원으로서 최초로 25회의 출격을 완료했다. 그는 정해진 승무조 없이 여러 항공기의 승무조로 투입돼 그때그때 임무를 수행했다. 그는 25번째 출격을 마치고 돌아오면 기지 상공에서 낙하산을 메고 뛰어내릴 생각이었다. 그러나 하필 그때 바람이 거세게 불었고, 또 관제탑에서 그런 행위를 금지했기 때문에 그 계획을 실행하지 못했다. 그가 탄 항공기가 멈춰 서자 동료 승무원들은 그의 겉옷을 벗기고 등에 페인트로 '25회 출격 달성'이라고 썼다. 로스코비치는 근처에 있는 자전거를 집어타고 속옷 바람으로 기지를 돌아다녔다.

5월 초, 여러 대의 B-17과 승무조들이 25회 출격 달성을 목전에 두고 있었다. 1943년 5월 14일, 최초로 25회 출격을 달성한 것은 헬스 엔젤스호였다. 그러나 육군 수뇌부와 연줄이 있었던 윌리 와일러 감독은 3일 후 25회 출격을 달성한 멤피스 벨호가 가장 큰 주목을 받도록 손을 썼다.

멤피스 벨호에 주어진 최후의 출격 임무는 프랑스 로리앙을 폭격하는 것이었다. 임무 자체는 지상의 사무실에서 근무하는 것만큼이나 쉬웠다. 폭격을 마치고 귀환하는 폭격기에서 도버해협의 하얀 절벽이 보이자 기내에 있던 승무원들은 그야말로 좋아서 미칠 정도였다. 승무원들은 기내를 뛰어다니며 서로를 얼싸안고 등을 두드리며 소리를 지르고 노래를 불렀다. 전대장 레이 대령은 멤피스 벨호가 가장 마지막으로 착륙하도록 무전으로 지시했다. 와일러가 바라던 할리우드식 피날레를 장식하기 위해서였다. 모건의 항공기가 활주로에 접근하자 기지의 분위기도 달아올랐다.

"당시는 잔디 깎는 기계를 구할 수 없었어요. 하지만 멤피스 벨호의 착륙을 위해 제초 작업을 말끔하게 해놨었죠."

모건은 이렇게 말했다.

"착륙한 멤피스 벨이 활주로로 들어와 엔진을 끄자 기지 전체가 불타올랐어요. 장병들은 환호성을 지고 모자를 벗어 하늘로 던지면서 우리 항공기로 달려왔어요. 한 카메라맨은 항공기 창문으로 밖을 내다보는 측면 기관총 사수 빌 윈첼Bill Winchell을 멋지게 찍어 주었어요. 윈첼은 여윈 얼굴

마스터스 오브 디 에어 1

에 미소를 가득 머금고서 한 손으로 작은 나선형을 그리면서 항공기에서 내렸어요. 적기를 격추시켰다는 뜻이었죠."

멤피스 벨호의 한 승무원은 항공기에서 뛰어내린 다음, 땅에 키스를 했다. 항공기에서 내린 모건은 장병들이 멤피스 벨호의 기수에 그려진 섹시한 여자와 키스할 수 있도록 목말을 태워줬다. 와일러는 장병들 틈을 간신히 뚫고 들어가 모건에게 축하 인사를 건넸다. 모건은 와일러에게 만약 멤피스 벨이 격추당했다면 어쩔 뻔했냐고 물었다. 그러자 와일러는 이렇게 답했다.

"그래도 문제될 건 없어. 헬스 엔젤스호도 많이 촬영해 뒀거든."

다음 달, 모건을 포함한 10명의 승무원은 멤피스 벨호를 타고 미국으로 돌아와 31개 도시를 돌며 전쟁 공채 판매를 위한 순회공연에 참가했다. 이들 중 모건을 제외한 9명은 멤피스 벨호의 원래 승무원이 아니라, 제8공군 승무원 중에서 선발된 사람들이었다. 이커와 아놀드는 이 순회공연을 그해 여름부터 막 시작하려는 폭격 작전에 대한 본국의 지원을 강화하는 계기로 삼았다. 그러나 육군 항공대 공보관들은 멤피스 벨호가 제8공군에서 최초로 25회 출격을 완료한 항공기가 아니라는 사실과 공연에 출연한 10명의 승무원 전원이 25회 출격을 완료한 게 아니라는 사실은 숨겼다. 애초에 제8공군에서 항공기 1대로 25회 출격을 달성한 승무원은 극소수에 불과했다.

12월에 순회공연이 끝나고 모건은 결혼을 했으나, 상대는 그토록 그리워하던 멤피스의 약혼녀가 아니었다. 육군 항공대에서 모건을 순회공연에 자주 데리고 다닌 끝에 모건과 약혼녀는 헤어지고 말았고, 모건은 순회공연을 다니다 만난 고향 친구 도티 존슨과 결혼했다. 결혼식을 마친 뒤 모건은 캔자스주의 프랫Pratt 육군 항공기지로 보내졌다. 육군 항공대가 이듬해 태평양으로 투입할 예정인 신무기 B-29 슈퍼포트리스Superfortresses 폭격기로 조종 훈련을 받기 위해서였다. 모건은 1944년 가을 마리아나제도에 배치되었다. 직속상관은 헤이우드 한셀이었고, 한셀의 직속상관은 커티스 르메이였다. 그리고 그가 사이판에서 출격해 도쿄 폭격에 사용한 B-29 항공기의 애칭은 돈트리스 도티Dauntless Dotty, 불굴의 도티였다.

배싱본에서 촬영을 마친 윌리엄 와일러 감독은 다섯 번 출격해야 받을 수 있는 항공 훈장을 받기 위해 한 번 더 전투 임무에 나섰다. 이것이 그의 다섯 번째 출격이었다. 이후 그는 인터뷰에서 이렇게 말했다.

"하필이면 그 다섯 번째 출격에서 죽을 뻔했어요. 정말 후회되는 어리석은 결정이었죠."

그러나 감독의 친구들에 따르면, 와일러는 그 출격으로 받은 항공 훈장을 자신이 받은 그 어떤 영화상보다도 더 자랑스럽게 생각했다고 한다.

그해 여름, 클라크 게이블은 계속 출격하면서 다큐멘터리 영상을 촬영했다. 그리고 10월 말, 그간 촬영한 5,000피트(1.5킬로미터) 길이의 필름을 편집하기 위해 귀국길에 올랐다. 게이블이 살아서 미국 본토로 돌아가자 육군 항공대는 안도했다. 게이블의 한 상관은 런던에서 영화를 제작하고 있던 영화감독 프랭크 캐프라Frank Capra에게 이렇게 말했다.

"게이블 그 친구는 정말 죽으려고 하는 것 같았어요."

워싱턴에서 아놀드는 게이블의 활동 덕분에 육군 항공대는 기관총 사수를 충분히 충원할 수 있었다며, 더 이상 영화 촬영은 할 필요가 없다고 했다. 그러나 게이블은 촬영을 계속했고, 결국 영화를 완성해 그 영화를 전쟁 공채 판매 순회공연에서 상영했다. 그는 노르망디상륙작전 이후 전역할 때까지 전쟁 공채 판매 순회공연에 매번 참여했다. 그러한 노력에도 불구하고 폭격기 부대를 떠난 이후 게이블은 더 이상 일선의 임무를 맡지 못하자 실망감에 빠져 있었다. '싸워라 미국'의 편집 상태는 어설펐으나, 하사관 사수들이 직접 출연했기 때문에 그들의 입장을 이야기하는 유일한 영화이며, 가장 훌륭한 전투 장면이 담긴 영화다.

반면 윌리엄 와일러는 전쟁 보도 및 선전을 위한 41분짜리 다큐멘터리 걸작 영화를 만들었다. 완성된 그의 영화는 1944년 4월 백악관에서 상영했는데, 대통령은 휠체어를 타고 와일러 옆에서 영화를 관람했다. 상영이 끝나자 루스벨트 대통령은 와일러를 향해 몸을 기울이며 이렇게 말했다.

"이 영화를 당장 미국 전역에서 상영해야겠소."

파라마운트사가 미국 전역의 극장에 이 영화를 배급했고, 평론가들은 이 영화에 관해 대서특필했다.《뉴욕타임스》를 필두로 여러 신문들이 이 영화 관련 기사를 1면에 실었다.《뉴욕타임스》의 영화 평론가 보슬리 크로더Bosley Crowther는 이 영화야말로 모든 미국인이 반드시 알아야 할 내용을 담고 있다고 평했다.

와일러는 사실을 아주 정확하게 묘사하지는 않았다. 영화는 5월 15일 있던 빌헬름스하펜 공습을 담고 있었으나 같은 날 멤피스 벨호가 폭격한 것은 사실 독일 북해 앞바다에 있는 작은 섬, 헬골란트였다. 그리고 영화 속 나레이터의 대사와 달리 그날 연합군은 1,000대나 되는 항공기를 동원하지 않았다. 그러나 그 밖의 다른 부분들은 비교적 정확하게 묘사했다.

하지만 와일러 감독은 자기 앞에서 반유대주의적 발언을 한 벨보이에게 산탄총을 쐈다는 이유로 육군에서 강제 전역을 당할 뻔했다가 윗선의 도움으로 간신히 위기를 모면하고 육군 항공대를 소재로 한 영화 '썬더볼트Thunderbolt'를 만들었다. 1946년에는 세 병사가 전쟁이 끝난 미국으로 돌아와 힘들게 적응해가는 이야기를 다룬 '우리 생애 최고의 해The Best Years of Our Lives'를 만들었는데, 이 영화는 또 다른 걸작 전쟁 영화로 손꼽힌다. 만약 와일러 감독이 유럽 항공전을 현장에서 목격하지 않았다면 그런 영화를 만들 수 없었을 것이다. 그는 자신에게 전쟁이야말로 '현실로의 도피처'였다고 말했다.

"오직 인간관계만이 중요했다. 돈도 지위도 가족도 내일 죽을지 모르는 그들에게는 중요하지 않았다. 그것은 정말로 경이로운 심리 상태였다. 그러나 그런 심리 상태를 만들기 위해 전쟁을 겪어야 한다는 건 참으로 안타까운 일이었다."

영국 주둔 미군 항공대 초기의 승무원들은 1943년 초여름, 본국으로 귀향할 때 자신들이 그토록 제거하려고 애썼던 유보트의 위협이 크게 사라진 바다를 통해 귀향했다. 그해 봄 독일 해군 잠수함대가 돌이킬 수 없는 치명적 타격을 입었던 것인데, 이 사건은 제2차 세계대전의 판도를 크게 바꿔놓는 분수령이 되었다. 그해 5월, 연합군은 전쟁 발발 후 3년 동안 격침시킨 유보트보다 많은 41척의 유보트를 격침하고 대서양에서 우위를 점하게 되었다. 그 때문에 나치는 그해 5월을 '검은 5월'이라고 불렀다. 그리고 5월 말, 되니츠 제독은 북대서양에 배치된 잠수함들을 철수시켜 안전한 해역에 재배치했다. 그리고 그는 직접 인정했다.

"우리는 대서양 전투에서 지고 있다."

이후 수개월 동안 대서양을 횡단한 62개 호송대 중 유보트에 격침당한 배는 1척도 없었다. 대서양 전투에서의 승리와 미국의 막대한 상선 건조량은 유럽 항공전에도 큰 영향을 미쳤다. 물론 폭격기 승무원들은 여전히 자신의 비행기를 몰고 대서양을 건너왔다. 이들 중 다수는 한겨울에 브라질과 아조레스제도 끝단을 지나는 새로운 남방 항로를 이용했다. 그러나 1943년 초에 비해 유보트의 위협이 현저히 줄어들자 배편으로 사수,

정비사, 항공관제사, 정보 전문가 등 수만 명의 육군 항공대 요원이 안전하게 바다를 건너오기 시작했다. 항공연료, 항공기 부품, 전투기 완제품을 가득 실은 수송선이 매주 영국 항구로 들어왔다. 상륙작전을 방해하는 두 개의 커다란 위협 중 하나가 사실상 사라지자 처칠과 루스벨트는 한숨을 돌렸다. 이제 연합군 공군은 독일 공군과 독일 항공 산업에 전투력을 집중할 수 있었다.

유보트는 기지와 조선소를 대상으로 한 공중 폭격이 아니라, 새로운 대잠수함전 기술과 전술에 의해 패배한 것이었다. 그중에는 독일의 무선통신에 대한 감청과 해독 능력이 비약적으로 발전하고, 대규모 수송선단을 구성해 유보트를 탐지하고 격파할 수 있는 고속 구축함이 호위하는 식의 전술을 구사한 것도 주요한 요인이었다. 그러나 항공기야말로 유보트의 가장 큰 적이었다. B-24 리버레이터 폭격기가 먼 바다에서 늑대 떼 전술을 이용하는 유보트들을 공격하면 호위 항공모함에서 출격한 소형 전투기들이 마무리로 일격을 가했던 것이다.

유보트 방공호를 폭격하는 것은 효율이 떨어졌다. 1943년 1분기에, 제8공군이 투하한 폭탄의 63퍼센트, 영국 공군이 투하한 폭탄의 30퍼센트가 유보트 관련 시설을 공격하는 데 쓰였다. 연합군 공군 사령관들은 자신들이 콘크리트로 만든 유보트 방공호를 파괴하지 못했다는 사실은 알고 있었지만, 부정확한 정보에 현혹되어 방공호 외부의 지원 시설과 독일의 잠수함 건조 시설에 끼친 피해에 대해서는 과대평가하고 말았다. 따라서 미국 해군 참모총장 어니스트 킹Ernest King 제독은 마셜과 루스벨트에게 비스케이만 해군기지에 대한 공습을 지속해 달라고 계속 강력하게 요구하게 된다.

아이라 이커는 이 어긋난 임무를 수행하라는 요구에 비교적 잘 호응해

주었다. 그러면서 제8공군은 로리앙과 생나제르에서 고공 공중전을 처음으로 습득했으며, 그렇게 쌓은 경험은 앞으로 새로 올 승무원들이 활용할수 있다고 주장했다. 로버트 모건은 훗날 이렇게 말했다.

"그 말이 맞을 수도 있죠. 하지만 그런 경험은 다른 표적을 폭격하더라도 충분히 얻을 수 있었습니다."

1942년 하반기에 항공 작전을 지휘한 로렌스 커터 장군은 전후 인터뷰에서 잠수함 기지 폭격을 가리켜 이렇게 말했다.

"전략공군 전력을 도저히 용납할 수 없는 방식으로 소모한 작전이었습니다. 우리는 엄청난 수의 정예 병력과 재능을 낭비했지만, 아무것도 얻지 못했습니다. 우리의 폭탄은 브레스트 반도 전역에 아무렇게나 흩뿌려졌고, 아마도 독일군보다 프랑스인을 더 많이 죽였을 겁니다. 잠수함 방공호 상공은 독일 전투기 부대의 실전 훈련장이 되었습니다. 독일 전투기들은 그야말로 끝없이 몰려왔고, 대공포 포대도 100개가 넘었습니다. 우리 폭격기들을 표적으로 한 독일군의 사격 연습장이나 다름없었습니다. … 나는 이런 사실을 지적하고, 제1폭격비행단의 전력이 아무 성과 없이 낭비되고 있는 현실을 개선하는 데 온 힘을 기울였습니다. 우리 부대가 그런 지경에 이르게 된 원인은, 킹 제독이 워낙 고위급인 데다 아군이 대잠수함전에서 질 수 있는 현실 때문이었다고 저는 확신합니다."

커터는 당시를 회고하면서 잠수함 기지 폭격 중단 및 대형 잠수함 조선소가 있는 함부르크에 폭격을 더 강하게 해야 한다고 주장하지 못한 것이 아쉽다고 말했다.

"누가 그러는데, 그 임무를 지시받았을 때 내가 울고 있었다고 하더군요."

커터는 영국에서 북아프리카로 가기 전 마지막으로 쓴 보고서에서 제8

공군이 전쟁의 승리에 도움이 되는 표적을 제대로 선정하지 못하고 있다고 지적했다. 그러나 그해 여름, 제8공군이 1942년 하반기에 집결시킨 전력보다 더 강한 전력으로 함부르크를 집중 타격했으나, 독일은 파괴된 유보트 조선소를 놀라울 정도로 빨리 복구해냈다. 사실 제8공군은 작전 첫해에 독일 어디를 강타하든 심각한 피해를 가할 만한 충분한 폭격기를 보유하고 있지 못했다.

독일이 초기 기습에서 정신을 차리기 전에 독일의 방공망을 압도해 심각한 타격을 가할 수 있을 정도로 충분한 폭격기 전력을 모을 때까지 작전을 시작해서는 안 됐다고 주장할 수도 있을 것이다. 그러나 1942년 가을, 제8공군의 거의 모든 지휘관들은 이러한 전략에 반대했다. 전력이 계속 줄어들고 있는 상황에서 작전을 지연시키다가는 제8공군의 존재 자체가 위험해질 수 있다고 생각했던 것이다. 그리고 이들은 타고 난 전사로, 마냥 기다리다가는 전쟁에서 지고 만다고 교육받은 사람들이었다.

또한 로렌스 커터는 폭격기 승무원들의 고충에 공감했다.

"정말 가슴 아픈 일입니다. 그들은 임무가 실패할 수도, 표적을 명중시키지 못할 수도, 표적을 명중시켜도 심각한 타격을 입히지 못할 수도 있다는 것을 알고 있었습니다. 그러나 여전히 그들은 모든 임무에 출격하고 있습니다. 이것이야말로 제가 언제든, 어떤 군사 조직에든 적용시키고 싶은 가장 뛰어난 리더십 사례 중 하나라고 말씀드릴 수 있습니다."

처음 본국으로 돌아가는 승무원들이 생기고, 새로운 보충병들도 왔다. 그러나 25회 출격을 달성했어도 가족과 다시 만나지 못하게 된 사람들도 있었다. 펜실베이니아주 출신의 마이클 로스코비치는 기관총 사격 교관이었으나 자신의 임무에 싫증이 났다. 그는 다른 승무원들과 함께 전투 임무에 나섰다가 항공기가 불시착하는 바람에 사망하고 말았다. 노스 다코타 주 출신의 제306폭격비행전대 소속 조종사 레이먼드 체크 대위도 고향으로 돌아가지 못했다. 앤디 루니는 체크 대위의 사례를 들면서 "이것이야말로 영국 주둔 미 육군 항공기지에는 해피 엔딩이 드물다는 확실한 증거"라고 말했다.

1943년 1월 26일, 체크 대위는 B-17 셰놀츠 파피 IIIChennault's Pappy III호를 타고 25번째이자 마지막 출격에 나섰다. 영불해협에 접하고 있는 프랑스 공군기지를 폭격하는, 비교적 쉬운 임무였다. 비행대대 동료들은 그를 위해 귀환 후 성대한 파티를 열어줄 계획이었다. 이 특별한 날을 기념하기 위해 대대장 제임스 W. 윌슨James W. Wilson 중령이 조종을 맡았고, 체크 대위는 부조종사로 탑승했다. 체크 대위의 부조종사 윌리엄 캐시디William Cassedy 중위는 이번 임무에서 후방 측면 기관총 사수를 맡았다.

폭탄을 투하하려고 하는 순간, 태양 속에서 독일 전투기들이 튀어나왔다. 승무원들이 알아차렸을 때는 이미 늦었다. 체크는 전투기의 20밀리미터 기관포탄이 목에 명중하면서 폭발해 그 자리에서 사망했고, 그로 인해 조종석에는 불이 붙었다. 윌슨은 맨손으로 불을 끄려고 했지만, 실패했다. 그는 피격 직전에 항공기 엔진에 문제가 발생해 섬세하게 조작하기 위해 장갑을 벗고 있었고, 구멍이 뚫린 산소 탱크에서 산소가 새어나오는 바람에 불은 더욱 크게 번지고 있었다. 다행히 다른 승무원이 들어와 소화기로 불을 껐다. 크게 화상을 입은 윌슨은 끔찍한 고통을 참으며 팔뚝으로 조종간을 붙들고 기체를 안정시켰다. 그의 얼굴에는 산소마스크가 녹아 들러붙었고, 양손은 가죽이 거의 남지 않을 만큼 다 타버렸다.

그 직후, 기관총탄이 조종석 뒤에 있던 조명탄 보관함에 명중했다. 조명탄이 폭발하면서 그 충격으로 폭탄창 문이 열렸고, 또 다른 불기둥이 타오르기 시작했다. 누군가가 탈출을 알리는 비상벨을 울렸다. 폭격수인 라이어넬 드루Lionel Drew 중위는 낙하산을 메고 뛰어내렸지만, 캐시디는 후방 동체 쪽에 있는 승무원들에게 상황을 파악할 때까지 기다리라고 지시했다. 항공기는 아직 고도를 유지하고 있었고, 엔진도 손상을 입지 않은 듯했다. 상황 파악을 하러 조종실로 갔던 캐시디가 공포에 사로잡혀 돌아왔다. 체크의 머리가 몇 가닥의 힘줄만 달린 채 피투성이가 되어 몸에 대롱대롱 매달려 있는 모습을 보았기 때문이었다. 윌슨도 양손의 피부가 검게 타 벗겨진 채, 팔뚝으로 조종간을 잡고 항공기의 자세를 유지하고 있었다. 윌슨은 산소마스크를 벗고, 치료를 받으러 아래로 내려갔다. 마침 이 항공기에는 군의관 조지 L. 펙George L. Peck 소령이 전투 경험을 쌓기 위해 함께 탑승하고 있었기 때문이다.

누구도 기관총을 잡고 있지 않았다. 캐시디와 펙을 제외하면 폭격수 전원이 부상을 입었다. 수직 꼬리날개를 포함한 기체 전체에 구멍이 나 있었다.

펙 소령이 윌슨의 손에 붕대를 감아준 후 윌슨은 조종실로 돌아왔으나 심한 통증 때문에 조종을 하기가 어려웠다. 캐시디는 25번째이자 마지막으로 임무를 수행하고 있는 항법사 밀턴 P. 블란쳇Milton P. Blanchette 중위의 도움을 받아 목이 잘린 동료를 보지 않으려 앞만 응시하면서 간신히 기지로 귀환했다.

조명탄도 없었고 무전기도 파괴되었기 때문에 이 항공기는 부상자와 전사자가 타고 있다는 사실을 알릴 방법이 없었다.

항공기는 착륙할 때는 원래 바람을 안고 착륙해야 했으나, 캐시디는 바람을 업고 착륙하기로 결정했다. 위험한 방법이었으나 활주로 끝에서 체크와 내일 결혼하기로 한 미국인 간호사가 지프를 타고 기다리고 있을 예정이기 때문이었다. 블란쳇은 훗날 앤디 루니에게 이렇게 말했다.

"그녀에게 목이 날아간 체크의 시신을 보여줄 수는 없었어요. 그래서 우리는 바람을 업고 착륙하기로 했죠. 그녀는 체크의 시신을 보지 못했어요. 어쨌든 다행이었죠."

MASTERS OF THE AIR

제6장

죽이는 법을 가르쳐라

"모든 전쟁에서 … 싸우는 건 소년들이다."

– 허먼 멜빌Herman Melville, 〈버지니아로의 행군The March into Virginia〉

1942년 8월 17일, 클라이드 만

폴 티비츠와 승무원들이 그래프턴 언더우드에서 이 전쟁에서의 첫 번째 폭격 임무를 준비하고 있던 아침, 거대한 병력 수송선단이 아일랜드 해를 건너 글래스고 항구의 관문인 클라이드 만을 향해 오고 있었다. 유보트가 득실거리고 폭풍우마저 몰아치는 북대서양을 12일 동안 바짝 긴장한 채로 건너온 끝에 만난 그곳의 바다는 잔잔하고 안전했다. 끝날 것 같지 않던 포커와 주사위 게임과도 이제 안녕이었다. 자신들의 목적지가 어디인지 모르고 배에 탑승했던 장병들은 승선 기간 내내 목적지가 어디일지를 놓고 계속 토론을 벌였다. 그린란드, 아이슬란드, 소련, 북아프리카 등 여러 후보지가 거론되었다. 그리고 마침내 논쟁이 끝났다. 그들이 도착한 곳은 영국이었다.

수송대의 선도함 중에는 몬터레이Monterey호도 있었다. 원래 호화 여객선이었던 이 배는 사치스러운 내장재를 제거하고, 칙칙한 해군 함정용 회색 페인트를 칠했다. 이 배가 클라이드 만에 도달했을 때 로버트 S. 아비브 주니어Robert S. Arbib, Jr. 병장은 눈에 띄지 않게 장교 전용 구역인 일광욕용 갑판으로 올라갔다. 배가 글래스고 항구의 내항으로 통하는 좁은 수로 위를 지나고 있을 때 난간을 잡고 서 있던 아비브는 주변 풍경에 압도되어 꼼짝할 수 없었다. 바로 앞 하늘에는 실 같은 케이블로 바지선에 묶어 놓은 거대한 방공기구가 떠 있었고, 먼 바다에는 흘수선에 어뢰 구멍이 뚫린

녹슨 화물선이 물 위에 떠 있었다. 강을 따라 늘어선 공장, 작업장, 물탱크는 물론 정박해 있는 군함까지 항구의 모든 것이 빛바랜 녹색으로 위장되어 있었다. 어디를 둘러봐도 폭격으로 피해를 입지 않은 곳이 없었는데, 폭파되고 검게 그을린 건물, 부서진 벽돌과 도로 포장용 돌무더기가 여기저기 높이 쌓여 있었다. 이들은 전쟁 지역으로 들어서고 있었고, 일순간 몬터레이의 갑판에는 기묘한 정적이 감돌았다. 몬터레이에 승선한 4,000명의 장병은 이 기묘한 북쪽 땅에서 자신들을 기다리고 있는 불확실한 미래를 내다보려고 했다. 그러나 그들은 자신들이 맞닥뜨리게 될 거대한 전쟁에 대해서도 아는 것이 별로 없었다.

그들이 탄 배가 항구도시 인근에 있는 붉은 벽돌로 지어진 공장 지대를 지나갈 때 배가 기적이 울렸고, 그 소리에 공장 노동자들이 쏟아져 나와 배를 향해 손을 흔들기 시작했다. 미군들은 갑판 난간과 현창 밖으로 몸을 내밀어 육지에 있는 영국 군인들에게 오렌지, 사과, 담배를 던지며 답례했다.

한 미군이 영국군 하사관에게 소리쳐 물었다.

"여기가 어디에요?"

그러자 상대방은 스코틀랜드 억양으로 대답했다.

"글라즈가Glazzga*."

아비브의 친구인 조니 루트비히Johnny Ludwig가 물었다.

"미국으로 가는 다음 배는 언제 있나요?"

그러자 또 다른 스코틀랜드 사람이 양손을 동그랗게 말아 입으로 가져

---

* 글래스고의 현지 발음.

간 후 역시 현지 사투리로 답했다.

"그건 말해 줄 수 없어. 허나 확실헌 건, 니는 그 배에 탈 수 없어."

이윽고 하선 명령이 떨어졌고, 미군들은 80파운드(36킬로그램)짜리 군장을 메고 배에서 내려 자갈길을 지나 넓은 공원으로 갔다. 그 공원에서 그들은 텐트를 치고 밤을 보내기로 되어 있었다. 미군들은 대대 단위로 나뉘어 다소 무질서하게 시가를 행진했다. 그러면서 길가의 젊은 여성들에게 손을 흔들었다. 흥분한 아이들은 미군들을 따라가면서 손가락으로 V자를 만들어 보이고 사탕과 껌을 달라고 했다.

"미군 아재요, 껌 줍소."

미군 대열이 모퉁이를 돌았을 때, 아비브는 발을 헛디뎌 그만 담배 상자와 파이프 담배가 든 커다란 보따리를 떨어뜨리고 말았다. 그는 마지막 남은 미국 담배를 혹시나 잃어버리기라도 할까 봐 보따리를 대열 밖으로 걸어차고, 자신도 허겁지겁 대열에서 빠져나왔다. 보따리가 풀리면서 소총과 방독면, 지주팩, 모포, 코트 등이 길 위에 쏟아졌다. 그는 몸을 숙인 채로 그것들을 줍기 위해 뛰어다녔다. 아비브는 이렇게 회상했다.

"스코틀랜드 사람들은 정중하게 대했지만, 제 모습에 꽤 놀란 것 같았어요."

세계를 구하겠다는 미군이 왔는데, 그들의 모습과 행동거지는 어린아이나 다를 바가 없었던 것이다.

그들 대부분은 육군으로, 이 중 수천 명은 그해 11월로 예정된 횃불 작전 침공군의 일원으로 북아프리카로 보내질 예정이었다. 그러나 아비브가 속한 제820항공공병대대의 경우는 싸우기 위해 영국에 온 것이 아니라, 이듬해 봄에 도착할 대규모 폭격기 부대가 주둔할 기지를 건설하기 위해 영국에 온 것이었다. 영국 주둔 미 육군 항공대는 대규모로 전력을 증강해, 노르망디상륙작전 당시에는 약 50만 명의 병력을 보유하게 된다. 이는 미 육군 항공대 전체 병력 중 3분의 2에 해당하고, 이로써 영국 주둔 중폭격비행전대는 40여 개에 달하게 되었다. 보유한 항공기는 B-17과 B-24를 합쳐 3,000대에 이르고, 그 대부분은 노픽과 이스트앵글리아 인근의 소도시들에 주둔할 예정이었다.

제8공군 보충병의 첫 본진은 로버트 모건과 레이먼드 체크가 마지막으로 출격한 1943년 5월과 6월에 영국에 도착했다. 이때까지 보충병 대부분은 영국이 건설한 기지에 주둔했지만, 그해 말부터는 이번에 영국에 새로 도착한 미군 공병부대가 건설하는 10개의 항공기지에 주둔하게 될 예정이었다. 그중 하나는 북해와 가까운 데브이치에 세워질 예정이었고, 로버트 아비브의 대대는 다음 날 기차를 타고 데브이치에 도착해 대영제국 역사상 가장 규모가 큰 토목 공사에 합류하게 되었다. 이 거대한 프로젝트는 비록 항공전의 영광과 상처를 경험하지 않았지만, 제2차 세계대전의 향방을 바꿔놓았을 뿐 아니라 영국 시골에서 고요하게 살던 수많은 사람의 삶과 지형을 영원히 바꿔놓았다.

로버트 아비브가 전쟁 중 쓴 회고록에는 이렇게 적혀 있다.

"데브이치에 도착한 지 3일이 지나도록 공식 환영식은 열리지 않았다. … 따라서 우리는 규정을 어기고 밖으로 나가 영국을 구경하기로 했다."

당시 그가 속한 대대는 건설 예정인 비행장 부지에서 야영하고 있었다. 이곳은 언덕 꼭대기에 있는 평평하고 둥근 땅으로, 그 아래로는 여러 갈래의 좁은 길이 사방으로 나 있었다. 좁은 길 사이에는 울타리가 쳐져 있었고, 그 너머로 정사각형의 밀밭과 사탕무밭, 감자밭이 펼쳐져 있었다. 그 좁은 길을 따라가면 장미 넝쿨이 드리워진 작은 대문의 초가집들이 있었다. 농부들과 그들의 아내들이 마을로 향하는 아비브와 6명의 동료들에게 고개를 끄덕여주었다. 아비브 일행은 삼각형으로 멋지게 조성된 잔디 광장이 위치한 마을 중앙에 이르러 도그Dog라는 이름의 선술집 문을 열었다.

도그 안은 어두웠고, 손님은 파이프 담배를 피우며 알아듣기 힘든 현지 사투리로 느리게 이야기를 나누는 나이 들어 보이는 단골들 말고는 거의 없었다. 뉴욕 출신으로 말이 빠른 로버트 아비브는 그런 현지인들에게서 사회성을 거의 느낄 수 없었다. 아비브의 동료도 이렇게 말했다.

"저 사람들, 설마 영어로 말하는 거 맞겠지?"

병사들은 빠르게 주위를 둘러본 후 자리에 앉아 맥주를 주문했다.

얼굴이 뻘겋고 쾌활한 술집 주인이 물었다.

"계산은 달러로 하시겠어요?"

주인은 1달러에 4실링 정도 한다며, 만약 나중에 이 환율이 너무 비싼 게 드러나면 차액을 돌려주겠다고 약속했다.

그들은 우선 쓴 갈색 에일을 마셨다. 그리고 나서 흑맥주에 도전했으나, 입맛에 맞지 않았다. 그들이 그날 가장 많이 마신 술은 라이트 에일이었다. 주인은 건조한 목소리로 말했다.

"이제는 무슨 술이든 다 똑같아요. 아시겠지만 전시에 만든 술은 도수가 너무 낮죠."

오후 7시경이 되자 손님들이 모여들기 시작했다. 그날은 토요일 밤이었다. 몰리라는 젊은 여성이 낡은 피아노를 연주하기 시작했다. 맥주잔 비우는 속도가 점점 빨라지고 분위기도 무르익어 갔다. 도그에 미군이 와 있다는 소문은 삽시간에 마을에 퍼졌다. 8시가 되자 술집은 사람들로 바글바글했다.

"모두가 소리를 지르고 노래를 불렀죠, 맥주잔 든 손을 머리 위로 들고 사람들 사이를 헤집고 다녔고요. 모두의 입에서 '양키'라는 단어가 떠나질 않았어요."

그날의 가장 큰 화젯거리는 항공기지였다. 그게 생기면 더 많은 미군이 올 것이고, 그러면 얼마 전에 그곳에서 몇 마일 거리에 있는 항구 중심지 입스위치를 폭격한 독일군에게 복수를 해 줄 수도 있을 것이다.

조니와 친구들은 누구에게든지 술을 사 주었다. 그날 그들이 주문한 맥주는 총 47잔이었다. 그때 키가 크고 마른 측량 장교 톰 스틴슨Tom Stinson 이 갑자기 테이블 위로 올라가 손님들에게 조용히 해 달라고 하더니 술기운을 빌려 연설을 하기 시작했다.

"우리의 동지 영국인 여러분, 대서양 건너편의 동포 여러분!"

그는 비틀거리다가 테이블에 놓인 술잔 위로 넘어질 뻔했으나, 용케 연설을 마무리했다. 그때 마침, 그 소란을 뚫고 날카로운 목소리가 울려 퍼졌다.

"손님 여러분! 시간 됐어요! 서둘러 주세요! 시간 됐습니다!"

아비브와 동료들은 출입문 앞에 서서 영국에서 새로 사귄 친구들에게 작별을 고했다. 다음 날 아침에 일어났을 때 그들은 언덕 위의 텐트로 어떻게 복귀했는지 전혀 기억나지 않았다. 거기까지 가는 산길에는 불빛이 하나도 없었는데 말이다.

그다음 화요일에 그들이 도그를 다시 찾았을 때, 문에는 이런 팻말이 걸려 있었다. "맥주 품절." 450년 된 도그 역사상 처음 있는 일이었다.

집시 건축업자들

폭격기 기지를 건설하는 것은 실로 엄청난 일이었다. 몇 마일에 걸쳐 콘크리트를 부어 활주로를 깔아야 하고, 벽돌과 나무로 된 건물 수십 채를 지어야 한다. 철골판으로 된 반원형의 막사는 물론, 풋볼 구장만 한 철제 격납고도 수백 채 지어야 한다. 그 지방 사학가의 기록에 따르면, 통상 폭격기 기지 1개를 건설하려면 8마일(12.8킬로미터) 길이의 울타리와 나무 1,500그루를 베어내야 하고, 40만 세제곱야드(30만 6,000세제곱미터)의 흙을 파내야 한다. 그 위로 10마일(16킬로미터) 길이의 도로, 20마일(32킬로미터) 길이의 배수로, 10마일 길이의 도관, 6마일(9.6킬로미터) 길이의 상수관, 4마일(6.4킬로미터) 길이의 하수관을 놓아야 한다. 활주로 공사에는 콘크리트가 17만 5,000세제곱야드(13만 4,000세제곱미터)가 들고, 건물을 짓기 위해서는 벽돌이 450만 장 필요하다. 이동 구역에 도로를 까는 데도 도로 포장용 아스팔트가 3만 2,000세제곱야드(2만 4,500세제곱미터) 든다.

데브이치의 미군 공병들이 단시간에 대량으로 실시한 건축 계획은 엄청난 비용을 필요로 했다. 더불어 그곳의 아름다운 자연경관이 파괴되었다. 군 입대 전 생물학을 전공한 아비브는 자연환경을 직접 탐사하는 걸 좋아했지만, 더 이상 자연을 둘러볼 여유가 없었다. 기지가 들어설 지역의 모든 것은 적의 도시로 출격할 폭격기들에게 길을 열어줄 평탄화 작업을 위한 기계들에 내줘야 했다. 활주로 공사 부지에 있던 수백 년 된 농가들은, 현지인들이 이전에 본 그 어떤 육상 기계보다 크고 시끄러운 미제 공사 장비에 의해 완전히 박살 났다. 아비브는 자신의 일기에 이렇게 썼다.

"마치 홍수가 나서 아름다운 경관을 다 먹어 치우는 것 같았다. 그러다 물이 빠지고 나면 어떤 생명체도 보이지 않고 황무지로 변하게 하는 홍수 말이다."

현지인들은 미군이 이렇게 시골 풍경을 망가뜨리는 것을 친절하게 바라보고만 있지 않았다. 농민들은 공사에 반대했고, 어떤 사람은 산탄총으로 미군 측량 요원들을 내쫓기도 했다. 그러나 그들의 삶의 터전을 8인치(20센티미터) 두께의 콘크리트 속에 파묻는 것을 막기에는 역부족이었다.

아비브는 항의하는 농민들에게 자신들이 해야 하는 일은 수세에 몰린 연합군을 공세로 전환하고, 독일군을 무너뜨려 먼 전쟁터에 나가 있는 그들의 아들들을 돌아오게 하는 일이라고 말하고 싶었지만, 끝내 하지 못했다.

데브이치 항공기지 건설 작업은 눈비가 많이 오고 지독하게 추운 겨울에 이뤄졌다. 이곳을 포함해 런던 주변의 100여 군데 군사시설 건설 현장에서 가장 속을 썩이는 것은 진흙이었다. 육군 항공대 역사가들은 이런 글을 남겼다.

"영국 진흙은 물처럼 찰랑거리는 것부터 젤리 같은 타입까지, 그 품종과 범위가 매우 무한하다."

겨울이 되자 영국의 나무들은 모든 잎을 떨구었고, 대지는 맨살을 드러냈다. 낮은 짧아졌고 그나마도 햇빛이 잘 들지 않는다. 어떤 미군은 의아해했다.

"대체 독일은 이런 나라를 왜 먹으려고 하는 거지?"

미국 신문들은 대대적인 폭격기 기지 건설을 가리켜 '이 전쟁에서 승리하기 위한 위대한 행동'이라고 찬양했다. 《스타스 앤 스트라이프스》는 이런 기사를 내보냈다.

"영국의 푸른 대지 위에 선 미군 공병들은 새벽부터 밤까지 콘크리트와 철근과 땀을 아낌없이 쏟아부으며 인류 역사상 가장 거대한 건축 공사를 벌이고 있다."

그러나 이 힘들고 지치는 일에 낭만은 없었다. 장병들의 사기를 유지하기도 힘들었다. 미군은 텐트나 조립식 반원형 막사에서 살았다. 난방은 석탄 난로로 했는데, 그마저도 부족할 때가 많았다. 근무는 10시간씩 1일 2교대로, 식사는 시간을 아끼기 위해 공사 현장에서 했다. 작업은 매일 사물을 분간할 수 없는 캄캄한 새벽부터 시작하여 온종일 진행됐다. 민간인이 모는 트럭이 끊임없이 자갈, 모래, 시멘트, 폭격 맞은 도시에서 구한 잡석 등을 싣고 좁은 산길을 내달려 왔다. 그렇게 가져온 자재들이 작은 산을 이룰 만큼 엄청나게 쌓이면 대대 트럭들이 그 자재들을 도로 포장하는 기계로 실어 날랐다. 그렇게 1개 대대가 하루에 0.5마일(800미터)의 활주로를 건설했다. 어느 항공공병대대는 노르망디상륙작전 전까지 영불해협을 횡단하는 2차선 고속도로를 만들 수 있을 정도의 콘크리트와, 세계에서 가장 높은 건물을 지을 수 있을 만큼의 벽돌을 사용했다.

이 항공공병대대에서 가장 힘든 보직은 시멘트 병이었다. 시멘트 병들은 온종일 나무로 된 단상에 올라서서 100파운드(45킬로그램)짜리 시멘트 포대를 까서 1분에 1대씩 지나가는 트럭의 적재함에 쏟아붓는 단조로운 작업을 계속해야 했다. 시멘트 가루가 날려 그들의 얼굴은 물론 옷을 뚫고 들어가 속살에 박혔고, 덕분에 시멘트 병은 마치 유령이 움직이는 녹회색 자동인형 같았다. 일부 병사들은 얼굴을 보호하려고 턱수염을 덥수룩하게 길렀다. 어느 병사는 《양크》지의 기자에게 자신의 업무를 이렇게 설명했다.

"우리는 노새나 다름없어요. 그렇게 써주세요."

글래튼 폭격기 기지 건설 현장의 어느 늦은 오후, 검은 장화를 신고 활주로를 깔고 있는 병사들 머리 위로 엔진이 하나밖에 작동하지 않는 B-17

이 공격을 받아 벌집이 된 채로 날아왔다. 그 항공기는 비상 착륙을 할 수 있는 활주로를 찾고 있었다. 제862항공공병대대의 빌 옹Bill Ong은 이렇게 회상했다.

"우리는 그 비행기가 나무 사이로 사라지는 모습을 봤어요. 비행기가 보이지 않게 되자 모두가 뛰기 시작했어요."

항공기는 지상에 착륙해 연기를 뿜어대고 있었다. 옹이 살펴보니, 모든 승무원이 피투성이였다.

"구급차와 소방차가 달려와서 항공기에 타고 있던 불쌍한 친구들을 싣고 간 후 아무도 말이 없었어요. 갑자기 우리가 견뎌내야 했던 진흙과 추위, 비, 습기는 별것 아니구나, 하는 생각이 들더군요."

1943년 6월, 영국 동부의 건설 현장에서는 미군 1만 3,500명과 민간인 3만 2,000명이 함께 일하고 있었다. 물론 이들 민간인들 중 상당수는 여성이었다. 이들은 웨일스, 스코틀랜드, 북아일랜드에서 지원한 사람들이었다. 남자는 캠프에서 지내고, 여자는 현지인들의 집에서 하숙을 했다.

다른 군인들과 마찬가지로 이들 미군 공병대원들도 휴가와 외출을 위해 살았다. 토요일이 되면 이들은 진흙투성이 작업복을 벗어던지고 깨끗한 정복을 차려입었다. 그리고 '어쩐지 좋은 일이 생길 것 같은 저녁'을 즐기기 위해 트럭에 타고 입스위치로 몰려갔다. 데브이치에서 좀 덜 요란스럽게 저녁을 보낼 때도 이들은 현지 경관들이 쉽게 다룰 수 있는 상대가 아니었다. 미군은 경관들을 '무디 씨Mr. Moody'라고 불렀다. 700명이나 되는 대대의 병력 중 상당수는 입대 전에 미국에서 위험한 직업에 종사했던 사람들이었고, 그중에는 맨해튼의 고층 건물 건설 현장에서 철근을 운반하던 인부 출신이나 미시간주에서 건설용 소나무를 베던 벌목꾼 출신도 있었다. 아비브는 이렇게 회상했다.

"밤마다 풀밭과 건초더미 뒤에서는 무슨 일인가가 벌어졌어요. 화가 난 부모가 엉엉 우는 딸을 데리고 와 우리에게 배상을 요구하기도 했죠. 큰 트럭이 좁은 1차로를 질주하다가 사고를 낸 적도 많았어요. 언덕 아래에 있는 선술집에 갔다가 돌아오는 길을 잃어버린 친구들도 있었어요. 그러나 '무디 씨'가 이런 친구들을 부드러운 말투와 정중함, 인내심을 동원해 어떻게든 일이 풀리게 해주었어요."

시간이 지나면서 많은 현지인이 언덕 위의 미군들을 인정하게 되었다. 이들은 일요일 저녁 만찬에 미군들을 초대하기도 했다. 소수지만 딸과 미군의 데이트를 허용하는 아버지도 있었다. 영국을 진심으로 좋아하게 된 미군도 있었다. 아비브의 말에 따르면 '어쩔 수 없는 일'이었다.

《양크》지의 기자 사울 레빗은 이런 기사를 썼다.

"육군 공병은 집시 건축업자다. 뭔가를 만들어 놓고, 바로 떠나 버린다."

1943년 4월, 로버트 아비브의 대대는 영국 공군기지를 미 육군 전투기 기지로 개조하기 위해 인근의 와티스햄으로 이동했다. 당시 제8공군은 항공기지가 이미 약 50개에 달했다. 막 영국에 들어오기 시작한 새 폭격비행 전대, 정찰부대, 지원부대 들을 맞아들이기에 충분한 규모였다. 1942년 12월, 3만 명에 불과했던 주영 미 육군 항공대 병력은 1943년 6월 중순이 되자 10만 명 이상이 되었다. 노르망디상륙작전 개시 일에 이스트앵글리아 지방에는 평균 8마일(12.8킬로미터)마다 항공기지가 하나씩 있을 정도였다. 이러한 미군의 영국 침공으로, 영국에는 역사상 유례가 없을 만큼 많은 외국인이 유입되었다. 예전에 영국에는 수도인 런던이나 리버풀 같은 큰 항구도시를 제외하면 외국인이 집단으로 거주하는 곳이 없었다.

어느 영국 여성은 이렇게 회상했다.

"어느 날 동네 술집에 갔는데, 그곳은 이미 미군들로 장사진을 이루고 있더군요. 설령 미군이 아니라 화성인이 그만큼 왔다 해도 그보다 놀랍지는 않았을 거예요."

영국인들 중 일부 고지식한 사람들은 미군을 불쾌하게 여기기도 했다. 어느 영국군 병사는 대규모 보급 정비 본부가 있는 버튼우드 기지의 미군 무리를 이렇게 묘사했다.

"그들의 잡스러운 행색은 보지 않고서는 믿을 수 없을 지경이었다. 군복도 모자도 사람마다 제각각이었고, 전혀 통일돼 있지 않았다. ⋯ 하지만 정말로 놀라웠던 건 그들이 가지고 있는 다양한 운동 기구였다. 골프 클럽, 야구 배트, 낚시 도구, 풋볼 장비⋯ 모든 종목의 운동 기구가 다 있었다. 그걸 보니 한 가지 궁금한 점이 생겼다. 이 재미없는 섬에 저들은 대체 뭘 하러 온 거지? 우리의 전쟁을 도우러 온 것인가, 아니면 올림픽에 참가하러 온 것인가?"

미군의 숫자 또한 압도적이었다. 이스트앵글리아는 영국에서 가장 오래된 도시인 노리치, 입스위치, 케임브리지, 콜체스터, 4개의 도시가 있는 인구 170만 명의 독립된 주였다. 그러나 곧 이곳 미군 기지 내의 미군 수가 현지인의 100배에 달하게 되면서 한적하고 고요했던 이 고장의 분위기는 순식간에 바뀌었다. 전쟁 전, 어떤 사람은 이스트앵글리아 사람들의 성향을 이렇게 묘사했다.

"삶에서 어떤 일이 일어나도 이들의 습관과 믿음을 바꿀 수 없었다."

그러나 공병대대가 떠나고 수만 명의 미 육군 항공대 장병들이 몰려오자, 현지인들의 기존의 삶의 방식은 위협받게 되었다. 이 지방의 열차와 술집, 극장은 미군들로 가득 찼다. 삶의 속도도 빨라졌고, 사람들의 기대치는 더 이상 빈약한 수입에 머물러 있지 않았다.

"심지어는 하늘이 평화를 되찾은 후에도 그랬습니다."

제2차 세계대전 당시 학생이었고, 이후 평생 동안 제8공군에 관한 책을 쓰며 살았던 로저 A. 프리먼Roger A. Freeman의 말이다.

포인트 블랭크

1943년 6월 10일, 유럽 항공전은 새로운 단계로 접어들었다. '포인트 블랭크Pointblank'라는 암호명의 연합 폭격기 공세Combined Bomber Offensive: CBO가 본격적으로 시작된 것이다. 유럽 본토 침공을 위한 영미 연합군의 24시간 폭격을 실행하는 것으로, 루스벨트와 처칠은 카사블랑카 회담에서 이에 합의한 바 있다. 1943년 5월, 워싱턴에서 열린 트라이던트 회담Trident Conference에서 영국과 미국의 최고사령관으로 구성된 합동참모본부는 히틀러의 유럽 요새에 대한 침공 일을 1944년 5월 1일로 잠정 결정하고 '오버로드Overlord'라는 암호명을 붙였다. 그리고 연합 폭격 작전은 이 침공 계획에 맞춰졌다. 포인트 블랭크 작전에서는 독일 공군을 가장 중요한 표적으로 정하고, 독일 공군의 항공기는 물론 항공기를 생산하는 산업 시설까지 포함했다. 그리고 독일 공군이 지상군이 침공하는 데 아무런 위협을 가하지 못할 만큼 약화된 후, 영미 연합 공군을 다시 독일의 다른 필수 산업에 대한 조직적 폭격 임무에 투입하기로 했다.

일부 폭격기 지상주의자들은 자신만의 논리를 펴고 있었는데, 그중에는 영국 폭격기 사령관 아서 해리스도 있었다. 적에게 엄청난 타격을 입히고, 많은 사람이 지지하는 그였기에 영국 공군성도 그를 다루기 어려워했다. 그는 계속 자기 방식의 도시 파괴 작전을 고집하고, 포인트 블랭크 작전을 무시했다. 그런데 노르망디상륙작전 수개월 전, 아이젠하워가 개입한 이후부터 그의 태도도 바뀌었다. 그럼에도 해리스는 제8공군과 긴밀하게 협조하지 않았다. CBO라는 이름이 의미하듯 이건 '연합' 폭격기 공세지, '통합' 폭격기 공세는 아니었다.

스파츠 역시 마찬가지였으나, 그는 꼭 자기 방식만 고집하지는 않았다. 그는 여전히 지중해 전구에 묶여 있었지만, 아놀드를 통해 유럽 전구의 항공 작전에 영향을 주고 있었다. 그는 여전히 연합군 폭격기들이 석유와 철강 등 독일 전시경제의 핵심 산업을 계속 타격한다면 지상군이 침공할 필요도 없을 거라고 믿고 있었다. 그러나 해리스와 달리 그는 다른 선택지가 없었다고 여겼기 때문에 합동참모본부의 결정에 공개적으로 불만을 제기하지 않았다. 반면 아이라 이커는 포인트 블랭크에 대한 기대가 컸다. 그는 평소에도 육해공 합동 작전만이 나치 독일을 굴복시킬 수 있다고 믿었고, 포인트 블랭크는 평소 그의 소신에 들어맞았다. 더 나아가 독일 공군을 괴멸시키지 않으면 독일 경제를 마비시키기 위한 전면적인 주간 폭격은 실행될 수 없다고 믿었다. 그는 빌리 미첼에게서 폭격 공세에 성공하기 위한 필수 조건은 적 공군의 괴멸이라고 배웠다. 그러나 그는 여전히 포인트 블랭크 개시 일까지 더 많은 중폭격기와 승무원을 확보할 수 있다면, 장거리 호위 전투기 없이도 공중에서 우위를 점할 수 있다고 믿었다.

이커는 우선 아놀드와 함께 몇 가지 문제를 해결해야 했다. 아놀드는 이커에게 더 많은 전투기를 폭격기 호위 임무에 투입하라고 압력을 넣기 시작했다. 제8공군 예하의 작은 전투기 부대의 잘생기고 허세 부리기 좋아하는 지휘관 프랭크 '몽크' 헌터 장군은 휘하의 썬더볼트 전투기들을 영불해협 너머로 보내 독일 공군 전투기들을 유인해 공대공 소탕전을 벌이려고 했다. 그러나 괴링은 자신의 전투기 조종사들에게 연합군 폭격기 요격에 집중하라고 명령을 내리고 있었다. 따라서 아놀드는 전투기 소탕전이 아닌, 폭격기 호위 임무를 해야만 독일 공군을 유인해 격멸할 수 있다고 주장했다.

아놀드의 주장은 옳았으나 전술 차원을 넘어서 자신이 그 문제의 일부라는 사실은 놓치고 있었다. 아놀드는 B-17의 전투력을 턱없이 낙관적으로 보고 있었다. 항공 차관보 로버트 러베트의 증언에 따르면, 아놀드는 워싱턴에서 B-17의 능력에 대해 과한 자신감을 보였고, 장거리 호위 전투기 생산 프로그램을 빠르게 진행하는 데 동의한 후에도 이를 강하게 밀어붙이지 않았다. 러베트의 의견에 따르면 그 원인은 다음과 같다.

"아놀드는 자신이 예전에 한 말에 묶여 있었어요. 그는 B-17을 따라잡을 수 있는 전투기는 거의 없기 때문에 B-17만 있으면 충분하고, 다른 것은 필요 없다고 생각했어요."

러베트는 쓰디쓴 말을 덧붙였다.

"그러나 메서슈미트 전투기는 B-17을 너무나 쉽게 따라잡았어요."

아놀드는 워싱턴의 참모들에게 제8공군에는 장거리 호위 전투기가 필요할 수 있다고 말했지만, 이커는 봄에 폭격기 전력이 보강된 후에도 임무에 충분한 폭격기를 투입하지 않았기 때문에 성과를 내지 못했다. 아놀드는 제8공군이 안고 있는 작전상의 문제를 대놓고는 인정하지 않았다. 무모하리만치 호전적인 지휘관인 이커에게는 자신이 가진 전력 전체를 출격시킬 수 있을 정도의 정비, 수리 인력은 없었다. 그리고 그 원인 중 하나는 바로 워싱턴의 계획 수립이 엉성했기 때문이었다. 아놀드는 충동적이고 참을성이 없는 데다가 심장병까지 앓고 있었고, 게다가 영국 현지의 상황을 제대로 알지 못했다. 그런데도 그는 물러서지 않았다.

아놀드는 이커에게 전투기와 폭격기 부대 사령관이 너무 몸을 사리는 나머지, 대규모 폭격기와 호위 전투기를 투입했을 때 생길 수 있는 큰 손실을 감당할 준비가 안 되어 있다며, 그들을 해임시키라고 압력을 넣었다. 대서양을 사이에 두고 두 지휘관 사이에는 거친 설전이 오갔다. 이커의 부관인 제임스 파튼은 이렇게 말했다.

"결국 아놀드와 이커는 독일 공군 타도보다는 서로를 타도하기 위해 더 많은 시간을 쓰고 있지 않나 싶은 생각마저 들었습니다."

7월 1일, 이커는 뉴턴 롱펠로를 제8공군 폭격기 사령관직에서 해임하고, 역시 극히 공격적인 성향의 프레더릭 앤더슨 소장을 그 자리에 임명했다. 그다음 달에는 이커의 친구이자 동료 시험비행 조종사 출신인 윌리엄 E. 케프너William E. Kepner 소장을 신임 제8공군 전투기 사령관으로 임명했다. 이커는 결국 상관의 뜻에 고개를 숙일 수밖에 없었다. 그러나 그는 다음과 같은 말로 경고했다.

"저는 박차를 가해야 달리는 말이 아닙니다."

아놀드와 이커는 20년 지기 친구이자 동료였다. 그러나 그들의 우정도 전면전 앞에서 금이 가고 말았다.

이커에게는 또 다른 걱정거리가 있었다. 그는 자신의 정예부대의 손실이 커질수록 대중과 정부가 제8공군을 해체하라는 압력을 넣을지도 모른다고 두려워했다. 제8공군은 미국의 전쟁 자원을 점점 더 많이 소비하고 있었지만, 그에 걸맞은 성과는 나오지 않았던 것이다. 그는 아놀드에게 이렇게 털어놓았다.

"우리를 지지하는 정부의 최고위층과 국민들이 전투에서 우리의 손실을 견뎌내지 못할까 봐 가장 걱정됩니다."

그러고 나서 그가 내린 예측은 매우 날카로웠다.

"우리는 앞으로의 항공전이 매우 처절한 싸움이 되리라는 것을 인정할 수밖에 없을 겁니다. 그 싸움에서는 손실을 더욱 빠르게 메울 수 있는 쪽이 이기게 될 겁니다. 즉 얼마나 많은 예비 전력을 보유할 수 있느냐가 승패를 가를 것입니다."

미군의 인명 손실은 그가 상상한 것 이상일 것이었다. 1943년 여름과 가을, 제8공군의 병력과 장비 손실은 너무나도 컸다. 살아남은 사람들조차 사기가 저하되었고, 이 때문에 이커는 제8공군의 지휘권을 잃었다. 그리고 항공력으로 독일을 격파한다는 구상도 의심을 사게 됐다. 미군 항공부대 역사상 가장 암울한 시기였던 그 당시, 독일 상공으로 출격하는 미군 중폭격기 승무원의 생존율은 말기 암환자의 그것과 비슷할 정도였다.

전쟁 준비

제381폭격비행전대는 아이라 이커의 하계 대공세에 참가하기 위해 영국에 배치된 부대 중 하나였다. 그로부터 39년이 지나 존 커머John Comer는 이제는 잡초만 무성한 케임브리지 남동쪽 리지웰의 제381폭격비행전대 기지 터에서 그해 여름의 팽팽했던 긴장감을 떠올렸다.

"습하고 차가운 영국의 아침, 이륙하기 위해 회전하는 B-17의 시끄러운 엔진 소리가 아직도 생생해요. 콜록거리면서 엔진 시동이 걸릴 때 주위를 가득 채우던 가솔린과 윤활유가 섞인 냄새도 아직 기억나요."

그러나 그가 가장 생생하게 기억하는 것은 그의 동료 승무원들이었다. 그는 미 본토의 훈련장에서부터 끊을 수 없는 우정을 쌓아왔다.

존 커머의 영국행은, 바람이 심하게 부는 11월의 어느 날에 시작되었다. 일본군이 진주만을 공격하고 11개월이 지난 시점이었다. 텍사스 오지의 어느 비행장에서 칼같이 다림질한 바지를 입은 굳은 표정의 소령이 연단에 올라섰다. 소령은 잠시 동안 연단 앞 연병장에 모여 있는 머리를 빡빡 깎은 신병들을 살폈다. 잠시 후 소령은 폭격기 기관총 사수의 화끈한 생활에 대해 열변을 토하며 설명하기 시작했고, 설명을 마친 후 이 임무에 도전할 용기를 지닌 자는 앞으로 나오라고 지시했다. 신병 중 50명이 지원했다. 그중에는 당시 32세였던 존 커머도 있었다.

그로부터 불과 한 시간 후, 커머는 신체검사를 받으러 기지 병원에 도착했다. 그는 10년 전에도 육군 항공대에 지원했으나, 거리를 잘 인식하지 못한다는 이유로 불합격했었다. 이번도 그의 신체검사 결과는 간신히 합격선 근처였지만, 군의관은 그를 통과시켜 주었다. 당시 육군 항공대에는 비행 중인 중폭격기를 정비하고 상부 기관총을 조작할 항공기관사가 절실하게 필요했다. "자네는 항공기관사가 되고 싶은가?" 군의관이 커머에게 물었다. 텍사스대학교를 졸업한 후 공구 세일즈맨으로 살아가던 존 커머는 9개월 후, B-17의 상부 기관총탑에 들어앉아 목숨을 걸고 싸우고 있었다.

1938년, 육군 항공단 병력은 장교와 사병을 합쳐 2만 1,000명에 불과했다. 그러나 진주만 공습 직후에는 35만 4,000명으로, 포인트 블랭크 작전 직전에는 210만 명으로 크게 늘었다. 18개월 만에 180만 명이 늘어난 것이다. 이 많은 사람의 주특기를 분류하고, 적재적소에 배치해 교육·훈련시키는 것도 큰일이었다. 이를 위해 육군 항공대는 헨리 포드Henry Ford의 컨베이어 벨트식 생산 라인 기법을 도입했다. 육군 항공대에 갓 입대한 신병들은 "육군 항공대 훈련은 조립 라인 생산 공정과도 비슷하다"라고 적힌 공식 모병 지침서를 보면서 앞으로 그들이 갈 길을 짐작할 수 있었다.

존 커머 같은 폭격기 승무원들은 우선 개인 훈련을 받고, 그 후 잘 조직

된 팀의 일원으로서 훈련을 받았다. 이 훈련 기간 중 가장 큰 적은 시간이었다. 빨리 장병들을 교육시켜 해외로 파병하기 위해 육군 항공대는 전쟁 전의 엄격했던 자격 기준을 완화했다. 1942년 1월, 육군 항공대 사관후보생의 최저 연령을 기존 20세에서 18세로 낮추고, 대학 2년 수료라는 조건도 없애고 엄격한 서면 심사로 대신했다. 전쟁 첫 두 해 동안 승무원들은 급조한 훈련소에 모여, 역시 반쯤 짓다 만 비행장에서 위험할 정도로 낡은 구식 항공기를 타고 비행 교육을 받았다. 신체 및 체력 조건은 여전히 육군의 다른 병과에 비해 높았지만, 그래도 전쟁 전에 비하면 상당히 완화되었다. 창설 이후 줄곧 육군 항공대는 전원이 지원자라는 사실을 자랑해 왔으나, 1942년 12월 루스벨트 대통령이 지원병 모집을 중단케 하면서 그 시대도 끝나고 만다. 하지만 그 후에도 육군 징집병이 지원을 통해 육군 항공대에 들어올 수는 있었다. 이로써 육군 항공대의 열성적인 모병관들은 존 스타인벡이 말한 "미국 최고의 체력과 정신력을 자랑하는 인재들"을 확보할 수 있었다.

육군 항공대에 지원하는 이유는 사람 수만큼이나 다양했다. 뜨거운 애국심 때문에 지원하는 사람도 있었고, 보병이 싫어서 지원하는 사람도 있었다. 대공황으로 인해 직장을 구하지 못하고 정신적으로 상처를 입은 청년들은 괜찮은 보수를 주는 안정적인 일자리에 끌릴 수밖에 없었다. 당시 갓 임명된 소위의 연봉은 1,800달러였고 비행 수당으로 급여의 50퍼센트를 추가로 줬는데, 요즘 기준으로 치면 적을지 모르지만, 당시는 대장의 연봉이 8,000달러 하던 때였다. 무엇보다 돈이 전부가 아니었다. 육군 항공대 지원자 중 상당수는 비행에 대한 로망 때문에 지원했다. 항공의 황금시대에 성장한 이들은 어린 시절에 나무를 깎아 모형 비행기를 만들고, 찰스 린드버그의 뒤를 잇는 꿈을 꾸며 지역에 있는 비행장에서 펼쳐진 비행 쇼에 열광했다. 폴 티비츠도 불과 12세 때 현란한 순회 스턴트 조종사 더그 데이비스Doug Davis가 조종하는 비행기를 타고 첫 비행을 했다. 더그 데이비스의 비행기는 조종실이 개방형으로 돼 있는 복엽기로, 날개의 외피는 천으로 돼 있었다. 당시 데이비스는 커티스 캔디Curtiss Candy라는 제과 회사 소속으로 일하고 있었는데, 그는 뒷좌석에 탄 티비츠에게 항공기에 실려 있던 작은 낙하산이 달린 캔디 상자를 비행기 밖으로 떨어뜨릴 수 있게 했다. 그 경험 이후 티비츠는 비행 외의 다른 어떤 것에서도 만족감을 느낄 수 없었다.

비행 장교 후보생 훈련은 보통 육군 군의관과 심리학자가 있는 육군 항공대 주특기 분류 본부에서부터 시작했다. 그곳에서는 전투용 항공기에 탈 사람을 가려내고, 그들의 적성을 평가했다. 지원자들은 시력, 정신력, 동작 조정력, 심리적 안정성 등 다양한 검사를 받았다. 이러한 검사 결과와 본인의 선호도, 육군 항공대의 소요 인력을 고려해 조종사, 항법사, 폭격수 중 하나의 주특기를 배정받게 된다. 검사는 매우 까다로워서 지원자 중 절반 이상이 탈락했다. 여기서 떨어진 사람들은 기관총 사수 교육에 지원하거나 보병 부대로 전속되었다.

후보생들은 경칭으로 불렸는데 한 후보생이 어머니에게 쓴 편지에는 이런 내용이 있다.

"여기서는 언제나 우리를 미국의 최고라고 말해요."

훈련은 보통 1~2개월의 기초군사교육으로 시작되었으며, 여기서 미래의 승무원들은 군인이 되는 법, 즉 체력 단련, 제식훈련, 사격 훈련, 화생방 훈련, 군대 예절, 독도법 등을 배웠다. 체력 단련은 매우 강도가 높았는데, 크로스컨트리 달리기, 장애물달리기, 도수체조, 웨이트 리프팅 등이 이어졌다. 대열을 갖춰 군가와 육군 항공대 군가를 부르며 행진했고, 후보생 전원이 모여 정식 분열식을 했다. 후보생들은 기병도로 경례하고, 사열을 받았다. 이러한 훈련을 받은 후보생들은 마치 자신이 영화 속 주인공이 된 것 같았고, 또한 고생한 만큼 보상이 따른다고 느꼈다.

이들의 훈련 과정은 미군 역사상 정신적으로 가장 혹독한 훈련에 속했다. 조종사 선발과 교육 과정은 특히 엄격했는데, 전쟁터에서 이들이 다루는 건 소총이 아니라, 매우 크고 복잡하며 비싸고 강력한 무기인 폭격기이기 때문이었다. 조종 흉장을 받고 소위로 임관하려면 초등, 기본, 고등에 이르는 3개의 비행 과정을 수료해야 했다. 세 가지 과정을 교육하는 기지는 다 달랐고, 기간은 각 과정별로 9주였는데, 전쟁 후반기에는 10주로 늘리기도 했다. 고등 비행 훈련 과정을 수료한 조종사는 10주간의 작전 가능 훈련을 받는데, 이때 비로소 실전에 투입되는 폭격기의 조종법을 배우게 된다. 그리고 감정 없이 적을 죽이거나 불구로 만들고, 불태우고 산산조각 내리는 법도 배우게 된다.

초등 비행 훈련 시 후보생들은 스티어맨Stearman이라는 2인승 복엽기를 조종한다. 이때 뒷좌석에는 민간인 교관이 타는데, 당시에는 군인 교관이 많지 않았기 때문이었다. 펜실베이니아 맨스필드 출신 리처드 C. 베인즈Richard C. Baynes는 고등학교 시절 육상 선수로 활약했고, 군대에 오기 전에는 비행기를 타본 적도 없었다. 그에게는 처음 비행기에 타는 이 순간이야말로 가장 긴장된 순간이었다. 그러나 일단 조종을 배우자 쉽게 비행에 적응할 수 있었다.

"얼마 안 가서 공중 곡예, 레이지 에이츠, 루프 기동, 스냅 롤을 할 수 있게 되었다. 너무 재미있었다."

실내 교육은 이런 3차원 공간에서의 훈련보다 재미는 없었다. 후보생들은 모스 부호, 항법, 천문학, 항공기 엔진, 부품, 연료, 윤활 절차, 정비 및 수리 방법도 배웠다. 이들은 '링크 훈련 장비'라 부르는 맹목비행 교육용 모의 조종석에서 시간을 보냈다.

다음 단계는 기본 비행 훈련으로, 후보생들은 숙련된 육군 교관의 지도 하에 전쟁 전 생산한 저속 전투기를 조종한다. 70시간 비행 시간과 그 이상의 실내 교육을 받고 난 후보생들은 여기서 단발기(전투기) 과정과 쌍발기(폭격기) 과정으로 나뉘게 된다. 리처드 베인즈의 말에 따르면 이곳의 분위기는 이전 과정보다 훨씬 여유로웠다. 물론 여기서도 제식훈련과 행군을 했지만, 해야 할 공부는 줄어들었다. 그리고 탈락할 가능성도 거의 없었기 때문에 후보생들은 비행과 항법의 미세한 부분까지 집중해서 배울 수 있었다. 여기서 크로스컨트리 비행을 해 보고, 엔진이 하나만 돌아가는 폭격기를 안전하게 착륙시키는 법도 배운다. 물론 이러한 교육에는 위험이 따르지 않을 수 없었다. 1943년 한 해에만 해도 미국 본토 육군 항공기지에서 2만여 건의 사고가 발생했고, 5,603명의 장병이 사망했다. 전쟁이 진행되는 동안 미국 본토와 해외의 훈련 기지에서 사고로 사망한 장병은 1만 5,000여 명에 달한다. 플로리다의 맥딜 항공기지에서 훈련받은 폭격기 승무원들은 당시의 상황을 이렇게 노래로 표현했다.

"탬파만에서는 하루에 한 사람씩 죽는다네."

1943년 추수감사절 다음 주, 리처드 베인즈는 비행 훈련을 완료하고 육군 항공대 소위로 임관했다. 은색 조종 흉장을 받은 베인즈 소위는 자부심으로 벅차올랐다. 제2차 세계대전 중 조종사 훈련 과정에 입교한 후보생 중 약 40퍼센트에 해당하는 12만 4,000여 명이 중도 탈락하거나 사고로 사망했다. 이 과정들을 이겨내고 베인즈는 세계에서 가장 빠르며 가장 강도 높은 훈련을 받은 미 육군 항공대의 일원이 되었다.

항법사 및 폭격수 학교를 졸업한 장교들 또한 새로 배출된 조종사들만큼이나 자부심이 넘쳤다. 뉴욕 브루클린 출신 엘머 벤디너는 항법사 학교 졸업을 자축하기 위해 갈색 트렌치코트와 육군 항공대 장교의 정복인 옅은 분홍색 톤의 바지를 샀다.

"내 이름과 계급이 적힌 명찰도 지급받았습니다. … 나는 이제 전쟁 준비가 되었습니다."

베인즈보다 1년 먼저 임관한 벤디너는 1943년 겨울, 아이오와주 수시티로 갔고, 거기서 그는 새롭게 편성된 제379폭격비행전대의 승무원들과 함께 파병 전 마지막 휴가를 즐겼다. 벤디너에게 배정된 항공기의 애칭은 톤델라요로, 영화 '화이트 카고White Cargo'에서 영화배우 헤디 라마Hedy Lamarr가 연기한 매력적인 캐릭터의 이름이었다. 톤델라요호 승무원들이 영국으로 출발할 무렵, 그들은 이미 한 가족이 돼 있었다. 벤디너는 후일 이런 글을 썼다.

"우리는 톤델라요 앞에서 충성을 맹세했다."

리처드 베인즈는 그로부터 1년 후 참전했다. 1943년 여름과 가을, 사상자 수가 놀라우리만치 증가하자 보충병 수도 늘어나기 시작했다. 그중에는 미국에서 이제 막 편성한 폭격비행전대 단위로 배치하는 경우도 있었지만, 영국 주둔 폭격비행전대의 막대한 손실을 메우기 위해 보충병을 보내는 경우가 많았다. 벤디너의 제379폭격비행전대는 제8공군에서 출격 횟수와 폭탄 투하량에서 가장 많이 실적을 자랑하는 부대였지만, 이들 또한 누적되는 손실로 인해 대체 병력이 많이 필요했다. 영국 서부에 도착한 보충병들은 보충대에 모였다가 각 폭격비행전대로 배속되었다.

벤디너의 제379폭격비행전대 같은 부대들은 이미 미국 본토에서 공중 승무원들과 지상 근무자들이 한 팀으로 최종 훈련을 받았고, 부대 단위로 영국에 도착한 후에는 특별히 준비된 전용 기지를 배정받았다. 1943년 5

월 말, 제379폭격비행전대 폭격기들은 케임브리지셔에 위치한 킴볼턴 항공기지에 도착했다. 그다음 달에는 또 다른 새로 편성된 제100폭격비행전대 항공기들이 소프 애보츠 기지에 도착했다. 제100폭격비행전대는 제8공군이 영국에 파병한 여덟 번째 폭격비행전대였다. 육군 항공대는 벌써부터 제100폭격비행전대를 거칠고 군기 빠진 부대로 여기고 있었고, 이 부대는 이제 막 제4폭격비행단 단장으로 임명된 커티스 르메이 대령의 비행단에 배속되었다.

제100폭격비행전대

일본군이 진주만을 폭격하고 일주일 후, 해리 크로스비는 아이오와대학교 대학원 영문학 석사 과정을 그만두고 육군 항공대에 입대했다. 입대 전에 애인도 있었지만, 애인은 크로스비에게 그리 오래 관심을 보이지 않았다. 몇 주 후 크로스비는 조종사 훈련을 받다가 탈락하고, 항법사로 주특기를 전환했다. 소위로 임관하고 항법사 흉장을 받은 크로스비는 제100폭격비행전대의 B-17에 배치되었다. 하필이면 탑승자 전원을 사망에 이르게 한 추락 사고로 크로스비와 B-17의 첫 만남은 시작되었다.

크로스비가 탑승하는 항공기의 조종사는 존 브래디, 부조종사는 존 호어고, 폭격수는 동그란 얼굴을 한 시골 출신 하워드 '햄본' 해밀턴이었다. 후방 동체에 타는 승무원들은 말 그대로 다국적군으로 구성됐는데, 항공기관사 아돌프 블룸Adolf Blum은 뉴욕 북부 농부 출신으로, 독일식 억양이 심한 영어를 구사했고, 볼 터렛 사수인 롤랜드 갱워Roland Gangwer는 폴란드 출신의 가톨릭 신자였다. 후방 측면 기관총 사수 중 해럴드 클랜턴Harold Clanton은 아메리카 인디언계였고, 조지 페트로헬로스George

Petrohelos는 시카고에서 온 그리스인이었다. 통신수 사울 레빗은 뉴욕 출신의 유대인으로, 토머스 듀이Thomas Dewey라는 범죄자에 관한 탐사 보도 기사를 써서 유명해진 기자 출신이었으며, 후미 기관총 사수는 매주 바뀌었던 것으로 크로스비는 기억했다.

존 브래디는 이른 아침 어둠 속에서 승무원들을 처음 보았을 때 미소를 지어 보였지만, 그는 이렇다 할 느낌은 없었다. 크로스비는 그날의 기억을 이렇게 회상했다.

"브래디가 다시 미소를 지었을 때, 우리는 그를 바로 좋아하게 됐어요. 전쟁 전, 그는 버니 베리건 밴드Bunny Berrigan's bands의 색소폰 주자였다더군요."

제100폭격비행전대의 승무원들은 다르 '패피' 알카이어 대령의 지휘 하에 아이다호주 보이시, 워싱턴주 왈라왈라에서 훈련받은 후, 1942년 12월 유타주 웬도버의 황량한 소금 사막으로 이동했다. 전대 일지에 따르면, 부대는 상태가 좋지 않은 이미 퇴역한 4대의 B-17과, 속성으로 훈련받아 '너무 무지한 상태로 괴물에게 다가서려는' 지상 근무자들과 함께 도착했다. 그중 일부는 전에 B-17을 본 적이 없었으나, 다행히도 일부는 정비사로 일한 경험이 있었다. 그중 아칸소주 포카혼타스에서 온 19세 지원병 케네스 레먼스Kenneth Lemmons는 9학년 때 학교를 그만두고 아버지가 경작하는 농장에서 일을 도왔다.

"농장에서는 모든 농기계 정비를 직접 해야 했어요. 그래서 정비는 정말 익숙한 일이었죠."

레먼스 병장은 15명으로 이루어진 편대 정비반의 반장이 되었다. 그는 미숙한 정비병들이 제100폭격비행전대의 얼마 안 되는 항공기를 날 수 있게 만들도록 도왔다. 알카이어 대령은 신임 승무원들 앞에서 이렇게 연설했다.

"지상 근무자들이야말로 우리 부대의 근간이다. 그들이 없다면 자네들
은 아무런 쓸모도 없다."

일주일에 걸쳐 더 많은 폭격기와 승무원이 도착하자 대대 단위 비행 훈
련도 시작되었다. 웬도버에서 받는 훈련만으로 전쟁을 수행하기는 어려웠
기 때문에 모든 승무원은 더 많은 훈련 경험을 쌓아야 했다.

1943년 1월 1일, 제100폭격비행전대는 웬도버를 떠나 아이오와주 수
시티로 이동했다. 병력 수송용 열차로 이동한 지상 근무자들이, 항공기를
타고 여러 기지를 경유하며 이동한 승무원들보다 목적지에 더 빨리 도착
했다. 경유하는 항공기지는 승무원들의 고향과 가까운 곳으로 정했는데,
어떤 기관총 사수는 자신의 고향인 미니애폴리스 상공을 날다가, 문득 부
모님에게 편지를 보내고 싶어졌다. 그는 편지를 써서 몽키렌치에 매단 다
음, 1만 피트(3킬로미터) 상공에서 떨어뜨렸다. 그러나 군 검열 당국은 그 편
지를 회수해서 제100폭격비행전대가 서둘러 영국으로 출국해야 미국 본
토가 더 안전해질 것 같다는 의견과 함께 알카이어 대령에게 보냈다.

수시티는 제100폭격비행전대의 미국 내 마지막 훈련이 치러지는 곳이
었으나, 나쁜 소식이 날아들었다. 전대가 해외 전투 부적합 판정을 받은 것
이다. 육군 항공대는 이 전대를 해체하기로 결정하고, 승무원들은 미국 본
토 서부의 8개 항공기지로 분산시켜 3개월간 추가 훈련을 받게 했다. 이때
지상 근무자들은 네브래스카주 서부에 있는 카니Kearney 육군 항공기지로
보내졌다.

3월 말이 되자 알카이어에게 전대를 다시 집결시켜 해외파병 준비를
하라는 명령이 내려왔다. 4월 20일, 카니에 있던 모든 전대원은 열의에 가

득 차 샌프란시스코를 향해 떠났으나, 결과는 처참했다. 37대의 항공기 중 14대가 목적지에 도착하지도 못한 것이다. 어떤 조종사는 엔진에 문제가 생겼다면서 애인이 사는 곳 인근의 항공기지에 착륙했고, 어떤 항공기는 목적지가 아닌 테네시주 스미르나에 착륙했다. 이 일로 알카이어는 전대 장직에서 해임됐고, 존 이건 소령 역시 부전대장에서 대대장으로 강등됐다. 이후 햅 아놀드의 참모인 하워드 터너Howard Turner 대령이 이 부대의 임시 전대장직을 맡게 됐는데, 그의 임무는 이 부대를 사고 없이 영국으로 이동시키는 것이었다.

터너의 지휘 아래 승무원들은 B-17의 최신 모델 B-17F를 받고, 추가 훈련을 위해 다시 유타주 웬도버로 갔다. 카니에서 승무원들은 모든 외박과 외출이 금지되었고, 막사 안에서의 음주만 허용됐다. 장병들은 이제 곧 전쟁터로 나가게 된다는 것을 실감했다. 모든 기록을 점검했고, 새 비행복이 지급되었다. 5월 27일, 터너가 선도기에 탑승한 채로 제100폭격비행전대의 4개 대대는 메인주의 뱅거에서 이륙해 대서양 횡단 비행에 나섰다. 게일 클리븐도 대대장으로 이 비행에 함께했다.

장병들 중 많은 이들이 갓 결혼한 상태였고, 그들은 새 신부를 미국에 두고 와야 했다. 해리 크로스비도 그중 하나였는데, 크로스비가 영국에 가 있는 동안 그의 아내는 크로스비의 비행대 동료인 하워드 해밀턴 중위와 에버레트 '이브' 블레이클리Everett 'Ev' Blakely 대위의 아내와 함께 한 아파트에서 살았다. 케네스 레먼스 병장은 파병 전 마지막 휴가 때 약혼녀 폰다와 결혼했다. 레먼스는 카니로 폰다를 데리고 가 기지 근처의 호텔에서 얼마 남지 않은 시간을 함께 보내다가 해외파병 명령이 내려오자 아내를 친정으로 보내고 2년 반을 떨어져 살았다. 레먼스는 다음과 같이 회상했다.

"젊은 신혼부부에게는 정말 힘든 이별이었어요."

1,500여 명의 지상 근무자들은 기차를 타고 맨해튼의 고층 빌딩이 보이는 뉴저지주 킬머Kilmer 기지로 갔다. 이슬비 내리는 5월 말 어느 아침, 기지의 문이 닫혔고, 그들은 외부 세계와 단절됐다. 이미 7개월에 걸쳐 고된 훈련을 마친 제100폭격비행전대의 지상 근무자들은 퀴퀴한 냄새가 풍기는 병력 수송용 열차를 타고 뉴저지주 호보켄에 도착했다. 거기서 그들은 허드슨강을 건너, 정박해 있는 수많은 군함을 지나 큰 아치형 지붕이 덮인 긴 잔교에 이르렀고, 그곳에서는 커나드 화이트 스타Cunard White Star 사의 대형 여객선 퀸엘리자베스Queen Elizabeth호가 영국 해군에 징발되어 칙칙한 군복을 입고 그들을 기다리고 있었다. 한 장병은 그때를 이렇게 회상했다.

"정말 엄청나게 큰 배였는데, 옆에 서서 보면 거대한 회색 벽 말고는 아무것도 보이지 않았어요."

오후가 되자, 예인선들이 부두에서 퀸엘리자베스호를 밀어내기 시작했다. 부두 밖으로 나간 퀸엘리자베스호는 몸의 방향을 바꿔 대양으로 향했다. 그 배에는 약 1만 5,000명의 사람들이 타고 있었다. 거의 모두가 갑판 아래 곰팡이 냄새가 나는 선실에 갇혀서 배가 어디로 향해 가는지 알 수 없었다. 그러나 그들도 거대한 배의 육중한 움직임을 느낄 수 있었다.

공해상으로 나간 후 선원들은 유보트의 탐지를 피하기 위해 등화관제를 실시했다.

"불빛이 사라지자 이 거대한 배는 밤의 어둠 속으로 사라졌다."

제100폭격비행전대의 전령인 잭 셰리든은 자신의 일기에 이렇게 남겼다.

퀸엘리자베스호는 대서양을 건너는 데 8일이나 걸렸고, 매 3분마다 항로를 바꿨다. 견시병들은 잠수함의 잠망경을 찾기 위해 한시도 쌍안경에서 눈을 떼지 않았다. 배가 갈지자로 항해하는 덕에 좁고 지저분한 냄새가 가득한 선실에 갇혀 있던 장병들은 뱃멀미를 일으켰다. 사병들은 해먹을 2인당 1개씩 배정받아 한 사람이 하루에 12시간씩 사용했고, 장교들은 3층 침대를 배정받았다. 이 침대는 빈 공간이 없을 만큼 다닥다닥 붙어 있었는데, 이런 식으로 2인용 선실에 18명을 수용했다. 할 일이 별로 없었기 때문에 장병들은 블랙잭, 크랩, 파로 같은 게임을 즐겼다. 셰리든은 이렇게 말했다.

"얼마 못 가 배 전체가 도박장이 됐어요. 모든 통로와 방에서 도박이 벌어지고 있었지요. 그런 모습을 보지 않고 배 안을 돌아다니는 건 불가능해졌어요."

배가 스코틀랜드의 바위 해안에 도착해 그리녹에 정박한 것은 1943년 6월 3일 아침이었다. 장병들이 해안으로 데려다 줄 부속선에 올라타자 부두에 나와 있던 밴드가 '날 뉴욕으로 돌려보내 줘요Take Me Back to New York'라는 다소 우울한 곡을 연주하기 시작했다. 스코틀랜드 부인들이 간식으로 차와 도너츠를 대접해 주었다. 제100폭격비행전대의 지상 근무자들은 열차편으로 디스Diss역으로 향했다. 부대의 공식 역사가들은 이렇게 기록했다.

"유머 감각은 아직 죽지 않았다. 그들은 순식간에 '디스 이스 디스Dis is Diss, 지옥은 디스다.'라는 유행어를 만들어냈다. 이후 런던에서 휴가를 보내고 돌아오면서 장병들은 꼭 이 말을 했다."

그들이 도착한 곳은 전에 영국 공군이 사용하던 기지로, 아직 공사가 끝나지 않은 상태였다. 셰리든은 이렇게 말했다.

"몇 주 전 네브래스카의 옥수수 밭에 있었는데, 이제는 나치 놈들의 코

마스터스 오브 디 에어 1

앞까지 오게 되었어요. 정말 엄청난 여행이었죠."

6월 9일, 폭격기 승무원들이 도착했다. 그들이 탄 폭격기는 우렁찬 엔진 소리를 내며 항공기지 상공을 선회비행했다. 폭격기들이 도착하자 영국인들의 관심도 높아졌다. 당시 12세로 활주로 옆 농장에서 살던 고든 E. 데벤Gordon E. Deben은 이렇게 회상했다.

"어느 날 학교에서 자전거를 타고 돌아오는데 폭격기가 날아오는 게 보였어요. 착륙하는 간격이 짧고, 날아오는 속도도 빨랐죠. 그때 저는 주 활주로 끝 근처에 있었는데, 갑자기 소름이 돋았어요. 서둘러 집에 가고 싶었죠. 머리 위로 폭격기가, 그것도 땅에 스치듯 낮게 지나가니 무서웠어요."

제100폭격비행전대의 항공기는 단 1대를 제외하고는 모두 무사히 착륙했다. 그 1대는 존 브래디가 탄 비행기로, 대서양 횡단 마지막 구간에서 항법사 해리 크로스비가 실수로 영국을 찾지 못하고 만 것이다. 나치가 점령한 프랑스 영공으로 들어갈 뻔 했던 그들은 다행히 영국 섬을 찾아냈으나 착륙장치가 얼어붙어 정상적으로 작동하지 않는 바람에 결국 영국 서해안에 있는 비행장에 동체착륙을 해야 했다. 다행히 승무원들이 아이슬란드에서 몰래 데려온 미트볼이라는 이름의 허스키를 포함해 아무도 다치지 않았다. 통신수 사울 레빗은 이렇게 이야기했다.

"그곳은 평화로워 보였어요. 그러나 우리는 그곳이 전쟁 속 대륙으로 들어가는 입구라는 것을 알고 있었어요."

승무원들은 시간을 낭비하지 않고, 바로 열차를 타고 디스로 향했고, 디스역에서 내려 트럭 짐칸에 타고 기지로 갔다. 가축우리 입구처럼 생긴 기지 정문에 도착하자 흰 철모를 쓴 헌병들이 승무원들에게 경례를 하고, 신분증을 요구했다. 주위를 둘러본 크로스비는 기지가 농장 한복판에 있다는 것을 알았다. 기지 옆에서는 민간인이 한 무리의 말을 몰고 가고 있었다. 잘못 찾아왔나 싶은 순간, 길게 줄지어 늘어선 반원형 막사들과 그 앞에서 캐치볼을 즐기는 미군 병사들이 보였다. 그들은 전쟁터에 제대로 찾아온 것이었다.

그들의 숙소는 표준형 반원형 막사로, 골이 진 함석판을 볼트로 결합해 반원통형으로 조립하고, 올리브 브라운 색 칠이 돼 있었다. 바닥은 콘크리트 슬래브로 되어 있고 난방은 작은 석탄 난로로 했으며, 천장에는 밝기가 약한 전구가 몇 개 매달려 있었다. 막사는 대대별로 모여 있었는데, 이를 '사이트'라고 불렀다. 막사가 반원통형이기 때문에 멀리서 기지를 보면 무덤이 모여 있는 고대 유적지처럼 느껴졌다. 장교용 막사는 8명의 장교가 생활했는데, 2개의 폭격기 승무조 장교가 각자 개인용 침대를 배정받았다. 사병들은 더 큰 30인용 막사의 2층 침대에서 잠을 잤다. 마치 잠수함 승조원들이 그런 것처럼 폭격기 승무원들의 반원통형 공간 역시 담배 연기와 땀 냄새, 빨지 않은 옷 냄새가 배어 있었다.

크로스비의 승무원들은 뉴잉글랜드에서 온 찰스 B. 크룩섕크Charles B. Cruikshank가 지휘하는 항법사 프랭크 D. 머피의 승무원들과 함께 막사를 썼다. 크룩섕크는 훤칠하고 직설적인 사람으로, 조금도 흔들리지 않고 자신만만하게 행동했다.

막사에는 상하수도가 없었기 때문에 각 대대 사이트마다 화장실과 세면대를 갖춘 건물이 하나씩 있었다. 그런데 정비사들이 사용하는 건물에서는 따뜻한 물이 나오지 않았다. 이 일은 정비사들의 분노를 샀다. 정비사들은 대대장들이 사병 막사를 검열하는 것도 불만이었다. 케네스 레먼스는 이렇게 말했다.

"상사들 전원이 모여서 대대장에게 막사에 오지 말라고 건의했어요. 정비사는 그야말로 밤낮없이 일해야 하기 때문에 기회만 생기면 바로 자야 했어요. 그래서 누구도 막사에 들이고 싶지 않았어요. 장교들도 그것을 문제 삼지 않을 만큼 똑똑했죠. … 여기서 장교와 사병들은 형제처럼 지냈어요. 전쟁터에서 계급은 그다지 중요하지 않아요."

소프 애보츠에는 서로 교차하는 활주로가 3개 있고, 활주로 측면에는 콘크리트로 포장된 주기장이 있었다. 정비사들은 주기장 옆에 난방은 되지 않지만 이른 아침에 항공기를 정비할 때 쓸 천으로 된 텐트를 쳤다. 그리고 근처 배수용 도랑에 폭탄 상자로 만든 간이 화장실을 설치했다. 그곳에는 레먼스를 포함해 5명의 정비 반장이 있는데, 그들은 5대의 폭격기를 나누어 각자 1대씩 책임지고 있었다. 그 폭격기들은 상자 모양의 관제탑 바로 옆, 주기장에 하나씩 세워져 있었다.

"그 주기장이야말로 우리의 일터이자 사무실이었고 생활공간이었습니다."

주기장은 정비사 막사에서 수 마일 떨어진 곳에 있었다. 항공기가 공습당할 경우 피해를 최소화하기 위해 멀리 떨어뜨려 놓은 것이다. 곧 장병들은 현지에서 구입한 자전거를 타고 출퇴근하기 시작했다. 소프 애보츠에서는 샤워를 하러 갈 때나 식사를 하러 갈 때도 자전거가 꼭 필요했다.

기지에는 전체적으로 경계선이 따로 없었고, 그 주변에는 어퍼 빌링포드라는 작은 마을이 있었다. 그들이 도착하고 첫 일요일, 수백 명의 마을 주민이 B-17 폭격기를 구경하기 위해 걸어서, 또는 자전거를 타고 활주로로 들어왔다. 유모차를 밀고 온 사람도 있었다.

상당수의 폭격기들이 기지 접근로에서 불과 몇 피트 떨어진 곳에, 심지어 후방 동체를 접근로에 걸쳐 놓은 채 주기되어 있었다. 소년들은 B-17 기체 하부의 볼 터렛을 보기 위해 후방 동체 아래에 있는 배수로 속으로 들어가기도 했다. 어떤 지상 근무자는 그 소년들에게 항공기 조종석을 구경시켜주기도 했다. 그때부터 마을 소년들은 학교가 끝나면 매일 자전거를 타고 기지로 와서 비행을 하지 않는 항공기에 들어가서 놀았다. 아이스크림이 디저트로 나오는 날이면 정비사들은 아이들을 몰래 부대 식당으로 데려가 미군들과 함께 식사를 하게 해 주었다.

마을 주민들 대부분은 루퍼트 만 경의 소작인들이었다. 루퍼트 만 경의 가문은 이 일대의 광대한 토지를 수백 년 동안 소유해 온 귀족이었다. 소작인들은 미군들과 잘 어울렸다. 그중에는 조명이 어두운 자신의 집에 미군을 초대해 수프와 스튜를 대접하는 사람도 있었다. 매일 저녁, 갈 곳 없는 미군들은 비행모를 쓰고 마을 주민들의 집 문을 두드리고, 주방에서 담배를 피우며 집주인과 이야기를 나누곤 했다.

비가 그치고 안개가 걷히면 장병들은 한가한 시간에 자전거를 타고 마을을 돌아다니며 술집과 여자를 찾았다. 미군들은 영국식 자전거에 달려 있는 핸들 브레이크를 사용하는 데 익숙지 않았기 때문에 위험할 수 있었다. 앤디 루니는 이런 기록을 남겼다.

"영국에 온 모든 미 육군 항공 장병들은 페달 브레이크를 쓰고 싶어 했지만, 영국식 자전거에는 그런 브레이크가 없었다."

기지 근처에서 살았던 켄 에버레트Ken Everett는 소프 애보츠에 있던 미군 중 자전거를 타다 부상당한 장병은 항공기를 타다 부상당한 장병과 비슷할 거라고 단언했다.

"그들은 미개인처럼 자전거를 몰다가 대형 사고를 내곤 했어요. 사고를 당해 쓰러진 미군이 구급차에 실려 가지 않은 날이 없을 정도였어요. 술집에 온 미군 중 상당수는 붕대와 부목을 하고 있었어요. 모르는 사람은 그게 전투에 나가 당한 부상이라고 짐작했겠지만…."

미군 장병들이 현지 여성들을 만나 그들의 환심을 사는 데는 아무런 장

마스터스 오브 디 에어 1

애가 없었다. 그러나 마을 남성들은 미군들과 어울리기가 쉽지 않았다. 호텔의 젊은 벨보이 존 골드스미스John Goldsmith는 이렇게 말했다.

"미군은 돈이 엄청나게 많았어요. 그리고 멋지게 재단한 군복도 입고 있었어요. 그들은 어딜 가나 눈에 뜨였지요. 우리 아버지들은 평상시에는 진흙투성이에 끈으로 묶는 신발, 펑퍼짐한 바지, 낡은 중산모를 쓰고 다니면서 제일 좋은 옷은 결혼식이나 장례식 때만 입었어요. 우리 영국군 병사들은 두껍고 몸에 잘 맞지 않는 양모로 만든 군복을 입고 있었죠. 미군의 스타일은 민간인은 물론 다른 군인과도 비교되지 않을 만큼 멋졌어요. 그러니 양키들이 제일 예쁜 소녀들을 모두 채가는 것도 당연한 얘기였죠."

어떤 영국인들은 상하 관계를 중시하는 자국의 군대 문화와 비교하며 미군의 군대 문화에 대해 불쾌감을 드러냈다.

"그 친구들은 전쟁에 대해 환상을 품고 있어요. 장교를 '전우'로 여기고 있다고요. 말도 안 되는 소립니다."

존 골드스미스는 이렇게 말했다.

"제일 짜증나는 건, 양키들 대부분이 '텔컴 파우더talcum powder'라고 하는 땀띠약을 사용한다는 점이었어요. 영국 남자들은 그런 건 계집애들이나 하는 짓이라고 여기거든요. 그리고 미군은 너무 시끄러웠어요. 그러나 좀 시간이 지나고 나니 그 친구들을 좋아하지 않을 수 없었어요. 그들은 매우 친절했고, 항상 대화할 준비가 돼 있었어요. 그러면서도 임무에 관한 건 일절 말하지 않는 게 또 놀랍더군요."

"하지만 어떤 면에서 우리는 그 친구들이 목숨을 잃기 전까지 진심으로 마음을 열 수 없었어요. 전사자가 생기고 나서야 돌아오지 못하는 그 젊은 이들을 그리워하고, 그의 동료들을 불쌍하게 여기기 시작했어요. 생존 확률이 너무나 희박하다는 것도 알게 되자, 그제야 그 친구들을 받아들일 수 있게 되더군요. 1943년 당시 내 나이는 열다섯 살이었고, 대부분의 미군들은 나보다 서너 살 많았어요. 그중 몇몇은 저보다 어려 보였어요."

제100폭격비행전대의 장병들은 매일 훈련을 받았고, 그중 일부는 거의 매일 술을 마셨다. 클리븐처럼 술집에 잘 안 가는 사람들은 어둑한 막사에서 고향에 두고 온 애인이나 눈앞에 닥친 전쟁에 관한 이야기를 나눴다. 실전은 과연 어떨지, 모두가 궁금해 했다. 브래디의 항공기 승무원 중 하나는 이렇게 말했다.

"듣기로는 독일 놈들은 낙하산으로 탈출한 후에도 사격을 가한다고 들었어요. 탈출에 성공해도 놈들이 낙하산에 구멍을 내 버리면 살아남지 못하는 거죠."

장병들이 할리우드 여배우들 사진으로 도배가 된 막사 천장 아래서 담배를 피우며 이야기를 나누는 동안 마치 독수리처럼 활주로에 앉아 있는 수많은 B-17 폭격기들은 첫 출격을 기다리고 있었다.

MASTERS OF THE

제7장

지옥의 종

AIR

"오늘은 해가 보이지 않으리.
낮게 깔린 흐린 하늘이 찡그린 표정으로 우리 군대를 내려다보누나."
- 윌리엄 셰익스피어William Shakespeare, 〈리처드 3세Richard III〉 제3막 제2장 중

1943년 6월 25일, 소프 애보츠

밤 12시가 조금 지난 시각, 케네스 레먼스는 오늘이 바로 '그날'이라는 말을 들었다. 드디어 제100폭격비행전대가 처음 출격하는 날이었다.

오전 3시, 승무원들이 잠자리에서 일어나고 있을 그 시각, 정비사들은 이미 주기장에 모여 있었다. 무장사와 총기정비사들은 더 이른 시각부터 일을 시작했다. 임무 명령이 내려온 지 몇 분 지나지 않아 그들은 그날 사용할 폭탄을 항공기에 탑재하기 위해 탄약 집적소로 향했다. 1,000파운드(450킬로그램)짜리 폭탄 500발이 '붐 시티'라 부르는 철조망 쳐진 탄약 집적소에 피라미드 모양으로 차곡차곡 쌓여 있었다. 여기서 폭탄을 길고 낮은 운반차에 실어 항공기로 옮겨가고, 수동 윈치를 이용해 폭탄창 내로 끌어올린 다음, 폭탄창 내의 폭탄 걸이에 매단다. 무장사들은 이렇게 탑재한 폭탄에 신관을 설치하고, 신관에 안전핀을 끼운다. 이 안전핀은 폭탄 꼬리에 달린 프로펠러가 제멋대로 회전하지 않게 막아주는 역할을 한다. 안전핀을 제거하고 폭탄을 투하하면 이 프로펠러가 돌아간다. 이것은 항공기 내에서 폭탄이 터지지 않게 해 주는 안전장치인 것이다.

그것은 위험한 작업으로, 특히 무장사들이 서두르다가 아직 항공기에 탑재되지 않은 폭탄에 신관을 연결하면 더더욱 심각한 일이 벌어진다. 제100폭격비행전대와 같은 시기에 영국에 온 제381폭격비행전대에서 B-17에 폭탄을 탑재하다가 11발의 폭탄이 터지는 사고가 나기도 했다. 군종 장교 제임스 굿 브라운James Good Brown은 자신의 일기에 이렇게 적었다.

"나는 폭발음을 듣자마자 급히 사고 현장으로 달려갔다가 기겁 했다."

B-17 1대와 23명의 장병이 있던 그곳에는 박살 난 금속과 사람의 뼛조각만 남아 있었다.

소프 애보츠의 항공기들에 폭탄이 탑재될 때, 총기정비사들은 50구경 기관총탄이 실린 나무로 된 탄약상자를 항공기내 기관총 사수 자리에 하나씩 배치했다. 그 다음 이들은 전동식 기관총탑을 분해해 점검했다. 이들이 얼마나 꼼꼼하냐에 전우들의 목숨이 달려 있었다.

그 일을 끝나면 정비사들이 기체를 넘겨받아 기체를 최종 점검한다. 기체당 정비 반장 1명과 정비 반원 2명, 총 3명이 붙는다. 이들은 엔진, 유압, 브레이크, 타이어, 산소 공급기 등 수많은 항목을 점검한다. 이 중 가장 체력이 필요한 일은 프로펠러를 손으로 돌려 엔진을 공회전시키고, 실린더에 고인 윤활유를 제거하는 것이다. 그러고 나서 정비 반장은 조종실로 들어가 엔진을 시험 가동한다. 또 민감한 전자 장비와 유압 장비도 점검한다. 모든 장비에 이상이 없으면 엔진을 끈 다음 연료를 다시 공급한다. 지상 근무자들은 항공기의 작전 목표가 무엇인지 모르지만, 연료를 가득 채울수록 승무원들이 그만큼 길고 위험한 임무에 나서게 된다는 건 알고 있었다.

이륙 1시간 전, 정비가 마무리된 기체에 기관총 사수들이 도착한다. 사수들은 주기장 옆에 있는 무기고에서 녹이 슬지 않게 하기 위해 기름 적신 천으로 싸서 보관하고 있던 기관총을 꺼내 항공기에 장착했다. 총기에 잔뜩 묻어 있는 기름은 높은 고도에서는 습기를 빨아들여 얼어붙기 때문에 이륙 전에 말끔하게 제거해야 한다.

4명의 비행 장교가 브리핑을 마치고 기체에 도착하면, 조종사는 승무원들에게 비상용 키트를 지급하고, 정비 반장과 함께 이륙 전 최종 육안 점검을 한다. 두 사람이 항공기 주변을 돌며 점검 목록에 나와 있는 모든 사항을 점검하는 동안, 기관총 사수들은 지퍼 달린 장비 가방에서 전열 비행복을 꺼내 입는다.

대부분의 기관총 사수들은 전열 비행복을 제외한 두꺼운 비행복을 비행 장비실에서부터 입고 나오지만, 가끔 항공기 앞에서 옷을 갈아입는 걸 좋아하는 장병들도 있었다. 승무원들은 낙하산 하네스, 팽창식 구명조끼, 양모 내피가 들어간 가죽 재킷과 가죽 바지를 착용했고, 두꺼운 가죽으로 된 부츠와, 내피가 들어간 가죽 장갑도 착용했다. 승무원들의 비행모에도 양모 내피가 들어가 있다. 그리고 이 시점에는 일부 승무원들에게 방탄모와 방탄복을 지급했는데, 이것들은 적의 영공에 들어설 때쯤 착용했다. 모든 장교들은 콜트Colt 45구경 자동권총을 휴대했고, 대부분의 승무원은 성 크리스토퍼St. Christopher, 여행자와 운전자의 수호성인 메달, 아내나 애인이 준 편지, 행운의 양말이나 스카프 등 자신만의 부적을 가지고 다녔다.

대부분은 후방 측면 기관총석 뒤에 있는 후방 출입구를 통해 탑승했다. 하지만 어떤 장교들은 마치 턱걸이를 하는 것처럼 더 많은 힘을 써가며 폭격기 전방 출입구로 탑승하기를 좋아했다. 모든 승무원이 탑승하면 조종사는 조종실 왼쪽 창문을 열고 소리친다.

"항공기 좌현, 전원 대피!"

그리고 1번 엔진의 시동을 켠다. 케네스 레먼스는 제100폭격비행전대가 첫 출격을 하던 날을 이렇게 회상했다.

"라이트 사이클론 엔진이 크게 쿨럭거리면서 시동이 걸립니다. 왼쪽 바깥 엔진부터 하나씩 굉음을 내며 엄청난 연기를 뿜어냅니다. 이들 엔진 후 폭풍은 사람 하나쯤은 가뿐히 날려 버릴 정도입니다."

조종사의 수신호에 따라 지상 근무자들이 바퀴 고임목을 제거하자 항공기가 기지의 유도로를 따라 주행하기 시작했다. 지상 근무자들은 걸음마 배우는 아기를 따라가는 조심성 많은 어머니처럼 유도 주행하는 항공기 옆에 딱 달라붙어서 주 활주로를 향해 걸어갔다. B-17의 기수는 하늘을 향해 있기 때문에 조종사들은 자신들의 기체 앞 도로를 직접 볼 수가 없다. 따라서 안전하게 유도 주행을 하려면 지상 근무자들의 안내에 따라야 했다. 활주로 끝에 세워진 밴에 녹색 신호등이 켜지고 몇 분 지나지 않아 제100폭격비행전대의 모든 항공기가 지면을 박차고 목적지인 브레멘을 향해 날아갔다.

항공기들이 낮게 깔린 짙은 구름 속으로 사라지고 나면, 기지에서는 더 이상 비행음이 거의 들리지 않는다. 지상 근무자들은 주기장에 널려 있던 공구를 모두 치우고 식당으로 몰려가 식사를 한 다음, 바로 잠자리에 든다. 그러나 그들의 항공기가 위험한 전쟁터 상공을 날고 있기에 그들은 쉽게 잠들지 못한다. 그렇게 몇 시간을 뒤척이던 사람들은 일어나서 카드놀이를 하거나 각종 게임을 하기도 하고, 집으로 보낼 편지를 쓰는 사람도 있다. 기지를 몰래 빠져나가 인근 마을에 있는 술집에서 술을 마시거나 젊은 영국인 전쟁 과부와 아침까지 데이트를 즐기는 사람도 있다. 케네스 레먼스는 이렇게 말했다.

"항공기들이 모두 돌아오기 전까지는 완전히 마음을 놓을 수 없었죠."

11시경이 되자 항공기가 복귀 중이라는 소식이 전달되었고, 식당과 사무실, 정비소와 막사에 있던 장병들이 쏟아져 나왔다. 불과 몇 분 만에 지상에 있던 모든 사람이 비행 대기선으로 몰려들어 귀환하는 항공기 수를 셀 준비를 했다. 11시 15분쯤 소프 애보츠 상공에 항공기들의 모습이 보이기 시작하고, 1대씩 착륙했다. 모두 17대가 출격했으나, 돌아온 것은 14대뿐이었다. 아직 돌아오지 못한 항공기의 정비사들은 기적을 바라면서 활주로에서 계속 기다렸지만, 공식적으로 3대의 항공기가 실종 처리됐다는 사실을 알고는 장비를 챙겨 말없이 텐트로 발길을 돌렸다. 그날 아침, 출격 전 뜨겁게 악수했던 30명의 승무원은 이제 영영 사라지고 없었다.

애도할 시간은 없었다. 케네스 레먼스는 5대의 폭격기와 15명의 정비사를 책임지는 편대 정비 반장이었다. 그의 임무는 내일도 항공기가 날 수 있게 준비하는 것이었다. 정비사들은 윤활유 탱크에서 남은 윤활유를 제거하고, 스파크 플러그와 실린더, 과급기, 배선 상태를 점검했다. 유류병들이 거대한 급유차를 몰고 오면, 정비사들은 항공기 날개 위로 올라가 급유구를 열고 연료 탱크에 연료 넣는 것을 도왔다. B-17은 모두 6개의 연료 탱크를 갖고 있다. B-17 후기형은 가솔린 2,800갤런(약 1만 600리터)을 탑재할 수 있는데, 이는 항공기 이륙 중량의 4분의 1에 해당하는 무게다.

정비사들은 악의 없는 욕을 주고받으며 정비 작업을 시작했다. 판금 담당자는 전투 중 손상된 부위에 금속판을 덧대고 요란한 소리를 내는 에어건으로 리벳을 접합했다. 항공기 구조물에 중대한 손상이 발생했을 때는 보통 특별 정비창에 맡겨야 하지만, 전투가 한창일 때는 케네스 레먼스와 그의 동료들이 직접 프로펠러를 교체하거나 손상된 연료 탱크를 교체하기 위해 날개를 제거하기도 했다. 이런 일을 하다 보면 밤을 꼬박 새기 십상이었다.

정비사들이 일하는 곳은 언제나 진흙과 기름 범벅이었다. 그들은 심지어 옷이 너무 더러워지면 정비복과 A급 정복을 큰 가솔린 통에 넣어 빤 다음, 막사 밖 빨랫줄에 널어 말렸다. 육군 항공대 장병들은 기지 밖으로 나갈 때는 정복을 입어야 했지만, 외박 허가를 받고 기지에서 나갈 수 있는 시간이 됐는데도 정복이 마르지 않으면 그냥 젖은 옷을 입고 나가는 경우도 잦았다. 레먼스는 이렇게 말했다.

"그 옷을 입고 담배를 피웠는데 단 한 번도 폭발 사고가 나지 않았어요. 정말 기적이죠."

그들의 일에 영광과 명예는 없었다. 스파크 플러그를 많이 갈아 끼웠다고 훈장을 받은 사람은 없었다. 선술집에서 들려줄 만한 장렬한 무용담도 없었다. 그러나 육군 항공대 장병이라면 누구나 이들이 항공기의 상태를 유지해 줌으로써 전쟁에 크게 공헌하고 있다는 걸 알고 있었다. 제2차 세계대전은 빠르게 움직이는 탱크와 항공기가 주도하는 기계의 전쟁이었다. 그러나 이 전쟁을 일으킨 독일은 미국이야말로 기계의 나라라는 사실을 잊고 있었다. 미국 아이들은 젖니가 나기도 전에 공구 상자 위를 기어 다녔고, 케네스 레먼스 같은 시골 아이들은 16세가 되기도 전에 가족이 타는 차를 수리할 수 있었다.

25회만 출격하면 본국으로 귀국할 수 있었던 승무원들과 달리 지상 근무자의 전투 파견 기간은 그보다 훨씬 길었기 때문에 지상 근무자들은 승무원들의 이름과 얼굴을 다 외울 수가 없었다. 케네스 레먼스는 이렇게 말했다.

"그래도 우리는 승무원들을 좋아했어요. 우리를 위해 싸워주잖아요."

전투와 광기

기강이 형편없기로 소문난 제100폭격비행전대가 영국에 도착했을 때, 커티스 르메이 대령이 그들을 보는 시선은 냉랭했다. 소프 애보츠 기지에 르메이가 검열을 위해 방문했을 때, 어느 상병이 폭탄 운반차를 매단 트럭을 난폭하게 운전하다가 르메이가 탄 차를 칠 뻔했다. 잠시 후 한 정비 반장이 몰던 지프가 르메이 대령의 승용차 옆구리를 들이받아 버렸다. 르메이는 장병들의 막사가 난장판이라는 사실도 알게 되었다. 침대는 정리가 안 되어 있고, 바닥에는 빈 술병이 뒹굴고 있었다. 잔뜩 쌓여 있는 빨랫감에서는 역겨운 냄새가 났다. 그는 부대가 이 지경이 된 이유를 게일 클리븐 대대장과 존 이건 대대장 때문이라고 생각하고, 그 두 사람을 호출했다. 그러나 하사관은 두 사람을 어디에서도 찾을 수 없다고 보고했다.

전대장 닐 '칙' 하딩 대령은 태평한 사람이었다. 육군사관학교 풋볼팀 코치를 역임한 그는 부하들과 술 마시는 걸 좋아하는 사람으로, 부대의 군기에는 별로 신경 쓰지 않았다. 임무가 갈수록 힘들어지자 부대원들의 음주와 주먹다짐을 스트레스 해소를 위한 필요악이라고 여겼다. 그는 이런 말도 했다.

"우리 대원들은 살과 두뇌로 이루어진 사람입니다. 강철이 아니라고요."

폭발하는 폭격기에서 전사하는 동료들을 보면 누구나 한동안은 정신을 못 차리게 된다. 그것은 정말로 어쩔 수 없는 부분이었다. 그러나 사람에 따라 그 광기는 다른 양상으로 나타났다. 그리고 한번은 그 광기로 인해 매우 탁월한 결정이 내려진 적도 있었다. 그해 늦은 여름, 해리 크로스비는 짙은 구름 때문에 1차 표적을 볼 수 없었다. 2차 표적과 3차 표적도 구름에 가려 볼 수 없게 되자 눈에 보이는 표적에 마음대로 폭격하라는 지시가 내려졌다. 이는 누구나 입맛대로 해석할 수 있는 육군 항공대의 완곡한 어법이었다. 그때 구름이 걷히면서 독일의 대도시가 눈에 들어왔다. 그 순간 크로스비는 조종사에게 OK 신호를 보냈고, 폭탄창 문이 열렸을 때 그는 지도에서 그 도시가 본Bonn이라는 사실을 알았다.

크로스비는 바로 마이크 버튼을 누르고 말했다.

"여기는 항법사. 전 승무원 들어라. 나는 다른 표적을 공격하겠다. 본은 폭격해서는 안 된다."

"여기는 기장. 항법사, 왜 안 된다는 거지?"

"베토벤이 학교를 다녔던 곳이기 때문이다."

크로스비가 그 사실을 알게 된 것은, 마침 작전 전날 자기 막사에서 '베토벤 5번 교향곡'을 들었기 때문이었다. 크로스비는 그 곡이 독일 폭격 작전을 앞두고 듣기에 적당한 곡이라고 생각했는데, 축음기 레코드 표지에 "본은 대학의 도시이자, 유럽에서 가장 아름다운 도시 중 하나"라고 쓰여 있는 글도 읽었던 것이다.

승무원들 입에서 "오, 젠장" 소리가 터져 나왔지만, 조종사는 크로스비의 의견을 받아들였다. 그리고 63대의 B-17은 본을 지나쳐 갔다. 그중 일부는 폭탄창 문까지 열었던 상황이었다. 그들은 몇 분 후 찾아낸 루르의 철도 조차장을 산산조각 냈다.

함부르크

함부르크는 그렇게 운이 좋지 않았다. 약 200만 명이 사는 이 항구도시는 인류 역사상 최초로 인공 화염 폭풍에 의해 거의 괴멸되다시피 했다. 폭격기 해리스가 이끄는 영국 공군 폭격기 승무원들이 그 일의 주역을 맡았고, 제8공군도 여기에 상당히 기여했다. 이는 아이라 이커가 거의 6개월을 들여 준비한 하계 대공세 작전의 시작으로, 라인강 너머 최초의 지속적인 폭격 공세의 일환이었다. 미 육군 항공대가 '블리츠 위크Blitz Week'라고 부른 이 공세는 1943년 7월 마지막 주에 시작되었다.

블리츠 위크가 가능했던 것은 날씨가 급작스럽게 바뀌었기 때문이었다. 독일 상공의 날씨는 무려 3개월 동안이나 구름이 많이 끼는 등 좋지 않았기 때문에 제8공군의 작전에 큰 지장을 초래했다. 그런데 7월 24일 날씨가 갑자기 맑아졌고, 제8공군은 영국 공군을 지원하기 시작했다. 그 공격 이후 육군 항공대 공식 역사가들은 "그때까지의 항공전 역사상 가장 거대하고 지속적인 공격"이라고 기록하기 시작했다. 이로써 포인트 블랭크 작전이 본격적으로 시작되었다.

그 주에 해리스의 랭커스터, 핼리팩스, 스털링, 웰링턴 폭격기는 독일에 실로 기록적인 양의 폭발물을 투하했다. 그리고 제8공군도 이전까지 부대의 기록을 갈아치울 만큼의 폭탄을 투하한 것은 물론, 독일 영내에 그 어느 때보다 깊이 들어갔다. 그 주 첫날 제8공군은 노르웨이의 경제, 산업 시설을 타격했는데, 이제까지 폭격한 것 중 가장 멀리 있는 표적이었다. 7월 25일과 26일에는 이커의 폭격기들이 영국 공군과 협력해 유럽 최대의 항구이자 독일 제2의 도시인 함부르크에 밤낮으로 공습을 가했다.

제8공군은 이 도시의 항공기 엔진 공장과 거대한 유보트 조선소에 집중했다. 해리스의 영국 폭격기들은 도시 중심가를 폭격해 그야말로 묵시록에 나올 법한 광경을 연출했다. 영국 공군의 폭격으로 발생한 화재는 다음 날 미 제8공군이 주간 폭격을 하기 위해 도착할 때까지도 진화되지 않고 있었다. 어느 독일인은 이런 기록을 남겼다.

"연기가 마치 거대한 먹구름처럼 온 도시를 뒤덮었고, 그 사이로 태양이 마치 붉은 원반처럼 비추고 있었다. 오전 8시가 되었는데도 주위는 여전히 한밤중처럼 어두웠다."

최악의 상황은 이틀 후에 찾아왔다.

7월 27일, 함부르크의 여름밤은 아름다웠다. 도시는 대공포 공격도, 공습경보 사이렌도 없고 고요했다. 낙관론자들은 이제 공격이 다 끝난 거라고 생각했다. 그런데 새벽 1시가 되자 시끄러운 소리와 함께 700여 대의 영국 폭격기들이 다시 나타났다. 함부르크의 한 소방관은 이렇게 회상했다.

"갑자기 하늘에서 불이 비처럼 내리기 시작했어요. 대기는 불바다가 되었고, 엄청난 바람 소리를 내며 폭풍이 불기 시작했죠. 그것은 점차 허리케인처럼 강해졌고, 우리는 그 화재를 진압할 모든 희망을 버려야 했어요."

함부르크는 이미 여러 차례 영국 공군으로부터 공습당했기 때문에 대공포와 전투기로 구성된 강력한 방공망을 갖추고 있었다. 그런데 이번에 영국 공군은 '윈도우Window'라는 암호명을 가진 기발한 방어 전술을 이용해 그에 대응했다. 크리스마스트리에 다는 반짝이는 조각처럼 생긴 알루미늄 호일 조각 수천 개를 항공기에서 살포해 독일 항공기와 지상에 배치된 레이더 스크린에 가짜 신호가 잡히게 한 것이다.

날씨는 평소답지 않게 유난히 덥고 건조했다. 도시 전체를 거대한 불의 회오리바람으로 뒤덮기에 완벽한 조건이었다. 폭격을 시작한 지 20분도 안 돼서 가열된 뜨거운 공기가 밤하늘로 2.5마일(4킬로미터) 이상 솟구쳐 올랐다. 이 뜨거운 공기가 시속 150마일(240킬로미터) 이상의 속도로 거리를 휩쓸고 다녔다. 놀란 사람들은 방공호로 뛰어갔지만, 그들의 옷에는 이미 불이 붙어 횃불처럼 타고 있었다. 방공호로 들어간 사람들은 화재로 인한 산소 부족으로 질식해 죽어갔고, 그렇지 않은 사람들은 불에 타 재가 돼 버렸다. 독일의 비밀 보고서에는 이렇게 적혀 있다.

"방공호마다 마치 화장장의 소각로 내부를 방불케 했다. 운하나 수로로 뛰어들어 열기가 가실 때까지 헤엄치거나 목만 물 위로 내밀고 있었던 사람들이 그나마 운이 좋은 편이라 할 수 있었다.”

그러나 그날 밤 늦은 시간, 산업용 운하로 흘러들어온 기름에 불이 붙었고, 거기로 도망쳤던 사람들은 제정신이 아니었다고 목격자는 전했다. 또 다른 목격자는 작지만 강력한 소이탄이 떨어진 방공호에서 아이들이 마치 짐승처럼 소리를 질렀다고 했다.

“어떤 여자는 칼로 자기 아이의 손목을 베고, 자신의 손목도 가른 다음 아이 위에 엎드리면서 ‘사랑한다, 애야. 이제 우리는 곧 아빠를 만날 수 있을 거야’라고 말했어요.”

또 다른 목격담도 있다.

“소이탄에 맞고 죽은 사람의 머리에서 뇌가 튀어나와 있었어요. 어린아이들은 길바닥에 마치 튀긴 뱀장어처럼 쓰러져 있었죠. 지독한 열기로부터 자신을 보호하려는 듯 손과 팔을 뻗은 모습에서 얼마나 고통스럽게 죽어갔는지 알 수 있었어요.”

가족의 시신을 발견한 생존자들은 그들을 추억할 것들마저 모두 잃었다. 집도, 사진도, 가재도구도 모두 타서 사라져 버렸던 것이다.

8월 2일, 영국 공군의 마지막 공습이 끝나고, 재가 된 시신들이 널브러져 있는 거리를 청소하기 위해 구호요원들이 투입되었다. 이때 히틀러유겐트Hitlerjugend, 나치 독일의 청소년 조직 대원은 이런 보고서를 작성했다.

“우리는 시신을 30~35단으로 겹겹이 쌓았다. 시신을 다 쌓고 난 후에도 함부르크 시내를 돌아다니려면 눈에 셀로판지를 감고 다녀야 했다. 어디를 가나 연기로 가득 차 있었기 때문이다. 바람은 전혀 불지 않았고, 3~4일 동안 햇빛을 보지 못했다. 바깥은 칠흑같이 어두웠다. … 집 앞마다 시체들이 쌓여 있었고, 가까이 다가가면 발 더미를 볼 수 있었다. 어떤 시체는 맨발이었고, 어떤 시체는 타 버린 신발이 신겨져 있었다. 그 시체들은 신원을 식별할 수 없었다. 어느 집 지하실에서 그 집 일가족의 시체를 발굴하기도 했다. 어른들의 시체조차 매우 작게 쪼그라들어 있었기 때문에 욕조 하나에 일가족 시신이 다 들어갈 정도였다. 그들은 열기로 미이라화되고 타서 녹아 뒤엉켜 있었다."

잔해 속에서 물건을 훔치는 약탈자들은 경찰과 나치 정권의 비밀경찰에 의해 현장에서 즉결 처분을 당했다. 함부르크의 한 여성에 따르면, 방공호가 무너지자 그곳에 있던 사람들이 몸에 불이 붙은 채 다른 방공호로 뛰어갔는데, 경찰은 다른 방공호에 불이 옮겨 붙지 않게 하기 위해 그들을 사살했다.

이는 폭격으로 만들어낸 최초의 화염 폭풍으로, 이것이 가능했던 것은 고폭탄과 소이탄의 치명적인 조합 때문이었다. 이미 불바다가 된 함부르크 시내에 4,000파운드(1.8톤)에 달하는 고폭탄을 투하해 도로에 폭파함으로써 소방관들의 접근을 막았다. 어느 독일 공군 지휘관은 이렇게 보고했다.

"파괴된 도시에서 뿜어져 나온 공포의 물결은 독일 전국으로 퍼져 나갔고, 대화재에 관한 구체적인 내용들이 생생하게 전달됐다. 불길은 무려 120마일(193킬로미터) 떨어진 곳에서도 며칠 동안 보일 정도였다. 함부르크의 참상에 관한 소식은 순식간에 독일의 가장 먼 변두리 지역까지 전파되었다."

함부르크의 그 끔찍한 참상은 도시를 빠져나온 백만여 명의 피난민에 의해 퍼져나갔다.

어느 독일인 주부는 함부르크 피난민들과 기차를 타고 베를린으로 가던 중, 도저히 믿을 수 없는 광경을 목격했다. 옆자리에 앉은 여자가 시커멓게 그을고 재투성이가 된 채 넋 나간 표정으로 창밖을 보고 있었다. 그녀의 무릎 위에는 옷 가방이 놓여 있었는데, 함부르크에서 전 재산을 잃은 다른 여자가 쌀쌀맞은 목소리로 이렇게 말했다.

"그래도 당신은 거기서 뭔가 들고 나오기는 했군요. 나처럼 아무것도 못 챙겨 나온 사람보다는 나아요. 그렇지 않나요?"

그러자 옷 가방을 든 젊은 여자가 말했다.

"그래요. 저는 가장 소중한 것을 챙겼어요. 보여 드릴까요?"

그녀가 옷 가방을 열었을 때, 그 안에는 쪼그라든 아기의 시체로 보이는 것이 들어 있었다. 그녀는 미친 듯이 웃으면서 말했다.

"우리 딸이에요. 귀엽죠? 머리도 꼬불꼬불하고 눈도 파래요. 지난 한 해 동안 많이 컸어요. 지금은 12살이에요. 하지만 쪼그라들었네요. 그래서 이렇게 옷 가방 안에도 들어가요."

함부르크 폭격은 그때까지의 항공전 역사상 단일 표적에 가장 큰 피해를 입힌 작전이었다. 함부르크시 소방 당국에 따르면 잔해 속에서 수습한 시신은 무려 4만 5,000구였으며, 그중 대부분은 여성과 어린이, 노인이었다. 그리고 최소 1만여 구 이상의 시신을 발굴하지 못했거나, 완전 전소되어 사라졌을 것이라고 추정했다. 도시 면적의 약 60퍼센트에 달하는 13제곱마일(33.67제곱킬로미터)이 완전 전소되고, 수십만 명의 이재민이 발생했다. 독일 공군의 폭격으로 인해 사망한 영국인보다 더 많은 독일 민간인이 불과 10일 만에 죽은 것이다.

영국 공군기 87대가 격추당하면서 영국 공군의 손실도 컸다. 그러나 폭격기 해리스는 이 '고모라 작전Operation Gomorrah'의 결과에 만족했다. 성경에서 신의 분노를 사 사라진 도시의 이름에서 따온 암호명처럼 그의 부하들은 독일 도시 하나를 지도상에서 없애버리다시피 했다.

이를 자초한 독일은 함부르크 폭격을 시작으로 역사상 유례없는 고통을 겪게 된다.

영국 공군은 이 전쟁에서 처음으로 나치 지도부에 막대한 타격을 가하는 데 성공했다. 독일 공군 전투기 사령관 아돌프 갈란트는 이런 글을 남겼다.

"심리적 관점에서 볼 때 함부르크 공습이야말로 이 전쟁에서 가장 중요한 사건이었다. 물론 군사적 피해는 스탈린그라드 전투에서 더 컸으나, 함부르크는 볼가강에서 수백 킬로미터 떨어진 도시가 아닌, 독일의 젖줄인 엘베강에 있는 도시였다."

히틀러의 군수부 장관 알베르트 슈페어Albert Speer도 이런 글을 썼다.

"함부르크 공습으로 인해 내 안에 지독한 두려움이 자라났다. 7월 29일 중앙계획회의에서 나는 '지금과 같은 규모의 공습이 지속된다면, 현재 논의하고 있는 의제들은 앞으로 3개월 이내에 더 이상 다룰 필요가 없어질 것입니다. … 중앙계획회의도 더 이상 필요 없어질 것입니다'라고 지적했다."

3일 후, 슈페어는 충격을 받아 현지 시찰은커녕 폐허가 된 도시에서 영웅적인 활약을 펼친 응급 요원 대표단을 만나지 않으려고 하는 히틀러에게 이렇게 경고했다.

"이런 종류의 공습이 계속돼서 여섯 곳의 대도시가 이 정도의 피해를 다 입는다면, 독일의 군수생산 시설은 완전히 멈추게 될 것입니다."

그러자 히틀러는 그의 말을 막고 이렇게 대답했다.

"괜찮아. 자네가 다 알아서 해결할 수 있을 거야."

해리스는 독일 경제의 회복력을 얕잡아 봤지만, 조직력의 천재였던 슈페어가 도시 복구를 지휘하자 함부르크는 5개월 만에 이전 생산력의 80퍼센트를 회복했다. 그러나 함부르크는 나치 군수생산의 중심지였는데도 다시는 이러한 공습을 겪지 않았다. 해리스는 다른 도시, 특히 베를린으로 표적을 바꿨다. 역사학자 마이클 셰리Michael Sherry는 다음과 같은 글을 남겼다.

"그 후로 수개월 동안 영국 공군은 막대한 양의 폭탄을 쏟아부어 엄청난 양의 잔해를 만들었지만, 그들의 폭격은 시공간적으로 너무 분산되어 있어서 독일인의 사기나 생산성에 결정적인 타격을 가할 수 없었다. 영국 공군의 그러한 폭격 양상은 공군력의 파괴력과 전황에 대한 결정력을 동일하게 생각했다는 확실한 증거였다."

해리스는 독일 공군의 대규모 보복 폭격을 두려워했다. 그래서 그는 영국의 역사학자 맥스 헤이스팅스가 지적했듯이 단일 표적에 짧은 시간 동안 연달아 타격을 가하는 것보다 몇 주 간격으로 목표물을 공격하는 것을 더 선호했다.

함부르크 공습은 포인트 블랭크 작전의 중심 개념인 24시간 폭격이 결국 사기임을 드러내 보였다. 제8공군이 독립적으로 기획한 공습은 너무 규모가 작아 함부르크의 부두와 항공기 공장, 유보트 관련 시설에 영구적인 피해를 입힐 수 없었다. 그리고 영국 공군의 폭격으로 발생한 연기는 미군 폭격기가 표적을 정밀 조준하는 걸 방해했다.

7월 28일, 제8공군의 기관총 사수 잭 노비가 탄 B-17은 기상 악화로 1차 표적을 찾을 수 없게 되자 함부르크 상공으로 날아갔다.

"1만 7,000피트(5.2킬로미터) 상공에서 비행하는데도 열기가 너무 뜨거웠어요. 마치 불가마 앞에 서 있는 것처럼 얼굴이 따끔거렸지요."

함부르크 공습으로 인한 사망자 4만 6,000명 중 미군의 폭격으로 죽은 사람은 극소수였다. 그러나 노비를 포함해 그가 속한 제96폭격비행전대의 승무원들은 제8공군이 그러한 무차별적인 학살에 참여했다는 사실에 충격을 받았다. 노비는 훗날 이런 글을 썼다.

"그 당시에는 상상도 하지 못했지만, 그 도시에도 아이들이 살고 있었을 것이다."

그러나 노비처럼 침묵 속에서 반대한 사람들조차도 자신의 대의가 옳았음을 인정했다. 그러한 참극은 '미친 독재자'가 자초한 것이었다. 히틀러를 지지한 독일 국민은 그런 무고한 죽음까지도 감내해야 했다. 폭격기 승무원들은 자신들이 결백하다고 생각해 본 적 없었지만, 그들 또한 고통을 받기는 마찬가지였다.

'레드' 모건

블리츠 위크 작전 중 '레드Red' 모건과 그의 승무원들이 수행한 하노버 공습 임무는 10명의 장병이 감당하기에는 너무나 가혹했다. 텍사스 출신으로 제92폭격비행전대의 B-17 부조종사인 존 모건John Morgan은 진주만 공습 이전에 캐나다 공군 소속으로 참전한 바 있었다. 1943년 7월 26일, 하노버 상공에서 그가 해낸 일은 그야말로 제8공군의 전설로 남았다.

모건은 표적으로 향하던 도중 중상을 입은 조종사 로버트 캠벨Robert Campbell에게서 난타당한 B-17의 조종권을 넘겨받았다. 로버트 캠벨은 20밀리미터의 포탄 파편에 뒤통수를 맞고 정신이 흐릿한 상태에서도 팔로 조종간을 꽉 쥐고 2시간 동안 제멋대로 도는 항공기의 조종권을 모건에게서 빼앗기 위해 난동을 부렸다. 만약 모건이 캠벨의 산소마스크를 벗기면 그를 진정시킬 수 있었겠지만, 그러면 캠벨이 죽을 수도 있었기에 모건은 그렇게 하지 않았다. 통신기가 고장 났기 때문에 도움을 요청할 수도 없었다. 그리고 설령 통신기가 멀쩡하다 해도 도움을 받기 어려웠다.

상부 기관총 사수인 타이어 C. 위버Tyre C. Weaver 하사는 적으로부터 기관포 사격을 받고 한 팔이 잘려나간 채 차가운 바닥에 의식을 잃고 쓰러져 있었다. 항법사인 키스 코스케Keith Koske 중위는 자기 목에 감고 있던 하얀색 스카프를 풀어 위버의 잘린 팔을 지혈하려 했으나 잘린 부위가 어깨와 너무 가까웠기 때문에 지혈하기도 어려웠다. 코스케는 훗날 앤디 루니에게 이렇게 말했다.

"나는 그 친구에게 모르핀을 주사하려고 했어요. 그러나 바늘이 휘어 있어서 주사를 놓을 수가 없었어요."

폭격기가 영국으로 돌아가려면 4시간을 더 비행해야 했으나, 코스케는 위버가 4시간을 버티기 힘들다고 판단했다. 그는 위버의 하네스에 낙하산을 연결하고, 아직 멀쩡한 손에 낙하산 립코드를 쥐어 주었다. 그리고 비상 탈출구로 위버를 떨어뜨렸다. 영하의 기온이 출혈을 막아주고, 독일 의사가 그를 제때 발견해 치료해 주기를 바랐다. 모건은 몰랐지만, 코스케가 위버를 간호하는 동안 후방 동체에 있던 기관총 사수들도 모두 의식불명 상태로 쓰러져 있었다. 그들이 착용하고 있던 산소마스크의 줄이 사격으로 끊어져 버렸던 것이다.

키가 6.17피트(188센티미터)에 달하는 모건은 한 손으로는 제정신을 아닌 캠벨을 제지하면서, 다른 한 손으로는 B-17 루시 2Ruthie II호를 몰면서 항공기를 표적인 하노버 고무 공장 상공으로 몰고 가 폭탄까지 투하했다. 그 후 코스케와, 다시 정신을 차린 기관총 사수 1명의 도움을 받아 모건은 캠벨을 조종석에서 끌어내 항공기 바닥에 눕히고 모포를 덮어 주었다. 그들에게 시간이 충분했다면 그들은 캠벨을 위해 기도했을 것이다.

모건은 노픽에 있는 영국 공군기지에 비상 착륙했다. 그의 항공기는 연료가 다 떨어졌고, 전방 캐노피는 심하게 깨져서 측면 캐노피를 보고 항공기를 유도해야 했다. 그들은 무사히 착륙했지만, 캠벨은 그 후 1시간 만에 죽고 말았다. 그해 12월, 앨라배마주 출신의 타이어 위버 하사로부터 자신이 오스트리아에 있는 독일의 슈탈라크 17B 포로수용소에 무사히 있다는 편지를 받았다. 그리고 며칠 후 모건은 의회명예훈장을 받았는데, 그는 자기 대신 코스케가 그 훈장을 받아야 한다고 생각했다.

제로 레이더스

7월 31일, 날씨가 좋았음에도 불구하고 아이라 이커 장군은 대기 명령을 내렸고, 그 후 근 2주간 제8공군 전체는 작전을 재개하지 못했다. 블리츠 위크 작전 기간 동안 제8공군은 공습에 투입한 항공기의 10퍼센트에 달하는 97대의 B-17을 잃었다. 심신이 피폐해진 승무원들에게도 회복할 시간이 필요했고, 이커가 6개월 동안 준비해 온 비밀 공습 임무를 실행하려면 새로운 폭격기를 보급받아야 했다. 그 비밀 임무는 다름 아닌 슈바인푸르트 볼베어링 공장을 공습하는 것이었다. 어느 독일 공군 지휘관은 이 공장이야말로 독일 산업의 '아킬레스 건'이라고 말했다. 여기서 생산하는 마찰 감소용 베어링이 없으면 어떠한 군용 장비도 움직일 수 없었다. 이 공장이 있는 슈바인푸르트시는 마인강 유역 뉘른베르크 북서쪽에 위치한 인구 4만 3,000명이 사는 아름다운 도시였다. 독일 베어링의 57퍼센트가 이곳에 있는 3개의 볼베어링 공장에서 생산되고 있었다. 이 작전은 양동 작전으로, 슈바인푸르트를 공습하는 동시에 바이에른주의 레겐스부르크에 있는 메서슈미트 조립 공장도 공습하기로 했다. 이 공장에서는 독일 단발 전투기의 30퍼센트를 생산하고 있었다. 공습이 끝나면 레겐스부르크를 공습한 부대는 북아프리카에 있는 미군 기지로, 슈바인푸르트를 공습한 부대는 다시 영국으로 돌아올 계획이었다. 이 임무는 지금까지 제8공군이 수행한 독일 침공 임무 중 독일로 가장 깊이 침투하는 임무이며, 독일 본토로 진입한 후에는 전투기의 호위도 없을 것이다. 그러나 양동작전으로 적의 방공망을 교란하면 큰 손실 없이 두 목표에 치명타를 가할 수 있을 것으로 예측했다.

이커는 휘하의 3개 B-24 리버레이터 전대의 지원 없이 이 임무를 수행해야 했다. 지난 6월에 이들 부대는 또 다른 비밀 임무를 앞두고 훈련을 받기 위해 새로 점령한 리비아사막으로 보내졌다. 이 임무는 독일의 또 다른 약점인 루마니아 플로이에슈티 유전에 있는 대형 정유 단지를 폭격하는 것이었다. 이 정유소는 독일에서 사용하는 석유의 60퍼센트를 생산하고 있었다. 처칠이 '독일 힘의 원천'이라고 부르는 플로이에슈티 유전 폭격 작전은 1943년 8월 1일로 예정되어 있었다. 이커가 휘하 B-17 부대에 대기 명령을 내린 바로 다음 날이었다.

이 두 임무는 독일에 치명타를 날리기 위해 기획되었다. 유럽 항공전이 생각만큼 빨리 진행되지 않는 데 대한 햅 아놀드의 조바심이 반영된 것이었다. 커티스 르메이가 훗날 말했듯이, 이 작전들은 기획과 정보 분야의 똑똑한 친구들이 유럽에서 전쟁을 쉽게 이길 방법을 찾다가 나온 부산물로, 마치 젊음의 샘을 찾는 것과 같았다. 물론 이러한 젊음의 샘은 있지도 않고, 있었던 적도 없다.

아놀드가 1942년 12월에 주관한 작전 분석 위원회The Committee of Operations Analysts: COA라는 명칭의 회의에 참가한 민간 전문 패널들은 석유, 볼베어링, 항공기 공장 등 3개의 표적을 선정, 추천했다. 이 위원회에는 J. P. 모건의 토머스 W. 라몬트Thomas W. Lamont 같은 월가 금융가, 국무부 장관의 아들 엘리후 루트 주니어Elihu Root, Jr., 변호사 조지 W. 볼 George W. Ball, 프린스턴대학교 소속 군사 사학자 에드워드 미드 얼Edward Mead Earle, 후일 대법관이 된 존 마셜 할런John Marshall Harlan 판사, 보스턴 법률 회사에서 일하다 아놀드를 위해 입대한 구이도 R. 페라라Guido R. Perera 대령 등 기라성 같은 사람들이 소속되어 있었다. 이듬해 3월, 이 위원회는 독일 경제에 대한 면밀한 연구 끝에 제8공군에게 소수의 주요 표적 파괴에 집중할 것을 제안했다.

"극소수의 주요 산업 표적에 큰 손상을 입히는 것이 다수의 산업 표적에 작은 손상을 입히는 것보다 낫다."

미군 항공부대가 이른바 병목 구간이 되는 표적에 무자비한 폭격을 반복적으로 가한다면 석유와 볼베어링을 대량 사용하는 독일 공군력, 특히 서부전선에서 추축국의 전쟁 수행 능력을 마비시킬 수 있을 거라고 기대했다.

그러나 레겐스부르크-슈바인푸르트 공습은 매우 위험했고, 플로이에슈티 공습은 자살 행위에 가까웠다.

독일은 석유 자원이 풍족한 나라가 아니다. 이들은 항공기와 자동차용 가솔린을 충분하게 비축하지 않은 상태에서 전쟁에 뛰어들었다. 그리고 전쟁 내내 석유 부족에 시달렸다. 독일은 부족한 석유 자원을 보충하기 위해 정복과 창조 활동, 두 가지에 매달렸다. 1943년, 독일은 세계 최대의 합성석유 산업 국가였고, 루마니아를 비롯한 여러 추축국으로부터 막대한 양의 원유를 수입하고 있었다. 특히 루마니아의 정유 단지는 독일이 전쟁을 수행하는 데 있어 매우 중요한 곳이었다. 독일군이 소련 침공 시 가장 중요한 목표 중 하나로 잡았던 코카서스의 유전 지대를 점령하는 데 실패했기 때문이었다.

독일 본토 내륙 깊숙이 위치한 합성석유 공장은 교묘하게 위장돼 있고, 방어도 잘돼 있었다. 그러나 연합군이 북아프리카를 점령하자 플로이에슈티는 북아프리카 항공기지에서 발진하는 장거리 폭격기의 타격권 내로 들어왔다. 플로이에슈티는 트란실바니아알프스 산자락의 넓은 평지에 위치해 있으며, 루마니아 수도 부쿠레슈티에서 북쪽으로 35마일(56킬로미터) 떨어진 곳에 위치하고 있었다. 연합군 육군 정보국 보고에 따르면, 플로이에슈티의 방어 상태는 대체로 취약하고, 또 그곳을 지키는 것은 대부분 독일인을 혐오하는 루마니아인으로, 연합군에 대한 저항 의지도 약하다고 했다. 그러나 연합군에 포로로 잡힌 루마니아 항공기 승무원은 플로이에슈티야말로 유럽에서 가장 방어 상태가 철저하다고 진술했지만, 연합군은 적의 경계심을 자극하기 싫다는 핑계로 정찰기를 보내지 않았다. 그런데 이것이야말로 이 전투에서 가장 큰 정보실패 중 하나였다.

플로이에슈티 공습 임무의 암호명은 '타이달 웨이브Tidal Wave, 해일'로, 작전을 입안한 인물은 햅 아놀드의 참모 제이콥 E. 스마트Jacob E. Smart 대령이었다. 이 작전의 핵심은 기습과 정밀한 타이밍이었다. 독일은 이미 미 육군 항공대가 고공 정밀폭격에 모든 것을 걸고 있다는 것은 알고 있었다. 실제로 미국은 1942년 봄, 플로이에슈티에 소규모의 고공 정밀폭격을 했다가 실패한 바 있다. 따라서 플로이에슈티에는 그 점을 염두해 두고 방공망이 집중적으로 구축되었다. 이에 스마트 대령은 방공망을 뚫기 위해 나무 꼭대기 정도의 높이에서 무려 시속 200마일(320킬로미터)의 무모할 정도로 빠른 속력으로 비행하면서 폭격을 할 것을 제안했다. 이 안에 따르면 폭격기들은 표적에 접근하는 동안 무선 침묵을 엄수하면서 드넓은 지중해와 알바니아와 유고슬라비아의 거친 산맥을 건너야 했다. 9,000피트(2,700

미터) 높이의 핀두스산맥을 넘은 후 지면에 찰싹 붙어 다뉴브 평원을 천둥처럼 빠르게 건너 밀집 편대를 이룬 다수의 항공기가 동시에 표적에 도착함으로써 미군의 접근을 전혀 예상치 못한 적을 압도하고 플로이에슈티를 불바다로 만들어야 했다.

적의 레이더를 피해 불과 200~800피트(60~240미터) 높이로 저공비행하면 폭격기들은 표적을 정밀하게 타격할 수 있고, 대공포와 전투기에 피격될 확률은 낮아진다. 게다가 민간인 사상자가 발생할 확률도 낮아진다. 그러나 손상을 입은 폭격기가 불시착에 성공할 확률도 낮아지고, 따라서 승무원들의 생존 확률도 낮아진다. 더구나 B-17은 이 임무를 수행할 만한 항속력을 갖추지 못했다. 이 임무에서 요구되는 비행 거리는 전례 없는 수준으로 2,400마일(3,860킬로미터)에 달하기 때문에 스마트 대령은 이 임무에는 장거리 폭격이 가능한 B-24를 써야 했다.

그러나 B-24에는 몇 가지 약점이 있었다. 우선 B-24는 조종하기가 힘들었다. 조종간을 움직이는 데도 엄청난 힘이 필요했다. 이는 근접 편대비행과 초인적인 수준의 공중 기동성을 요하는 이번 임무에 큰 걸림돌이 되었다. 또한 이 항공기의 '데이비스 윙'이라고 불리는 날개는 B-17보다 공기역학적으로는 뛰어났지만, 내탄성은 떨어졌다. 이것은 적 대공포 사수의 코앞으로 뛰어들어야 하는 폭격기에게는 치명적인 단점이었다.

이 임무에는 모두 5개 폭격비행전대가 선발되었는데, 이 중 2개 전대는 루이스 브레리턴Lewis Brereton 중장의 제9공군 소속으로, 제9공군은 리비아 벵가지 인근의 사막에 주둔한 소규모 전술 부대였다. 나머지 3개 전대는 제8공군 소속으로, 이 중 제44폭격비행전대와 제93폭격비행전대는 프랑스에 위치한 독일 유보트 방공호 폭격에 참가한 경험이 있었다. 제93폭격비행전대는 횃불 작전 지원을 마치고 이제 막 북아프리카에서 영국으로 돌아온 상태였다. 아프리카에서 돌아온 그들은 무뚝뚝한 전대장 에드워드 팀버레이크 대령의 별명을 붙여 자신들을 '테드의 서커스 유랑단'이라고 불렀다. 나머지 1개 전대는 이제 미 본토에서 훈련을 막 마친 제389폭격비행전대로, 이들의 별명은 '스카이 스콜피온스Sky Scorpions, 하늘의 전갈'였다.

아이라 이커는 이 임무에 반대했다. 이 임무를 하게 되면 자신에게 절실하게 필요한 폭격기와 승무원이 그만큼 줄어들기 때문이다. 그러나 그해 5월, 스마트 대령은 아놀드의 지원으로 합동참모본부에서 승인을 받아냈다. 합동참모본부 역시 독일이 소련에 가하는 압력을 어떻게든 줄이고 싶어 했다. 소련은 독일 육군과 사투를 벌이고 있었고, 독일 육군은 루마니아산 석유에 크게 의존하고 있었기 때문이다.

켄터키주 버번 카운티 출신 필립 아더리Philip Ardery는 1943년 6월 영국에 왔는데, 그는 영국에 도착했을 때 여장을 풀지 말라는 지시를 받았다. 그의 소속 부대는 제389폭격비행전대로, 이 전대 소속의 일부 부대가 북아프리카로 파견되어 매우 위험한 비밀 임무에 투입될지 모른다는 소문이 돌았다. 그로부터 2주도 안 돼 이 부대는 리비아사막에 도착했다. 5개 폭격비행전대가 리비아사막에서 브레리턴 장군의 지휘하에 저공 편대비행 훈련을 했다. 황량한 사막에서의 생활과 비행 여건은 최악이었다. 지독한 모래바람이 비행을 방해하고, 텐트 안으로 사막의 도마뱀과 쥐가 끝도 없이 들어왔다. 또 승무원 대부분이 설사에 시달렸다. 승무원들은 사막에서 이러한 훈련을 하는 이유를 알지 못했다. 비행 훈련을 하지 않을 때면, 제9공군과 함께 시칠리아를 침공한 미국 지상군을 지원했다. 7월 19일 로마를 폭격한 다음, 이들은 공병이 사막의 모래 위에 회반죽과 석유통으로 건설한 실물 크기의 플로이에슈티 정유 단지 모형에 저공비행을 하며 목제 폭탄을 떨어뜨리는 훈련을 시작했다. 하버드대학교 로스쿨을 막 졸업하고 바로 입대한 아더리는 이런 글을 썼다.

"이것이야말로 열혈 파일럿이 평생 꿈꿔왔던 종류의 비행이다. 불과 800피트(240미터) 상공에서 시속 200마일(320킬로미터)로 날면, 그 속도감을 100퍼센트 느낄 수 있다."

브레리턴 장군은 임무 브리핑에서 최대 50퍼센트의 손실이 날 수도 있는 위험한 임무라는 경고를 받았다고 말했다. 그러나 이 임무에 성공하면 종전을 6개월 앞당길 수 있으며, 항공기가 초저공비행을 하기 때문에 사수들은 적의 대공포 사수들과 근접전을 벌이게 될 수도 있다고 말했다. 부조종사들에게는 기관단총을 지급하며, 필요 시 측면 캐노피를 열고 적에게 사격하라고 지시했다. 한 조종사는 이렇게 말했다.

"브리핑을 듣고 나서 이 임무에서 생환은 부수적인 목표에 불과하다는 것을 알게 되었습니다."

임무 전날 밤, 스카이 스콜피온스 전대의 가톨릭 군종 장교 제럴드 벡 Gerald Beck 신부는 텐트를 돌아다니면서 장병들의 고해성사를 들어 주고 불안감을 덜어주고자 했다. 키가 매우 크고 눈이 파랗고 은발인 이 아일랜드 출신의 벡 신부는 전대원들에게 크게 사랑받는 인물이었다. 미사를 집전하지 않을 때 그는 전대원들과 포커를 쳤는데 거의 매번 이겼고, 그렇게 딴 돈은 가장 궁핍한 장병에게 주었다.

임무 전날 밤 전 승무원은 가족에게 편지를 써서 아침에 침대에 올려두라는 지시를 받았다. 귀환하지 못한 승무원의 편지는 가족에게 발송될 예정이었다. 승무원 대부분은 모르는 사실이었는데, 사실 지휘관들은 이 임무에 반대했다. 제9공군의 임무 지휘관 우잘 엔트Uzal Ent 소장은 고공폭격을 하게 해 달라는 청원서를 써서 모든 전대장의 서명을 받은 후 브레리턴 장군에게 전달했다. 제98폭격비행전대장 존 '킬러' 케인John 'Killer' Kane 대령 역시 엔트 소장과 같은 생각이었다. 케인 대령은 이 작전이야말로 워싱턴의 어느 방구석 얼간이가 입안한 게 분명하다고 불평했다. 그러나 이 청원 때문에 지휘권을 박탈당할 위기에 처하게 되자 엔트 소장은 반대를 철회했다.

8월 1일, 새벽이 밝았다. 12일간의 혹독한 훈련을 마친 178대의 B-24 부대는 날개에 보조 연료 탱크를 탑재하고, 전방 동체에 장갑을 두르고 기관총을 추가로 장착했다. 항공기들에 시동이 걸렸다. 활주로에 벡 신부가 나타나 항공기들을 축복해 주었다. 어느 항공기의 부조종사가 벡 신부에게 이렇게 소리쳤다.

"하나님하고 연줄 있으신가요, 신부님?"

벡 신부는 프로펠러 소리에 지지 않을 만큼 큰 목소리로 답했다.

"한두 개가 아니라네!"

폭격기 승무원들은 신부에게 엄지손가락을 세워 보이고, 활주로 끝을 향해 유도 주행을 하기 시작했다. 빠르게 돌아가는 프로펠러들로 인해 엄청난 모래 먼지가 피어올랐다. 나이보다 어려 보이는 외모의 하사관이 기관총석에서 몸을 내밀고 벡 신부에게 작별 인사를 했다.

"신부님, 하나님께 저희 얘기 좀 잘해 주십쇼!"

이들 '제로 레이더스Zero Raiders'가 공중에서 집결하는 데는 1시간이 걸렸고, 그 후 이들은 표적까지 7시간을 비행해야 했다. 그러나 첫 손실이 발생하는 데는 1시간도 채 걸리지 않았다. B-24 키커푸Kickapoo호가 이륙하고 불과 몇 분 만에 추락해 폭발하고 만 것이다. 3시간 후 또 1대의 폭격기가 이오니아해에 추락했다.

그리스에 있는 독일 무선국이 미국의 암호를 해독함으로써 무선 침묵이 무용지물이 되었다는 사실이 알려졌다면, 나머지 기체의 승무원들의 긴장감은 더욱 높아졌을 것이다. 플로이에슈티의 조기 경보 시스템에 비상이 걸렸고, 부쿠레슈티까지 B-24의 동선은 모두 추적되었다.

알바니아의 산맥에 접근한 B-24는 1만 7,000피트(5킬로미터)까지 형성된 권운층 속으로 들어갔다. 제8공군 조종사 윌리엄 R. 캐머런William R. Cameron은 이런 기록을 남겼다.

"우리가 작전에 성공하고 살아남으려면 먼저 기습에 성공해야 했다. 또한 다양한 표적에 모든 기체가 동시에 들이닥쳐 휩쓸어버려야 했다. 모든 항공기가 함께 표적 상공에 도착하고, 함께 폭격하고, 함께 출발해야 했다."

그러나 구름 때문에 폭격기들이 분산되었기에 동시 기습은 할 수 없게 돼 버렸다. 문제는 또 있었다. 표적에 접근하던 중 선두 그룹을 지휘하던 조종사 키스 콤프턴Keith Compton 대령이 선회를 잘못한 것이다. 이 폭격기에는 앤트 장군도 탑승하고 있었다. 그 때문에 제376폭격비행전대는 물론 그 뒤를 따르던 제93폭격비행전대의 항공기들까지 남쪽의 부쿠레슈티로 향하게 되었다. 다른 항공기의 항법사들이 무선 침묵을 깨고 긴급 경보를 울렸다.

"항법 오류! 항법 오류!"

부쿠레슈티의 반구형 교회 지붕이 눈에 들어오자, 콤프턴 대령은 기수를 급하게 꺾었다. 그러나 그의 항법 실수 때문에 더 이상 밀집한 다수의 항공기가 동시에 공격할 수 없게 되었다.

임무 전에 각 전대는 정유소의 특정 표적과 그 표적의 타격 시간도 배정받았지만, 이제 콤프턴 부대의 모든 조종사들에게는 편한 각도로 표적에 돌입해 자유롭게 폭격하라는 명령이 내려졌다. 이는 끔찍한 혼란을 초래했다.

플로이에슈티로부터 35분 거리에 다다른 항공기들은 나무 높이로 내려가 초저공 폭격 항정에 돌입했다. 제389폭격비행전대 스카이 스콜피온스가 정유소에 도착했을 때는 이미 플로이에슈티 전투가 시작된 후였다. 거대한 석유탱크들이 1,000파운드(450킬로그램)의 폭탄을 얻어맞고 지붕 위로 불덩어리를 토해내고 있었다. 이 때문에 다수의 B-24에 불이 붙어 화재가 발생했다. 하늘은 작렬하는 대공포탄과 예광탄, 앞쪽에 있는 항공기 프로펠러가 내뿜는 기류에 휘말려 흔들리며 대공포 포구를 향해 똑바로 날아가는 B-24 편대로 가득 찼다.

제1차 세계대전에 독일 공군 원수 괴링과 함께 참전했던 독일 공군 지휘관 알프레드 게르텐베르크Alfred Gerstenberg 대령은 정유소와 인구 10만 명의 플로이에슈티를 세계 최초의 방공 요새로 탈바꿈시켰다. 이 도시의 정유소를 둘러싼 대공포 수는 베를린의 그것보다 많았다. 공장과 급수탑 지붕, 짚더미와 교회 첨탑에도 기관총과 속사 기관포를 설치했고, 정유소 근처 공군기지에는 250여 대의 전투기를 배치했으며, 정유소를 은폐할 연막 발생기도 2,000대나 됐다. 주요 정유 공장 주변에는 수백 개의 방공 기구가 설치되어 있었는데, 저공으로 비행하는 폭격기의 날개를 잘라 버릴 용도로 이 기구에는 굵은 강철 케이블을 연결해 놓았다. 미군은 플로이에슈티 공습을 기습 작전으로 기획했지만, 실제로는 나치가 매복하고 있는 전장으로 뛰어든 격이었다.

'플라잉 에잇볼The Flying Eightballs'호에 탑승한 제44폭격비행전대의 지휘관 레온 W. 존슨Leon W. Johnson 대령은 이렇게 회상했다.

"우리는 그야말로 불바다 속을 날았습니다. 온 사방에 항공기들이 있었는데, 그중 일부는 불타고 있었고, 일부는 폭발하고 있었죠."

존슨 대령과 침례교 목사의 아들인 존 '킬러' 케인은 앞서 가던 B-24가 떨어뜨린 지연 신관 폭탄이 일으킨 화염을 뚫고 날아가야 했다. 폭탄을 투하하기 위해 고도를 약간 높인 B-24들은 폭탄을 투하하자마자 바로 다시 지면에 찰싹 붙어 날며 V자형 편대를 유지했다. 항공기와 항공기 사이 간격이 너무 좁아 윌리엄 캐머런 대위는 양옆에서 나는 다른 두 폭격기들의 리벳을 볼 수 있을 정도였다. 정유소의 기름이 타면서 짙은 연기가 200피트(60미터) 높이로 퍼져 올라갔다. 항공병 조지프 테이트Joseph Tate는 불타고 있는 B-24의 기수 해치에서 한 승무원이 낙하산을 끌고 가다 뛰어내리는 것을 목격했다.

"그 친구는 우리 항공기 바로 위를 스쳐 지나갔어요. 화상을 입은 다리가 다 보일 정도였어요."

아더리의 비행대대는 이 불의 폭풍 속으로 가장 마지막에 뛰어든 대대였다. 아더리의 오른쪽에는 로이드 휴스Lloyd Hughes 중위의 B-24가 보였는데, 그의 기체에서는 다량의 연료가 새 나오고 있었다. 휴스도 그 사실을 분명히 알았겠지만, 그래도 표적을 향해 돌진하기로 마음먹은 것 같았다. 그러나 표적에 다다르려면 화염의 장벽을 지나야만 했고, 휴스의 항공기는 순식간에 불덩어리로 변해 추락하고 말았다.

정유소 전투는 불과 27분 만에 끝이 났다. 폭격을 마치고 나자 시커멓게 그을린 폭격기들에게 적의 전투기들이 마치 성난 벌떼처럼 몰려들기 시작했다. 하늘은 그야말로 아비규환이었다. 폭 100마일(160킬로미터)의 다뉴브 평원으로 빠져나온 폭격기들은 살아남기 위해 고독한 싸움을 벌여야 했다. 절반이 넘는 B-24가 격추당했고, 나머지 항공기들은 기관총 탄약이 떨어졌다. 일부 항공기들은 너무 심하게 손상을 입어 마치 날아다니는 해골 같았다. 골조가 튼튼하지 않았다면 진작 추락했을 것이다. 부상자는 항공기 바닥에 누워 있었고, 그들을 돌보는 동료들은 부상자들이 앞으로 6~7시간 만이라도 견뎌주기를 바랐다. 아더리의 항공기는 적으로부터 대공 포화를 피하기 위해 나무와 고압선을 스칠 듯이 초저공으로 비행했다. 어마어마하게 넓은 밭에 이르러 기수를 올린 순간, 갑자기 밭에 있던 건초 더미가 무너지면서 그 아래 숨어 있던 독일 대공포 2문이 아더리를 향해 불을 뿜어댔다. 아더리는 서둘러 기수를 내리고, 기수에 장착해 놓은 기관총으로 그 대공포를 향해 발사했다.

"아마 놈들은 죽었을 겁니다. 그랬기를 바랍니다."

아더리의 B-24가 리비아의 벵가지에 착륙한 것은 이륙 후 13시간 반이 지난 한밤중이었다. 플로이에슈티는 제로 레이더스에 의해 석유 생산 능력의 60퍼센트를 잃었다. 그러나 이 거대한 석유 생산 시설은 나머지 40퍼센트만으로도 조업을 계속할 수 있었다. 1만 명의 강제 노동자를 투입해 몇 주 만에 시설을 복구함으로써 공습 이전보다 더 많은 석유를 생산해 냈다. 후속 공격이 없었기 때문에 시설을 복구할 여력은 충분했다. 미군은 1944년 4월까지 플로이에슈티를 다시 폭격하지 않다가, 이후 남부 이탈리아에 확보한 항공기지에서 발진하여 고공폭격을 시도했다.

플로이에슈티 공습에서 전사한 미군은 310명으로, 총 참가 인원의 약 5분의 1이었다. 부상자 수는 130명이었고, 루마니아와 불가리아에서 격추되어 포로가 된 인원도 100여 명에 달했다. 플로이에슈티로 출격했던 B-24 178대 중 귀환 후 다음 날 다시 사용할 수 있는 기체는 33대뿐이었다. 만약 폭격기 해리스가 이 임무를 맡았더라면 아군의 손실은 훨씬 적었을 것이고, 플로이에슈티 민간인의 인명 손실은 더 막대했을 것이다. 그러나 실제로 이 임무에서 죽은 루마니아 군인과 민간인은 통틀어 116명에 불과했다. 플로이에슈티 공습은 이 전쟁에서 항공 승무원 전사자가 적국 민간인 전사자보다 많았던 몇 안 되는 작전 중 하나였다. 또한 5명의 의회 명예훈장 수훈자가 배출된 미군 유일의 항공 작전이었다. 그중에는 케인 과 존슨도 있었다. 로이드 휴스 중위도 사후 의회명예훈장을 받았다. 그 훈 장을 추천한 사람은 다름 아닌 필립 아더리였다. 몇 주 후 설사와 영양실 조로 허약해진 승무원들을 데리고 영국으로 귀환한 그는 대대 사무실 벽 에 휴스의 사진이 들어간 대형 포스터를 만들어 붙였다.

양동 공격

제8공군의 일부 부대가 아직 아프리카 사막에 묶여 있는 동안, 레겐스 부르크-슈바인푸르트 공습 작전 계획은 차근차근 준비되고 있었다. 이커 는 이 작전을 계속 반대했으나, 미국 정부 최상층부에서는 계속 밀어붙였 다. 이커는 말년에 어느 인터뷰에서 이런 말을 했다.

"우리는 미처 준비되어 있지 않은 상태로 떠밀려 갔고, 나는 강력하게 반대했습니다."

이커 휘하의 지휘관 중에는 이 작전을 마치 기병대의 돌격 작전 같다고 하는 사람도 있었다. 총을 쏘면서 돌격로를 내고, 역시 총을 쏘면서 퇴로를 내는 식이라는 것이었다. 이커는 이런 종류의 전투를 전혀 두려워하지 않 았지만, 그에게는 이 일을 맡길 병력이 없었다.

플로이에슈티 작전과 마찬가지로 레겐스부르크-슈바인푸르트 작전 역 시 보안과 타이밍에 모든 것이 걸려 있었다. 게다가 레겐스부르크-슈바인 푸르트 작전은 최대한의 역량이 투입돼야 하기에 영국에 있는 모든 B-17 을 투입해야 가능한 일이었다. 7월 하순, 제8공군 제1폭격비행단과 제4폭격비행단 예하 모든 폭격비행전대의 조종사, 부조종사, 폭격수, 항법사 등 장교 승무원들은 소속 비행단 본부로 소집되었다. 방문이 닫히고 경비병이 배치된 브리핑실에서 임무 브리핑을 들은 장교 승무원들은 이후 다른 전투 임무에서 배제되었으며, 비밀 유지 서약을 했다.

제100폭격비행전대의 수석 항법사는 해리 크로스비였다. 그는 절친한 동료인 24세의 에버레트 블레이클리 대위의 항공기에 탑승하고 있었다. 이번 임무를 맡을 전대장 잭 키드Jack Kidd 소령은 작전 장교 출신으로, 어린 시절 일리노이주 위넷카에서 열린 항공기 경주대회에서 지미 둘리틀이 우승하는 것을 보고 조종사가 될 꿈을 꿨던 인물이다. 그는 가슴을 옥죄어오는 긴장감 속에서도 불굴의 끈기, 냉정함 그리고 타고난 영리함을 십분 발휘했다.

작전 당일인 1943년 8월 17일, 승무원들은 평소보다 이른 오전 1시 30분에 기상했다. 이들은 뭔가 큰 작전이 벌어지리라는 것을 바로 눈치챘다. 승무원들에게는 모포, 평소보다 더 많은 양의 물과 위생용품을 가지고 탑승하라는 지시가 내려졌다. 아침 식사로는 분말계란 대신 신선한 계란과 정량을 초과하는 베이컨이 나왔는데, 이러한 특식을 그들은 '최후의 만찬'이라고 불렀다. 하딩 대령이 대형을 설명할 차트가 걸려 있는 이젤 앞으로 다가가 브리핑을 시작했고, 모두 귀를 쫑긋 세우고 그의 말을 경청했다. 말을 한마디라도 놓치면 생명을 잃을 수도 있는 작전이기 때문이었다.

제100폭격비행전대 휘하 3개 대대에서 총 21대의 B-17을 이 작전에 투입할 예정이었다. 크로스비는 그의 왼쪽에 브래디가 날고, 찰스 '크랭크 샤프트' 크룩생크가 2분대를 지휘한다는 것을 알아챘다. 크룩생크의 항공기에는 프랭크 머피가 항법사로, 대대장 존 이건이 부조종사로 탑승하기로 했다. 제4폭격비행단 폭격 대형에서 제100폭격비행전대가 위치하는 곳은 대형의 맨 뒤쪽 맨 아래로, 워낙 사상자 비율이 높아 전사하거나 부상당했을 때 받는 훈장을 의미하는 '퍼플 하트 코너Purple Heart Corner'라고 불리는 곳이었다. 비행단의 모든 항공기 중 가장 아래쪽에서 비행하는 항공기는 비행단 최고의 조종사 게일 클리븐과 부조종사 노먼 스콧Norman Scott이 모는 항공기였다. 클리븐이 있는 곳은 적이 폭격기 편대를 공격할 경우 전대의 방패막이가 되어야 하는 곳이었다.

곧 깜짝 놀랄 만한 소식이 전해졌다.

"여러분의 1차 표적은 레겐스부르크다. 조준 지점은 메서슈미트 109G 항공기 동체 및 엔진 조립 공장의 중심이다. 이곳은 여태까지 우리가 공격한 표적 중 가장 중요도가 높은 곳이다. 이 공장을 파괴한다면, 독일 공군의 단발 전투기 생산력의 30퍼센트가 사라지는 것이다."

또 다른 임무 부대에는 슈바인푸르트로 향하라는 명령이 내려졌다. 정보장교의 설명이 이어졌다.

"이곳은 독일에서 볼베어링을 가장 많이 생산하는 공장이다. 이곳이 3개월만 조업을 중단하면 독일의 모든 엔진은 작동을 못 하게 된다."

브리핑실에 있던 그 누구도 믿을 수 없을 만한 엄청난 얘기였다.

240명의 승무원은 눈을 크게 뜨고 벽에 걸린 대형 지도를 살펴봤다. 아주 낮은 신음 소리를 내는 몇몇을 제외하고 누구도 감히 입을 열지 못했다. 너무 고요해서 산소마스크가 바닥에 떨어지는 소리가 다 들릴 정도였다. 지도 속 소프 애보츠에서 뻗어 나온 붉은 줄은 다뉴브강 유역, 뉘른베르크 남서쪽의 한 도시로 향하고 있었다. 그 도시를 지난 붉은 줄은 영국으로 되돌아오는 것이 아니라 오스트리아령 알프스와 이탈리아의 산맥을 거쳐 지중해를 넘어 북아프리카의 사막 한가운데서 끝났다. 당시 누구도 그만큼 독일 내륙 깊숙이 들어간 적이 없었다. 신형 폭격기에는 날개 끝에

'도쿄 탱크'라 불리는 보조 연료 탱크를 추가하면 항속거리가 1,000마일 (1,600킬로미터) 더 늘어나 대륙 간 비행도 가능했다. 정보장교가 이들이 어떠한 호위도 없이 가장 방어가 철저하게 돼 있는 구역을 지나게 된다고 말하자, 몇몇 승무원의 얼굴은 잿빛이 되었다.

오전 5시 30분, 승무원들은 활주로 끝에 B-17을 가져다 놓고 대기했다. 표적 상공의 날씨는 완벽하리만치 쾌청했다. 그러나 소프 애보츠 항공기지를 비롯한 영국 동부의 항공기지 상공에는 여름 안개가 짙게 끼어 있었다. 제379폭격비행전대가 주둔하고 있는 킴볼턴 기지에서도 그날 아침 슈바인푸르크 공습을 위해 출격 준비를 하고 있었다. 이곳에서 항법사 엘머 벤디너와 그의 동료들은 톤델라요호의 날개 아래 서서 안개 너머 활주로 끝을 보려고 했다.

"그곳에 가면 많은 사람이 죽을 것을 알았어요. 그래도 전투가 어서 시작되기를 바랐어요."

그들에게는 차라리 지금 가는 편이 더 나았다. 작전이 연기되면 또다시 이 고통을 맛봐야 하기 때문이었다.

관제탑에서 이륙 시간을 연기한다는 지시가 내려왔고, 얼마 후 다시 더 연기됐다. 승무원들의 불안감과 짜증은 높아졌다. 다른 전대의 승무원은 이렇게 말했다.

"오줌을 누겠다면서 항공기 뒤로 가는 승무원들이 많아졌습니다. 담배를 꺼냈지만, 입에 대지 못하는 사람도 있었죠. 모두 신경이 날카로워져 있었죠."

육군 항공대 최고의 공보관인 텍스 맥크러리는 배싱본 기지에서 B-17 아워 갱Our Gang, 패거리들호에 탑승해 이번 작전에 참여할 예정이었다.

"나는 언제나 실전을 경험해 보고 싶었어요. 여기서 내가 두려움을 얼마나 극복할 수 있을지 알고 싶었습니다."

맥크러리는 그의 처음이자 마지막 비행 임무에서 두려움에 압도되고 말았다.

어느 승무원은 이렇게 말했다.

"지금쯤이면 독일 놈들도 우리가 뭘 하고 있는지 알 거예요. 그놈들이 환영 준비를 끝내놓고 우리를 기다린다는 데 한 표 겁니다."

그때 인터폰을 통해 조종사의 목소리가 들려왔다.

"이륙 시간이 2시간 연기되었다."

그것은 승무원들에게 항공기에서 내려 활주로에서 대기하라는 뜻이었다. 때마침 맥크러리의 동료가 그를 임무에서 빼내기 위해 차를 타고 왔다. 맥크러리가 임무에 참여하지 않게 하는 데는 그리 오랜 시간이 걸리지 않았다.

소프 애보츠 기지에서 버니 레이 주니어 중령은 피카딜리 릴리호의 부조종석에 앉아 관제탑의 신호를 기다리고 있었다. 그의 옆에는 신경질적인 아일랜드 출신 토머스 머피가 타고 있었다. 레이는 사령부의 최고위급 인사 중 하나로, 이커가 제8공군을 창설하기 위해 영국에 처음 올 때 함께 온 7명 중 한 사람이었다. 책상에 앉아 있는 데 진력난 레이는 자신을 실전에 참가시켜 달라고 이커에게 요구했다. 그는 지난 10일 동안 제100폭격비행전대에서 비행 임무를 하면서 이커가 약속한 중폭격비행전대 전대장직을 인수할 준비를 했다. 그는 원래 이번 작전에 클리븐 비행대대 소속 앨리스 프롬 댈러스Alice from Dallas호에 탑승해 작전을 참관할 예정이었다. 그러나 조종사들이 항공기에 탑승하기 전, 클리븐은 전대장인 키드에게 레이 중령을 대형 중 안전한 위치에서 비행하는 머피의 항공기로 옮겨달라고 요청했다.

피카딜리 릴리호에 탑승해 신경질적으로 손목시계를 맞추고 있던 레이는 정확히 1년 전 오늘, 폴 티비츠가 이끄는 소규모 B-17 부대가 루앙을 폭격하기 위해 이륙하던 때를 떠올렸다. 그로부터 1년이 지난 현재, 제8공군은 루앙에 투입했던 항공기의 30배에 달하는 전력을 투입하고 있었다.

작전 계획은 다음과 같다. 르메이의 지휘하에 레겐스부르크 타격 부대 폭격기 146대가 다수의 호위 전투기와 함께 먼저 이륙한다. 그 후 윌리엄스가 지휘하는 슈바인푸르트 타격 부대 폭격기 230대가 약간의 시차를 두고 이륙한다. 두 부대의 항로는 마치 동일한 표적을 타격하는 것처럼 비슷하게 유지한다. 그러다가 독일 영공에 들어서면 적 방공망에 혼란을 야기하고 전력을 분산시키기 위해 서로 다른 항로로 간다. 르메이의 부대에는 독일 측의 반격에 대응하는 임무도 주어졌다. 르메이 부대가 독일 전투기와 싸우는 동안 슈바인푸르트 타격 부대는 비교적 적은 저항을 받으며 표적에 도달할 수 있을 것이다. 그리고 르메이의 부대가 알프스 산맥을 넘어 북아프리카로 가는 동안, 영국으로 돌아가는 슈바인푸르트 타격 부대는 독일 공군의 맹공을 견뎌야만 할 것이다. 요약하자면, 르메이가 싸우면서 진로를 열고, 윌리엄스가 싸우면서 퇴로를 여는 것이었다.

커티스 르메이는 제8공군을 효율적인 전투 부대로 변모시킨 일등공신이었고, 르메이와 윌리엄스는 제8공군 최고의 전투 지휘관이었다. 그중 윌리엄스는 숙련되고 대담한 전투 지휘관으로, 애꾸눈에 단장을 들고 걸으며 거들먹거리기는 하지만, 보잉사에서 처음 나온 B-17을 시험 비행한 용감한 조종사였다. 이커는 그들을 전적으로 믿고 있었으나, 날씨가 이 모든 계획을 망치려 하고 있었다.

당시 38세의 제8공군 폭격기 사령관 프레더릭 앤더슨은 하이 위컴의 폭격기사령부에서 그의 인생에서 가장 어려운 결정을 내려야 했다. 그에게는 세 가지 선택지가 있었다.

1. 위험도를 줄이기 위해 임무를 취소한다. 최대 2주를 기다리면서 네 덜란드에서 아프리카까지 기상 상태가 좋아질 때를 기다린다.
2. 영국의 빌어먹을 날씨를 저주하면서 공중 충돌로 항공기를 잃을 위험을 감수하고 두 부대를 모두 출격시킨다.
3. 밤까지 북아프리카에 도착하기 위해 1시간 내에 출격해야 하는 레겐스부르크 타격 부대를 먼저 보내고, 슈바인푸르트 타격 부대는 기지 상공의 날씨가 맑아질 때까지 대기하게 한다.

앤더슨은 이 중 세 번째 안을 채택했는데, 이는 최악의 선택이었다. 슈바인푸르트 타격 부대는 3시간 반을 더 기다려야 했다. 이 때문에 독일 공군은 레겐스부르크 타격 부대를 공격한 다음, 다시 집결해 슈바인푸르트 타격 부대를 공격할 수 있었다. 르메이 부대와 함께 비행할 예정이었던 썬더볼트 전투기 대부분은 윌리엄스의 부대를 엄호하기 위해 슈바인푸르트 타격 부대에 배치되어 항속거리 한계까지 엄호하게 되었다. 이 썬더볼트 전투기에는 개량한 보조 연료 탱크를 달고 있어서 폭격기를 독일 국경 코 앞까지 호위할 수 있을 만큼 항속거리가 늘어났다.

왜 앤더슨은 전체 작전 계획이 흐트러질 것을 뻔히 알면서도 이런 식으로 병력을 나누어 투입했을까? 당시 제8공군 사령부는 워싱턴의 공군 지지자들로부터 이 임무를 통해 호위가 필요 없는 주간 폭격의 유효성을 입증하라는 압박을 받고 있었다. 게다가 이미 그들은 1년 동안 실패하거나, 절반뿐인 승리만을 거두고 있었다. 이 임무의 성패에 미국 전략폭격의 미래가 걸려 있는 것 같았다. 그리고 앤더슨 장군의 폭격기들이 목표를 타격하는 데 성공한다면, 워싱턴의 항공 전략가들은 볼베어링의 중요성을 정확히 예견한 셈이 되며, 제8공군이 독일에 회복 불능의 손실을 입혔다고 자랑할 수 있게 될 것이다. 이렇듯 폭격기 만능주의자들은 전투 효율에 대한 잘못된 전제하에 아직도 과도한 자만심에 차 있었던 것이다.

임무는 의외로 순조롭게 시작되었다. 구름이 두껍게 끼어 조명등으로 항공기를 유도해야 할 정도였으나, 승무원들은 그해 여름 내내 계기 이륙 교육을 받았기 때문에 이륙 과정에서 제4폭격비행단은 단 1대도 잃지 않았다. 오전 7시 30분, 레겐스부르크 타격 부대가 구름 위로 올라왔다. 이 타격 부대의 선도 부대는 제96폭격비행전대로, 선도기에는 커티스 르메이가 탑승하고 있었다. 4마일(6.4킬로미터) 위에는 해가 떠오르고 있었고, 반쯤 투명하기까지 한 푸른색의 하늘은 장엄했다. 네브래스카주 출신의 한 후미 기관총 사수는 이렇게 회고했다.

"아주 힘든 날이 될 것 같았어. 날씨가 너무 좋았거든."

날씨가 좋으면 나치가 폭격기 사냥을 하기도 쉽다. 그리고 그날은 사냥감이 정말 많았다. 미군 폭격기 대열의 길이는 무려 15마일(24킬로미터)에 달했다.

선도기들이 전방에서 접근해 오는 적기들을 발견하고 보고하자, 버니 레이는 입이 마르고 엉덩이가 조여 왔다. 시험삼아 하는 공격에 불과했지만, 양측 모두 피해를 입었다. 레이는 자기 아래에서 나는 B-17 1대가 폭발해 주황색 불덩어리로 화하는 것을 봤다. 그 기체는 다름 아닌 앨리스 프롬 댈러스호였다. 게일 클리븐이 레이를 구한 것이었다.

타격 부대가 독일 국경에서는 10마일(16킬로미터), 레겐스부르크에서는 300마일(480킬로미터) 떨어진 벨기에의 외펜에 접근했다. 이 지점에서 젬케의 제56전투비행전대 소속 호위 썬더볼트가 영국으로 복귀했고, 그와 동시에 무수히 많은 적의 전투기들이 폭격기들을 향해 태풍처럼 내리꽂히며 사방에서 기관포를 쏘아댔다. 순식간에 독일 공군은 후위에 있는 제95, 제100폭격비행전대의 B-17 6대를 격추했다. 레이는 후일 임무 보고서에 이렇게 썼다.

"그 광경은 그 어떤 소설보다도 압도적이고 비현실적이었다. 나는 눈을 감고 싶은 충동과 싸우고, 그것을 이겨냈다."

이것은 그들이 목표물까지 가는 길에 내내 겪은, 적의 우박 폭풍과도 같은 공격의 시작이었다. 레이는 이런 글도 남겼다.

"나는 이제 꼼짝없이 죽는 줄 알았다. 그리고 그런 생각을 한 전우들은 꽤 많았다."

그러나 독일 전투기 조종사들도 두렵기는 마찬가지였다. 독일 공군 알프레트 그리슬라브스키Alfred Grislawski 중위의 증언이다.

"상승한 우리는 적의 보잉들에 완벽한 사격을 가할 수 있었죠. 그러나 적기가 너무 많았습니다. 적의 위세에 뼛속까지 떨릴 지경이었어요."

하지만 적들이 조국의 심장을 겨냥하고 있다는 엄연한 사실이 독일 조종사들의 사냥 본능에 불을 지폈다. 게일 클리븐의 회고다.

"그 독일 놈들은 분명 함부르크에 가족이 있는 놈들이었을 거예요. 그러니 복수심도 남달랐겠죠."

사실 그랬다. 독일 공군 전투기는 그 어느 때보다 많았다. 1943년 3월, 독일 서부전선에 배치된 주간 전투기는 250대였으나, 이때는 400여 대로 늘어 있었다. 대부분 지중해와 소련 전선에서 긴급하게 옮겨온 것이었다. 게다가 이곳은 독일 본토 상공이었기 때문에 연료와 탄약이 떨어지면 착륙해 바로 다시 보급받을 수 있었다.

전투 내내, 클리븐의 친구 존 이건은 크룩생크 대위가 모는 항공기의 좁은 기수 안에서 50구경 기관총을 쏘아댔다. 항법사 프랭크 머피도 기수 좌측에서 기관총을 쐈다. 폭격수 오기 가스파르Augie Gaspar 중위 역시 계속된 사격으로 달아오른 기관총이 녹아버리지 않기를 간절히 기도하면서 플렉시글라스로 된 기수 캐노피 중앙에 장착된 기관총을 쐈다. 순식간에 그들의 발목 높이까지 탄피가 쌓였다. 떨어져 나간 비상 탈출 문, 펴지지 않은 낙하산, 폭발한 엔진, 거기에 사람 몸의 조각들이 후류를 타고 그들 옆을 지나갔다. 레이는 불타는 독일 전투기에서 조종사가 몸을 동그랗게 말고 뛰어내리는 모습을 봤다. 그 조종사는 제100폭격비행전대의 항공기들을 스쳐 지나가며 세 번이나 공중제비를 했다.

"그 친구의 낙하산이 펴지는 모습은 보지 못했어요. 저공으로 충분히 내려간 후에 낙하산을 펼치려고 했나 봐요."

레겐스부르크에 도착하려면 아직 100마일(160킬로미터)은 더 가야 했지만 르메이의 후위 부대는 30분 동안이나 적으로부터 쉴 새 없이 공격당해 14대의 폭격기를 잃었다. 더 이상 임무를 지속하는 것이 자살 행위처럼 보일 지경이었다. 레이는 대형 하부에서 비행대대를 지휘하고 있는 게일 클리븐의 항공기를 봤다. 그 항공기는 기수가 크게 부서지고 엔진 하나에 불이 붙어 있었다. 나중에 알고 보니 그 항공기는 20밀리미터 기관포탄을 6발이나 맞은 상태였다. 폭격수도 부상을 입었고, 아내의 임신 소식을 들은 지 얼마 안 된 통신수는 양 다리 무릎 위가 잘려나간 채 얼어버린 토사물과 피 웅덩이에 빠져 죽어가고 있었다. 레이는 훗날 클리븐의 의회명예훈장 추천서를 쓰면서 이런 내용을 적었다.

"그와 동승한 승무원 중 일부는 경험이 적은 장병들이었고, 그들은 비상 탈출을 준비하고 있었습니다. 조종사도 클리븐 소령에게 비상 탈출을 허가해 달라고 요청했습니다. 그러나 클리븐 소령은 이렇게 대답했습니다. '이 개자식들아. 위치를 지키고 임무를 계속해.' 인터폰을 통해 클리븐의 말을 들은 승무원들은 그제야 다시 정신을 차렸습니다."

첫 전투기 공격이 시작된 지 1시간 반이 지나 르메이의 폭격기들은 표적 상공에 도달했다. 레이는 다음과 같이 기록했다.

"레겐스부르크 외곽 근처, 굽어진 푸른 다뉴브강 옆에 있는 거대한 Me 109 생산 공장을 조준하고 있는 우리 폭격수들은 마치 사신死神과 같은 표정을 짓고 있었다."

잠시 후 피카딜리 릴리호의 계기판에 붉은 신호가 켜졌다.

"폭탄이 투하되었다. 우리는 기수를 돌려 눈 덮인 알프스 산맥을 향해 방향을 틀었다."

레겐스부르크에서 알프스까지는 70마일(110킬로미터)이었고, 거기서부터 북아프리카까지 다시 5시간을 비행해야 했다. 독일 전투기들이 알프스 상공까지 따라오기에는 항속력이 받쳐주지 않았지만, 일부 독일 조종사들은 추격을 계속했다. 이 작전에 참가한 한 기관총 사수는《양크》지 기자에게 이렇게 말했다.

"인터폰을 통해 들려오는 기도 소리를 들으면서 우리가 알프스를 넘어가는 게 얼마나 중요한지 알 수 있었어요. 폭격기는 순식간에 교회가 되었어요."

11시간 동안 비행한 톰 머피의 항공기는 연료가 거의 바닥난 상태로 알제리 사막에 착륙했고, 항공기에 탔던 10명 모두 무사했다. 그러나 레겐스부르크 타격 부대는 240명의 승무원을 잃었다. 버니 레이는 그날 밤 항공기 날개 근처에 누워, 별이 가득한 밤하늘을 올려다보다가 잠들었다.

"내 무전기 헤드폰은 기체 안에 있었어요. 그러나 밖에서도 위대한 음악의 깊은 화음을 들을 수 있었어요."

아프리카 사막에 누워 잠든 레겐스부르크 타격 부대의 승무원들은, 슈바인푸르트 타격 부대가 어떤 대가를 치렀는지 알 턱이 없었다. 레겐스부르크 타격 부대가 표적을 향해 나아가며 싸우던 그날 정오경, 영국의 항공기지에 드리워졌던 안개가 비로소 사라졌고, 그제야 슈바인푸르트 타격 부대가 이륙하기 시작했다. 슈바인푸르트 타격 부대가 외펜에 도착한 시간은 오후 2시 10분이었다. 당시에는 아무도 몰랐지만, 곧이어 제8공군의 역사에 길이 남을 독일 공군과의 혈투가 시작되었다. 40년이 지난 후 제91폭격비행전대의 조종사 윌리엄 H. 휠러William H. Wheeler는 다음과 같이 회상했다.

"P-47기들이 떠나고 우리 폭격기들이 막대한 손실을 입기 시작한 그 순간이야말로 항공전의 중대한 전환점이었다고 생각해요. 그제야 육군 항공대도 호위 전투기 하나 없이 B-17로 적국 영공에서 장거리 침투 임무를 하는 건 타당하지 않다는 것을 깨달은 것 같았어요."

얼마 지나지 않아 윌리엄스 장군은 지평선을 가득 메우며 다가오는 300여 대의 독일 전투기의 노란 기수를 봤다. 르메이 부대가 상대한 적기의 2배가 넘는 전투기로, 그때까지 독일이 미군 폭격기를 요격하기 위해 한 번에 투입한 전력 중 가장 많은 전투기였다. 규모와 강도 면에서 전례 없는 대규모 공중전이 시작되었다. 너무 많은 사람이 비행기를 버리고 낙하산으로 탈출해서 어떤 승무원은 "마치 공정부대 작전 같았다"라고 말했다. 엘머 벤디너는 이렇게 회상했다.

"땅을 내려다보니, 여러 개의 주황색 불꽃이 불규칙한 간격을 두고 타오르고 있었어요. 그게 뭔지 바로 알아차렸죠. 그건 건물이나 도시에서 난

화재가 아니었어요. 지상에 충돌한 B-17들이 타오르고 있었던 거였어요."

제303폭격비행전대 소속 루이스 E. 라일Lewis E. Lyle 중령도 다음과 같이 회상했다.

"그 불타고 있는 B-17 잔해들만 따라가도 표적까지 갈 수 있었어요, 나는 제2차 세계대전 당시 69번 출격했어요. 그러나 그때만큼 지독한 임무는 없었어요."

윌리엄 휠러의 B-17은 라인강 상공에서 독일 전투기의 공격을 받고 불덩어리로 화했다. 불타는 항공기는 빙글빙글 돌면서 땅으로 추락했다. 휠러는 거꾸로 매달린 채 꼼짝하지 못하다가 간신히 전방 비상 탈출구까지 간 다음 프로펠러 후류에 떠밀려 폭격기에서 빠져나왔다. 그 순간 항공기 좌측 날개가 폭발로 인해 떨어져 나갔다.

항공기에서 탈출할 때 그는 영국에 두고 온 애인을 생각했다. 한 시간 후, 그는 독일 어느 작은 마을에 있는 지하 감옥 같은 유치장의 철제 침대에 앉아 흑빵과 소시지가 들어간 샌드위치를 먹었다. 마지막 식사를 한 후 16시간 만에 먹은 음식이었다.

그 전투의 생존자들은 슈바인푸르트까지 오가며 치른 전투를 계속되는 악몽으로 기억하고 있었고, 구조된 것을 제외하고는 어떤 부분도 다른 부분과 명확하게 구분할 수가 없었다. 오직 영불해협 해안 상공에서 솟아오르는 P-47의 모습만 뚜렷하게 기억해냈다.

그날 두 번째 임무에 나선 젬케 휘하의 P-47은 벨기에-독일 국경까지 보조 연료 탱크를 달고 비행해야 했다. 이 보조 연료 탱크는 외피 두께는 종잇장만큼 얇은 데다가 내부에는 고옥탄가의 가연성 연료를 가득 싣고 있었기 때문에 적의 사격으로 파괴될 경우 매우 위험했다. 그러나 그게 있었기 때문에 그들은 외펜 동쪽 15마일(24킬로미터) 지점까지 날아가 퇴각하는 B-17에 마지막 공격을 가하려는 독일 공군을 기습할 수 있었다. 독일 공군은 이 기습으로 상당한 타격을 입었다. 젬케의 항공기들은 적기를 최소 11대 격추하고, 아군기 3대를 잃었다.

미국 폭격기들은 6시경 착륙하기 시작했다. 상당수의 항공기들이 가장 먼저 눈에 띄는 영국의 항공기지에 비상 착륙했다. 미귀환기는 36대였고, 그중 10대가 제91폭격비행전대 소속이었다. 돌아오지 못한 기체 중에는 아워 갱호도 있었다. 그날 저녁 텍스 맥크러리가 작전실로 걸어 들어오자, 한 동료가 서류로 향해 있던 고개를 들고 건조한 말투로 인사를 건넸다.

"행운의 사나이, 다시 만나 반갑군."

톤델라요호의 승무원들은 이날 8시간 40분을 비행했고, 그중 약 6시간 동안 적의 공격을 받았다. 귀환정보보고를 한 후 승무원들은 비틀거리며 침대로 걸어갔다. 엘머 벤디너는 베개에 머리를 대면서 한 가지 궁금증이 생겼다.

"우리가 이긴 거야, 진 거야?"

승무원들은 다음 날 아침에 영국 조간신문을 보고 진실을 알았다. 그들은 고전 끝에 표적을 파괴하고 승리를 거두었으며,《런던 데일리 헤럴드London Daily Herald》는 미귀환기 중 B-17 2대가 중립국 스위스에 안전하게 착륙했다고 보도했다. 승리에 도취된 해럴드 조지 중장은 이렇게 말했다.

"레겐스부르크는 이제 지도상에서 사라졌습니다."

폭격기 마피아의 창립 멤버였던 그는 주영 미군 실태 점검차 영국에 와 있었다. 독일 공군은 이 작전으로 큰 타격을 입었는데, 미군은 독일 공군이 무려 288대의 전투기를 잃었다고 추정했다. 앤더슨은 북아프리카로 간 르메이에게 다음과 같은 축전을 보냈다.

"이제 훈족에게 숨을 곳은 없습니다!"

미군은 인구 8만 명이 살고 있는, 중세의 모습이 잘 보존된 아름다운 도시 레겐스부르크를 정확하게 폭격했다. 표적은 고폭탄과 소이탄으로 초토화되었으나 민간인 피해는 극소수였다. 독일 전투 조종사 하인츠 크노케Heinz Knoke는 일기에 이렇게 썼다.

"그 망할 놈들의 정확한 폭격에 놀랐다. 정말 믿기 힘들 정도였다."

훗날 르메이는 이런 글을 남겼다.

"그때 우리가 승리를 거뒀다고 생각했고, 그곳에서 더 이상 전투기를 생산할 수 없을 거라고 믿게 되었다. 물론 그 전투기 공장이 완전히 조업을 중단한 것은 사실이었다. 비록 아주 잠시 동안이었지만."

르메이의 마지막 말은 정확했다. 그 공장은 기록적인 시간 내에 복구되었고, 알베르트 슈페어 군수부 장관은 삼림 지대와 산악 지대로 전투기 생산 공장을 분산, 대피시키려는 노력을 강화했다.

반면, 슈바인푸르트 폭격은 부정확했다. 이곳에서는 서로 떨어져 있는 3개의 공장을 타격해야 했다. 제대로 편대 구성도 안 된 데다가 도시를 둘러싸고 있던 인공 안개 발생기에서 연막이 뿜어져 나오는 바람에 윌리엄스 부대의 항법사들은 표적을 찾는 데 애를 먹었다. 결국 표적을 찾지 못한 폭격수들은 폭탄 3분의 1을 도시의 주거지역에 투하해 200명의 민간인이 죽었다. 표적에 명중한 폭탄도 공장 내 주요 생산 시설을 파괴하기에는 부족했다. 미군은 슈바인푸르트 폭격에 1,000파운드(450킬로그램) 폭탄을 사용했으나, 같은 시기 영국군은 통상 4,000~8,000파운드(1.8~3.6톤)를 사용했다. 이 폭격으로 슈바인푸르트 공장 지붕을 무너뜨렸지만, 볼베어링 제작 기계에는 큰 손상을 입히지 못했다. 폭격 직후 볼베어링 생산량은 38퍼센트 감소했으나, 슈페어는 이미 충분한 볼베어링 재고량을 가지고 있었다. 미군은 몰랐지만, 독일은 이 정도의 생산 차질은 견딜 수 있었던 것이다. 대신 히틀러의 비밀 첨단 병기인 메서슈미트 Me 262 제트전투기 부품 공장을 파괴해 항공기 생산을 지연시켰는데, 만약 그 항공기가 더 일찍 생산되었다면, 유럽 항공전의 종결 시기는 훨씬 늦어질 수도 있었을 것이다.

알베르트 슈페어는 자서전에서 이 사건을 두고 "간신히 치명타는 면했다"라고 말했다. 여기에는 만약 미군이 덜 중요한 표적 공격에 시간을 낭비하지 않고, 전력을 최대한 끌어모아 슈바인푸르트를 반복해서 공격했더라면 독일의 군수생산 능력은 4개월 후에는 마비되었을 것이라고 쓰여 있다. 역사학자들은 이러한 슈페어의 발언을 근거로 연합국의 폭격 우선순위 선정에 문제가 있었다고 주장했다. 그러나 실은 슈페어가 두려워한 집중 공격은 햅 아놀드의 작전 분석 위원회에서 권고한 지침을 반복한 것에 지나지 않았다. 그 위원회의 엘리후 루트 주니어는 그 권고안에 대해 이렇게 설명했다.

"적국의 경제는 너무 거대하므로 그 모두를 파괴할 수 없습니다. 따라서 약간의 물리적 손상으로 생산에 차질을 빚을 만한 급소를 골라 타격해야 합니다."

게다가 위원회는 아군이 적을 파괴하는 것만큼 적도 복구와 대피를 할 것이기 때문에 폭격은 쉴 새 없이 이뤄져야 한다고 봤다. 그러나 미군의 손실이 엄청나다면 무슨 수로 지속적으로 폭격 할 수 있을까?

1943년 8월, 당시 슈페어는 레겐스부르크-슈바인푸르트 양동작전에서 제8공군이 피해를 얼마나 입었는지 알지 못했다. 해럴드 조지 장군은 맥스웰 기지 시절 폭격기 마피아 창립 멤버였다. 그는 런던에서 열린 기자회견에서 미군 폭격기가 60대 격추되었다는 사실을 인정했다. 그러나 적에게 입힌 타격을 감안한다면, 그 정도는 납득할 만한 손실이라고 주장했다. 그러나 그가 밝히지 않은 사실들도 있었다. 이 60대는 투입한 전력의 5분의 1에 가까운 수치이고, 간신히 귀환한 항공기 중 100대는 손상 정도가 너무 심해서 사용 불가능한 상태라는 점이었다. 영국에서 출격한 항공기 중 40퍼센트를 잃고 만 것이다. 이 작전에서 잃은 항공기는 제8공군이 작전 첫 6개월 동안 잃은 항공기 수와 맞먹는다. 이렇게 큰 손실을 입은 부대가 몇 주 뒤 슈바인푸르트를 다시 폭격하는 것은 그야말로 미친 짓이었다.

사실 제8공군의 전략가들에 의하면, 영국 공군은 8월 17일 밤에 슈바인푸르트를 다시 타격할 계획을 세우고 있었다. 전후 공장 관계자들의 증언에 따르면, 만약 이 계획이 실행되었다면 독일 일선 전력에 심각한 타격을 입혔을 것이다. 그러나 그날 밤은 발트해 연안 페네문데에 위치한 나치의 비밀 연구소를 폭격하기에 이상적인 날씨였다. 영국 폭격기 사령관 아서 해리스 장군은 슈바인푸르트 대신 이 연구소를 폭격하기로 결정했다. 그리고 그 다음 표적은 베를린이었다.

"미 육군 항공대가 협조한다면 우리는 베를린을 이쪽 끝에서 저쪽 끝까지 모조리 파괴할 수 있습니다. 그 경우 우리 연합군 항공기 400~500대 정도를 대가로 지불해야 하겠지만, 독일은 전쟁을 지속할 수 없게 될 것입니다."

영국 공군은 이듬해 2월, 미군이 3차 슈바인푸르트 공습을 할 때까지 슈바인푸르트를 폭격하지 않았다. 그나마도 영국이 참여한 까닭은 공군 참모총장 찰스 포털 경이 계속해서 압력을 넣었기 때문이었다. 해리스는 볼베어링 공장 공격은 완전히 미친 짓이라는 표적 선정 전문가들의 의견을 근거로 공군 참모총장의 지시를 계속 무시했다.

전술적 측면에서 볼 때 8월 17일의 양동작전은 독일 방공망의 승리로 끝났다. 미군은 이 작전에서 288대의 독일 전투기를 격추했다고 주장했으나, 이는 턱없이 부풀려진 수치였다. 그 수는 그날 제8공군을 공격한 독일 전투기 수보다 많았고, 실제 독일 공군의 손실은 47대에 불과했다. 그러나 독일의 전체적인 피해는 미군이 추정한 것보다 컸기 때문에 히틀러의 기분은 좋지 않았다. 함부르크, 레겐스부르크, 슈바인푸르트, 페네문데가 연이어 연합군에게 타격을 입자 화가 난 히틀러는 독일 공군 참모총장 한스 예쇼네크 장군을 맹비난했고, 절망한 예쇼네크 장군은 8월 18일 권총으로 자살했다.

1943년은 독일과의 전쟁에서 전환점이 된 해였다. 히틀러의 육군과 해군은 스탈린그라드, 북아프리카, 시칠리아, 대서양에서 차례로 패배하고 전 전선에서 밀리고 있었다. 플로이에슈티 폭격 한 주 전에는 이탈리아의 독재자 베니토 무솔리니가 쿠데타에 의해 축출되었다. 이미 너무 길어진 전선을 수비하느라 고전하고 있던 독일 육군은 이제 예상되는 연합군의 침공을 막기 위해 정예 사단을 이탈리아 남부로 보내야 했다. 그리고 연합군은 그해 9월 초에 이탈리아에 상륙했다. 이로써 독일은 제2전선 전쟁을 시작하게 되었다. 그러나 슈페어의 관점에서 볼 때는 사실상 3면 전쟁을 치르고 있었다. 슈페어는 항공전이야말로 독일이 패해서는 안 되는 가장 중요한 싸움이라고 여겼다. 1943년 여름, 독일은 항공 전선에서 잘 버티고 있었지만, 연합국 공군은 갈수록 세가 강해지고 있었다. 루스벨트 대통령은 기자들에게 이런 말을 했다.

"히틀러는 유럽 요새 주변에 성벽을 쌓고 있습니다. 그러나 그 요새에 지붕을 덮는 것은 잊었습니다."

독일 공군은 영국 본토 항공전을 제외하면, 전쟁 시작 시점부터 1943년 늦여름까지 늘 서유럽을 보조 전구쯤으로 여겼다. 그러나 이제 서유럽에서 영국과 미국의 공군이 쇄도해 들어오고 있었다. 늘 주변부였던 항공 전구는 순식간에 최전선이 되었다. 독일 공군은 이제 이곳을 지키기 위해 다른 모든 전구에서 전력을 빼 와야 했다. 그 결과 독일군은 항공 지원을 충분히 받지 못하는 상황이 되었다.

그러나 히틀러는 갈수록 커져가는 미군의 위협을 심각하게 받아들이라 는 충고를 들으려 하지 않았고, 그 때문에 슈페어는 절망했다. 슈페어가 비 굴할 정도로 충성했던 그의 지도자는 해리스의 도시 파괴 작전과, 주목도 는 떨어졌지만 정밀 타격 능력은 더 뛰어났던 미군의 주간 전략폭격조차 구분하지 못했고, 전략폭격의 목표가 독일 민간인의 사기를 떨어뜨려 정 권에 대한 지지도를 하락시키는 데 있다고 잘못 판단했다. 1943년 미군의 폭격은 인구 밀도가 높은 독일 도시들에 집중된 영국군의 폭격에 비하면 별것 아니라고 생각했던 것이다.

독일의 공군 전투기 사령관 아돌프 갈란트 장군과 항공기 생산을 총괄 하는 기술국장 에르하르트 밀히Erhard Milch 원수는 더 많은 전투기를 공 급해 달라고 요청했지만, 히틀러는 대도시 인근에 더 많은 대공포대를 배 치했다. 그러나 대공포로 격추한 적기는 전투기의 절반도 안 되었다. 또 히 틀러는 엄청나게 비싼 보복용 병기 생산에 주력했다. 보복용 병기 중 가장 대표적인 것은 베르너 폰 브라운Wernher von Braun 박사와 그의 동료들이 개발 중인 단거리 탄도 미사일 V-2 로켓이었다. 폰 브라운은 이 로켓의 초 음속 성능과 파괴력을 홍보하는 컬러 영화를 만들어 히틀러에게 보여주었 는데, 그 영화를 본 히틀러는 휘하의 장군들에게 이렇게 말했다.

"이것은 영국에 대한 보복이 될 것이다."

처음에 V-2 프로그램에 회의적이었던 슈페어는 히틀러의 고집에 굴 복했고, V-2 프로그램과 육군의 V-1 비행폭탄 프로그램에 최우선 순위를 부여했다. 폰 브라운의 V-2 로켓은 요격이 거의 불가능했지만, V-1은 V-2보다 기술적으로 훨씬 뒤떨어진 물건이었다. 함부르크 공습 이후 히틀러는 공포는 오직 공포를 통해서만 깰 수 있다는 생각에 병적으로 사로잡혔다. 그는 부하들에게 이렇게 일갈했다.

"우리 독일 국민은 복수를 원한다!"

그는 영국 도시들을 초토화시키면 영국 공군도 가혹한 야간 공습을 멈출 것이라고 믿었다. 그는 장군 중 한 사람에게 이렇게 말했다.

"이 전쟁에서 이길 방법은 하나밖에 없어. 적들이 부순 우리 도시보다 더 많은 적의 도시를 부수는 거지."

그러나 영국 도시를 부술 수 있는 4발 중폭격기 개발전략이 독일에는 없었기에 히틀러는 보복 병기 로켓이 나올 때까지 기다려야 했다. 사실 독일 역시 1930년대 후반부터 기존의 중형 폭격기 전력을 보완하는 전략공군을 보유하려고 했다. 그러나 독일 항공 설계자들은 독일 공군이 기대하는 장거리 전략폭격기인 He 177의 엔진 문제를 끝내 해결하지 못했다.

그동안 더 이성적인 독일 사람들은 제국의 방공망을 구축하는 데 집중했다. 밀히가 히틀러의 명령을 몰래 무시한 탓에 1943년 독일은 본토를 방어하기에 충분한 수의 전투기를 생산할 수 있었다. 갈란트는 주간 폭격에 맞서 이 전투기들을 투입했다. 갈란트는 미군의 주간 정밀폭격이 영국 공군의 야간 지역폭격보다 독일 군수생산 시설에 더 큰 피해를 입힌다고 봤던 것이다. 밀히의 노력 덕에 1943년 독일 전투기 생산량은 전년 대비 125퍼센트 늘었고, 1944년에는 그보다 더 많은 양을 생산했다. 그러나 그와 슈페어의 노력에도 불구하고 영국과 미국의 산업 능력을 따라갈 수 없었다. 1943년 한 해 동안 독일이 생산한 항공기는 4만 3,000대였으나 연합국이 생산한 항공기는 무려 15만 1,000대였다. 히틀러는 이러한 사실을 믿으려 하지 않았다. 히틀러의 시각은 1943년에 들어 더욱 중요해졌다. 육군 출신인 히틀러는 그해, 나태하고 첨단기술에 대해 무지한 공군 총사령관 괴링에게서 형식적 지휘권만을 남기고 실질적 항공 작전 통제 능력을 거의 모두 박탈해 버렸다. 모르핀 중독자였던 괴링이 계속 그 자리에 남아 있는 것은, 과거 히틀러가 그의 식견과 상상력에 감동해 그를 '제2의 바그너'라고 부를 만큼 개인적으로 깊이 의지했기 때문이었다.

독일 공군에는 그에 못지않은 또 다른 악재가 있었다. 모든 전선에서 항공력이 극심한 소모전에 빠져있다는 것이었다. 독일 공군이 아무리 증산 노력을 기울여도, 소모율이 높았던 까닭에 독일 공군의 전력은 심각하게 악화되었다. 1943년 8월, 독일 공군이 서유럽에서 잃은 전투기는 무려 334대였다. 독일 공군을 연구한 역사학자 윌리엄슨 머리는 이런 글을 썼다.

"전선에서의 막대한 손실이 산업계에서 힘들여 만들어 놓은 전력을 까먹고 있었다."

레겐스부르크-슈바인푸르트 임무는 연합군 최고사령부의 사기도 크게 저하시켰다. 마치 양쪽 모두 진 전투 같았다. 그해 8월 노르망디상륙작전을 논의하는 퀘벡회담에서 마셜 장군의 지원을 받은 처칠은 폭격기 만능주의자들의 말도 안 되는 주장을 물리치고, 주간 공습을 계속해야 하는지 여부에 대해 거듭 질문했다. 햅 아놀드는 이커의 입장을 노골적으로 변호했으나, 그의 근심도 커져 가고 있었다. 그는 로버트 러베트에게 그 우려를 털어놓았다.

"햅은 정말 견디기 힘든 시간을 보내고 있었죠. 그 원인을 구체적으로 표현할 수는 없습니다. 그러나 손실률이 너무 높았기 때문에 주간 폭격의 미래에 대해 걱정하는 것 같았어요."

자체 방어 폭격기 개념을 누구보다 완강하게 밀어붙인 햅은 한 달 후 영국 주둔 미군 폭격기 부대의 실태를 둘러본 후 마셜에게 이런 글을 써 보냈다.

"지난 몇 주간 영국 주둔 미군이 실시한 독일 상공에서의 항공 작전 결과를 볼 때, 주간 폭격 작전에 동행 가능한 장거리 전투기를 반드시 보급해야 합니다."

테드의 서커스 유랑단 전대의 전 지휘관 테드 팀버레이크는 몇 년 후, 유럽 항공전의 주요 전훈이 무엇이냐는 질문을 받고, 기다렸다는 듯이 이렇게 대답했다.

"제8공군은 핵심 장비인 B-17의 성능을 과대평가했습니다. 제2차 세계대전 이전에 육군 항공대의 장교들은 표적 하나를 무력화하기 위해 중폭격기 1,000~1,500대를, 그것도 반복적으로 출격시켜야 하는 날이 올 줄은 상상도 못 했습니다. 그리고 제2차 세계대전 이전에는 폭격기가 적의 방공망 속에서 생존할 수 없으리라고 예측한 사람도 전혀 없었습니다."

플로이에슈티와 레겐스부르크-슈바인푸르트 작전은 아놀드 장군의 생각을 완전히 바꾸어 놓았다. 그러나 그에게 필요한 장거리 전투기와 폭격기 1,000대는 아직 현실 속에 없었다. 그와 이커는 가지고 있는 것으로 적과 계속 맞서야 했다. 그래서 아놀드는 이커에게 슈바인푸르트를 재차 폭격해 가급적 빨리 그곳을 무력화시킬 것을 촉구했다.

군종 장교 제임스 굿 브라운 목사는 리지웰 기지 교회 옆에 있는 자신의 숙소에서 일기에 이런 글을 남겼다.

"8월 17일 이후 삶이 완전히 달라져 버렸다."

그의 제381폭격비행전대는 슈바인푸르트 임무에 참가한 폭격비행전대 중 가장 큰 피해를 입었다. 기지의 분위기는 그야말로 초상집 같았다. 브라운은 텍사스주 표트에서 기초군사훈련을 수료한 후 제381폭격비행전대에 배속되어 계속 그것에 머물러 왔다. 그가 처음 이 부대에 배속되었을 때 부대의 사기는 하늘을 뚫을 듯했고, 전쟁을 치뤄도 단 1명의 전사자도 없을 것 같았다. 그는 이 전대의 장병들과 친형제보다 더 가깝게 지냈다. 제381폭격비행전대는 그가 섬겨야 할 교회이자 신도였다. 그는 이전에는 이 부대의 장병들에 대해 잘 안다고 생각했다. 그러나 슈바인푸르트 임무는 그 생각을 바꿔 놓았다. 이 임무 이후 두려움에 떠는 장병들이 한밤중에 잠들지 못하고 그를 찾아오기 시작했다. 어떤 장병은 죽은 전우의 차가운 손길을 느꼈다고 말하기도 했다.

"장병들은 식사를 할 때도 말하지 않았고, 식사가 다 끝나면 말없이 일어났지요. 식사 중에 그들에게 뭐라고 말을 붙이면 낮은 목소리로 웅얼거리며 대답했어요. 말하기 싫어서 버터를 가져다 달라는 말을 하는 대신 버터 없이 식사하는 사람도 있었지요. 장병들은 기지 내에서 아는 사람을 만나도 아는 척하지 않게 되었어요. 미소 짓는 장병이 있어도 다 억지웃음일 뿐이었어요."

소프 애보츠에서도 마찬가지였다. 이곳의 제100폭격비행전대는 9대의 항공기와 90명의 승무원이 돌아오지 못했다. 이후 이 부대는 재수 없는 부대로 악명을 떨치게 되었다. 항법사 프랭크 머피는 아프리카에서 돌아온 지 며칠 후 애틀랜타에 있는 어머니에게 전쟁은 악몽 같다는 내용의 편지를 써 보냈다.

"저는 아직 건강히 잘 살아 있어요. 그러나 이렇게 얼마나 더 오래 버틸 수 있을지는 알 수 없어요. … 그저 계속 편지를 보내 주시고 저를 위해 기도해 주세요. 제게 절실히 필요한 것들이에요."

많은 지상군 병사들은 부상을 당해 흉터가 남거나 사지가 잘리는 것을 죽기보다 싫어했다. 그러나 폭격기 승무원들은 달랐다. 그들은 운이 다하면 여지없이 죽는다는 것을 알고 있었다. 지상전에서 전사자와 부상자의 발생 비율은 1:3~4 정도였다. 그러나 제2차 세계대전의 미 육군 항공대에서 이 비율은 3:1 이상이었다.

이들을 절망에서 구해준 것은 생존 본능이었다. 청년기는 생존 본능이 가장 왕성할 때다. 그리고 불멸성에 대한 갈구 역시 그들을 지탱해 주었다. 존 스타인벡은 같은 달, 다른 지역에서 벌어진 전쟁에 대해 글을 남겼다. 젊고 경험 없는 병사들은 공포에 질린 동료의 표정을 보면서 눈앞까지 다가온 죽음을 느낀다. 그러나 한편으로 자신은 죽지 않을 거라고 믿는다. 그 멋진 망상 때문에 그들은 단결할 수 있다. 50년 후 프랭크 머피는 레겐스부르크 작전에 대한 글을 쓰면서 제1차 세계대전 때부터 전해 내려오는 음산한 영국 노래의 한 구절을 떠올렸다.

지옥의 종이 뎅뎅뎅 울리네.
널 부르는 소리야. 날 부르는 게 아냐.

MASTERS OF THE

제8장

전장에 선 인간

AIR

"전쟁터에 있는 사람은 고향에 있는 사람과는 다르다.
본국에서 가지고 있던 특징이 영국에서는 더욱 강해진다.
좋았던 것은 아주 좋아지고, 나빴던 것은 아주 나빠진다."
- 해리 H. 크로스비Harry H. Crosby, 《날개와 기도A Wing and a Prayer》

1943년 9월 6일, 이스트앵글리아

아이라 이커의 하계 공세가 끝날 때쯤, 독일은 자국 상공에서의 항공전에서 승리를 거두고 있는 것 같았다. 레겐스부르크-슈바인푸르트 작전으로 큰 손실을 입은 제8공군은 그 임무 이후 3주 동안 호위 전투기가 갈 수 없는 곳은 폭격하지 않았다. 그러다 9월 6일, 다시 호위 전투기 항속거리 밖을 폭격했다. 그러나 그 임무는 제8공군 역사상 가장 큰 실패로 기록되었다.

표적인 슈투트가르트 볼베어링 공장은 구름에 뒤덮여 있었고, 폭격기들은 구름이 걷히기를 기다리면서 귀중한 연료를 낭비하며 도시 상공을 선회했다. 물론 그 와중에도 독일 공군 전투기들과 공중전을 벌였고, 출격한 폭격기 338대 중 230여 대가 폭탄을 떨어뜨려 보지도 못하고 슈투트가르트에서 빠져나와야 했다. 실망한 폭격수들은 무게를 줄이기 위해 폭탄을 눈에 띄는 아무 표적에나 투하해 버렸다. 파리 근교에 이르렀을 때 몇 대의 B-17의 연료 계기판에 빨간불이 들어왔고, 몇 분 후 영불해협 상공에서 폭격기들이 바다로 추락하기 시작했다. 그중에는 톤델라요호도 있었다. 엘머 벤디너는 다음과 같이 회상했다.

"바다에 내릴 때의 느낌은 마치 항공기로 담벼락을 들이받는 것 같았어요."

바다로 추락한 직후 청회색의 바닷물이 밀려들어오면서 항공기가 가라앉기 시작했고, 승무원들은 모두 침착하게 항공기에 실려 있던 2개의 고무 구명정에 나누어 승선했다. 그리고 9시간 후 영국의 구조선이 창백해진 승무원 10명을 전원 구조하는 데 성공했다.

그날 바다에 추락한 B-17은 모두 11대였다. 늦은 밤까지 영국은 해상에 추락한 항공기 승무원을 모두 구조했다. 킴볼턴 기지로 돌아온 벤디너는 그날 전투에서 무려 45대의 항공기를 잃었다는 것을 알았다. 그리고 악천후로 76대의 B-17이 이륙하지 못했고, 이미 이륙한 항공기들에 임무를 취소하고 귀환하라고 지시해야 했지만, 그러지 않았다는 사실도 알게 되었다. 물론 이보다 더 큰 손실을 입었던 임무도 많았지만, 이만큼 승무원들을 분노케 한 임무는 없었다. 일부 승무원들은 자신들이 햅 아놀드를 멋지게 보이게 하기 위해 목숨을 건 것 같다고 여겼다. 마침 아놀드는 영국에 있었는데, 그는 아이라 이커에게 독일 내륙 깊숙한 곳에 폭탄을 투하하라고 압력을 넣고 있었다.

하늘에 계신 우리 아버지

슈투트가르트 작전 이후 아이라 이커는 야간 폭격을 실험하기 시작했다. 처칠이 여전히 아놀드에게 제8공군을 영국 공군 폭격기사령부에 편입시키라는 압력을 넣고 있었기 때문에 이커는 만약 야간 폭격을 해야만 한다면, 그에 대비하고 있는 게 좋겠다 싶었다. 그해 9월, 제305폭격비행전대의 1개 대대는 영국 공군과 함께 야간 작전을 여덟 번 수행했다. 그중에는 뮌헨까지 출격한 적도 있었다. 손실은 적었고, 일부 승무원들은 미군도 야간 폭격을 잘할 수 있다고 믿었다. 뮌헨 임무에서 선임 항법사를 맡은 랠프 너터는 10월 초, 사단장에게 제8공군에 장거리 호위 전투기가 배치되기 전까지 야간 작전을 계속하는 게 좋겠다고 건의하려고 했으나, 이커가 다른 자리로 이임되면서 아놀드는 계속 주간 폭격을 하게 된다. 제8공군은 그해 9월 개편되었는데, 예하 부대인 제1, 제2, 제4 폭격비행단은 각각 제1, 제2, 제3 항공사단으로 개편되었다.(그러나 이 당시에는 '폭격비행사단'이라 불렸으며, '항공사단'이라는 이름은 1944년 말~1945년 초에 부여되었다. - 역자주) 이 중 제2항공사단은 B-24만 장비하고 있었다. '전투비행단'이라는 표현은 3개 폭격비행전대를 임시 편성해 만든 일종의 전투단을 부를 때 계속 썼다.

10월 8일, 독일 상공의 구름이 걷히자 이커는 동원 가능한 전력 전체를 투입한 공습을 여러 차례 연달아 실시했다. 이른바 제2차 블리츠 위크였다. 이 주간이 끝난 후 장병들은 '검은 주간'이라는 이름이 더 적합하다며, 그렇게 불렀다.

첫 공습은 브레멘 페게자크에 있는 방어가 매우 잘 돼 있는 표적에 실시되었다. 다음 날 공습에서 폭격기들은 베를린 북쪽의 안클람, 단치히 항구 남쪽의 비스툴라, 마린부르크에 있는 항공기 공장을 타격했다. 그때까지 중 비행 거리가 가장 긴 임무였다. 그리고 10월 10일에는 뮌스터를 폭격했다. 이 과정에서 제8공군은 총 88대의 중폭격기를 잃는 등 엄청난 피해를 입었다. 특히 제100폭격비행전대의 손실은 엄청났다. 이 전대는 소속 승무원의 절반에 가까운 200명 정도를 잃었다. 뮌스터 임무에 제100폭격비행전대는 13대의 항공기가 출격해 12대가 추락하고, 돌아온 것은 로지 로젠탈의 항공기뿐이었다. 뮌스터 공습에서 제100폭격비행전대 창설 시절부터 함께한 5명의 장교 존 이건, 게일 클리븐, 프랭크 머피, 하워드 '햄본' 해밀턴, 존 브래디가 포로가 됐다. 해리 크로스비, 존 키드, 에버레트 블레이클리 등 3명의 장교도 10월 8일 영국 노리치에서 추락 사고를 당해 부상을 입은 상황이었다.

제100폭격비행전대가 영국에 도착한 것은 뮌스터 공습 4개월 전이었다. 영국 도착 당시 이 부대에 소속되어 있던 장교 승무원 140명 중 이제 비행 가능한 인원은 3명뿐이었다. 뮌스터 공습 일주일 후, 그 3명 중 1명은 친구에게 이런 말을 했다.

"예전에는 한밤중에 들리는 화물 열차의 기적 소리야말로 세상에서 가장 구슬픈 소리라고 생각했다네. 하지만 지금은 생각이 달라졌어. 지금 가장 슬픈 건 해 뜨기 전 이른 새벽 비행 대기선에서 들려오는 항공기 엔진 소리야."

리지웰 기지의 제381폭격비행전대 장병들도 그 주에 큰 피해를 입었다. 그때까지 남아 있는 제381폭격비행전대 창설 멤버들은 북해를 면한 도시, 안클람 공습 작전 이후 더 이상 아무도 남아 있지 않게 되었다. 보충병들은 그들 창설 멤버들을 보면서 용기를 얻곤 했었다. 군종 장교 브라운은 일기에 이렇게 썼다.

"우리 부대는 이제 완전히 새로운 사람들로만 채워졌다. 이제 더 이상 가족 같은 분위기가 아니다.

5일 후인 10월 14일, 하늘이 회색으로 변하며 동이 틀 때 이 부대의 장병들은 너무 놀라 아무 말도 할 수 없었다. 브리핑 장교가 커튼을 열고 작전 지도에서 슈바인푸르트를 가리켰던 것이다. 브리핑이 끝난 후 일부 장병들은 브리핑실 뒤로 가서 가톨릭 군종신부에게 무릎을 꿇고 축복의 기도를 해달라고 했다. 브라운 군종목사에게 몰려가 기도를 하는 장병들도 있었고, 막사로 돌아가 마지막 편지를 쓰는 장병들도 있었다.

제8공군의 제115차 임무의 선도 그룹 조종사 중에는 1년 전에 릴 폭격 임무를 수행한 J. 켐프 맥로플린이 있었고, 지휘관은 바위처럼 굳건한 베테랑 버드 피슬리 대령이었다. 그들은 300여 대의 중폭격기를 이끌고, 예전에 수많은 전우를 잃었던 슈바인푸르트로 날아갈 계획이었다.

그날 아침 나타난 적의 전투기 수는 1차 슈바인푸르트 공습 때보다도 많았다. 그중 수십 대는 로켓탄을 탑재하고 있었다. 대개 Ju88인 쌍발 야간 전투기를 개조한 이 전투기의 날개에는 '난로 연통'이라고 부르는 로켓 발사기에 250파운드(113킬로그램)짜리 로켓탄을 달았다. 뮌스터에서 제100폭격비행전대에 큰 타격을 입혔던 바로 그 로켓탄이었다. 이 로켓탄에는 특수 신관이 달려 있어서 표적과 일정 거리 이내가 되면 폭발한다. 폭발 시 생기는 살상 범위는 일반적인 대공포탄의 4배나 된다. 기관총과 기관포는 폭격기를 천천히 죽이는데, 로켓탄은 동체에 제대로 맞기만 하면 폭격기를 순식간에 두 동강 내버릴 수 있다. Ju88은 미군 폭격기 기관총 사거리 밖에서 이 로켓탄을 발사했다. 그 폭발 때문에 미군 폭격기들은 전투 상자 대형을 깨고 회피 기동을 할 수밖에 없었다. 그 틈에 독일 단발 전투기들이 대형 안으로 파고들어 한 번에 한 편대에 집중적으로 공격을 가하고, 대열에서 낙오되는 항공기에도 맹공을 가했다.

이러한 전술은 미군 폭격기 승무원에게 공포와 절망감을 일으키게 하기 위해 고안되었다. 표적까지 절반 정도 날아왔을 때, 어지간해서는 굽히지 않는 피슬리가 맥로플린에게 말했다.

"기장, 이 정도면 그만해도 될 것 같지 않아?"

그러나 그들은 어떻게든 표적 상공에 도착했고, 폭격 항정에 들어가자 맥로플린은 항공기 통제권을 폭격수에게 인계했고, 폭격수는 노든 폭격조준기 내의 자동 비행 제어 장치를 이용해 항공기를 통제했다. 폭격수 에드워드 오그레디Edward O'Grady는 후일 이렇게 말했다.

"그 임무의 폭격 항정은 폭격수 입장에서는 매우 이상적이었습니다. 피슬리 대령이 계속 나에게 '표적을 맞춰! 반드시 맞추라고!'라고 소리쳤어요."

오그레디는 해냈다. B-17들은 표적에 심각한 타격을 입혔다. 그러나 B-17도 60대가 격추당했고, 영국에 불시착한 기체도 17대나 됐다. 이날 출격한 폭격기 중 약 30퍼센트가 귀환하지 못했다. 복귀하던 중폭격기들은 악천후 때문에 P-47을 만날 수 없었고, 독일 전투기들의 요격은 북프랑스 상공까지 계속 이어졌다. 엘머 벤디너는 훗날 이런 글을 썼다.

"마치 끔찍한 미궁 속을 달려 도망치는 기분이었다."

그는 이번 임무에 예전 승무원들과 함께 신형 B-17G에 탑승했다. 이 항공기의 기수 아래에는 적의 정면공격에 대응하기 위해 원격 조종식 2연장 기관총탑이 달려 있었다. 그러나 슈바인푸르트 임무 귀환 비행에서는 대부분 뒤에서 공격을 받았기 때문에 전혀 도움이 되지 않았다.

B-17 타이거 걸Tiger Girl호의 후미 기관총 사수는 19세의 유진 T. 카슨 Eugene T. Carson이었다. 그는 동료 승무원들 사이에서 '떠벌이'라는 별명으로 통했다. 당시 그는 절망에 빠져 그의 2연장 50구경 기관총이 토해낸 산더미 같은 탄피 가운데 앉아 있었다. 항공기에 탈 때 낙하산을 깜박 잊고 안 가지고 탔기 때문에 폭격기가 피격된다면 자신은 살아남을 수 없다는 사실을 잘 알고 있었다.

"적의 공격은 계속 이어졌습니다. 도대체 무슨 수로 무사히 돌아갈 수 있었는지, 지금 생각해도 기적 같습니다."

독일의 공격이 갑자기 중단되었고, 펜실베이니아의 제빵사 출신 카슨은 머리를 캐노피에 기댄 채 몸을 떨며 울기 시작했다.

하늘에서 독일군이 사라지자 맥로플린 대위의 항공기 안은 오싹할 정도로 정적이 감돌았다. 항공기 바퀴가 영국 땅에 닿자 오그레디는 자기 머리 위에 있는 해치를 열고 기체에 성조기를 게양했다. 그 성조기는 해외파병을 떠나기 전 숙모에게서 받아 교구 사제의 축복을 받은 물건이었다. 성조기가 게양되는 것을 본 피슬리 대령은 환호성을 질렀다. 맥로플린의 항공기가 기지 경계선을 따라 유도 주행을 하자 지상 근무자들은 하던 일을 멈추고 항공기에 내걸린 성조기를 향해 경례했다. 맥로플린도 알고 있었다. 그들이 경례한 대상은 사실 성조기가 아니라, 그날 생명을 잃은 장병들이었다는 사실이다.

'검은 목요일'은 그때까지 치룬 공중전 중 최대 규모였다. 이날의 전투는 단순한 폭격이 아니라, 거대하고 잔인한 두 나라 공군 사이에서 벌어진 격렬한 싸움이었다. 미국은 폭격기 229대를, 독일은 전투기 300여 대를 동원했고, 전장의 길이는 무려 800여 마일(1,280여 킬로미터), 전투 시간은 3시간 14분에 달했다. 손상 없이 귀환한 미국 폭격기는 불과 33대였고, 참가한 미국 승무원 2,900명 중 사상자가 642명에 달했다.

독일 공군의 손해도 막심했다. 항공기 100여 대가 격추되거나 대파됐다. 이 전투 이후 독일 공군 지휘관들은 더 많은 전투기를 보급해 달라고 요청했으나, 괴링과 히틀러는 여전히 보복 병기 개발에 더 많은 예산을 퍼부었다. 심지어 괴링은 조종사들의 용맹성까지 의심하면서 아돌프 갈란트를 질타했고, 부당하다고 느낀 갈란트는 너무 화가 난 나머지 달고 있던 기사 철십자 훈장을 떼어내 탁자 위에 내동댕이쳐 버렸다. 갈란트는 당시의 상황을 이렇게 묘사했다.

"그 순간 분위기는 얼어붙어 버렸다. 제국 원수조차도 아무 말을 꺼내지 못했다. 나는 어떤 일이 일어나도 대응할 수 있게 마음의 준비를 하면서 제국 원수의 눈을 노려보았다. 그러나 아무 일도 일어나지 않았고, 괴링은 조용히 자신이 하고 싶었던 말을 마무리했다. 그 후 6개월간 나는 어떤 훈장도 달지 않았다."

에르하르트 밀히는 괴링에게 '영미 연합군의 독일 도시 폭격은 갈수록 강해져 가는데, 그것들을 막을 독일 전투기 성능은 심히 염려스럽다'고 말했다. 그러자 괴링은 대답했다.

"우리나라는 그 도시들보다 훨씬 오래전부터 있어 왔네."

1943년 하반기부터는 독일의 전투기 생산량도 늘기 시작했다. 그러나 거대한 미국의 산업 생산력을 능가할 수는 없었다. 큰 손해를 견디는 능력 또한 제8공군이 독일 공군보다 우위에 있었다. 물론 승자에게도 소모전은 끔찍한 일이었다. 검은 목요일 이후 제8공군의 사기는 역대 최저 수준으로 떨어졌다. 지휘관들이 장병들이 항명할까봐 걱정할 판이었다. 실제로 어느 기관총 사수는 막사에서 동료에게 이런 말까지 했다.

"나는 더 이상 비행하고 싶지 않아. 이제는 어떤 벌을 받아도 상관없어."

그 막사에 있는 20개의 침대 중 12개의 주인은 돌아오지 못한 상황이었다.

검은 목요일 이후, 제8공군 내에 퍼진 설화가 있다. 물론 그 내용은 전혀 사실일 리가 없지만, 장병들의 바닥으로 떨어진 사기를 반영하고 있었다. 그 이야기는 이렇게 시작된다. 큰 전투 손상을 입은 B-17 1대가 영국으로 힘겹게 돌아오고 있었다. 그 항공기는 관제탑에 이런 무전을 보냈다.

"게으른 여우 나오라. 여기는 조지(G를 의미하는 당시 호출 부호). 게으른 여우 나오라. 착륙 지시 바란다. 우리 항공기의 조종사와 부조종사는 죽었다. 엔진도 2개가 멎었다. 통신실에서는 화재가 발생했다. 수직꼬리날개도, 플랩도, 브레이크도 모두 떨어져 나가고 없다. 나머지 승무원들은 모두 탈출했고, 폭격수 혼자만 남아서 항공기를 조종하고 있다. 착륙 지시를 요청한다."

그러자 잠시 후 관제탑에서는 이런 답신을 보냈다.

"수신했다. 조지. 착륙 지시를 하겠다. 천천히 복창하라. 반복한다. 천천히 복창하라. 하늘에 계신 우리 아버지…"

미덥지 않은 이야기

알베르트 슈페어는 슈바인푸르트 공장장과 전화 통화를 하며 이번 10월 공습 피해가 지난 8월 공습 때보다 훨씬 더 크다는 사실을 알았다. 독일이 볼베어링 생산량의 67퍼센트를 잃은 것인데, 아놀드는 그 자세한 실상을 미처 알지 못했을 때부터 이미 들떠 있었다. 그는 기자들에게 이렇게 말했다.

"우리 군은 슈바인푸르트를 침묵시켰습니다."

그리고 다음과 같은 믿을 수 없는 말도 덧붙였다.

"폭격만으로 독일을 항복시킬 수 있습니다. 그러면 우리 지상군은 초토화된 독일 땅에 들어가 경찰 업무만 수행하면 됩니다."

그는 소련이라는 상대는 잊고 있는 듯했다. 설령 항공력만으로 독일에 맞서 승리를 거둔다 해도 소련군이 가만히 있지 않을 것이다. 소련군 역시 독일 영토로 들어올 것이고, 미 지상군을 몰아내고 독일 전 국토를 점령할 가능성이 있었다. 그러나 커티스 르메이는 입을 다물고 함께 열광했다. 그는 AP통신 기자에게 이렇게 말했다.

"올 겨울, 독일에게는 희망이 없습니다!"

하지만 폭격기 만능주의자들은 아마 이런 낙관적인 말을 해 놓고 분명 후회했을 것이다. 통신 감청 자료와 독일 내부에 심어놓은 비밀 요원이 보내온 정보에 의하면 독일은 확실히 회복력이 좋았기 때문이다. 그렇게 입수한 정보에 의하면 알베르트 슈페어의 충실한 동지 중 하나인 파울 케슬러Paul Kessler가 신임 볼베어링 생산 총책임자로 임명되었다. 케슬러는 공장을 작은 단위로 나눠 분산시키고, 중립국 스웨덴과 스위스에서 볼베어링을 긴급하게 수입했다. 그러나 이러한 분산 작전은 공장 때문에 폭격기의 표적이 될 수 있다고 여긴 각 도시 관료들의 반대에 부딪혀 제대로 실현되지 못했다. 그러나 머리가 좋은 알베르트 슈페어는 볼베어링 대체품으로 슬라이드 베어링을 개발·보급하는 데 성공했다.

슈바인푸르트 추가 공습에 대한 기자들의 질문에 프레더릭 앤더슨 장군은 미국 대중에게 폭격 작전의 즉각적이고 '선동적인' 전개를 기대하지 말도록 해달라고 충고했다. 그는 이렇게 말했다.

"매일 대규모 항공 작전을 벌이는 것은, 매일 시칠리아 상륙작전을 벌이는 것과도 같습니다. 그러나 현재 우리 항공부대를 제외하면 독일의 심장부를 타격할 수 있는 전력은 어디에도 없습니다."

그는 핵심을 정확하게 짚었다. 영미 연합군 육군은 이탈리아 중부의 진흙탕과 산맥에 발이 묶여 있었고 소련은 자국 영토를 침공한 독일 국방군에 맞서야 하는 상황이었기에 영미 연합군이 독일 본토를 직접 타격할 유일한 방법은 항공부대를 이용하는 것뿐이었다.

아마도 유럽 항공전에 관한 가장 미덥지 않은 이야기는, 제8공군이 독일 상공에서의 공중 우세를 잃었기 때문에 검은 목요일 이후 미 육군 항공대는 장거리 호위 전투기가 도입될 때까지 독일 본토 중심에 침투하는 작전을 중단할 것을 요청했다는 내용일 것이다.

그러나 1943년 가을 현재, 독일은 물론 연합군도 북유럽 상공에서 공중 우세를 완벽하게 확보하지 못했기 때문에 잃을 공중 우세도 없었다. 당시 항공전에서는 우열을 가리기 어려웠다. 그해 10월, 독일 공군은 엄청난 수의 미군 폭격기를 격추했는데, 폭격 임무 한 번에 평균 28대를 격추할 정도였다. 그러나 독일 공군은 제8공군의 폭격을 격퇴한 적이 전혀 없었다. 게다가 독일 공군 전투기사령부는 전술적 승리를 위해 그 대가를 호되게 치르고 있었다. 10월 한 달 동안 격추당한 독일 전투기는 248대에 달했는데, 이는 서부전선에 배치된 독일 전투기 전력의 17퍼센트에 해당했다.

독일 공군 지휘관들은 미군 호위 전투기의 항속거리가 점차 증대되는 것을 염려하고 있었다. 10월, 독일 국경 도시에서 대형 보조 연료 탱크를 장착한 P-47이 목격되었으나, 완고한 괴링은 이를 믿으려 하지 않았다. 아돌프 갈란트는 11월 초, 전쟁으로 지친 조종사들을 만나는 자리에서 아직 보잉기를 상대로 결정적 승리를 거두지 못하고 있음을 주지시켰다.

양측은 소모전을 치르면서 각자 자기들이 지고 있다고 여겼다. 1944년 봄으로 오버로드 작전 날짜가 잡히자, 연합국 지도자들은 연합군 공군이 제공권뿐만 아니라, 제공권을 확보할 시간과 힘이 부족할 것이라며 우려했다. 아이젠하워 장군은 사상 최대의 상륙작전을 성공시키려면 제공권 확보가 필수적이라고 여겼다. 바로 이러한 이유로 폭격 공세는 검은 목요일 이후에도 결코 공식적으로 중단할 수 없었다. 연합군의 전면적인 침공 자체가 폭격 공세의 성공에 달려 있었기 때문이다. 프랑스 북부 해안에서 수 개 사단을 통째로 날려버리는 것보다는 호위 전투기 없이 내보낸 폭격기 수백 대를 잃는 것이 낫다는 것이 총력전의 비정한 산술이었다.

소문과 달리 독일 본토 중심 폭격을 중지하라는 명령은 내려온 적이 없었다. 커티스 르메이는 전후 제임스 파튼에게 이렇게 말했다.

"참 쓸데없는 생각들을 했더군요. 당시에는 기다리던 장거리 호위 전투기가 언제 나올지 확신할 수 없었습니다. … 그저 그런 전투기가 나올 거라는 사실만 알고 있었죠."

이커는 분명 검은 목요일 이후 크게 줄어든 폭격기 전력을 운용하는 데더욱 신중을 기했다. 그러나 그조차도 호위 전투기가 재보급되기 전인 11월, 참모들을 모아놓고 '아규먼트Argument'이라는 암호명의 독일 항공기산업에 대한 총력전을 준비하도록 했다. 그는 10월 22일 아놀드에게 이렇게 말했다.

"독일은 우리 미군에게 견딜 수 없는 큰 손실을 입히고 있다고 선전하고 있습니다. 이 작전은 그것에 대한 확답이 될 것입니다."

검은 목요일은 자체 방어가 가능한 폭격기라는 개념을 접어야 했지만, 이커는 자체 방어 폭격기 개념에 더욱 강하게 매달렸다. 이커는 슈바인푸르트 작전 다음 날 아놀드에게 이런 전문을 보냈다.

"우리는 끝없는 분노로 전투를 지속해야 합니다. 그것만이 우리가 할 일입니다."

파튼에 따르면 훗날 이커는 파튼과 앤더슨에게 이런 말을 했다고 한다.

"설령 장거리 호위 전투기가 없어도 날씨가 허락하는 한 아군은 독일의 심장부를 계속 타격해야 하네!"

그러나 날씨는 미군의 편에 서지 않았다. 10월 중순부터 시작해 이듬해 1월 초까지 짙은 구름이 독일 내륙의 주요 표적을 가렸던 것이다. 이로써 한동안 정밀폭격은 불가능해졌다. 파튼이 이를 두고 한 말은 매우 적확했다.

"제2차 슈바인푸르트 작전 이후 두 달 반 동안 제공권을 장악한 것은 다름 아닌 구름이었습니다."

그러나 성질 급한 아놀드에게 기상이 나쁘다는 변명은 통하지 않았다. 그는 이커에게 더 많은 항공기와 승무원을 보내줄 테니 위험을 감수하라고 압력을 넣었다. 아놀드가 그렇게 나온 것은, 그 역시 수십억 달러에 달하는 예산을 들여 육군 병력의 약 3분의 1을 세계 곳곳에 배치한 데 대한 정당성을 확보해야 한다는 압박에 시달리고 있었기 때문이다. 그리고 그 이면에는 반드시 육군으로부터 공군을 독립시키고 말겠다는 평생의 일념이 깔려 있었다. 장거리 호위 전투기가 있든 없든 하루라도 빨리 제8공군이 주간 전략폭격을 할 수 있다는 사실을 입증해야만 미합중국 공군이 탄생할 수 있는 것이다. 그리고 그 실험에 따르는 대가는 장병들의 목숨으로 치를 수밖에 없었다. 엘머 벤디너는 자신이 남긴 글에서 그 실험을 성공시키기 위해 대가를 치른 사람들에 대해 말하면서, "전쟁 전에 미국 항공력 이론을 실험실에서 하늘을 나는 기니피그를 가지고 실험할 수 없었던 점이 유감"이라고 썼다.

피카딜리

검은 목요일 이후 수 주 동안 유럽의 기상은 좋지 않았다. 지휘관들은 전투로 지친 장병들의 사기를 위해 그들에게 3~7일 정도의 휴가를 주었고, 장병들은 대부분 런던으로 향했다. 1943년 가을의 런던은 로버트 모건과 멤피스 벨호 승무원들이 갔던 1943년 초의 런던과는 많이 달라져 있었다. 1943년 초, 영국에 주둔한 미 육군 항공대 병력은 4만 7,000명에 불과했고, 언제 보충병이 올지 기약이 없었다. 휴가도 잘 주어지지 않았기 때문에 미군 승무원들이 전쟁에 찌든 런던을 볼 기회는 드물었다. 그러나 1943년 말 현재 영국 주둔 미 육군 항공대 병력은 28만 6,000명으로 늘어나 있었고, 이는 유럽 대륙 본토 침공을 준비하며 계속 증강되는 주영 미군 병력의 4분의 1에 불과했다. 1943년 제4분기에는 41만 3,000명의 미군이 영국 항구에 도착해 영국 주둔 미군은 총 77만 3,000여 명이 되었다. 노르망디상륙작전 즈음에는 그 수가 150만 명에 달했고, 그중 28퍼센트인 약 42만 7,000명이 육군 항공대 병력이었다.

런던 시내에도 수천 명의 병사가 주둔하게 되었다. 그러나 런던 시내에서 가장 흔하게 볼 수 있는 것은 시내에 주둔한 군인들이 아니라, 미네소타보다 작은 영국 전국의 군 기지에서 휴가차 런던에 온 병사들이었다. 그들 대부분은 영국군 아니면 미군 소속이었고, 영국에 망명한 프랑스, 노르웨이, 폴란드, 네덜란드, 체코 출신 장병들과 간호사들도 있었다. 런던에서 기차로 조금만 가면 도착할 수 있는 새 임지로 옮겨간 후 정기적으로 런던을 찾았던 공병대원 로버트 아비브 병장은 이렇게 회고했다.

"전쟁이 할퀴고 간 런던은 아직 그 상처가 완전히 낫지 않았고, 더러웠어요. 그러나 그런 런던에도 다양한 언어를 구사하는 다양한 제복을 입은 사람들이 넘쳐나고 있었죠."

일부 폭격기 승무원들은 여자를 끼고 다녔다. 떠벌이 카슨은 첫 런던 여행을 제8공군 본부에서 일하던 어느 여성 육군 항공대 대원과 함께 떠났다. 두 사람은 슈바인푸르트 임무 직후 카슨의 항공기지에서 처음 만났다.

해리 크로스비는 기혼자였지만, 아이오와 출신 여성과 함께 런던을 여행했다. 그녀는 크로스비가 아내를 만나기 전 사귀었던 여성으로, 그녀가 근무하는 적십자사 클럽이 케임브리지에 주둔하고 있었다. 크로스비와 카슨은 운이 좋은 편이었다. 런던역에서 내린 대부분의 미군 승무원들은 혼자, 혹은 남자 동료들과 함께 시내를 돌아다녔다. 앤디 루니는 그 모습을 이렇게 묘사했다.

"그들은 정기적으로 런던에 와서 어슬렁거렸다. 그리고 자신들의 육체적 욕구를 해소하기를 원했다."

전쟁 한복판에 있는 런던은 세계에서 가장 떠들썩한 도시이기도 했다. 죽음과 고통에 직면한 사람들에게 금기해야 할 것은 없었다. 런던 어디를 가나 음식과 술, 친구와 섹스를 원하는 사람들이 널려 있었다. 낡은 바이올린을 켜며 동냥하는 거지, 술 취한 해군 장병, 멋진 옷차림과 립스틱 색을 뽐내며 고급 장교의 팔짱을 끼고 다니는 숙녀 들이 있었다. 심지어 건물 지붕 위에도 공습경보 사이렌이나 폭탄 터지는 소리를 기다리는 감시 근무 중에 추위를 피해 서로 끌어안고 몸을 녹이는 커플이 있었다.

이제 전 전선에서 연합군은 진격하고 있었고, 유럽 대륙 침공에 관한 소문이 떠돌고 있었다. 그런 와중에 런던은 젊은 승무원들을 맞아주는 이상적인 장소였다. 미군 승무원들이 처음 들르는 곳은 가장 가까운 적십자사 클럽이었다. 이곳에서는 자원봉사자들이 미군들에게 숙소로 사용할 민간 호텔이나 적십자사 숙소를 무료로 예약해주었다. 숙소에 가서 여장을 풀고 나면, 대부분 승무원은 섀프츠베리 대로와 피카딜리 서커스 광장 구석에 있는 레인보우 코너로 향했다. 이곳은 영국에서 가장 미국적인 곳이었다.

미국 적십자사가 운영하는 레인보우 코너는 완벽할 정도로 미국적인 분위기를 풍기는 곳이었다. 이 클럽 지하에는 미국 소도시의 그것과 완전히 똑같이 생긴 드러그스토어가 있는데, 얼음처럼 차가운 콜라를 1잔에 5센트, 석쇠에 구운 햄버거를 개당 10센트에 팔았다. 한 층 위로 올라가면 대연회장이 나온다. 여기서 군인들은 자원봉사를 하는 여직원들과 함께 밴드가 연주하는 흥겨운 음악에 맞춰 춤을 췄다. 이곳에도 주크박스가 비치된 휴게실이 있었다. 이 휴게실에는 작은 무대가 있고, 무대 주변에는 테이블과 의자가 놓여 있었다. 외로운 미군들은 그곳에 모여 도너츠를 신선한 커피에 적셔 먹으면서 미국의 최신 히트곡을 감상했다. 레인보우 코너는 절대 문을 닫지 않았는데, 이를 상징하는 의미로 1942년 11월 개장식 때 열쇠를 버리는 행사까지 개최했었다.

드러그스토어 건너편 책상에서는 여성 자원봉사자들이 향수병을 앓는 군인들을 위해 아내, 애인, 어머니에게 보낼 편지를 대필해주었다. 군인들에게 가장 인기 있는 대필가는 델리Dellie 부인이었는데, 유진 카슨은 애인 없이 런던에 갈 때면 그녀를 찾아가곤 했다. 카슨은 다음과 같이 회상했다.

"아델(델리)과 함께 있으면 마치 어미 닭에게 보살핌을 받는 병아리가 된 것 같은 느낌이었어요. 그녀는 내가 곤경에 처할 수 있는 모든 장소에 대해 경고했어요."

카슨은 뭔가 잘못될 것 같은 곳에 갈 때면 그녀의 말을 떠올리곤 했다.

클럽은 언제나 사람들로 붐볐다. 1943년 하반기의 어느 날, 그날 하루 동안 이곳을 방문한 미군은 7만 명이 넘었다. 여기 오면 싼값에 방을 구할 수 있고, 뜨거운 물에 목욕도 할 수 있고, 이발과 구두닦이 등 다양한 서비스를 받을 수 있었다. 무료로 진통제도 지급받을 수 있고, 환전은 물론, 수표를 현금으로 교환할 수도 있었다. 당구와 탁구도 칠 수 있고, 권투와 레슬링도 볼 수 있으며, 미국 신문도 읽을 수 있었다. 런던 도시 정보와 갈 만한 장소들도 알아볼 수 있었고, 런던 관광버스가 운행하지 않을 때는 이곳에서 택시를 예약하고 요금을 내면 런던 내의 여러 관광지를 돌아다닐 수도 있었다. 어떤 미군 병사는 이곳 직원에게 이렇게 말했다.

"여기서는 싸움 빼면 못 하는 게 없겠군요."

돈이 많은 승무원들은 버클리, 사보이, 그로우브너 하우스 등 런던의 대형 호텔에 묵으면서 그곳에서 저녁 티타임 댄스에 열중했다. 떠벌이 카슨은 돈을 모아 버클리 호텔에 가서 3일 동안 애인이자 육군 항공대 동료인 제네비브Genevieve와 함께 묵었다. 침대에서 카슨에게 안긴 제네비브는 카슨이 자신의 첫사랑이라고 말했다. 그 말을 듣고 왠지 양심의 가책을 느낀 카슨은 제네비스와의 섹스를 거부했고, 두 사람은 기분이 상한 채로 런던을 떠났다. 이후 제네비브는 도통 휴가를 나올 수 없었다. 카슨은 이후 두 번의 휴가를 런던의 어느 전직 발레리나의 아파트에서 보냈는데, 그녀는 레인보우 코너의 델리 부인이 소개해 준 여자였다. 둘의 첫날 밤, 발레리나는 카슨을 위해 춤을 춰 주었다고 카슨은 행복한 표정으로 회상했다.

미군 승무원들의 런던 순례는 보통 밤에 시작되었다. 등화관제로 불빛이 없었지만, 거리는 사람들로 붐볐다. 많은 사람이 '토치'라고 부르는 손전등을 들고 다녔다. 헤드라이트에 등화관제용 덮개를 씌운 택시도 매우 빠르게 다녔다. 그 덮개에서 새어나온 가느다란 불빛이 긴 줄 모양의 잔상을 남겼다.

1943년 가을이 되자 런던 상공에 적의 폭격기는 잘 나타나지 않았다. 그러나 탐조등 조명이 하늘을 가로세로로 누볐고, 거의 매일 허위 공습경보가 울렸다. 사이렌이 울리고 나면 시내 전역에 설치된 모래주머니 벙커에서 대공포가 하늘로 짧게 불을 뿜어댔다. 심지어는 버스 정거장에도 대공포 진지가 있었다. 하지만 사이렌이 울려도 누구도 주의를 기울이지 않았다. 클럽 옆을 지나가던 사람들은 대공포 발사음에 맞춰 흘러나오는 밴드 음악을 들을 수 있었다. 템스강에서 피어오르는 짙은 안개와 100만여 개의 굴뚝에서 뿜어져 나오는 석탄 연기가 어우러지면서 저녁이면 섬뜩한

마스터스 오브 디 에어 1

느낌이 더했다.

18세의 기관총 사수 잭 노비는 혼자 런던 여행을 하는 것을 좋아했다. 그는 미국인이라고는 하나도 없는 어느 뒷골목 선술집으로 들어섰다. 피아노 주변에서 있던 여러 영국 공군 장병들이 노비가 달고 있는 은색 날개 훈장을 알아보고는 노비에게 합석을 권했다. 그들은 밤 새도록 술을 마시며 노래를 불렀다.

미군과 영국군 승무원들이 서로 친구가 되는 경우는 흔치 않았다. 전쟁 당시 런던에 살았던 조지 오웰George Orwell은 그 이유에 대해 이렇게 말했다.

"가장 큰 이유는 급여 차이입니다. 나보다 5배나 많은 급여를 받는 사람과 진정으로 친해지기란 어려운 일이죠."

미군은 급여만이 아니라 외적인 부분에서도 분명 영국군보다 우월했다.

"미군은 대개 영국군보다 키도 크고 근육질이고, 미남이었어요. 대부분은 금발의 거구들이었고, 머리는 짧게 다듬어져 있었습니다. 좋은 소재로 정성껏 만들어진 군복과 휘장은 아름다웠어요. … 분명 미군은 외모 면에서는 영국군을 한참 압도하고 있었습니다."

남자들이 워낙 많다 보니 거리에는 매춘부들도 넘쳐났다. 가장 쉽게 그들을 찾을 수 있는 곳은 피카딜리 서커스 광장 인근 가게들의 으슥한 출입구였다. 주변에 경관이 있어도 아주 뻔뻔하게 호객에 나섰기 때문에 사람들은 이 여자들을 '피카딜리 특공대'라고 불렀다. 그들은 군인들이 좋아하든 말든 무조건 따라붙었다. 월터 크롱카이트 기자는 다음과 같이 회상했다.표장

"남자들이 밤에 피카딜리를 돌아다니고 있으면 그녀들의 하이힐 소리가 들려왔어요. 싸구려 향수를 뿌린 그녀들은 다가와서 우리 다리를 쓰다

듣곤 했어요. 그건 성적인 의미가 아닌, 경제적인 의미의 애무였지요. 숙련된 매춘부는 바지 옷감만 만지고도 상대 남자가 미군인지 영국군인지, 장교인지 사병인지를 알았거든요. 그걸로 상대방이 낼 수 있는 비용을 어림짐작한 다음에 우리에게 흥정을 걸곤 했죠."

　매춘부들은 손님에게 보호장비를 착용할 것을 권했지만, 이는 의무는 아니었다. 피카딜리 서커스 주변에는 신문팔이로 위장한 콘돔 장사꾼이 많았는데, 이들은 콘돔을 가져오지 않았거나 이미 다 써버린 장병들에게 콘돔을 팔았다. 1943년 말이 되면서 영국 전역에 성병이 유행했다.《뉴욕 타임스》에 따르면, 주영 미군의 성병 발병률은 본토 주둔 미군보다 25퍼센트 이상 높았고, 그중 절반은 아마 피카딜리에서 감염되었을 것이라고 보도했다. 얼마 안 가 미국 적십자사는 클럽 내에 감염병 예방실을 운영하기 시작했다. 그리고 미 육군도 콘돔을 대량으로 보급하기 시작했다. 미군 주둔 초기에 보급되었던 콘돔은 영국제였는데, 미군들에게는 너무 작았다. 그러나 성병에 대한 효과적인 치료약은 1944년 봄까지도 널리 보급되지 않았다. 결국 프로킷PRO-KIT이라는 치료제가 보급된 시기와 맞물려 성병 발병률은 떨어졌지만, 이건 결코 치료제 때문이 아니었다. 육군이 유럽 상륙작전에 대비해 휴가를 통제하기 시작했기 때문이었다.

　승무원 대부분은 이틀 동안의 런던 여행을 초라하게 마감하는 경우가 많았다. 텍사스 태생의 상부 기관총 사수인 잭 코너는 술을 진탕 마신 다음, 자리에서 일어나 몇 걸음 비틀대며 걷다가 바닥에 쓰러지고 말았다. 같이 있던 동료 승무원이 그를 일으켜 세워 택시에 태워 워털루역으로 데려간 다음, 리지웰 행 기차에 태웠다. 그의 숙취는 아마도 자신의 휴가 일수보다 더 오래 갔을 것이다.

영국의 짐 크로우

장병들은 자극적인 밤 문화를 찾아 이스트앵글리아 지방의 대도시인 입스위치와 노리치로 몰려들어 휴일 오후를 담배 냄새와 싸구려 향수 냄새로 찌든 댄스홀에서 보냈다. 그런 곳에서는 언제나 싸움이 벌어졌는데, 아예 싸움에 대비하고 오는 손님들도 있었다. 로버트 아비브는 이렇게 회상했다.

"입스위치에서 한 여성과 춤을 췄죠. 몸이 유연하고 튼튼한 여자였어요. 그런데 허리춤에 길고 날카로워 보이는 단검을 차고 있지 뭡니까."

장병들은 성적 쾌락을 찾을 때도 너무 까다롭게 따지면 위험하다는 것을 알게 되었다. 술을 마시다가 누군가 사고라도 치면 10시 이후 마을 출입이 금지될 수도 있었다. 그러면 일부 장병들은 으슥한 주차장에 세워둔 군용 트럭으로 몰래 발걸음을 옮겼다. 거기서 여자와 하룻밤을 즐기는 동안 그의 동료들은 그들을 찾아다녔다. 또 일부는 마을 출입이 통제되었을 때 마을 안에 숨어 있었다.

입스위치 북쪽에는 밤버 브리지라는 마을이 있었다. 어느 날 밤 그 마을에서 미군 흑인 병사들이 난동을 부렸다. 사건 당사자들이 술을 너무 많이 마신 데다가 인종차별적인 분위기까지 더해져 발생한 사건이었다. 1943년 6월 24일 저녁, 지프를 타고 마을을 순찰하던 2명의 미군 헌병은 한 술집에서 난동 사건이 벌어졌다는 신고를 받았다. 이곳은 제1511보급 트럭연대 주둔지에서 가까운 곳으로, 이 연대는 장교를 제외한 전원이 흑인이었다. 10여 명의 흑인 병사들이 술집에서 술을 마시고 있었는데, 폐점 시간이 되어 주인이 나가 달라고 요구하자 병사들이 이를 거부하면서 벌어진 사건이었다. 헌병이 사건 현장에 도착했고, 현장에 있던 흑인 병사 중 1명을 군복 미착용과 외출증 미소지 혐의로 체포하려고 했다. 그러자 흑인 병사들은 항의했고, 그중 한 병사가 헌병에게 술병을 휘둘렀다. 헌병들이 권총을 꺼내 들었으나, 흑인 하사의 만류로 권총을 거두었다. 헌병들이 그 자리를 떠나려고 할 때 한 흑인 병사가 헌병들의 지프를 향해 맥주병을 집어던졌다. 맥주병이 지프의 앞 유리를 박살냈고, 맥주가 두 헌병에게 튀었다. 이들은 반드시 돌아오겠다고 다짐하면서 일단 철수했다.

이 헌병들은 도보 순찰 중인 다른 헌병 2명을 데리고 술집으로 돌아왔다. 헌병들이 그들 중 2명을 체포하려고 하자 경찰봉, 돌멩이, 술병, 칼이 난무하는 난투극이 벌어졌다. 한 헌병은 미간에 술병을 얻어맞았고, 또 다른 헌병은 돌에 맞아 의식을 잃었다. 결국 총성까지 울리자 흑인 병사들은 모두 흩어져 도망쳤다. 흑인 병사 1명이 등에, 다른 1명이 배에 총상을 입었고, 동료들에 의해 후송되었다. 헌병들도 부상자를 지프에 태우고 그 자리를 신속히 빠져나왔다.

흑인 병사들이 부대에 복귀하자, 흑인 병사들이 헌병에게 사격을 당했으며, 헌병대에서 문제를 일으킨 병사들을 계속 추적하고 있다는 사실이 부대 전체에 퍼졌다. 자고 있던 이 부대의 장병들은 침대에서 일어나 부대 정문으로 달려갔는데, 일부는 소총을 휴대하고 있었다. 연대의 유일한 흑인 장교가 위병소에 나타나 남은 흑인 병사들에게 막사로 돌아가라고 설득했다. 그는 이렇게 약속했다.

"누가 잘못을 저질렀든 반드시 처벌받을 것이다."

그러나 불안한 평화는 곧 깨지고 말았다. 30분 후, 헌병대가 지프 2대와 기관총을 장착한 장갑차 1대를 몰고 이 부대로 쳐들어온 것이다. 이에 분노한 흑인 병사들은 부대 무기고로 달려가 자물쇠를 부수고 소총을 탈취했다. 백인 장교와 헌병 들에게 '깜둥이', '노예놈들' 소리를 들으며 쌓였던 울분이 폭발하면서 흑인 병사들은 밤버 브리지 시내로 나가 헌병들은 물론 자신의 부대 백인 장교들에게도 사격을 가했다. 반란에 가담한 한 흑인 병사는 시내에서 피시 앤 칩스 가게를 운영하는 지역 주민에게 이렇게 경고했다.

"집 안에 들어가 계십시오! 곧 여기서 전쟁이 벌어질 겁니다."

어떤 병사의 증언에 따르면 누군가가 이런 말까지 했다고 한다.

"독일 놈과 싸우다 죽는 것보다 우리 흑인을 위해 싸우다 죽는 게 더 낫다!"

미군 간의 전투는 새벽 3시까지 계속되었다. 야간인 데다 양측 모두 사격 실력이 좋지 않았던 탓에 사상자는 적었다. 피격당한 인원은 백인 헌병 1명과 백인 장교 3명, 흑인 병사 3명이었고, 그중 1명은 결국 사망하고 말았다. 미 육군은 이 사건에 대해 2건의 군사재판을 열어 32명의 장병에게 폭행 및 반란죄 등의 죄목으로 유죄를 선고했다. 다만 증인이 없었기 때문에 살인죄로 기소당해 유죄 판결을 받은 사람은 없었다. 재판을 받은 장병 중 대부분, 아니 전원은 자신은 그 사건 당시 총을 쏘지 않았다고 주장했고, 증인들의 진술이 서로 달라 총을 쏜 사람을 특정 지을 수도 없었다. 사건 당시 총을 휴대하고 있었던 것으로 판단되는 사람에게는 최소 3개월에서 최대 15년까지의 중노동형이 선고되었다. 그러나 피고인 전원은 항소를 통해 감형을 받았다. 따라서 사건 발생 후 1년 이내에 전원 군에 복귀할 수 있었다. 남부 출신인 아이라 이커 장군이 "흑인 장병들이 저지른 사건 사고 중 90퍼센트는 백인이 원인을 제공했다"라며 참모들을 설득했기 때문이었다.

그해 여름이 끝나갈 무렵, 이커는 영국 전역에 흩어져 있는 트럭 부대를 '전투 지원 비행단'이라는 이름을 붙여 특별 사령부로 통합했다. 그는 이런 조치를 통해 흑인 장병들도 자신이 전투에 기여하고 있다는 것을 확실히 인식하게 되리라고 생각했다. 전투 지원 비행단 단장은 조지 S. 그러브George S. Grubb 대령이 맡았고, 호전적 성격인 그는 무능하고 인종차별주의에 물든 백인 장교 75명을 다른 부대로 전출시켰다. 그는 부대 내의 오락 시설을 개선하고, 흑인 헌병을 두어 흑인과 백인이 함께 근무하도록 했다. 이러한 조치를 통해 흑인 병사들의 사기와 근무 성적은 눈에 띄게 오른 반면, 군사재판 건수와 성병 발병률은 크게 줄어들었다. 그러브 대령은 백인이었지만 이커 장군과 마찬가지로 인종 간에 일어나는 사건사고의 원인 대부분은 백인이 제공하고 있다고 믿었다. 또한 그는 흑인 장병들이 백인들보다 더 예의가 바르다고 여겼다.

영국인 대부분은 여기에 동의했다. 제2차 세계대전 개전 당시 영국은 인종적으로 단일한 국가였다. 당시 영국에 거주하던 흑인 인구는 8,000명이 안 되었고, 그 대부분이 런던과 항구도시에서 살았다. 대부분의 도시와 마을에는 1명의 흑인도 없었다. 따라서 상당수의 영국인들이 유색인종을 아예 접하지 못하고 살았다. 영국 본토는 압도적으로 백인이 주류를 차지하고 있었고, 영국 정부는 가급적 그 상태를 유지하고 싶었던 까닭에 유색인종인 영국 식민지인들에게는 영국 본토에서의 정착이 허락되지 않았다. 영국 정부는 흑인 미군이 영국 본토에 주둔하는 것도 좋아하지 않았다. 미국이 참전했을 때 영국군 참모본부는 인종 간 갈등을 우려해 흑인 미군 장병을 항공기지 건설에 투입하지 말아 달라고 요구했다. 심지어 영국 외무장관 앤서니 이든Anthony Eden은 위넌트 영국 주재 미국 대사에게 이러한 조치가 인도적인 이유에서 반드시 필요하다고 설득하기도 했다.

"우리나라의 날씨는 흑인 장병들의 체질에 맞지 않을 겁니다."

미국 의회와 흑인 시민단체들로부터 흑인을 군대에 보내라는 압력을 받고 있던 미 육군부는 영국 정부의 이러한 요청을 들어줄 생각이 전혀 없었다. 게다가 육군 항공대는 공병부대가 꼭 필요했으며, 이들을 전원 백인으로 채우기에는 인력이 부족했다. 결국 정치적인 이유와 실용적인 이유가 합쳐져 주영 미군 내 흑인 비율을 미국 인구 중 흑인 비율과 비슷한 10퍼센트로 맞춘다는 정책이 채택되었다.

양국 정부는 전혀 예상치 못한 일이었지만, 이들 흑인 병사들은 영국에 도착하자마자 현지인들의 극진한 환대를 받았다. 흑인 병사들은 인종 분리 정책이 없는 영국에서 더 큰 해방감을 느꼈다. 영국인은 남녀를 막론하고 술집과 음식점에서 만난 미군 흑인 장병들과 거리낌 없이 어울렸고, 그들이 가져온 음악을 좋아했다. 영국인들은 미국 흑인들로 구성된 스윙 밴드의 음악에 열광했고, 200명의 항공 공병으로 이뤄진 합창단이 런던 로열 앨버트 홀에서 초청공연을 열 정도였다.

영국인들이 단 하나 선을 그은 것은 인종 간 이성 교제였으나, 이에 반발하는 사람들의 목소리도 만만치 않았다. 소프 애보츠의 어느 주민은 이렇게 회상했다.

"백인 미군들은 영국 백인 처녀들이 흑인 미군을 사귀는 걸 도무지 이해하지 못했어요. 우리 영국인들이 보기에는 아무것도 아닌데 말이죠."

인종 간 문제를 두려워한 미 육군은 외적으로는 인종 차별에 반대한다고 주장하면서도 인종 분리 정책은 계속 유지했다. 1942년 7월, 아이젠하워는 인종 문제에 관한 중요한 발언을 했다.

"흑인 장병들에 대한 인종 차별을 근절하겠다는 것이 최고사령부의 방침입니다."

그러나 이 발언이 실린 회람 문서에서 그는 일선 지휘관들에게 흑백 간 인종 문제를 최소화하기 위해 '차별 없는 분리 정책'을 수립할 것을 독려했다. 그가 제안한 정책 중에는 이른바 교대 외출제도 있었다. 인종에 따라 외출 및 휴가를 나가는 날을 다르게 설정하는 것이었다. 즉, 흑백 두 인종의 병사가 같은 날, 같은 마을에 있어선 안 된다는 것이었다. 이렇게 인종 분리는 육군이 인종 차별을 최소화하는 방식이 되었다.

아이젠하워는 인종적 편견에 대해 저항했지만, 대부분 사람은 그의 노력을 무시했다. 육군 항공대에는 트럭 운송을 담당하는 흑인 장병이 5,000명이나 있었다. 이들은 새벽부터 밤늦게까지 눈이 오나 비가 오나 좁고 위험한 시골길을 달리며 항공기지에 폭탄을 보급했다. 그러나 도착한 항공기지에서 숙식을 금지당해 트럭 운전석에서 전투식량으로 허기를 때우고 잠을 자는 경우가 많았다.

육군 항공대에는 제도적 인종차별주의에 대한 오래된 정책이 있었다. 개전 당시 영부인 엘리너 루스벨트Eleanor Roosevelt는 흑인 시민단체들과 합세해 지금까지 백인만 조종사가 될 수 있었던 육군 항공대에 흑인 전투기 조종사를 배치하고자 했다. 햅 아놀드는 마지못해 모든 승무원이 흑인으로 구성된 전투기 부대, 일명 '터스키기 에어맨Tuskegee Airmen'을 창설했다. 터스키기는 이들이 훈련받은 앨라배마주의 기지 이름으로, 이들은 지중해 전역에서 괄목할 만한 전적을 보였다. 그러나 육군 항공대는 흑인과 백인(특히 남부 백인)을 한 승무조로 편성했다가는 제대로 운영하기 힘들 것이라는 이유에서 여전히 폭격기 승무원으로는 흑인을 배치하려 하지 않았다. 또한 제8공군 휘하 전투기사령부에서도 흑인 조종사를 쓰려고 하지 않았다. 아놀드는 섣불리 인종 통합 정책을 실시했다가 흑인 장교가 백인 사병을 지휘하게 되는 것이 싫었다. 그랬다가는 매우 민감한 사회적 문제가 발생할 거라는 것이 그의 생각이었다.

1942년, 육군부는 육군 항공대에 총 정원의 10퍼센트를 흑인으로 충원하라고 요구했다. 아놀드는 이 10퍼센트의 흑인을 전부 지상의 지원 부대에 배치했다. 흑인 장병들을 병기, 보급, 공병, 수송 중대에 배치해 백인과 섞이지 않게 편성한 것이다. 이커는 흑인 장병을 배치하는 데 적극적으로 찬성했지만, 이들을 정비, 항공교통관제, 기상 분야에 충원하도록 육군 항공 사령부를 설득하는 데는 실패했다. 아놀드가 흑인 대부분은 그런 분야에서 종사하기에는 지능이 모자란다고 믿고 있었기 때문이었다. 비록 공식적으로는 그 존재를 부인하기는 했지만, 주영 미국 적십자사는 아놀드의 지원하에 미군 흑인 전용 클럽을 만들었다. 이 클럽의 종업원들 역시 미국 적십자사 소속의 흑인들이었다. 종전 당시 주영 미 육군 항공 병력 중 흑인은 1만 2,196명뿐이었다. 그들 모두가 지원 부대 소속이었고, 이 중 장교는 82명에 불과했다. 반면 미 육군 항공대의 백인 장교는 백인 장병의 6분의 1이나 됐다.

흑인 장병과 교제하고자 하는 영국 백인 여성은 많았지만, 그녀들은 자칫 잘못하면 인종 분쟁에 휘말릴 위험이 있었다. 특히 흑인과 백인이 한 마을에 동시에 휴가를 나왔을 때 말이다. 육군 항공대의 어느 백인 상병은 집에 보내는 편지에 이런 글을 쓰며 흑인에 대한 분노를 표출했다.

"깜둥이가 백인 여자랑 같이 다니는 걸 무려 다섯 번이나 봤다고요."

흑인 병사가 휴가 중에 백인 여성의 손을 잡고 다녔다는 이유로 남부 출신 백인 병사들에게 구타당하는 경우도 있었다. 《타임》지에는 이런 기사가 실렸다.

"영국 군인과 민간인 들은 여자들이 자신의 파트너를 고를 권리를 보장한다. 그러니 영국과 미국의 헌병들도 옳고 그른 것을 똑바로 구분해야 할 것이다."

레스터에서는 제82공정사단의 백인 낙하산병들이 흑인 병사들이 백인 여성들과 함께 다녔다는 이유로 육군 항공대 보급 대대에 와서 난동을 부린 일이 있었다. 흑인 병사들은 병기와 트럭을 탈취해 반란을 일으켰고, 이를 진압하던 헌병 1명이 사망하고 말았다.

콘월주에 있는 그림 같은 마을 론서스턴의 한 술집에 흑인 병사들이 들어와 백인 전용석에 앉아서 술을 달라고 했다. 그러나 주인은 술을 주지 않았고, 흑인 병사들은 술집을 조용히 떠났다. 잠시 후 그 흑인 병사들은 소총, 기관총, 총검을 들고 술집으로 다시 돌아왔다. 헌병이 와서 해산하라고 명령하자 흑인들은 해산하는 대신 사격을 가해 결국 헌병 2명이 중상을 입었다.

휴가 나온 흑인과 백인 병사 사이에서 일어난 다툼은 이 밖에도 많았다. 결국 육군 항공대 지휘관들은 작은 마을에 있는 부대에는 아이젠하워가 제안한 교대 외출제를 적용하기로 결정하고 백인과 흑인의 외출 일을 겹치지 않게 조정했다. 큰 마을의 경우는 인종별 전용 술집과 댄스홀을 지정해 정해진 곳에만 갈 수 있도록 했다. 그리고 다수의 헌병을 투입해 인종 분리 정책을 폈고, 1943년 하반기, 다수의 흑인과 백인이 서로 가까운 곳에 주둔하는 곳이면 어디든 사실상의 '짐 크로우 정책Jim Crow policy*'이 적용되었다.

짐 크로우 정책이 가장 엄격하게 적용된 지역은 이스트앵글리아였다. 이곳에서 흑인들은 트럭 운전병, 무장사 등 폭격기를 운용하는 데 필수적으로 필요한 업무를 하고 있었지만, 폭격기 기지 근처의 분리된 시설에 주둔해야 했다. 그러나 백인이든 흑인이든 이들이 휴가 때 찾아갈 수 있는

＊ 1876년부터 1965년까지 미국의 일부 주에서 시행된 정책으로 학교, 공공장소, 대중교통 등에서 인종 간 분리를 강제하였다.

곳은 입스위치 같은 큰 도시였다. 이 도시에는 술집이 150여 곳 있었는데, 흑인들은 수가 더 적었으므로 그들에게는 입스위치에서는 술집 여덟 곳, 댄스홀 한 곳, 적십자사 흑인 전용 클럽 한 곳이 배정되었다. 이스트앵글리아에 있는 '비둘기'를 뜻하는 도브강이 흑인 구역과 백인 구역을 나누는 경계선이 되었다. 그 용도와 참 어울리지 않는 이름이었다. 흑인 병사들은 강 동쪽에 있는 마을과 도시에는 들어갈 수 없었다. 만약 여기 들어갔다가 적발되면 헌병에게 체포되었다.

스팀슨 육군 장관의 흑인 보좌관 트루먼 K. 깁슨Truman K. Gibson은 육군 차관 존 J. 맥클로이John J. McCloy에게 탄원서를 써 보냈다. 이 탄원서에서 그는 분개한 어조로, 미국 남부식 인종 분리 정책을 영국에까지 수출하는 데 대해 강하게 비판했다. 그러나 깁슨의 주장에 공감한 사람은 없었다. 인종 분리 정책은 종전 시까지 흑백 인종 간 평화를 위한다는 명목으로 계속 유지되었다.

영국 여자를 놓고 흑인과 경쟁하고 싶지 않았던 백인 장병들은 비록 자유가 제한되었지만, 교대 외출제를 지지했다. 그런데 교대 외출제는 한 가지 부작용도 낳았다. 영국 여자를 사귀고 있던 백인 장병들은 자신의 애인이 흑인 장병 외출 일에 흑인과 바람을 피우지 않을까 전전긍긍해야 했던 것이다.

MASTERS OF THE

제9장

전환점

AIR

"자유를 갈망한다면,
스스로를 지키기 위해 사용할 수 있는 모든 수단을 다 사용해야 한다."
- 헤로도토스Herodotus, 그리스의 역사가

1943년 10월 말, 영국

제381폭격비행전대의 항법사 데이비드 매카시David McCarthy가 런던에서 화려한 휴가를 마치고 리지웰 기지로 돌아왔을 때, 그달 초 슈바인푸르트 임무로 입은 피해를 보충할 수 있는 새 항공기와 보충병 들이 도착하기 시작했다.

"보충병들의 생기 넘치는 모습을 보자 부대의 사기는 올라갔습니다. 그래도 막대한 피해를 입은 고참병들의 피로와 우울감 그리고 심리적 탈진과 두려움은 형언할 수 없을 정도였습니다."

10월에 입은 막대한 손실의 여파는 멀리까지 갔다. 뉴욕주 레이크 조지에 살고 있는 매카시의 아내는 제381폭격비행전대가 영국으로 떠난 뒤 부대원들의 가족들과 편지를 주고받았는데, 10월 중순이 되자 그녀에게 엄청나게 많은 편지와 전보, 전화가 쏟아지기 시작했다. 제8공군의 슈바인푸르트 공습 소식을 접하고 걱정된 부대원들의 가족들이 그녀가 어떤 소식을 듣지는 않았는지 알고 싶어 연락들을 한 것이었다. 이 공습에서 전사한 장병들의 명단이 아직 신문에 실리지 않은 상황이었다. 이 사실을 매카시는 나중에 알았다.

"혼란과 불안에 빠진 가족들이 전쟁터로 나간 장병들의 소식을 알려달라고 요구했어요. 그런 요구가 너무 많아서 아내는 겁에 질릴 정도였어요. 장인어른은 아내에게 전화를 받지 못하게 하고, 집 밖으로도 나가지 못하게 할 정도였죠."

제8공군의 승무원들에게 1943년 11월 1일은 중요한 날이었다. 매카시가 '죽음의 달'이라고까지 부른 1943년의 검은 10월이 끝났기 때문이다. 다들 11월이 되면 더 나아질 거라는 희망을 품었다.

맹목폭격

11월의 첫 임무는 3일 개시한 빌헬름스하펜 공습으로, 검은 목요일 이후 제8공군의 첫 대규모 작전이었다. 표적은 익숙한 것이었고, 아군 호위 전투기의 전투 행동반경 내에 있었다. 적의 저항도 미미했다. 새로운 기종의 '작은 친구들'과 함께했을 뿐 아니라, 불과 한 달 전까지만 하더라도 출격조차 불가능하다고 여길 정도로 구름층이 두꺼웠음에도 불구하고 수행한 획기적인 임무였다. 이날부터 미군의 전략폭격은 혁신적으로 바뀌게 된다.

아침 브리핑에서 장교 승무원들은 이날부터 호위 전투기는 록히드사에서 만든 P-38 라이트닝이라는 사실을 알게 되었다. 이 기종은 이미 1년 전에 제8공군에 배치되어 있었으나, 그 실용성을 입증해 보이기 전에 지중해 전역에 투입되었다. 이 기종은 고공에서 신뢰할 수 없는 것으로 유명했다. 감각이 마비될 정도의 저온에서는 엔진이 제 성능을 발휘할 수 없었던 것이다. 그러나 빠른 속도와 강력한 무장은 물론, 항속거리도 P-47보다 좀 더 길어서 폭격기를 더 오래 호위할 수 있었다. 그날 아침 비행 대기선에서 존 커머 승무조의 조종사는 기관총 사수들에게 그 해안에서 P-38 50대와 상봉하게 된다는 정보를 전달했다. 그 말에 사수들은 기뻐하며 함성을 질렀다. 사수들은 그들이 검은 목요일에 로켓탄으로 미군 폭격기들을 학살한 독일 전투기들을 물리칠 거라고 믿었다. 빌헬름스하펜 상공에는 Ju 88이 1대도 보이지 않다가 귀환 길에 나타났지만, 그마저도 P-38에게 학살당했다.

사실 독일은 P-38보다 그날 투입된 폭격기의 규모를 더 신경 쓰고 있었다. 그날 전투에 미군은 중폭격기 566대, 호위 전투기 378대를 투입하며 미 육군 항공대의 가공할 만한 회복력을 증명했다. 독일 공군 지휘관들에게 이와 비슷한 충격을 안겨준 게 또 있는데, 그것은 바로 대형 보조 연료 탱크를 장착한 P-47의 등장이었다. 이제 이 기체는 갈란트의 전투기들이 지상에 발이 묶여 있어야 하는 악천후에도 네덜란드를 횡단해 독일 본토까지 들어갈 수 있게 되었다.

독일 공군은 구름 많은 날에는 기지에서 이륙도 하지 못하던 미 제8공군이 독일 본토로 비행기를 출격시키는 것을 보고 놀랐다. 편대의 선도기들은 기수 하부 기관총탑 바로 뒤에 큰 반구형의 장비를 달고 있었다. 이것은 그 후 오랫동안 독일 공군을 골치 아프게 한 장비로, 그 안에는 신형 공대지 레이더 H2X의 안테나가 들어 있었다. 기체 내에 수납할 수 있는 이 H2X의 암호명은 '미키 마우스'였다. 이것은 1940년 영국이 구름 위에서도 지상 표적을 발견하기 위해 개발한 H2S 장비의 미국 버전이었다.

'패스파인더Pathfinder'라 불린 제482폭격비행전대는 그해 8월 헌팅던셔 알콘베리Alconbury에서 창설되어 바로 다음 달부터 첫 임무를 수행했다. 9월 27일 제8공군의 독일 항구도시 엠덴 폭격을 유도하기 위해 4대의 선도 폭격기에 H2S를 장착했다. 빌헬름스하펜 폭격은 H2X의 데뷔 무대였다.

이 시스템은 그리 정교한 편은 아니었다. 폭격기 하부에 설치된 회전식 안테나에서 아래쪽으로 고주파를 방출하여 지면을 스캔하는 것이다. 안테나가 반사파를 수신하면 간단한 지도 모양의 영상을 음극선관 또는 오실로스코프oscilloscope에 출력하는데, 수면은 어둡게, 지면은 밝게 보이고, 도시는 더욱 밝게 빛이 난다. 단, 당시의 레이더는 공장이나 조차장 같은 작은 표적을 분간할 능력은 없었다. 표적을 발견하면 선도 폭격기는 후속 폭격기 대열을 위해 조명탄을 투하한다. 어느 항법사는 그 절차를 회상하면서 이런 말을 했다.

"표적 상공에 있을 때면 모두의 시선이 '미키' 탑재기로 향했습니다. '미키' 탑재기에서 폭탄을 투하하면 나머지 항공기들도 일제히 폭탄을 투하했죠."

11월 3일 폭격은 아주 정밀했다고 볼 수는 없었다. 폭탄 대부분이 항구를 벗어나 도심지에 떨어졌기 때문이다. 그러나 기존 방식에 비하면 정확도가 높았기 때문에 육군 항공대는 레이더 장비에 더 많은 투자를 하게 된다. 특히 유럽 남부에도 미 전략 항공부대인 제15공군의 중폭격기들이 배치되면서 제8공군과 마찬가지로 악천후에 대비해야 했다.

북유럽의 기후야말로 햅 아놀드가 그해 10월 튀니지에 또 다른 중폭격기 부대를 배치한 주요한 원인이었다. 이 부대의 지휘관은 지미 둘리틀 장군이었다. 다음 달 제15공군은 최근 점령한 이탈리아 남부의 포자 평원에 있는 기지로 옮겨갔다. 이 기지에서 출격하면 제8공군이 타격할 수 없었던 독일 남부와 동부를 타격할 수 있었지만, 알프스 상공의 악천후와 제15공군기지 주변의 험한 산세 때문에 제15공군은 제8공군보다 규모는 작은데도 불구하고 작전 불능 일수는 더 많았다.

레이더 폭격은 유럽의 긴 겨울 동안 적을 압박하는 수단이 되었다. 겨울철 독일은 미군 폭격기들을 막는 데 공군력보다 날씨, 즉 겨울철 내내 드리워진 구름층에 더 의존하고 있었다. 겨울에는 독일에 육안 조준 폭격을 할 수 있는 날이 한 달에 2~3일에 불과했다. 1943년에서 1944년으로 넘어가는 겨울, 패스파인더 선도 폭격기들은 48회의 공습을 유도했다. 특히 제8공군은 1943년 11월, 12월에 독일 본토를 공습할 때는 꼭 선도 폭격기를 사용했다. 레이더 폭격은 초기에는 실험 목적이 강했지만, 나중에는 일상적인 절차가 되었다. 전쟁 기간을 통틀어 제8공군 중폭격기들이 표적을 육안 조준 폭격한 사례는 전체 임무의 50퍼센트 정도에 불과했고, 1943년과 1944년 사이의 겨울에는 10퍼센트로 떨어졌다.

그 외에도 레이더 폭격은 두 가지 장점이 있었다. 제8공군 폭격기들이 구름 위에서 폭격할 수 있게 되면서 적의 대공포와 전투기에 의한 피해가 줄어들었다. 또 출격할 때 기상이 안 좋았더라도 몇 시간 후에 표적 상공에 가면 날씨가 개는 경우가 있었는데, 이때는 더욱 정확한 폭격이 가능했다.

그러나 레이더 폭격은 사실상 지역폭격이었고, 정밀폭격은 할 수 없었다. 이는 분명 육군 항공대의 교리에 어긋났다. 그러나 악천후 시 레이더 폭격 말고는 달리 방법이 없었다. 그리고 적을 박살내는 데 모든 것을 건 육군 항공대 지휘관들은 표적 상공에 구름이 좀 끼었다고 폭격을 포기하는 것을 용납할 수 없었다. 전쟁 기간 동안 미군의 전략폭격 작전 속도가 크게 빨라진 요인이 두 가지 있는데, 폭격기와 승무원이 엄청나게 늘어난 것과 H2X가 대량 보급된 것이었다.

폭격기 승무원들은 레이더 폭격을 '맹목폭격'이라고 불렀다. 그러나 본토의 국민 여론에 민감했던 햅 아놀드는 이커와 휘하의 참모진에게 '구름 위 폭격', '항법 장비를 사용한 폭격' 등 완곡하고도 기술적으로 더 정확한 표현을 쓰라고 지시했다. 이름이야 어찌되었든 레이더 폭격은 제8공군이 정밀폭격만으로는 항공전에서 승리할 수 없다고 자인한 것과 다름없었다. 전쟁 전 만들어진 정밀폭격 교리 중 또 하나의 기둥이 무너지는 순간이었다.

물과 가까운 표적은 레이더에 더 잘 잡혔다. 따라서 제8공군은 1943년 하반기 독일 본토 폭격 임무를 주로 엠덴, 킬, 브레멘 등의 항구도시에 집중적으로 실시했다. 이 중에는 '포인트 블랭크' 공세 때처럼 최우선 순위 표적은 하나도 없었다. 그리고 그밖에 프랑스나 노르웨이를 폭격했다. 이런 소극적인 작전을 펼친 덕분에 일부 역사가들은 제8공군이 제2차 슈바인푸르트 공습 이후 수 개월간 패배에 가까운 타격에서 헤어나지 못했다고 보기도 했다. 물론 제8공군이 막대한 타격을 입은 것은 사실이었다. 그러나 패배에 가깝다는 말도 사실이 아니었다.

그해 겨울, 독일 공군 지휘관들은 미군의 실체에 대해 전후의 역사가들보다 더 정확하게 알고 있었다. 미군의 공습 규모는 시간이 갈수록 커져만 갔다. 심지어 슈바인푸르트 공습의 2배에 달하는 작전도 있었다. 이러한 현실을 가장 걱정한 인물은 전투기 총사령관 아돌프 갈란트로, 미군 호위 전투기들이 격렬한 공중전에서 독일 전투기에 비해 우세한 성능을 보이기 시작했던 것이었다. 갈란트의 전투기 부대는 악천후뿐 아니라 숙련된 조종사 손실이라는 문제를 안고 있었다. 격추 대수 1위에서 12위까지의 에이스 조종사가 무려 1,000여 대의 연합군 항공기를 격추하고 있었던 것이다. 독일의 군수생산 역량은 크게 증가했지만, 독일 공군의 단발 전투기 전력은 1943년 4분기 동안 105대가 줄어들었다. 이는 훈련과 전투 중에 발생한 조종사와 항공기 손실이 그만큼 컸기 때문이었다. 역사학자 윌리엄슨 머리가 지적했듯이 1944년 늦봄, 독일 전투기 부대가 궁극적으로 패배한 이유는 그 이전의 소모율 맥락을 알아야 이해할 수 있다.

1943년 11월 초, 허버트 쳄케의 제56전투비행전대 '울프팩'은 통산

100대째 격추를 달성했다. 당시 제8공군의 모든 P-47 비행전대는 독일 Bf 109(Me 109), FW 190과의 격추 교환비가 3:1로 앞서고 있었다. 1943년 말, 갈란트는 프랑스 북부와 저지대 국가에 배치되어 있는 전투기 부대를 라인강 너머로 후퇴시킬 수밖에 없었다. 거기서 미군 호위 전투기가 폭격기를 떠날 때를 기다렸다가 폭격기만 남았을 때 공격했다. 그러나 이 심층 방어 전략을 채택하면서 갈란트는 유럽 대륙 상륙작전 시 영불해협 상공에서 독일 전투기를 제거하고 싶었던 영국의 연합군 군사 전략가들의 손에 놀아나게 된다.

독일 공군은 검은 10월 한 달 동안은 연합군에 승리했지만, 그것은 '피로스의 승리Pyrrhic victory'처럼 상처뿐인 승리였다. 전투기는 활발히 생산되고 있었지만, 그것을 제대로 다룰 수 있는 숙련된 조종사는 크게 줄어들었다. 미군은 패배했지만, 그로 인해 더 많은 조종사와 승무원이 동원되어 루프트바페를 휩쓸어버리기에 충분했다. 미군은 마치 한니발에게 굴욕적인 패배를 당했지만 다시 회복에 성공한 고대 로마군처럼 검은 10월로부터 놀랍도록 빠르게 회복했다. 독일은 이제 자신의 적이 기술적으로든 정신적으로든 우위에 있다는 것을 인정하지 않을 수 없었다.

개전 당시 독일의 공군은 세계 최강이었고, 독일의 산업 규모는 세계 2위였다. 특히 1939년에 독일 항공 산업은 가히 세계 최고 수준이었다. 엄청난 창의성을 지닌 항공 엔지니어들이 항공기 설계 사무소를 이끌고 있었고, 공장에서는 고도로 숙련된 노동자들이 항공기를 생산하고 있었다. 그러나 연합군이 독일 항공기 공장에 대규모 공습을 가하기 전에 이미 독일 항공 산업은 세 가지 이유로 그 잠재력을 온전히 발휘할 수 없었다.

첫 번째 이유는, 나치 정권의 무능한 고위 관료들의 총체적인 관리 부실이었다. 그런 고위 관료 중에서 가장 무능한 자는 제1차 세계대전 시절 괴링의 동료로 1936년 독일 공군 기술국장으로 임명된 에른스트 우데트 Ernst Udet 상급대장이었다. 두 번째 이유는, 최고 의사 결정권자들의 군사 전략 안목이 너무 낮다는 것이다. 세 번째 이유는, 국가적 기풍으로 인해 대량 생산보다는 장인 정신을 더 중시한다는 것이었다.

역사학자 제임스 S. 코럼James S. Corum은 다음과 같은 글을 남겼다.

"독일 항공기와 엔진 산업은 장기간에 걸친 총력전을 감당할 만한 구조가 아니었다. 전쟁 전 독일의 최신 항공기 공장은 규모 면에서 영국이나 미국의 항공기 공장보다 작았다. 물론 소규모 공장이 많다 보니 대규모 전략폭격에 그만큼 덜 취약했던 건 사실이지만, 독일 공군이 가장 효율 높은 대량 생산 방식을 이용할 수 없게 했다는 단점이 있었다."

독일 항공 산업은 총통과 그 주변인들의 근시안적인 전략적 결정, 그리고 나치의 오만한 낙관주의적 사고에서 비롯된 군대 운영으로 인해 어려움을 겪었다. 독일은 개전 후 불과 1년 만에 전광석화 같은 속도로 폴란드, 저지대 국가, 프랑스를 이겼고, 1941년 여름에는 소련을 상대로 눈부신 전적을 올렸다. 그러나 히틀러는 총력전을 벌일 만큼 빠르게 독일 경제를 동원하는 데 실패했다. 그는 그해 말이면 소련을 정복할 수 있을 거라 믿었고, 영국이 어떻게든 버티고 미국이 참전한다 해도 독일에게는 새로 얻은 광대한 소련 영토에서 나오는 막대한 자원을 조직해 활용할 충분한 시간이 있을 거라고 생각했다. 그러나 히틀러도, 괴링도 독일의 주적인 영국, 소련, 미국의 잠재력을 제대로 평가하지 못했다.

1943년 1월, 스탈린그라드에서 독일군이 패배하고 나서야 히틀러는 총 동원령을 발령했지만, 때는 이미 너무 늦었다. 우데트가 1941년 자살한 직후 그의 후임 기술국장으로 에르하르트 밀히가 취임하면서 독일 항공기 생산량은 약 300퍼센트나 증대되었다. 그러나 이것만으로는 일선에서의 막대한 손실, 그리고 연합국의 막대한 생산량을 따라잡을 수는 없었다. 1944년, 독일 항공 산업계가 생산한 항공기는 4만 대였으나, 같은 해 미국이 생산한 항공기는 9만 6,000대였다. 그리고 연합국의 총 항공기 생산량은 독일보다 400퍼센트나 많았다.

레이더 폭격은 미국의 결의를 다지는 또 다른 신호였으며, 윤리적 문제 따위에 구애받지 않고 철저하게 군사적 필요에 따라 전쟁에 임하고자 하는 의지의 발현이었다. 이는 독일에 던진 섬멸전에 관한 미국의 첫 경고였다. 레이더 폭격은 덜 정확했지만, 대신 독일 방공 전투기 부대에 지속적인 압박을 가했다. 전후 칼 스파츠는 이런 말을 했다.

"우리 군이 기상과 상관없이 비행하며 레이더 조준기 H2X로 폭격을 하자 … 독일 전투기는 그만큼 높은 고도까지 올라와 맞서 싸워야 했습니다. 그런 조건이라면 독일 공군은 공중전을 치룰 때뿐만 아니라 착륙하는 과정에서도 추락 등의 큰 작전상의 손실을 감내할 수밖에 없을 것이라고 생각했습니다."

그의 예측은 정확했다.

1943년 하반기 갈란트는 독일군 최고사령부에 다음과 같이 보고했다.

"우리 군의 전투기에는 맹목비행용 장비도, 조종실 방빙防氷 장치도, 항법 및 자동조종용 안전 장비도 없습니다. 대부분의 조종사는 계기비행 방법은 물론, 악천후 시의 착륙 요령도 잘 모릅니다."

편대장급 정도가 악천후 속에서 비행할 수 있을지 모르지만, 구름 위로 올라가서 편대를 재집결시키는 것은 당시 독일 여건에서는 거의 불가능했다. 그 결과 독일 전투기들의 공격은 분산되어 효과가 떨어질 수밖에 없었다. 갈란트는 후일 이렇게 기록했다.

"꽁꽁 얼어붙은 조종실에 앉아 자신의 위치조차 제대로 파악하지 못한 수많은 독일 조종사들은 미군 썬더볼트의 먹잇감으로 전락했다. 이 시기 발생한 엄청난 손실은 상당수가 악천후 때문이었다."

겨울철의 기후는 양쪽 모두에게 가혹했다. 난방 상태가 열악한 조종실에 앉아 고공 출격을 하고 돌아온 미국 전투 조종사들은 몸이 꽁꽁 얼고 체력은 고갈되어, 의무대원들의 도움 없이는 항공기에서 내릴 수 없을 지경이었다. 항공기 캐노피에도 얼음이 무려 2인치(5센티미터) 두께로 얼어붙어, 안전사고의 원인이 되었다. 승무원들의 용변 처리도 문제였다. 4발 중폭격기의 화장실 시설은 2개로, 대변 처리용 깡통과 소변 처리용 배뇨관이 있었다. 이 중 깡통은 항공기 후방 동체와 후미 사이에 있었지만, 잭 노비가 지적했듯이 고공의 영하에서 용변을 보려고 엉덩이를 갖다 댔다가는 엉덩이 가죽이 벗겨지기 십상이었다. 그래서 차라리 아무 데나 대변을 본 후 항공기 밖으로 던져 버리는 게 훨씬 나았다.

폭탄창 내에 설치된 배뇨관은 깔때기가 달린 긴 고무호스를 통해 항공기 기체 하부와 연결되어 있었다.

"배뇨관을 쓰려면 양 옆에 폭탄이 잔뜩 매달려 있는 폭탄창 한가운데 있는 좁은 통로로 가야 해요. 그 다음 지퍼를 내리고, 엄청 추운 데서 고추를 내밀고, 깔때기에 정확하게 조준한 다음 오줌을 싸야 돼요. 하지만 먼저 사용한 사람이 있다면, 그 사람의 오줌이 얼어서 배뇨관을 막아 버리죠. 거기다 또 오줌을 누면 영락없이 자기 얼굴로 튀게 됩니다."

그래서 승무원들은 아무 데나 소변을 누는 것을 선호했다. 그러나 전투 중에는 그마저도 사치로, 옷 입은 채 싸서 말리는 수밖에는 없었다.

구름 위 기온은 화씨 영하 60도(섭씨 영하 51도)에 달한다. 햇빛이 강하게 비추고 있어도 전혀 따뜻하지 않다. 항법사 엘머 벤디너의 마지막 출격은 1943년 11월 29일이었다. 그날도 고공은 엄청 추웠다. 캐노피 안쪽에는 성에가 두껍게 끼었고, 손으로는 도저히 그것들을 제거하기 힘들었다. 독일 전투기와 미군의 호위 전투기를 식별하기 어려울 정도로 사방에 적기가 가득했다. 1대의 Fw 190기가 편대 정면에서 날아들었지만, 어느 폭격기에서도 그 적기에 사격을 가하지 않았다. B-17 편대의 모든 전방 기관총이 얼어붙어서 사용 불능 상태였기 때문이다. 그런데 벤디너의 동료 승무원들은 독일기에서도 사격을 가하지 않는다는 것을 알아챘다. 독일기는 단 1발도 사격을 가하지 않은 채 미군 폭격기를 지나쳤다. 독일기는 다시 미군 폭격기 편대로 다가오며 날개를 흔들어 보였다.

"지독한 추위 때문에 양군이 임시 휴전을 한 격이었어요."

한 여자의 남편이자, 한 아이의 아버지, 그리고 히틀러를 증오하는 사나이 벤디너는 그날 마지막 임무를 무사히 마치고 아내와 갓 태어난 아이가 기다리는 집으로 돌아갔다.

'착빙着氷'이라는 방심할 수 없는 위험에 맞서는 훈련을 제대로 받은 승무원은 얼마 되지 않았다. 높은 습도와 영하의 기온이라는 위험한 조합으로 인해 폭격기 기체는 얼음이 엄청나게 빨리 얼어붙는다. 어느 조종사는 당시의 상황을 이렇게 묘사했다.

"갑자기 항공기가 너무 무거워져서 조종하기가 힘들 정도였다. 착빙을 해결할 방법은 없었다."

연료와 폭탄을 버릴 수도 없고, 착빙으로 인해 무게가 더해지면서 항공기가 격렬하게 회전하기 시작한다. 얼음으로 꽉 찬 구름을 뚫고 폭격할 때 유일한 위안은, 위험하리만치 많은 적의 전투기도 거기까지는 올라올 수 없다는 사실뿐이었다. 어느 폭격기 조종사는 어머니에게 이런 편지를 써 보냈다.

"미국 같으면 모든 항공기에 비행 금지 조치가 내려질 만한 기상 조건에서도 비행을 해요."

전열 비행복은 고장이 너무 잘 나서 사용하지 않는 승무원이 많았다. 대신 일반 의복을 더 끼어 입었다. 추위는 그야말로 통증처럼 강하게 파고들기 때문에 일부 승무원들은 해괴한 방법으로 예방책을 강구하기도 했다. 항법사이자 소설가인 샘 핼퍼트Sam Halpert는 소변을 보고 싶을 때마다 추위를 피해 성기를 쉽게 꺼내기 위해 성기에 끈을 칭칭 동여맨 적이 있다고 말했다.

후방 측면 기관총 사수들은 일단 실크 장갑을 낀 다음 그 위에 더 두꺼운 장갑을 껴서 동상에 걸릴 확률을 줄였다. 그러나 뻥 뚫린 총안구를 통해 무섭게 들이치는 찬바람 때문에 얼굴에 걸리는 동상은 막을 길이 없었다. 이 문제는 1944년 초, 총안구를 플렉시글라스로 된 창문으로 막은 폭격기가 배치되고 나서야 해결되었는데, 그때까지는 입원 환자 중 전투로 부상을 입은 환자보다 동상 환자가 더 많았다.

독일의 대공포와 기관포 사격으로 인한 사상자는 방탄복이 보급되면서 줄어들었다. 승무원들은 이 방탄복을 '플래크 수트flak suits'라고 불렀다. 이 방탄복은 여러 장의 망간 강판을 겹겹이 겹친 다음, 캔버스 천으로 외피를 덮어 만들었다. 또 같은 방식으로 만든 방탄 앞치마를 방탄복과 연결해 성기와 허벅지를 보호했다. 이 방탄복 한 벌의 무게는 22.5파운드(10.1킬로그램)나 됐다. 매우 거추장스럽기는 하지만, 비상시에는 해체용 끈을 당기면 쉽게 벗을 수 있었다.

이 방탄복을 개발한 사람은 제8공군 수석 군의관 맬컴 그로우 대령이었다. 중앙 의료 기구의 연구에 따르면, 전투 부상의 80퍼센트는 대공포탄과 기관포탄, 기관총탄 등에서 튕겨져 나온 파편에 의해 발생했다. 이에 그로우 박사는 런던의 윌킨슨 소드Wilkinson Sword사와 협업하여 이 방탄복을 개발했고, 디자인은 메트로폴리탄 미술관의 갑옷 전문가들이 했다. 이 방탄복은 이어폰 수납용 귀마개가 딸린 강철제 헬멧과 함께 착용하게 돼 있었다. 당시 《뉴욕타임스》는 이와 관련된 기사를 실었다.

"1772년부터 검 제조를 전문으로 하는 런던의 윌킨슨 소드사는 현재 자사의 제품보다 더 유용한 물건을 만들고 있다. 그것은 미국 군용기 승무원들을 위한 갑옷이다. … 역사는 돌고 돌듯이 아서왕의 나라에서 우리 미국의 전사들은 중세식 갑옷을 입고 싸우게 되었다."

1943년 12월까지 영국 주둔 미군 폭격기 기지에 인도된 방탄복은 1만 3,000여 벌에 달한다. 이 방탄복은 기관총탄과 대공포탄의 파편을 막아주는 효과가 뛰어났다. 방탄복을 착용한 병사의 사상자 비율은 방탄복을 입지 않은 병사에 비해 58퍼센트나 낮았다. 그러나 방탄복을 입더라도 적의 기관포탄이나 대공포탄이 직격하면 여전히 즉사했다. 그리고 방탄복이 가려주지 못하는 곳에 맞을 경우에도 중상 내지는 사망을 각오해야 했다.

포레스트 보슬러

뉴욕주 리보니아 출신으로, 입대 전 드릴 프레스를 조작했던 통신수 포레스트 '우디' 보슬러Forrest 'Woody' Vosler는 1943년 12월 13일 브레멘을 폭격하고 돌아오던 중 어떤 승무원도 보호받지 못하는 부위에 맞았다. 그가 탑승한 항공기는 제303폭격비행전대의 저지 바운스 주니어Jersey Bounce Jr.호였다. 그 항공기는 엔진 2개가 꺼졌고, 떼로 몰려오는 독일 전투기들로부터 계속 공격당하고 있었다. 적기의 사격에 후미 기관총 사수 조지 버스크George Buske가 직격탄을 맞았다. 보슬러는 통신실 탁자 언저리에 앉아 머리 위의 해치에 있는 기관총을 잡고 응사했다. 그러다가 갑자기 적의 기관포탄에 맞은 그의 기관총이 폭발했다. 그가 눈이 있어야 할 자리로 손을 뻗자, 축축하고 너덜너덜한 것이 만져졌다. 망막을 통해 피가 흘러내리는 것도 보였다. 그는 자신의 얼굴의 상당 부분이 날아가 버렸다는 것을 바로 알아챘다. 그는 후일 이렇게 회상했다.

"이제 곧 죽겠구나 싶었어요. 형언할 수 없는 엄청난 공포가 몰려왔죠. … 나는 이성을 잃고, 완전히 미쳐버렸어요."

그러나 그는 빠르게 평정심을 되찾았고, 곧 손을 내밀며 중얼거렸다.

"주여, 저를 거두소서. 저는 준비가 되었나이다."

북해 근처에 이르자 독일 전투기들은 사라졌다. 연료가 부족했기 때문에 조종사는 필요 없는 모든 것을 버리라고 지시했다. 보슬러는 꺼져 있던 무전기를 손의 촉감에 의지해 다시 켠 다음 기관총 사수들에게 다이얼을 비상 채널에 맞추라고 지시했다. 그 후 조난신호를 보내 바다에 있는 해상 구조대에게 저지 바운스 2세가 추락하고 있다고 알렸다. 그리고 나서 그는 의식을 잃었다.

그가 다시 깨어났을 때 그는 중대한 결심을 했다. 항공기의 고도는 계속 빠르게 낮아지고 있었고, 더 이상 버릴 게 없었다. 그는 기관총 사수들에게 자신을 낙하산 없이 비상 탈출구로 내던져 달라고 부탁했다. 그는 자신이 앞으로 큰 장애를 안고 살아가야 하며, 사람 구실을 제대로 할 수 없을 것이라고 확신해 그런 결정을 내렸던 것이다. 그러나 기관총 사수들은 그의 요구를 거부했다.

보슬러는 난타당한 항공기에 탄 채 북해에 비상 착수했다. 항공기관사 윌리엄 심킨스William Simkins는 이렇게 회상했다.

"항공기가 멈췄을 때 승무원 전원은 해치를 통해 밖으로 나가 날개 위로 올라갔어요. 나는 보슬러와 함께 오른쪽 날개 위로 갔고, 의식을 잃은 버스크를 기체 밖으로 끄집어냈어요. 우리는 그 친구를 날개 위에 눕힌 다음 구명정을 가지러 갔어요. 그런데 그 와중에 버스크가 미끄러져 바다로 떨어지려고 하는 거예요."

동체 위에 앉아 있던 보슬러의 두 눈에는 피가 잔뜩 고여 있었지만, 희미하게나마 사물의 형체를 식별할 수 있었다.

"나는 이대로 가면 버스크가 물속으로 빠질 거라는 걸 금방 알아챘어요. 조치를 취해야 했어요. 나는 펄쩍 뛰어 손을 뻗어 수직 꼬리날개 상단에서 통신실 우현 창문까지 이어지는 안테나선을 잡았어요. 그 안테나선이 끊어지지 않기를 기도하면서 물속으로 미끄러지는 버스크의 허리를 붙들었어요. 만약 안테나선이 끊어졌다면 버스크는 나와 함께 물속으로 가라앉았을 거예요."

잠시 후 그들은 노르웨이 트롤 어선에 의해 구조되었다. 그날 밤 우디 보슬러는 그레이트야머스 병원에서 끔찍한 고통을 겪었다. 그러나 이후 앤디 루니는 이렇게 기록했다.

"의사들은 보슬러의 오른쪽 눈 시력은 되살릴 수 있을 것으로 봤다. 보슬러는 자신이 받을 의회명예훈장을 알아볼 수 있게 될 것이다."

보슬러는 그날의 활약으로 의회명예훈장을 받았다.

1944년 8월, 프랭클린 루스벨트 대통령은 우디 보슬러를 백악관으로 불러 훈장 수여식을 열어 직접 보슬러의 가슴에 훈장을 달아 주었다. 보슬러의 왼쪽 눈은 수술로 제거됐고, 오른쪽 눈의 시력은 일부나마 회복되었다. 보슬러는 제303폭격비행전대에서 두 번째로 의회명예훈장을 받은 사람이었다. 제8공군에서 첫 번째로 의회명예훈장을 받은 잭 매티스는 1943년 3월 페게자크 상공에서 임무를 수행하던 중 전사하고 말았다.

보슬러의 승무원들이 구조된 지 2주 후, 제303폭격비행전대는 영국에서 두 번째 맞이하는 크리스마스를 기념하며 서로 축하했지만, 분위기는 우울하기 그지없었다. 대부분의 장병들은 더 행복했던 시절을 추억했다. 영국군 병사와 노동자 들이 고향에 쉽게 갈 수 있도록 기차에서 내리지 말아달라는 요청을 받은 적도 있었다. 어느 미군 병사는 이렇게 회고했다.

　"그건 타당한 요구였어요. 왜냐하면 우리는 영국에서 딱히 갈 곳이 없었으니까요."

　그래도 그 우울한 크리스마스에 몰워스를 위시한 영국 주둔 미군 항공기지의 미군들에게는 기뻐할 이유가 한 가지 있었다. 그것은 그들이 아직 살아 있다는 것이었다. 한 장병은 일기에 이렇게 적었다.

　"이제 부대에서 나를 모르는 사람은 없다. 그리고 나는 아직도 살아 있다."

둘리틀

　1944년 1월 5일, 제303폭격비행전대는 발트해 연안의 항구도시 킬로 날아갔다. 치열한 싸움과 엄청난 손실을 동반한, 전형적인 임무였다. 하지만 이 임무에도 특별한 부분은 있었다. 영국에서 제8공군을 창설했던 창설 요원들의 마지막 전투였던 것이다. 다음 날 아이라 C. 이커 장군은 지중해로 전속되어 지중해 전역에서 연합군 항공 작전을 지휘하게 되었다. 그가 떠난 자리에는 그의 오랜 전우 칼 스파츠가 임명되었다.

　스파츠는 이제 막 SHAEFSupreme Headquarters Allied Expeditionary Force, 연합군 원정군 최고사령부에서 아이젠하워의 부사령관으로 임명된 아서 테더 Arthur Tedder 경과 함께 아이젠하워 장군을 도와 노르망디상륙작전을 준비하기 위해 영국으로 돌아가고 있었다. 또한 스파츠는 새로운 상부조직 USSTAFUnited States Strategic Air Forces in Europe, 유럽 주둔 미국 전략공군의 지휘관으로 임명되어 제8공군, 제15공군의 작전을 감독하고 조정하게 될 예정이었다. 여러 측면에서 USSTAF는 제8공군을 재편한 조직이었다. 스파츠는 부시 파크에 있는 자신의 옛 사령부를 그냥 사용했고, 이커 휘하에서 폭격기 사령관을 역임했던 프레더릭 앤더슨 장군을 작전 사령관으로 임명했다. 공식적으로 제8공군 폭격기사령부는 해체되었으며, 영국 주둔 미군의 폭격 작전 통제권은 새로 임명된 제8공군 사령관인 제임스 H. 둘리틀 소장에게 집중되었다. 둘리틀 소장은 횃불 작전 중에는 아이젠하워 휘하에서 항공 지휘관을 역임했고, 그 후에는 새로 창설한 제15공군 사령관을 거쳤다. 둘리틀의 사령부는 1942년 2월, 이커가 영국에 도착했을 때 제8공군 폭격기사령부를 창설했던 하이 위컴에 있었다. 개편은 남태평양 전선에 있던 네이선 F. 트와이닝Nathan F. Twining 소장을 제15공군 사령관으로 임명하는 것으로 마무리되었다.

이커를 이임시킨다는 결정은 지난달 내려졌는데, 제8공군 사령관직을 유지하기 위해 이커는 아이젠하워와 마셜에게 탄원하는 등 백방으로 노력했다. 이커는 새로 임명된 보직이 영전이라는 말을 들었으나, 그는 오랜 친구이자 조언자, 공동 저자인 햅 아놀드에 의해 좌천된 것이라는 생각이 들었다. 그는 자존심을 꺾어가며 아놀드에게 다시 생각해 달라고 애원했다.

"저는 제8공군을 창설하고, 유럽 전역에서 중요한 임무를 수행했습니다. 제8공군의 전성기를 보지 못하고 가는 것은 너무나 마음이 아픕니다."

아놀드는 이커의 말에 다음과 같이 우회적으로 답했다.

"새 근무지로 가는 것을 축하하네."

아놀드가 압력을 넣기는 했지만, 최종 결정은 아이젠하워가 내렸다.

아이젠하워는 지중해에서 보병 지원을 위한 항공 작전을 함께 조율했던 스파츠가 런던에서 유럽 본토 침공에 필요한 항공 작전을 지원하기를 바랐다. 아이젠하워는 이커를 이임시킨 이유에 대해 마셜에게 이렇게 설명했다.

"이런 활동을 이해하는 사람은 많지 않지만, 이 일에는 뛰어난 식견과 노하우를 가진 인재가 필요합니다."

게다가 아이젠하워는 스파츠를 편안하게 생각했고, 스파츠 특유의 기질과 비꼬는 듯한 유머감각을 좋아했다. 스파츠에게 일을 어떻게 제대로 해내는지, 그 비결을 물었을 때 스파츠는 이렇게 대답했다.

"나는 좋은 위스키를 마시고, 다른 사람에게 제 일을 떠넘겨 버리면 됩니다."

그러나 아이젠하워는 스파츠가 부하들은 물론, 자기 자신에게도 가혹하게 채찍질을 하는 인물이라는 것을 알고 있었다. 또한 스파츠가 항공력만으로 독일을 패배시킬 수 있다고 믿고 있다는 사실도 알고 있었다. 1943년 11월, 스파츠는 루스벨트의 최측근 보좌관 해리 홉킨스를 만났는데, 그 자리에 있던 아이젠하워의 부관 해리 C. 부처Harry C. Butcher 대위는 당시 상황을 이렇게 기록했다. 그에 따르면 스파츠는 1944년 초, 봄이 되어 기상이 나아지면 나치 독일의 석유산업 시설에 제8공군과 제15공군이 연합해서 대규모 폭격 작전을 벌여야 한다고 주장했다. 그렇게 하면 독일의 전쟁 수행 능력을 마비시킬 수 있고, 오버로드 작전의 필요성도 없어진다고 했다. 그러나 스파츠는 독선적인 폭격기 해리스와는 달리 협조를 잘하는 인물이었기 때문에 아이젠하워는 스파츠가 연합군 지도부의 침공 계획을 전면적으로 지원해 줄 거라고 믿어 의심치 않았다. 무엇보다도 아이젠하워는 스파츠와 이커를 같은 전구에 두는 것은 재능 낭비라고 봤다.

이커는 스파츠에게 적의를 드러내지 않으나, 이 문제로 인해 그와 아놀드 사이의 우정은 깨지고 말았다. 이커는 아놀드가 자신을 밀어내기 위해 로비 활동을 적극적으로 한 사실을 알고 있었다. 아놀드는 악천후 시에도 대규모 작전을 더 자주 벌일 수 있고, 장거리 호위 전투기를 더욱 간절히 필요로 하는 좀 더 저돌적인 지휘관을 원했다. 아놀드가 특히 이커에게 화가 났던 것은 11월 한 달 동안 폭격기 500대 이상이 참가하는 대규모 작전을 두 번밖에 안 했다는 것이었다. 11월 4일 카이로에서 열린 합동참모 본부 회의에서 아놀드는 영국 공군 참모총장 찰스 포털을 비롯한 여러 사람에게 이커의 실적이 매우 실망스럽다고 밝혔다. 그는 참모들에게 이렇게 말했다.

"표적을 파괴하는 데 실패한 것은 적절한 수의 항공기와 적절한 양의 폭탄을 투하하지 않았기 때문입니다. 또한, 적절한 표적을 선정해 우선순위를 지키지 않았기 때문입니다."

이커와 가깝게 지내는 찰스 포털이 이커의 이임을 막아 보려 했으나, 아놀드는 이미 정해진 결정을 바꿀 방법은 없다고 이커에게 서면으로 통지했다.

1944년 2월 말 아놀드는 스파츠에게 보낸 비밀 서한에서 스파츠를 USSTAF 사령관으로 임명하는 또 다른 이유를 밝혔다.

"독일 패망 전에 미 육군 항공부대 사령관의 지위를 더 높여놓아야 할 필요가 있습니다. … 귀관이 영국의 아서 해리스와 같은 수준의 지위를 누리지 못한다면, 유럽 항공전의 승리는 영국 공군이 차지하게 될 것입니다. 이미 영국 공군은 매우 효율적으로 독일 도시를 박살내고 있고, 이를 본 대중은 영국 공군의 기여도를 매우 높게 평가하고 있습니다. 따라서 영국 공군의 활약에 비해 저조해 보이는 아군의 실적은 그 진가를 대중은 물론

군이나 대통령에게 제대로 알리기가 매우 어렵습니다. 항공전의 승리에 대한 우리 미군의 정당한 몫이라는 측면을 고려할 때 우리에게는 더욱 높은 지위의 사령관이 필요합니다."

즉, 해리스와 같은 권한을 가지고 오버로드 작전 기획에 개입할 수 있는 인물이 필요했던 것이다. 아놀드는 스파츠에게 전후 공군 독립에 대한 주장이 독일 패배에 미군의 폭격이 얼마나 결정적으로 기여하느냐에 달려 있다는 점을 다시 상기시킬 필요는 없었다.

이커는 이번 인사 조치로 인한 치욕감을 극복하지 못했다. 게다가 더욱 당황스러운 것은 이 소식을 아놀드의 친서가 아니라, 전보로 통보받았다는 점이었다. 그는 친구에게 이렇게 털어놓았다.

"월드 시리즈 경기에서 뛰고 있다가 갑자기 교체당한 투수가 된 기분이라네."

육군부 항공 차관보 로버트 러베트는 이커에게 이런 편지를 썼다.

"영전을 축하합니다. 그러나 당신의 자식인 제8공군은 구루병, 후두염, 홍역에 시달리다 겨우 강건한 젊은 전사로 성장했는데, 그 모습을 끝까지 보지 못하고 다른 곳으로 가는 것은 진심으로 애석하게 생각합니다."

둘리틀은 26개의 중폭격비행전대, 16개의 전투비행전대를 인수했다. 이 부대의 최대 전력은 중폭격기 600대와 승무원 6,000명으로, 1개 보병 연대보다도 많은 인원이었다. 그는 제15공군은 물론, 플로이에슈티 임무를 지휘한 루이스 브레리턴 장군 휘하 제9공군의 직접적인 지원을 받을 수 있었다. 주로 전투기와 중형 폭격기로 구성된 전술 항공부대인 제9공군은 지중해 전역에서 영국으로 이동해 향후 유럽 침공 시 미국 지상군을 지원할 예정이었다. 따라서 이들은 한동안 둘리틀 예하 중폭격기 호위 임무도 수행할 수 있었다. 이로써 둘리틀이 동원할 수 있는 기체는 대략 폭격기 1,300대, 전투기 1,200대에 달했다.

둘리틀의 부대는 세계 최대의 전투부대로 빠르게 성장하고 있었지만, 여러 문제에 시달리고 있었다. 우선, 날씨가 문제였다. 슈바인푸르트 작전 이후 제8공군은 악천후로 인해 장거리 침투 임무를 할 수 없었다.

전투 사상자도 위험할 정도로 많이 발생했다. 지난 6개월 동안 제8공군 승무원의 64퍼센트가 전사 또는 부상당했다. 육군 항공대 통계학자들은 승무원 중 26퍼센트만이 25회 임무를 무사히 완료할 수 있다고 스파츠에게 보고했다. 보충병들이 계획만큼 양성되지 않으면 위기가 찾아올 수도 있다. 스파츠와 둘리틀은 전투 사상자를 줄이는 게 아니라, 부대 전력을 크게 늘려 손실률을 낮추는 것으로 이 위기를 극복하고자 했다. 이것이 소모전의 비정한 논리다.

둘리틀과 스파츠에게는 시간도 그리 많지 않았다. 유럽 본토 침공 예정일은 5월 말이었지만, 그들은 3개월 후인 5월 1일까지 북유럽 상공의 제공권을 확보해야만 했다. 그날, 혹은 그 무렵이 되면 제8공군은 아이젠하워의 직속 부대로 전환되어 연합군의 유럽 상륙과 내륙 진격을 지원하는 데 총력을 기울여야 한다. 이는 어려운 과제였지만, 지미 둘리틀은 그것을 헤쳐 나가기 위해 온 힘을 기울였다. '하늘의 제왕'이라 불리는 전직 경주 조종사 출신인 그는 무모한 스턴트 비행은 물론, 항공공학에 관한 해박한 지식을 가지고 있는 것으로 유명했다. 두 대전 사이의 기간에 그는 항공전의 향방을 바꾼 두 가지 무기, 즉 고옥탄가 연료와 맹목비행을 위한 장비 개발에도 관여했다.

육군 항공국Army Air Service과 함께 성장한 둘리틀은 최고 속도와 항속 거리 신기록을 세워 독립된 공군 창설을 주장하는 빌리 미첼의 활동을 도왔다. 그는 군무에서 잠시 물러나 MIT에 입학했고, 미국 최초로 항공공학 박사 학위를 취득했다. 이후 자신의 혁신적인 아이디어를 하늘에서 시험하고, 항공의 지평을 넓혀 나갔다.

1929년에는 자신이 개발에 참여한 보조 장비를 사용해 세계 최초로 맹목착륙을 시도했다. 조종실 캐노피를 검은 천으로 가려 한밤중보다 더 깜깜하게 만든 상태에서 이륙해 계획된 항로를 비행한 다음 무사히 착륙하는 이 모든 과정을 성공적으로 마쳤다.

1930년대에는 예비역으로 전역한 다음, 셸석유회사에 입사해 자사에서 만든 항공 관련 제품을 시연하는 업무를 맡았다. 그는 찰스 린드버그 다음으로 미국에서 가장 유명한 스턴트 조종사로, 향후 제8공군에서 복무하게 될 수많은 소년들의 영웅이기도 했다.

1940년, 제2차 세계대전이 발발하자 둘리틀은 43세의 나이로 다시 현역으로 복귀했다. 그는 여러 자동차 회사를 찾아다니며 자동차 생산 시설을 군용기 생산 시설로 전환해 달라고 설득하는 업무를 맡았다. 2년 후, 햅 아놀드의 요청으로 그는 도쿄 공습을 지휘하게 됐고, 그 임무로 인해 그의 이름은 역사에 영원히 남게 됐다. 이제 47세가 된 지미 둘리틀은 5.3피트(162센티미터)의 키에 몸무게는 140파운드(63킬로그램)에 불과했지만, 매우 의욕이 넘치는 사나이였다. 그는 권투를 통해 뜨거운 성격을 다스리려고 했는데, 15세 때는 태평양 연안 지역에서 플라이웨이트급 권투 챔피언이 되기도 했다. 그는 자신의 두 아들에게도 직접 권투를 가르치면서 자기를 이기면 차를 사 주겠다고 약속했다. 그의 아들 존은 당시를 이렇게 회고했다.

"아버지와 마지막으로 권투를 했을 때 나는 코가 무너지고, 아버지는 치아 2개가 부러졌죠. 아버지는 그 게임을 내가 사실상 승리를 거뒀다고 하셨어요. 치료비를 아버지가 다 대야 했으니까요."

둘리틀은 사람을 다룰 때 저돌적으로 밀어붙이기보다 설득에 의존했다. 그와 함께 도쿄를 폭격한 어느 승무원과 조종사는 이렇게 말했다.

"누구나 2분 만에 그의 말을 듣게 됩니다."

"둘리틀은 위대한 지휘관입니다. 그는 강력한 지도자이면서 누구나 쉽게 다가갈 수 있는 인물로, 그 두 가지가 조화를 이루고 있기 때문입니다."

북아프리카의 부하들도 이와 같이 평가했다. 만약 그가 초특급 기밀 자료인 울트라에 접근할 권한과 노르망디상륙작전 정보를 알 수 있는 직책을 맡고 있지 않았다면, 그는 기꺼이 부하들과 함께 비행했을 것이다. 용기와 경험, 관리 능력, 공감 능력, 항공기와 악천후에 관한 지식, 전쟁 전 독일에서 독일 공군을 연구했던 경험 등은 그가 새로 맡은 임무를 수행하는 데 더없이 큰 자산이 되었다.

지미 둘리틀이 제8공군 사령관으로 취임한 후 내린 첫 결정은 항공전의 향방을 바꾸어 놓았다. 이커 사령관 시절 호위 전투기들은 적 전투기들이 공격해 올 때까지 폭격기에 밀착해 있어야 했는데, 둘리틀은 그러한 방침에 우려를 표했다.

"전투기는 적 전투기를 추격하기 위해 설계된 항공기입니다. 전투기 조종사는 천성적으로 불같은 사람이고, 저돌적으로 비행하도록 훈련받습니다. 당연히 전투기 역시 공세적으로 비행할 수 있도록 특별히 설계되었죠."

둘리틀은 적 전투기들이 아군 폭격기 근처에 도달하기 전에 호위 전투기들이 요격해야 하며, 동시에 귀환 시에는 적 전투기 기지나 수송대 같은 지상 표적에 기총 사격을 가해야 한다고 생각했다.

"나는 전투기 조종사들에게 달리는 것이든 날아다니는 것이든 독일의 전쟁을 돕는 모든 물체는 격파해 버리라고 지시했습니다."

스파츠는 독일 공군을 공중, 비행장, 항공기 공장에서 격파하는 것이 제8공군의 가장 중요한 임무라고 보고, 이에 전적으로 동의했다. 둘리틀은 호위 전투기가 폭격기에 묶여 있으면 독일의 주요 경제 표적을 타격해 독일 공군을 유인해낸다는 이커의 전술은 의미가 없다고 주장했다.

이러한 논의는 제8공군 전투기 사령관 윌리엄 케프너 장군의 집무실에서 이루어졌다. 케프너의 집무실 벽에는 다음과 같은 구호가 붙어 있었다.

"제8공군 전투기 부대의 지상 과제는 폭격기들의 무사 귀환이다."

둘리틀은 그걸 보고 케프너에게 물었다.

"저 구호는 누가 한 잠꼬대지?"

"제가 오기 전부터 붙어 있었습니다."

"저 구호 얼른 떼 버려. 그리고 새 구호를 붙이라고."

그가 붙이라고 한 새 구호는 다음과 같았다.

"제8공군 전투기 부대의 지상 과제는 독일 전투기 격추다."

그 말을 들은 케프너가 물었다.

"그러면 저에게 공세를 벌일 권한을 주시는 겁니까?"

"아니, 공세를 벌이라고 명령한 거야."

이커에게 이미 전투기 부대를 풀어달라고 요청했던 케프너는 의기양양해졌다. 특히 독일 공군기지에 있는 적 전투기를 찾아 격파한다는 둘리틀의 생각이 마음에 들었다. 둘리틀이 케프너의 집무실을 나가자마자, 휘하 지휘관들은 옛 구호를 바로 떼 버렸다.

훗날 아돌프 갈란트는 제8공군 전투기 부대가 공세에 나선 날이야말로 독일이 항공전에서 패배한 날이라고 밝힌 바가 있다. 바로 그 시점에 헤르만 괴링은 휘하 전투기 부대에게 미군 호위 전투기들과의 교전을 피하고 오직 폭격기에 집중 공격하라고 지시한 것이다. 갈란트는 훗날 이것이야말로 독일 항공전에서 가장 큰 전술적 오류였다고 덧붙였다. 이 지시로 인해 독일 전투 조종사는 미국 전투기에 대한 두려움을 갖게 되었고, 가급적 그들과의 교전을 피하게 되었다는 것이다.

케프너가 자신의 전투기 조종사들에게 이제부터 공세에 나선다고 말하자, 조종사들은 환호했다. 둘리틀은 이때를 다음과 같이 회상했다.

"그러나 내 방침이 폭격비행전대에 전해지자, 그곳의 지휘관들이 나에게 개별적으로 찾아와서 정중한 어조로 내게 살인자라고 비난했습니다. 새로운 방침에 따라 전투기가 폭격기에서 멀어지면 적이 폭격기를 전멸시킬 거라는 논리를 펴면서요. 그러나 막상 그 방침에 따르자, 우리는 공중 우세를 더욱 강하게 확보할 수 있게 되었습니다."

물론 그런 일이 순식간에 벌어진 것은 아니었다. 1944년 1월, 스파츠와 둘리틀은 영국 주둔 미군 항공 작전의 최고사령관이 되었지만, 전임자 이커와 마찬가지로 악천후에 발이 묶여 제8공군은 장거리 전략폭격을 실시할 수 없었다. 임무가 절망스러울 정도로 자주 취소되었고, 영국 전역에 악천후 때문에 추락한 폭격기 잔해가 널려 있었다.

승무원들에게도 힘든 시기였다. 리지웰에서 하늘이 흐릴 때 이륙했던 B-17 1대가 문제를 일으켜 추락했다. 그 폭발음은 수 마일 떨어진 곳까지도 들렸다. 군종 장교 브라운은 기괴한 자세로 시커멓게 타 버린 시신들을 항공기 잔해에서 수습하는 일을 도왔다. 그리고 이틀 후, 순직한 승무원들의 장례식을 집전했다. 장례식은 육군 항공대가 케임브리지대학교를 굽어보는 높은 언덕에 새로 마련한 메이딩리 군인 묘지에서 치러졌다. 아무런 장식이 없는 나무 관들 앞에서 브라운은 장례식에 참석한 전우들의 얼굴을 바라봤다. 그들은 이제까지 독일 상공에서 많은 전우를 잃었고, 이번에는 죽은 전우들이 차가운 땅에 묻히는 모습을 봐야 했다. 브라운은 훗날 이런 글을 남겼다.

"그들의 얼굴에서 '나도 저런 식으로 죽어서 이곳에 이렇게 묻히겠지'라는 생각을 읽을 수 있었다. 나는 갑자기 등골이 서늘해졌다."

쉽사리 동요하지 않는 칼 스파츠조차 점점 거세지는 압박에 초초해지기 시작했다. 둘리틀은 1월 초, 급변하는 영국의 날씨 때문에 표적으로 향하는 폭격기 편대를 중간에 복귀시킨 적이 두 번이나 있었다. 둘리틀은 구름이 잔뜩 낀 영국 날씨 때문에 폭격기들이 기지를 찾지 못할까 봐 걱정했다. 스파츠는 두 번째 임무를 취소한 직후, 영국 상공의 날씨가 갑자기 갠 것을 알고, 둘리틀을 질책했다.

"귀관은 대규모 항공부대를 이끌 배짱이 있는 거요, 없는 거요? 자신 없으면 당장 사임하시오. 나는 다른 사람을 임명해서 작전을 계속하겠소."

둘리틀은 '계산되지 않은 위험'에 부하들의 목숨을 걸 수는 없다고 항변했다. 그러자 스파츠는 손을 저으며 그에게 방에서 나가라고 했다.

두 번째 임무가 취소되고 며칠 후 두 사령관은 스파츠 전용 B-17 부츠Boots호에 탑승해 예하 기지들을 시찰하고 있었다. 그런데 마지막 기지로 가던 도중에 갑자기 구름이 짙게 몰려들어 조종사가 기지를 찾지 못했다. 그러다 구름 속에서 작은 구멍을 발견하고 그 속으로 들어가 농장과 마을 상공을 초저공으로 비행하다가 마침 착륙하기 좋은 목초지를 발견했다. 항공기는 목초지에 착륙하면서 돌담을 들이받기 직전에 겨우 멈춰 섰다. 얼굴이 잿빛으로 변한 스파츠가 항공기에서 내리면서 둘리틀에게 말했다.

"짐, 자네가 말했던 '계산되지 않은 위험'이 뭔지 알겠네."

머스탱

둘리틀이 취소한 두 번의 전투 임무 중 하나는 1월 11일에 잡혀 있었다. 이 임무에서 중간에 돌아온 항공기는 일부에 지나지 않았고, 표적까지 도달한 항공기들은 막대한 피해를 입었다. 그러나 얼핏 독일의 승리처럼 보였던 이 공습은 사실상 제8공군이 공중에서 우위를 차지하기 시작한 전환점이 돼 주었다.

오전 5시 30분, 존 커머의 막사에 불이 켜졌다. 깊은 잠에서 깨어난 커머는 그날 출격하는 기관총 사수 명단 읊는 소리를 들었다.

"카운스는 888호기, 발모어, 크로지어Crozier는 912호기를 탄다."

짐 카운스Jim Counce와 조지 발모어George Balmore는 커머의 오래된 친구였으나, 이번에는 그들과 함께 비행하지 못했다. 커머는 며칠 전에 25회 출격 임무를 마쳤고, 그날 아침 고향인 텍사스로 떠나게 되었다. 커머는 비행 대기선으로 가서 카운스와 발모어가 이륙하는 모습을 지켜봤다. 3명의 전우는 짧게 악수를 나누고 헤어졌다.

1시간 후 커머는 기차역에서 하늘을 향해 날아오르는 폭격기들을 봤다. 무수히 많은 B-17과 B-24가 낮고 두껍게 깔린 구름 속에서 편대를 구성하기 시작했다. 커머는 지금 비행 중인 동료들에게도 자기 처럼 집으로 돌아갈 날이 올지 궁금했다.

육군 항공대의 기상장교들은 이번 임무가 위험할 거라는 사실을 알고 있었다. 그들은 독일 중부 상공이 몇 시간 동안만 갤 거라고 예보했다. 제8공군은 이 짧은 틈을 이용해 포인트 블랭크 공세의 표적에 대해 최초로 전투기 호위가 붙은 장거리 돌파 임무를 수행해야 했다.

이번 임무에 나선 승무원 중에는 배싱본 기지 소속으로, 첫 출격에 나선 제91폭격비행전대 조종사 레스터 렌트미스터Lester Rentmeester도 있었다. 위스콘신주 그린베이 인근 농장에서 나고 자란 그는 위스콘신주립대학교 공대를 다니다가 육군 항공대에 입대했다. 그의 항공기 애칭은 갓 결혼한 아내의 이름을 따 지니 마리Jeannie Marie라고 정했다.

이번 임무의 표적은 브라운슈바이크, 할버슈타트, 오셔슬레벤 등 독일 중부 도시에 소재한 전투기 생산 공장이었다. 렌트미스터가 속한 제1항공사단의 표적은 오셔슬레벤으로, 독일 최대의 포케불프 생산 공장이었다. 임무 브리핑에서 승무원들은 표적이 베를린에서 불과 90마일(144킬로미터) 거리에 떨어져 있어서 적의 방어 태세도 매우 삼엄할 것이기 때문에 이번에는 대규모 호위 전투기가 동원될 것이라고 들었다. P-47과 P-38도 출격하지만, 표적 앞 50마일(80킬로미터)까지만 따라올 수 있었다. 표적 상공까지 선도 편대를 호위할 전투기 부대는 당시 영국 주둔 미군이 유일하게 보유한 P-51 머스탱 1개 전대뿐이었다.

P-51은 모든 영국 주둔 미군이 기다리던 장거리 호위 전투기였다. 아직 그 수는 적었지만, 지난달부터 폭격기 호위 임무에 투입되었다. 폭격기 승무원 대부분은 이 새 항공기가 매우 빠르고 멋지게 생겼다는 것 외에는 아는 게 별로 없었다. 다만, 이 기체가 기술적 문제로 적의 Fw 190에 상대가 안 된다는 사실은 소문으로 들은 바 있었다.

지니 마리호가 구름을 뚫고 눈부신 햇살이 내리쬐는 파란 하늘로 올라가자, 그곳은 이미 폭격기들이 가득 메우고 있었다. 일부 폭격기들은 오던 길로 되돌아가고 있었다. 지니 마리호의 통신수는 모스 부호를 사용해 그 폭격기들에 작전이 취소되었냐고 물었고, 바로 답신이 왔다.

"작전을 속행하라."

하이 위컴의 제8공군 사령부에서 지미 둘리틀은 안절부절못한 채 기상도를 보고 있었다. 짙은 비구름이 북해를 건너 베를린으로 빠르게 향하고 있었다. 호위 전투기들이 폭격기와 상봉하지 못하고 귀환하자, 둘리틀은 제2, 제3항공사단에 작전 취소와 귀환 명령을 내렸다. 하지만 표적에서 100마일(160킬로미터) 이내 거리까지 날아간 선도 부대 제1항공사단에게는 작전 취소와 귀환 명령이 전달되지 않았다. 또한 다른 부대들은 모두 철수했고, 귀환 명령을 무시한 제2항공사단의 1개 비행단만이 자신들과 함께한다는 사실도 알지 못했다.

그날 아침, 독일 공군은 만반의 준비가 되어 있었다. 베를린 외곽 '전투 오페라 하우스The Battle Opera House'라고 불리는 거대한 지하 벙커의 유리 지도 위에는 실시간으로 포착된 미군 폭격기의 움직임이 표시되고 있었다. 미군기들이 베를린으로 접근하는 것이 확실해지자, 갈란트는 모든 가용 항공기를 출격시켰다. 잠시 후, 독일 공군 항공 교통 관제사가 오셔슬레벤 상공에 적 전투기 1개 편대가 나타나 미군 폭격기를 기다리고 있다고 보고하자 독일 군인들은 놀라지 않을 수 없었다. 대체 어떻게 미군 전투기가 공중전을 치를 만한 예비 연료까지 지니고 여기까지 진출할 수 있다는 말인가? 그러나 갈란트는 미군 전투기를 상대하지 않고 모든 전투기를 폭격기를 요격하는 데 투입했다.

네덜란드 상공에서 레스터 렌트미스터와 승무원들은 기분을 안정시키기 위해 노래와 농담을 하고 있었다. 그러던 도중 인터컴으로 누군가의 고함이 터져 나왔다.

"10시 방향 상공에 적기!"

약 40대는 족히 돼 보이는 포케불프들이 폭격기 대형 바로 위에서 급강하하고 있었다. 공중전은 그로부터 6시간 동안 계속되었다.

첫 공격 이후 잠시 동안 아무런 적대 행위도 없었고, 기내에서도 말하는 사람이 없었다. 그러다가 항공기 전방을 주시하던 승무원들은 1마일 (1.6킬로미터) 앞에서 적의 전투기 떼가 집결하는 것을 봤다. 적기들은 마치 미군 폭격기를 향해 자살 공격이라도 할 것 같았다. 그 순간 1대의 P-51이 뒤에서 튀어나와 독일 공군 편대 한 가운데를 관통했고, 동시에 2대의 독일 전투기가 불덩어리로 변하며 추락했다.

미군 전투기가 이만큼 독일 깊숙한 곳까지 나타나 전투를 벌인 것은 전례 없는 일이었지만, 충분한 수의 P-51이 도착하지는 못했다. 49대는 구름 속에서 길을 잃었고, 단 1대가 30대가 넘는 독일 전투기에 맞서 싸우고 있었다.

그 P-51의 조종사는 중국에서 태어난 의료 선교사의 아들인 제임스 H. 하워드James H. Howard 소령이었다. 그는 1930년대 후반 해군 항모에서 함재기 조종사로 3년간 복무했고, 클레어 셔놀트Claire Chennault가 이끄는 미국인 용병 비행대 플라잉 타이거즈Flying Tigers에 입대해 일본 제국과 싸우기 위해 자신이 태어난 중국으로 돌아갔다. 그는 이 부대에서 18개월 동안 6대의 일본기를 격추했으나 자신도 1회 격추당했다. 1942년 플라잉 타이거즈가 미 육군 항공대에 흡수되었을 때, 육군은 하워드에게 소령 계급으로 입대하라고 제안했고, 하워드는 제안을 받아들였다. 그가 1943년 11월 초에 영국에 도착했을 때, 그가 소속될 제354전투비행전대에는 유럽 최초로 P-51이 배치되었다.

하워드는 30분 동안 상승과 하강을 반복하며 폭격기에 접근하는 독일 전투기들을 쫓아냈다. 홀로 분투하던 중 항공기에 설치된 기관총 4정 중 3정이 고장 났지만, 하워드는 나머지 1정의 기관총만으로 전투를 계속했고, 연료가 귀환 불능 점을 찍기 전까지 갖가지 공중 기동을 하면서 독일 공군의 대형을 헤집어 놓았다.

독일군의 공격이 집중된 곳은 제401폭격비행전대 소속 항공기들이었으나, 이 비행대는 단 1대의 항공기도 잃지 않았다. 하워드의 전투기가 영국으로 돌아왔을 때, 그의 전투기에는 1발의 총알 자국만 남아 있었다. 이날 그는 제2차 세계대전에서 가장 뛰어난 비행술을 선보였고, 그 전공으로 의회명예훈장을 받았다. 그는 유럽 전역에서 이 훈장을 받은 유일한 전투기 조종사였다.

미군 전투기 조종사들은 단독으로 적을 공격하지 말라고 명령받았다. 그러나 하워드는 나중에 인터뷰에서 이렇게 말했다.

"10명이 타고 있는 폭격기를 지킬 사람이 나밖에 없었습니다."

마르고, 눈에 띄는 것을 싫어한 하워드는 이날의 전투에서 적기 2대를 확인 격추, 2대를 미확인 격추했다고 말했지만, 그 전투를 목격한 폭격기 승무원들은 하워드가 6대를 격추했다고 주장했다. 하워드는 앤디 루니 기자에게 이렇게 말했다.

"적이 정말 많았어요. 그들을 쏘는 것만 해도 쉽지 않은 일이었죠."

이날 전투는 하워드에게는 작은 승리였지만, 제8공군에게는 큰 패배였다. 이후 독일 공군 전투기들도 보조 연료 탱크를 사용해 폭격기들과 더 오랜 시간 전투할 수 있게 되었기 때문이다. 비행도 전투도 똑같이 힘들었다. 제1항공사단은 3시간 반 동안 400대 이상의 독일 전투기가 공격했다고 보고했다. 독일 공군은 미 폭격기들을 닥치는 대로 공격해 눈 덮인 독일의 대지 위로 60대의 미국 폭격기가 불타며 떨어졌다. 마치 검은 목요일을 재현하는 것 같았다. 미군 전사자 중에는 존 커머의 친구인 짐 카운스와 조지 발모어도 있었다.

존 커머는 3일 후, 환승센터에서 미국으로 향하는 배를 타기 위해 짐을 챙기다가 두 친구가 탄 두 항공기가 모두 격추되었고, 낙하산은 발견되지 않았다는 소식을 들었다. 커머는 이런 글을 남겼다.

"비 내리던 그날 밤은 유독 추웠다. 나는 모자도 레인코트도 입지 않은 채 오랫동안 정처 없이 빗속에서 서성거렸다. 다른 사람들 앞에서 우는 모습을 보일 수 없었기 때문이었다."

그는 다시 임무에 지원해 제15공군에서 50회의 폭격 임무를 달성했고, 몇 년 후 태어난 첫 아이의 이름을 제임스 발모어 커머라고 지었다.

워싱턴의 햅 아놀드는 화를 냈다. 이번 임무에서 표적에 도착한 폭격기 수는 왜 그것밖에 안 되었는가? 왜 제8공군은 표적에 충분한 타격을 가하지 못했는가?

스파츠와 둘리틀에게는 참으로 우울한 시작이었지만, 그들은 아무런 피해 없이 적기 15대를 격추한 머스탱의 활약에 고무되었다. 미국 에이스 전투기 조종사 돈 살바토레 젠틸레Don Salvatore Gentile는 이렇게 말했다.

"이 기체의 출현으로 독일 놈들은 궁지에 몰렸습니다."

P-51의 때늦은 출현은 미국 공군 역사상 가장 아이러니한 실수 중 하나였다. 한때 폭격기 마피아들이 폭격기만큼 빠르게, 더 멀리 갈 수 있는 전투기는 개발 불가능하다고 주장했던 바로 그 기체였기 때문이었다.

제2차 세계대전 최고의 전투기로 불리는 이 항공기는 원래 영국 공군을 위해 설계되었다. 노스 아메리칸 항공기 회사North American Aviation Company의 독일 태생 설계자 에드가 슈뮤드Edgar Schmued가 설계한 이 항공기는 1941년 영국 공군에 인도되었다. 당시만 해도 미 육군 항공대는 이 항공기에 별 관심을 보이지 않았고, 실험용으로 2대를 구입했을 뿐이었다. 이 항공기에 탑재된 앨리슨 엔진은 추력이 부족해 고공비행에 적합하지 않았기 때문에 영국 공군도 이 항공기를 저공 전술기로 사용했다. 그러나 런던 주재 미 육군 항공대 무관이던 토머스 히치콕Thomas Hitchcock 중령은 이 항공기의 성능과 유선형 기체에 주목했다. 그는 1942년 10월 워싱턴에 서한을 보내 롤스로이스Rolls-Royce사의 멀린 61 Merlin 61 엔진을 P-51에 탑재해 이 항공기를 고공 전투기로 개량하자는 공중전 개발부의 캠벨 오드Campbell-Orde 중령의 의견을 전달했다. 롤스로이스사는 이미 그해 6월부터 P-51의 성능 개량 작업에 매달리고 있던 차였고, 이 개량 작업을 통해 P-51은 매우 뛰어난 고공 전투기로 변신하게 되었다. 이 작은 유선형의 아름다운 항공기는 독일 공군이 보유한 어떤 전투기보다 빠르고 민첩했다. 미 육군 항공대는 이 항공기에 갑자기 큰 관심을 보이기 시작했고, 1942년 말에는 노스 아메리칸 항공기 회사에 우선 P-51 2,200대를 주문했고, 이후로도 계속 주문을 이어갔다.

슈무드와 엔지니어들은 조종실 후방 방탄판 뒤에 85갤런(321리터)의 동체 연료 탱크를 설치해 P-51의 항속거리를 크게 늘렸다. 햅 아놀드는 레겐스부르크-슈바인푸르트 공습이 있고 얼마 후, 갑자기 이 항공기를 영국에 배치하라고 명령했다. 그러나 아이라 이커는 P-51이 도착했을 때 이 항공기가 과연 호위 전투기로 유용한지 의심스러웠다. 그래서 이커는 이 항공기를 제9공군의 전술 전투기로 배치했으나, 아놀드가 재빨리 손을 써 P-51을 제8공군 전투기사령부 산하의 호위 전투기로 재배치했다. 이제 제8공군은 P-51을 노스 아메리칸 항공기 회사에서 직접 공급받게 되었다. 1943년 12월, 첫 장거리 호위 임무에 나선 P-51은 75갤런(283리터) 투하식 보조 연료 탱크를 양 날개 아래에 하나씩 장착했다. 영국에서 출발해 베를린까지 다녀올 수도 있는 양의 연료였다.

6개월 후에는 108갤런(408리터) 보조 연료 탱크를 달 수 있는 개량형 P-51이 1,700마일(2,700킬로미터)에 달하는 영국-폴란드 간 왕복 비행에 성공한다. 개량형 P-51의 비행 속도는 시속 약 440마일(704킬로미터), 비행 고도는 최대 4만 피트(12킬로미터)였고, 50구경 기관총 6정으로 무장했다. 저공 전투 시에는 최대 2,000파운드(900킬로그램)에 달하는 로켓탄이나 폭탄을 탑재할 수 있었다. 이로써 폭격기와 전투기의 입지는 바뀌었다. P-51의 출현으로 인해 폭격기는 연료 탱크를 늘려 전투기의 항속거리를 따라잡아야 하는 상황이 됐던 것이다.

P-51은 매우 뛰어난 왕복 엔진 전투기로, 배치 3개월 만에 출격당 격추 수가 P-47의 3배, P-38의 2배에 달했다. 젬케의 제56전투비행전대를 제외한 제8공군의 모든 전투비행전대는 1944년 말까지 기종을 P-51로 모두 전환했고, 1년도 못 되어 사실상 P-51만 장비하게 되었다. 남은 P-47과 P-38은 전술 비행대에 이관되어 유럽 본토 상륙작전을 위해 프랑스 북부의 교량, 항공기지, 보급 열차 폭격에 이용되었고, 이후에는 연합군 보병을 위한 항공 지원을 맡게 되었다. P-38 중 일부는 무장을 모두 제거하고 정찰 카메라를 설치한 후 고공 정찰기로 사용되었다.

전후 햅 아놀드는 이 뛰어난 전투기를 좀 더 일찍 도입하지 않은 것이야말로 육군 항공대의 실책이었다고 인정했다.

집중 대 집중

오셔슬레벤 공습 이후 2월 중순까지 기상이 계속 나빴기 때문에 제8공군은 10일 동안 단 한 번도 임무를 수행할 수 없었다. 육군 항공대 전략 기획가들은 원래 1943년 11월 초에 독일 항공 산업에 대규모 타격을 가할 계획을 세웠던 터였고, 그날이 하루라도 빨리 오기를 초조하게 기다렸다. 그 계획은 이커의 아규먼트 작전으로, 미 제8공군과 제15공군, 아서 해리스 휘하의 영국 폭격기사령부를 동원해 합동 공격을 지속적으로 가하는 것이었다. 장거리 호위 전투기가 없었던 1943년에 이 작전을 실시하려 했을 만큼 아놀드와 이커는 이들 핵심 표적을 타격하기 위해 필사적이었다. 그런데 악천후로 인해 작전이 늦춰지면서 제8공군은 그 사이에 호위 전력을 키우는 데 집중해 300여 대의 P-51을 포함해 전투기를 약 1,300대로 증강할 수 있었다.

아규먼트 작전의 목표는 독일 공군의 괴멸이었다. 이를 위해 독일 공군을 유인해 격파한다는 것이 그 전략의 요지였다. 폭격기가 떠서 독일 항공기 공장을 파괴하면 독일 공군이 이를 막기 위해 전투기를 출격시킬 것이다. 그러면 미국 전투기들이 독일 요격 전투기들을 제거한다. 즉 폭격기가 표적을 공격하는 동시에 독일 공군을 유인하는 미끼가 되고, 독일 공군을 미국 전투기가 물리치는 것이다. 아이라 이커는 이 방법을 이전에도 시도했지만, 그때는 임무를 달성하기에 충분한 폭격기가 없었고, P-51도 없었다. 따라서 전략가들이 말하는 집중의 원칙, 즉 압도적인 병력을 투입해 적을 제압한다는 전쟁 원칙을 실현할 수 없었다. 이 원칙은 미 남북전쟁에서 북군의 율리시스 S. 그랜트Ulysses S. Grant 장군이 남군의 로버트 E. 리 장군을 패배시킨 이후 전쟁에서 이기는 미국의 전략이 되었다.

전후 둘리틀은 한 인터뷰에서 이렇게 말했다.

"그래도 나는 이커보다 훨씬 쉬웠습니다. 나는 그보다 더 많은 폭격기를 갖고 있었고, 장거리 호위 전투기도 있었습니다. P-51이 있어서 정말 다행이라고 생각했습니다."

그러나 이번에는 적의 저항 역시 강해질 것이었다. 아돌프 갈란트 장군의 전력은 더욱 증강되었다. 그는 약 1,000대에 달하는 주간 전투기를 독일 내륙 깊숙이, 미군 폭격기를 공격하기 유리한 위치에 배치해 놓고 있었다. 갈란트는 앞으로 전투가 '집중 대 집중'이 될 것이라고 예견했다. 다가올 전투를 준비하는 아돌프 갈란트는 이제 역사의 분기점 위에서 어느 방향으로 향할지 모르는 채 서 있었다.

1944년 2월 20일, 전투가 시작되는 이날 아침 날씨는 그다지 좋지 않았다. 브리핑을 들으러 가는 승무원들을 구름과 얼음, 휘몰아치는 눈보라가 환영해 주었다. 비행장에는 미 육군 항공대 역사상 가장 규모가 큰 타격 부대의 항공기들이 연료를 가득 채우고 준비를 마친 채 대기하고 있었다. 이번 임무에 투입되는 폭격기는 1,000여 대, 전투기는 약 900대에 달했다. 그러나 그날 아침에 이륙할 수 있을 거라고 생각한 승무원은 많지 않았다. 평소에 저돌적인 스파츠도 망설였다. 전날 지중해 전역 연합군 항공 사령관인 이커가 제15공군이 이른바 '대주간Big Week'이라고도 부르는 이번 작전을 함께 시작할 수 없다는 소식을 전해왔던 것이다. 이커의 제15공군은 이탈리아 안치오 해안에 갇힌 연합군을 긴급 지원해야만 했다. 스파츠는 이를 위험 신호로 여겼으나, 작전 담당 부사령관 프레더릭 앤더슨 장군은 폭격기를 이륙시키자고 고집했다.

앤더슨은 보좌관이자 육군사관학교 시절 친구인 C. 글렌 윌리엄슨C. Glenn Williamson 대령과 함께 아규먼트 작전 대부분을 기획했다. 이 두 항공 전략가는 체형은 정반대였지만 생각은 아주 잘 맞았다. 《라이프》지의 기자는 두 사람에 대해 이렇게 묘사했다.

"앤더슨은 키가 크고 빼빼 말랐다. 유연하지만 개성이 강하고, 중심을 잘 유지한다. 언변이 좋고 분위기에 쉽게 어울린다. 앤더슨을 잘 모르는 사람이 그의 상냥함 이면의 숨은 의도를 알아채기는 쉽지 않다."

"윌리엄슨은 키가 작고 뚱뚱하다. 성격은 까다로우나 자신의 일에 있어서는 매우 논리적이고 박식하며, 절대 타협하지 않는다. 그는 육군 항공대에서 가장 뛰어난 이론가 중 한 사람이다."

두 사람은 고대 중국의 철학자이자 장군인 손자孫子의 사상에 심취해 있었다. 손자의 '손자병법'에는 이런 말이 있다.

"불가승재기 가승재적不可勝在己 可勝在敵"

이 말은 곧 '싸움에서 이길 수 없는 원인은 나에게 있고, 이길 수 있는 원인은 적에게 있다'는 말로, 이것이야말로 아규먼트 작전의 기본 전략이었다. 전투기 생산을 위해 거대한 산업 인프라를 구축한 독일은 이를 철저하게 지켜야만 하는 입장이었다. 이것은 전력이 증강된 제8공군이 독일 공군을 치열한 소모전으로 몰아넣을 수 있게 만들었다. 손자의 말처럼 적의 가장 큰 강점은 거꾸로 큰 약점이 될 수도 있는 것이다.

앤더슨이 1943년 10월에 이 계획을 수립했을 때 그는 네 번의 공습이 성공하면 독일은 전투기 생산량의 75퍼센트를 소모하게 될 것이라는, 터무니없이 낙관적인 예측을 했다. 그러나 작전이 4개월이나 연기되면서 뜻하지 않게 장거리 전투기를 확보하게 되었고, 둘리틀은 이제 폭격기와 이 호위 전투기를 이용해 공중과 지상에서 독일 공군에게 막대한 타격을 입힐 수 있게 되었다.

원래 앤더슨은 병력의 3분의 2에 달하는 약 7,000명의 인원을 잃을 각오를 했다. 이는 태평양에서 발생한 미 해병대 전사자의 3분의 1에 달한다. 호위 전투기가 있더라도 작전 첫날 폭격기 손실은 최대 200대에 달할 수 있다고 예상했고, 그 정도의 손실은 감수해야 한다고 믿었다. 유럽 침공 성공 여부는 물론, 전쟁에서의 승리는 독일 공군을 괴멸시킬 수 있느냐에 달려 있다고 해도 과언이 아니었다.

그밖에 이번 작전에는 걸려 있는 것이 또 있었다. 그동안 제8공군은 주요 표적 중 잠수함 수리 시설, 볼베어링 공장, 항공기 생산 공장을 파괴하는 임무를 맡았지만, 그중 어떤 것도 완벽하게 파괴하지 못했다. 한 미국 기자는 이런 글을 남겼다.

"기록에 따르면, 미군 주간 폭격의 효용성은 매우 의심스럽다."

독일에 충분한 타격을 주려면 앤더슨에게 엄청난 행운, 즉 겨울의 유럽에서는 매우 드물지만 맑고 화창한 날씨가 뒷받침돼야 했다. 독일의 전투기 생산 시설들은 경제적으로는 집중돼 있었지만, 지리적으로는 분산돼 있었다. 주요 생산 공장은 산업단지 내에 있고, 이 공장은 항공기 부품을 만드는 작은 공장들로 둘러싸여 있다. 윌리엄슨은 훗날 이렇게 설명했다.

"이런 단지의 특징은, 단지 내 공장이나 다른 단지에 있는 생산 장비와 인원을 신속히 다른 생산 공장이나 부품 공장으로 이전할 수 있다는 것입니다. 이러한 단지는 큰 문어와도 같습니다. 8개의 팔을 모두 잘라내기 전에는 무력화시킬 수 없죠."

그러나 작년 여름과 가을, 미군의 폭격으로 인해 독일은 자국의 중부와 남부, 오스트리아, 헝가리, 폴란드 등으로 공장을 분산시키기 시작했다. 이처럼 표적이 곳곳에 흩어져 있는 데다가 육안으로 조준 폭격을 해야 했으므로 적어도 3~4일간은 날씨가 맑아야 했다. 게다가 표적 대부분이 폭격기 전투 반경 맨 가장자리에 있었기 때문에 비행 시간이 그만큼 길어졌다. 따라서 낮에는 표적 상공의 시정이, 밤에는 영국 상공의 시정이 좋아야 했지만, 영국의 날씨는 변덕스럽기로 악명이 높았다.

앤더슨 장군은 캘리포니아 공과대학교의 괴짜 기상학 교수이자 부업으로 장기 기상예보 서비스를 제공하는 어빙 P. 커크Irving P. Kirk를 영국으로 불러 즉석에서 소령으로 임명했다. 커크의 이론은 기상 상황은 계속 반복된다는 것이었다.

"과거에 특정한 종류의 기상 상황을 만들어낸 일련의 현상들이 반복될 경우, 미래에도 같은 기상 상황이 반복됩니다."

영국에서 커크는 반세기 전 유럽의 기상 기록을 조사했다. 2월 18일이 되자 그는 앤더슨에게 곧 날씨가 좋아질 거라고 말했다. 20일부터 독일 중부와 남부에서 고기압이 형성되어 최대 3~4일간 유지된다는 것이었다. 앤더슨은 바로 스파츠의 승인을 얻어 2월 20일 아침의 총력전을 계획했다.

앤더슨은 커크의 예보를 철석같이 믿었다. 물론 앤더슨은 커크 외에 2명의 기상장교에게서도 기상 정보를 보고받고 있었지만, 내일 아침부터 여러 날 동안 중부 유럽의 날씨가 맑을 거라고 보고한 장교는 커크뿐이었다. 임무 전날 밤 영국 상공에는 구름이 짙게 끼어 있었고, 기상 관측 항공기들 역시 구름이 걷힐 가능성은 전혀 없을 것 같다고 보고했다. 앤더슨은 유럽의 겨울은 낮이 짧기 때문에 동이 트기 전에 항공기가 이륙해야 한다는 것을 알고 있었다. 그리고 구름이 많으면 동체에 얼음이 얼어붙기 쉬워 전투기와 폭격기 모두 운용하기 어려워진다. 지미 둘리틀은 "현 상황은 위험이 없다고 볼 수 없다"라며 작전을 연기하자고 주장했고, 전투기 사령관 윌리엄 케프너도 둘리틀의 의견에 동의했다. 그러나 앤더슨은 폭격기 200대를 잃어도 상관없다며 고집을 굽히지 않았다. 그날 밤 파크 하우스 사령부의 칼 스파츠는 무표정한 얼굴로 전화기를 붙잡은 채 서로 의견이 엇갈리는 부하들의 조언을 계속 듣고 있었다. 그는 잠도 못 자고 밤을 꼬박 새운 다음, 예하 기지 사령관들에게 이렇게 지시했다.

"항공기를 이륙시켜."

ㅎ